Academia Ethica

倫理學術

黑格尔的正义论与后习俗伦理

邓安庆　主编

2019年春季号
总第006卷
上海教育出版社

《伦理学术》*Acadēmia Ethica*

主编

邓安庆:复旦大学哲学系教授

Editor-in-chief: Deng Anqing, Professor of Philosophy, Fudan University

学术委员会(按照姓氏汉语拼音字母顺序排列)

Academic Board

陈家琪:同济大学哲学系教授

Chen Jiaqi: Professor of Philosophy, Tongji University

陈卫平:华东师范大学哲学系教授

Chen Weiping: Professor of Philosophy, East China Normal University

菲威格:德国耶拿大学教授、哲学系主任

Vieweg Klaus: Professor of Philosophy, Dean of Philosophy Department, Friedrich-Schiller-Universität Jena

佛斯特:德国法兰克福大学政治学、哲学教授

Forst Rainer: Professor of Political Theory and Philosophy, Goethe-Universität Frankfurt am Main

郭齐勇:武汉大学哲学学院教授、国际中国哲学学会会长

Guo Qiyong: Professor of Wuhan University, President of International Society for Chinese Philosophy

郝兆宽:复旦大学哲学系教授

Hao Zaokuan: Professor of Philosophy, Fudan University

何艾克:美国犹他大学哲学系副教授、研究生主任

Eric L. Hutton: Director of Graduate Studies, Associate Professor of Philosophy, University of Utah

黄勇:香港中文大学哲学系教授

Huang Yong: Professor of Philosophy, The Chinese University of Hong Kong

黄裕生:清华大学哲学系教授、哲学系主任

Huang Yusheng: Professor of Philosophy, Dean of Philosophy Department,Tsinghua University

姜新艳:美国雷德兰兹大学哲学系教授

Jiang Xinyan: Professor of Philosophy, University of Redlands

克勒梅:德国哈勒大学教授、《康德研究》主编

Klemme Heiner F.: Professor of Martin-Luther-Universität Halle-Wittenberg; Chief editor of *Kant-Studien*

李文潮:德国柏林勃兰登堡科学院波茨坦《莱布尼茨全集》编辑部主任、德国汉诺威大学莱布尼茨基金教授

Li Weichao: Chief Editor of *Leibnitz Edition Set* by Berlin-Brandenburgische Akademy by Potsdam

廖申白:北京师范大学哲学系教授

Liao Shenbai: Professor of Philosophy, Beijing Normal University

林远泽:台湾政治大学哲学系教授、哲学系主任

Lin Yuanze: Professor of Philosophy, Dean of Philosophy Department, National Chengchi University

刘芳:上海教育出版社副社长

Liu Fang: Vice President of Shanghai Educational Publishing House

罗哲海:德国波鸿大学中国历史与哲学研究部主任、德国汉学协会主席

Heiner Roetz: Dean of Sektion Geschichte & Philosophie Chinas, Ruhr-Universität Bochum, President of The German Association of Chinese Studies

孙向晨:复旦大学哲学学院教授、院长

Sun Xiangchen: Professor of Philosophy, Dean of Philosophy Departemt, Fudan University

孙小玲:复旦大学哲学学院教授

Sun Xiaoling: Professor of Philosophy, Fudan University

万俊人:清华大学哲学系教授、中国伦理学学会会长

Wan Junren: Professor of Philosophy, Tsinghua University, President of China Association For Ethical Studies

王国豫:复旦大学哲学学院教授

Wang Guoyu: Professor of Philosophy, Fudan University

杨国荣:华东师范大学哲学系教授、国际哲学学院院士

Yang Guorong: Professor of Philosophy, East China Normal University, Member of the International Institute of Philosophy

【总序】

让中国伦理学术话语融入现代世界文明进程

邓安庆

当今世界最严重的危机是世界秩序的日渐瓦解。美国作为西方世界领头羊的地位岌岌可危,而之前把欧盟作为世界平衡力量之崛起的希冀也随着欧盟的自身难保而几近落空。中国作为新兴大国的崛起,却又因其缺乏可以引领世界精神的哲学,非但自身难以被世界接纳,反而世界感受着来自中国的不安和焦虑。因此,今日之世界,说其危机四伏似乎并非危言耸听,文明进步的步履日渐艰难,野蛮化的趋向却显而易见。

所以,当今世界最为迫切的事情莫过于伦理学术,因为伦理学担负的第一使命,是以其爱智的哲思寻求人类的共生之道。哲学曾经许诺其思想即是对存在家园的守护,然而,当它把存在的意义问题当作最高的形而上学问题来把握和理解的时候,却活生生地把存在论与伦理学分离开来了,伦理学作为道德哲学,变成了对道德词语的概念分析和道德行为规范性理由的论证,从而使得伦理学最终遗忘了其“存在之家”。哪怕像海德格尔那样致力于存在之思的哲人,却又因不想或不愿涉及作为人生指南意义上的伦理学,而放任了存在论与伦理学的分离。但是,当代世界的危机,却不仅是在呼唤存在论意义上的哲学,而且更为紧迫的是呼唤“存在如何为自己的正当性辩护”,即呼唤着“关于存在之正义的伦理学”。“伦理学”于是真正成为被呼唤的“第一哲学”。

不仅欧美与伊斯兰世界的矛盾正在呼唤着对存在之正当性的辩护,中国在世界上作为新兴大国的崛起,中国民众对于现代政治伦理的合理诉求,都在呼唤着一种为其存在的正当性作出辩护的伦理学!

然而,当今的伦理学却无力回应这一强烈的世界性呼声。西方伦理学之无能,是因为在近一个世纪的反形而上学声浪中,伦理学早已遗忘和远离了存在本身,它或者变成了对道德词语的语义分析和逻辑论证,或者变成了对道德规范的价值奠基以明了该做什么的义务,或者变成了对该成为什么样的人的美德的阐明,总而言之,被分门别类地碎片化为语言、行为和品德的互不相关的分类说明,岂能担负得起为存在的正当性辩护的第一哲学之使命?!

中国伦理学之无力担负这一使命,不仅仅表现在我们的伦理学较为缺乏哲学的学术性,更表现在我们的伦理学背负过于强烈的教化功能,在一定程度上损伤了学术的批判品格和原创性动力。但是,为存在的正当性辩护而重构有意义的生活世界之伦理秩序,发自中国的呼声甚至比世界上任何地方都更为强烈地表达出来了。

如果当今的伦理学不能回应这一呼声,那么哲学就不仅只是甘于自身的“终结”,而且也只能听凭科学家对其“已经死亡”的嘲笑。

我们的《伦理学术》正是为了回应时代的这一呼声而诞生!我们期望通过搭建这一世界性的哲学平台,不仅为中国伦理学术融入世界而作准备,而且也为世上的“仁心仁闻”纳入中国伦理话语之中而不懈努力。

正如为了呼应这一呼声,德国法兰克福大学为来自不同学术领域的科学家联盟成立了国际性的“规范秩序研究中心”一样,我们也期待着《伦理学术》为世界各地的学者探究当今世界的伦理秩序之重建而提供一个自由对话和学术切磋的公共空间。中国古代先哲独立地创立了轴心时代的世界性伦理思想,随着我们一百多年来对西学的引进和吸纳,当今的中国伦理学也应该通过思想上的会通与创新,而为未来的“天下”贡献中国文明应有的智慧。

所以,现在有意义的哲学探讨,决非要在意气上分出东西之高下,古今之文野,而是在于知己知彼,心意上相互理解,思想上相互激荡,以他山之石,攻乎异端,融通出“执两用中”的人类新型文明的伦理大道。唯如此,我们主张返本开新,通古今之巨变、融中西之道义,把适时性、特殊性的道德扎根于人类文明一以贯之的伦常大德之中,中国伦理学的学术话语才能真正融入世界历史潮流之中,生生不息。中国文化也只有超越其地方性的个殊特色,通过自身的世界化,方能“在—世界—中”实现其本有的“天下关怀”之大任。

【General Preface】

Let the Academic Expressions of Chinese Ethics Be Integrated into the On-Going Process of the World Civilizations

By the Chief-In-Editor Prof. Deng Anqing

To us the most serious crisis in the present world is the gradually collapse of the world order. The position of America as the leading sheep of the western world is in great peril, meanwhile the hope that the rising European Union can act as the balancing power of the world is almost foiled by the fact that EU is busy enough with its own affairs. It is true that China is a rising power, but due to the lack of a philosophy to lead the world spirit, it is not only difficult for the world to embrace her, but also makes the world feel uneasy and anxious instead.

Thus, the most urgent matter of the present world is nothing more than ethical academic (acadēmia ethica), since the prime mission taken on by ethics is to seek the way of coexistence of the human beings through wisdom-loving philosophication. Philosophy once promised that its thought was to guard the home of existence, but when it took the meaning of existence as the highest metaphysical issue to be grasped and comprehended, ontology and ethics were separated abruptly from each other, resulting in such a fact that ethics as moral philosophy has being becoming a conceptual analysis of moral terms and an argument for the normal rationale of moral acts, thus making ethics finally forget its "home of existence". Even in the case of the philosopher Martin Heidegger who devoted himself to the philosophical thinking of existence, because of his indisposition or unwillingness to touch on ethics in the sense as a life guide, he allowed for the separation of ontology from ethics. However, the crisis of the present world is not merely a call for a philosophy in the sense of ontology, but a more urgent call for "a self-justification of existence", that is, call for "an ethics concerning the justification of existence." Consequently "ethics" truly becomes the called-for "prime philosophy".

Not only does the conflict between Europe and America on one part and Islamic World on the other call for the justification of their existence, but also China as a new rising great power, whose people cherishing a rational appeal to a modern political ethic, calls for a kind of ethics which can justify her existence.

Alas! The present ethics is unable to respond to the groundswell of such a call voice of the world. The reason of western ethics' inability in this regard is because ethics has already forgotten and distanced itself from existence itself with the clamor of anti-metaphysics in the past nearly a century, thus having become a kind of semantic analysis and logic argumentation, or a kind of foundation-laying of moral norms in order to clarify the duty of what should be done, even or a kind of enunciation of virtues with which one should become a man; in a word, ethics is fragmented under categories with classification of language, act and character which are not connected with each other; as such, how can it successfully take on the mission of the prime philosophy to justify existence?!

The disability of Chinese ethics to take on this mission not only show in the lack of philosophical academic in a sense, but also in our ethics has on its shoulder comparatively too much stronger functions of cultivation, thus injuring the critical character of academic and the dynamics of originality. However, it is much stronger the call sounded by China than that sound by the world to justify existence in order to reconstruct the ethical order of the meaning world.

If the present ethics fails to respond to such a calling voice, then philosophy not only allows herself to be close to "the end" happily, but also let scientists to laugh at her "already-dead" willingly.

Our *Acadēmia Ethica* is just born in time to respond to such a call of the times. Through building such a worldwide platform, we are wishfully to prepare for the Chinese ethical academic to be integrated into that of the world, and try unremittingly to incorporate the "mercy mind and kind exemplar" in the world into Chinese ethical terminology and expression.

To responded to such a call, just as Frankfurt University of Germany has established an international Center for Studies of Norm and Order for the federation of scientists and scholars from all kinds of academic fields, we hope the brand new *Acadēmia Ethica* to facilitate a common room for those scholars who investigate the issue of reconstructing the ethical order of the present world to dialogue freely and exchange academically.

Ancient Chinese sages originated independently a kind of world ethical system in the Axial Age; with the introduction and absorption of the western academic in the past more than a hundred years, the present Chinese ethics should play a role in contributing the wisdom of Chinese civilization to the future "world under the heaven" by thoughtful accommodation and innovation.

Thus, at present time the meaningful philosophical investigations are definitely not to act on impulse to decide whether the west or the east is the winner, whether the ancient time or the present time is civilized or barbarous, but to know oneself and know each other, understand each other in mind, inspire each other in thought, with each other's advice to overcome heretic ideas, thus making an accommodation of a great ethical way of new human civilization, "impartially listening to both sides and following the middle course". Only out of this, we advocate that the root should be returned to and thus starting anew, the great changes of ancient and modern times should be comprehended, the moral principles of west and east should be integrated into each other, any temporary and particular moral should be based on great permanent ethical virtues of human civilizations, so and so making the academic expressions of Chinese ethics with an everlasting life integrated into historical trends of world history. Only through overcoming the provincial particulars of Chinese culture by her own universalization can she "in the world" undertake her great responsibility ——"concern for the world under heaven".

目　　录

【主编导读】

"后习俗伦理"与"普遍正义原则"　邓安庆　➢ 1

【原典首发】

《黑格尔法哲学讲演录(1818—1831)》评论版"导论"(连载一)
[德]卡尔-海因茨·伊尔廷(著)　邓安庆(译)　➢ 16

Hegel über Recht und Gerechtigkeit　[法]科维纲　➢ 34

黑格尔论贫富鸿沟的加剧作为现代正义的最大难题
[德]克劳斯·菲威格(著)　郭　霄(译)　牛文君(校)　➢ 52

"概念的劳作"是正当的吗?
——在跨文化哲学视野中对黑格尔正义概念的思考
[德]拉尔夫·鲍伊坦(著)　吴怡宁(译)　朱　毅(校)　➢ 63

行动与伦理生活
——第二自然与黑格尔对主体概念的根本性修正
[日]大河内泰树(著)　吴怡宁(译)　李育书(校)　➢ 76

新自由主义中"自由之痛"的出路
——论黑格尔客观精神哲学中"社会自由"的概念
[韩]郑大圣(著)　朱　毅(译)　➢ 89

【热点前沿】

劳伦斯·科尔伯格与新亚里士多德主义　[德]哈贝马斯(著)　杨　丽(译)　➢ 99

对科尔伯格道德发展阶段图式的解读　龚　群　➢ 114

"后习俗责任伦理":基于"伦理""道德"的考察　高兆明　➢ 126

道德在什么意义下需要宗教?四种形态的讨论　[中国台湾]林远泽　➢ 139

【传统伦理研究】

"彰善""纠过"与儒家的"以礼化俗"
——王阳明《南赣乡约》的美政美俗旨归与乡村治理设计 余治平 ➢ 156
阳明后学的道德信念与伦理实践 朱　承 ➢ 169
儒家思想与世界永续发展 ［中国台湾］孙　震 ➢ 182
儒学在新时代的转型问题
——在"世界经济发展与儒家思想的现代使命"对谈会上的发言 陈家琪 ➢ 200
妇道与贞德
——早期中国女性伦理道德建构 吴龙灿 ➢ 205

【比较伦理研究】

"王弼解老"的分析话语与伦理学的形而上学基础 ［中国澳门］周柏乔 ➢ 223
从"仁义"的视角审视"正义" ［中国台湾］黄丽娟 ➢ 246
《庄子・天道》中的"仁义"与"兼爱"：伦理学的概念抑或帝王师的谋略？
［中国澳门］李庭绵 ➢ 269

【描述伦理学】

后习俗家庭：反抗、想象抑或重构
——《小偷家族》影评沙龙 夏　莹　何青翰（整理） ➢ 284

【让哲学说汉语】

泰西哲人杂咏（二） 钟　锦 ➢ 295

【书评】

后习俗责任伦理学与儒家伦理学之重构
——林远泽教授的《儒家后习俗责任伦理学的理念》评介 陈乔见 ➢ 305
情怀与格局：《生生的传统——20 世纪中国传统哲学认知范式研究》读后
钟　纯 ➢ 322

Contents

The Ethics of Post-conventional Responsibility and Principle of Universal Justice DENG Anqing ➢ 1

Introduction to the Commentary Edition of *Hegel's Lectures on Philosophy of Law* (*1818—1831*) Karl-Heinz Ilting ➢ 16

Hegel on Right and Justice Jean-François Kervégan ➢ 34

Hegel on the Increasing Gap between the Poor and the Rich as the Biggest Problem of the Justice in Modern Age Klaus Vieweg ➢ 52

Is the "Work of the Concept" Just? Reflections on Hegel's Concept of Justice in the Perspective of Intercultural Philosophy Ralf Beuthan ➢ 63

Action and Ethical Life: Second Nature and Hegel's Radical Revision of Agency Taiju Okochi ➢ 76

The Way Out for "The Pain of Freedom" in Neo-Liberalism: On the Concept of "Social Freedom" in Hegel's Objective Spiritual Philosophy Dae Seong JEONG ➢ 89

Lawrence Kohlberg and Neo-Aristotelianism Habermas ➢ 99

Interpretation of the Schema of Moral Development Stage GONG Qun ➢ 114

Post-Conventional Responsibility Ethics: An Approach Based upon "Ethical Life" and "Morality" GAO Zhaoming ➢ 126

Is Moral Practice Dependent on Religious Belief？ An Examination of Four Types of Theories
LIN Yuanze ➢ 139

Village Rules and Political Aesthetics, Good Customs: Rural Governance in Confucian Courtesy Dimension
YU Zhiping ➢ 156

Moral Conviction and Ethical Practice of Post-Yang Ming ZHU Cheng ➢ 169

Confucianism and the Continuous Development of the World SUN Zhen ➢ 182

On the Transformation of Confucianism in the New Era: Speech on the Meeting of "World Economic Development and the Modern Mission of Confucianism" CHEN Jiaqi ➢ 200

Women Virtue and Zhen Virtue: Moral Constructing of Women Ethics in Early China
WU Longcan ➢ 205

Wangbi's Analytical Approach to the Exegesis of *Dao De Jing* and the Metaphysical Foundation of Ethics
ZHOU Baiqiao ➢ 223

Examining Justice from the Perspective of Renyi HUANG Lijuan ➢ 246

"Ren Yi" and "Jian Ai" in the "Tiandao" Chapter of *Zhuangzi*: Ethical Terminology or Strategic Jargon?
Ting-mien LEE ➢ 269

Post-conventional Family: Resist, Imagination or Reconstruction: the Reviews of *Shoplifters*
XIA Ying HE Qinghan ➢ 284

Mischellaneous Poems on Western Philosophers ZHONG Jin ➢ 295

Postconventional Ethics of Responsibility and the Reconstruction of Confucian Ethics: Review of Prof. Yuanze Lin's Book of *the Idea of Confucian Postconventional Ethics of Responsibility* CHEN Qiaojian ➢ 305

Feelings and Patterns: *The Tradition of "Shengsheng": A Study of the Cognitive Paradigm of Chinese Traditional Philosophy in the 20th Century Post-reading* ZHONG Chun ➢ 322

【主编导读】

“后习俗伦理”与“普遍正义原则”

邓安庆

“后习俗伦理”与“正义理论”是复旦大学伦理学学科点2018年主办的两次国际会议的主题,前一个会议于2018年6月15—17日召开,会议全称是“后习俗责任伦理和儒家伦理的重构”(The Ethics of Post-conventional Responsibility and Re-Construction of Confucian Ethics),来自德国、中国台湾,以及中国人民大学、山东大学、华东师范大学、上海交通大学、贵阳学院、南京师范大学、上海大学、山东师范大学和《道德与文明》杂志社等近30位学者参加了探讨;后一个会议于2018年12月19—21日召开,会议全称是“黑格尔实践哲学中的行动与正义”(Action and Justice in Hegel's Practical Philosophy),来自德国、法国、日本、韩国等外国学者和四川大学、中国社会科学院、同济大学、华东政法大学、华东师范大学等单位的近20位学者参加了研讨。承蒙各位新朋旧友的鼎力支持,两次会议收到的论文都别有新意,洞见非凡,因而讨论热烈,切磋甚深,真是难得的成功会议。这两次会议有一个共同的特点,就是从经典出发,从元哲学和比较哲学的角度,将这两个当代哲学伦理学中的热点问题关联了起来,而且从理论和现实的双重维度,结合中国伦理哲学的返本开新,推进了相关论题的深入讨论。关于这两次会议的讨论情况,本文不再赘述,有兴趣的读者可参看相关会议报道。

由于各种原因,两次会议论文最终能在这里发表的,只是其中的一部分,但也可以说是其中最为核心的部分。我尤其先要说明的是,这一期《伦理学术》发表的国外知名教授们的文章,全部是在我们这里“首发”的,大大改变了我们中文期刊一般都只是翻译转载国外期刊首发的现状。也由于各篇文章都只是从一个特定的视角推进这两个主题的讨论，于是就有必要在“卷首”先就这两个问题域发生的背景，特别是“后习俗责任伦理”这个概念及其与正义论的关系，做个问题史的阐明。

“后习俗责任伦理学”(die postkonventionelle Verantwortungsethik)不是这一问题史最初的概念，而是最后确立的概念。就其“最初”概念而论，是由当代美国著名心理学家和教育学家、现代道德认知发展理论的创立者劳伦斯·科尔伯格(Lawrence Kohlberg,1927—1987)提出的，即“前习俗水平”“习俗水平”“后习俗水平”的“道德意识发展”或“道德判断能力发展阶段”理论；经过阿佩尔(Karl-Otto Apel, 1922—2017)和哈贝马斯(Jürgen Habermas,1929—)共同创立的“商谈伦理学”(Diskursethik,或译作“对话伦理学”和“话语伦理学”)的哲学奠基与改造，这种道德意识发展的阶段逻辑，变成了当代伦理学研究中的一个重要热点。阿佩尔最终又把“商谈伦理学”或“交往伦理学”变成了“后习俗责任伦理学”。也就是说，“前习俗水平”的道德意识、“习俗水平”的道德意识和“后习俗水平”的道德意识发展阶段理论，是科尔伯格提出的，但他主要是在心理学和教育学领域产生影响，阿佩尔和哈贝马斯则将之放在“商谈伦理”和“社会交往伦理”上，为其进一步做了哲学的奠基，使之从心理学领域过渡成为哲学领域的一个热点问题，阿佩尔又将“商谈伦理学”转向了“责任伦理学”，最终形成“后习俗伦理学”(Postconventional Ethics)或“后习俗道德”(Postconventional Moral)，准确地说，就变成了“后习俗责任伦理学”这个概念。所以，这个概念的版权最终只能归于阿佩尔一个人。

我们现在将以此线索进行考察，以发现“后习俗伦理”与“正义理论”的实质关联。

一、科尔伯格的“前习俗水平”“习俗水平”和“后习俗水平”道德意识发展理论

科尔伯格1958年在他的博士论文中沿着瑞士心理学家皮亚杰((Jean Piaget,1896—1980)的认知理论研究儿童道德意识的发展，但他与皮亚杰不同，不是侧重于探究儿童关于行为是非对错的认知能力发展，而是侧重于对行为是非对错认知中的“道德判断能力”形成与发展的逻辑研究，因而建构起一整套关于道德发展的哲学、心理学和教育实践的庞大理论体系，在欧美世界产生了广泛影响。①

① 关于科尔伯格的道德发展理论，可供参考的中文文献有：[美]康纳德·里德：《追随科尔伯格：自由和民主团体的实践》，姚莉等译，哈尔滨：黑龙江人民出版社，2003年；郭本禹：《道德认知发展与道德教育：科尔伯格的理论与实践》，福州：福建教育出版社，1999年。德文文献对其详细描述和研究的，有 Jürgen Habermas: *Moralbewußtsein und kommunikativen Handeln*(《道德意识和交往行动》), Suhrkamp Verlag Frankfurt am Main, 1983; Karl-Otto Apel: *Diskurs und Verantwortung—das Problem des Übergans zur postkonvertionellen Moral*(《商谈与责任——向后习俗道德过渡问题》), Suhrkamp Verlag Frankfurt am Main, 1988。

具体而言,科尔伯格提出了儿童道德判断能力发展的“三水平、六阶段”的理论,即第一、二阶段代表“前习俗水平”(Preconventional Level),第三、四阶段代表“习俗水平”(Conventional Level),第五、六阶段代表“后习俗水平”(Postconventional Level)。

为了更清楚地阐明这几个阶段的特点,现在,我根据哈贝马斯录下的原文和阐述①,分别概述如次。

“前习俗水平”,阶段1:惩罚和服从阶段(The Stage of Punishment and Obedience)。儿童认识到“对的”(Right)行动就是对规则、权威的绝对顺从,这样就可以避免惩罚和对肉体的伤害。这几乎就是一个按照人的天性来认知与判断行为对错的阶段,但对错的标准在“大人”,儿童只能通过他们的行为在“大人们”的世界所产生的直接后果:赞美、谴责、表演、惩罚等中来学习、认知和服从。行动的客观后果决定一行动的好坏,更多的价值或意义在这一阶段之外。儿童凭自己的水平做出避免惩罚和无条件服从权威的决定,而根本无法考虑惩罚或权威背后的道德准则是否正当。在这个阶段,儿童主要关心的是快乐与受表扬,避免痛苦和惩罚。皮亚杰把这个阶段称之为“客观责任感”的阶段。

阶段2:儿童能判断出“对的”行动要看其是否可以充当满足自己的需要并偶尔满足别人需要的工具。因此,这个阶段,科尔伯格称之为“个人工具性的目标与交换阶段”(The Stage of Individual Instrumental Purpose and Exchange)。这说明,在“前习俗水平”上,儿童能够对文化规范做出反应,并通过这种反应来认识、习得习俗伦理,并能根据行动的实际后果或利益(奖惩),或者根据制定规范者(父母或老师)的天然权力来理解规范。所谓“工具性的目标与交换”定向,是说儿童理解怎么做是对的,往往是从物质的、实用的途径去把握。所谓“交换”,实际上就是“你对我好,我也就对你好”,谈不上什么忠诚、感恩或公平合理。儿童一心想自己的需要,但也能体会到别人也有正当的需要。从而,他有时愿意为满足各个方面的需要以平等的方式去“做出妥协”。

“习俗水平”,行动的“对”或“正当”被理解为扮演一个好的角色,关心他人及其感受,保持对伙伴的忠恕之道和真诚。这种水平的行为正当性往往根据行为的“意图”来判断,行为后果明显地被忽略,“善意”成为重要的东西。正当的行为规范必须在自己和他人的眼中都具有“善意”,这样才有遵循规范和期望的动机。因此,“习俗水平”的道德意识处于人际间相互期待、相互协调和相互顺从的阶段。就儿童而言,在习俗水平阶段上的道德意识,表现在已能理解维护自己的家庭、集体或国家的期望的重要性,而不再仅仅以行为

① Jürgen Habermas:*Moralbewußtsein und kommunikativen Handeln*(《道德意识和交往行动》), Suhrkamp Verlag Frankfurt am Main, 1983,S.134-200.

的直接与表面的后果为判断依据。儿童的态度不只是遵从个人的期望和社会的要求，而且是忠于这种要求，积极地维护和支持这种要求，并为它辩护。

"习俗水平"有两个阶段，科尔伯格把"阶段 3"称之为"人际间相互期望、相互关联和协调一致的阶段；在这个阶段上，儿童重视人际关系和谐协调，愿做一个"好孩子"。而对"好孩子"的判断，就是做能帮助别人、使别人愉快、受他人赞许的行为。在很大程度上，这也就是遵从大多数人的或是"惯常如此的"行为。皮亚杰理论中的儿童"主观责任感"出现在这一阶段。

科尔伯格把"阶段 4"称之为"社会系统和良心维系阶段"。儿童认识到社会秩序依赖于个人乐于尽其本分，遵守社会已经建立起来的法律与秩序，倾向于以法则来维护社会系统的秩序。正当的行为就是履行社会义务、尊重权威，维护社会自身的安宁，以及维系社会的或群体的福利。当一个人履行了他的既定义务，就会滋生出一种自尊感，一种自我意识。

"后习俗水平"（Level C：Postconventional and Principled Level），道德的决定普遍地来自公道、价值或原则，道德标准的裁定取决于构建所有社会成员一直认可或可能认可的公平和公益的行为方式和原则。人们力求对公道而公平的道德价值和道德原则做出自己的解释，而不管当局或权威人士如何支持这些原则，也不管他自己与这些集体的关系。这一水平也分为两个阶段。科尔伯格把"阶段 5"称之为"权利优先、社会契约或功利主义阶段"。行为的正当性趋向于根据个人的一般权利以及经过社会的批判性检验并认可的标准来确定。人们往往坚持社会的基本权益、价值和法律条约，即便这些原则与群体的具体规章制度相冲突。人们往往明确意识到个人的价值观具有相对性，并相应地强调去实现被认同的秩序规则。行为正当性一方面通过宪法和民主的方法加以认可，另一方面通过个人的价值观得到辩护。行为正当的理由一般说来就是履行社会契约，因为一旦有了社会契约，那么为了大家的利益，为了保护他们自己和其他人的权益，就必须遵守这些条约。家庭、友谊、信任和工作责任也是随之而来的承诺和契约，确保对他人权益的尊重，人们考虑的是：这些条约和义务应该建立在全面有效的理性计算基础上，即为最多的群体获得最大的利益。

科尔伯格把"阶段 6"称之为"普遍的伦理原则阶段"（The Stage of Universal Ethical Principles）。

1. 关于什么是正确的，第 6 阶段指示的是普遍的伦理原则，即社会成员通过宪法和民主的方式确立的、通过个人价值观的反思确认的普遍伦理原则，是判断一切规则和行为对错善恶的标准。特定的法律或社会协议之所以有效与正当,也是因为它们基于这些原则。当法律违反这些原则时,人们就按照这些原则行事。所以,这种普遍的伦理原则就是正义原则:每个人的权利平等,对个人的人格尊严予以尊重。这些不仅是公认的价值,而且是用来产生决策的原则。

2. 关于这样做是对的理由是,作为一个理性的人,一个人已经看到了这个原则的有效性,并对它们做出了承诺。①

可见,"后习俗水平"的道德意识达到了道德发展的最高水平,其主要的特点是以普遍的伦理原则,即公平与正义的法则作为行为正当的道德标准。这个标准不是一个抽象原则,而是有实质的价值内涵的决策性实践标准:人的权利平等和对个人人格的尊重。对个体而言,其最大特色是达到的伦理原则的自主性,人们通过"学习",能把普遍的伦理原则视为自己行动的道德标准。

就后习俗的普遍伦理原则达到了把公平正义提升到一切规则和个人行为的判断标准而言,这是科尔伯格道德意识发展阶段成为当代责任伦理学讨论的核心的一个根本原因。而这种道德意识发展逻辑中的关键在于,个人道德意识的发展逻辑与社会伦理世俗变革之间的互动发生和相互塑造。哈贝马斯对之有这样一段评价:

科尔伯格把从一个阶段到另一个阶段的过渡理解为学习。道德的发展意味着,一个成长中的人(Heranwachsender)通常都是已然将其可支配的认知结构如此改建翻新并做出分别,使得他能够比从前更好地解决同样类型的疑难,即更好地处理在道德上意义重大的行为冲突的共识性调解。在这里,成长中的人就把他自己的道德发展理解为学习过程。在每一个更高的阶段上,他必须能够说明,在何种意义上道德判断,即他从前视为正确的东西,已是错的了。科尔伯格表明,与皮亚杰的观点相一致,这种学习过程是学习者的一种建构性的成就。作为道德判断能力之基础的这种认知结构,应该既非原初地受环境影响,也非天生的机制和成熟过程所能说明,而是作为某种先前具备的认知才能(Inventars)的一种创造性的再组织化(Reorganisation)成果,这就使得顽固地再次返回到从前的疑难是不可能的。②

---

① 转引自 Jürgen Habermas:*Moralbewußtsein und kommunikativen Handeln*(《道德意识和交往行动》), Suhrkamp Verlag Frankfurt am Main, 1983,S.135.

② 同上书,S.135 - 136.

这一学习过程阐明了一种“道德人类学”意义上个体自主成长和自我塑造的社会机制，它既是一个人道德潜能生长成熟的自然进程，同时也是在社会习俗伦理道德影响下作出自主反应、协调和创造性自我建构的自主道德发生的伦理进程。因此，儿童个人道德意识和道德判断能力的发展，作为“学习过程”，既是其“天生的”学习能力从“前习俗化水平”转向“习俗化水平”的社会化进程，更为核心的是在其自身的习俗化或社会化进程中由对“他律性的”“伦理”向自律性的“道德”转化的这一自主建构的成长过程。这一成长过程中最重要的东西，是自主道德的普遍伦理化能力！这是一个人自由能力的成长，靠着这种自由能力，一个自然人成长为一个能体现出人之为人的自由人格之尊严。“对的”行为在“阶段 5”已经达到了对自我和他人权利优先的考虑，而不仅仅是从自身的利益、情感和“良心”出发，以“社会契约”为核心的“契约伦理”是这种“功利主义”利益最大化诉求的核心价值和规范。而到了“阶段 6”，一方面道德的自主性建构达到最高阶段，习俗化和契约化的“外部”伦理规范内化为自由自主的内在自律道德。另一方面，“伦理的”道德规范达到了最高的普遍性：正义、公平，对个人人格和生命的敬重已经被自主地接纳为普遍的伦理原则和道德标准。正是在这种意义上，科尔伯格才把“后习俗伦理”称之为“自主的或有原则的”道德判断力。

但哈贝马斯和阿佩尔依然认为，后习俗伦理的“阶段 6”依然需要进一步地奠基，阿佩尔为此做了以下说明：

> 在我们所述的意义上，科尔伯格对一种理想的交往共同体的后康德主义伦理学作出了贡献。
>
> 但是现在，从对道德疑难的语言的，更准确地说，从商谈—论证的理解的观点出发，人们总还是可以对罗尔斯和科尔伯格的正义标准的抽象性提出反对意见。哈贝马斯在他对科尔伯格的最初接受中就已经以如下形式这么做了，即他假设了道德意识的第 7 阶段。在此阶段上作为理想所预设的是：作为规范而存在的一种行动准则的可普遍化，不仅要通过单个人在良心自律条件下的思想实验，而且还要通过一个“虚构的世界社会”的所有成员在“道德的和政治的自由”这一条件下的相关者之间的具体理解来确定。①

① Karl-Otto Apel：*Diskurs und Verantwortung—das Problem des Übergans zur postkonvertionellen Moral*（《商谈与责任——向后习俗道德过渡问题》），Suhrkamp Verlag Frankfurt am Main，1988，S. 342. 同时阿佩尔在此注释，参阅 J. Habermas：*Zur Rekonstruktion des Historischen Materialismus*，S.83，注释 2。

因此接下来，我们来考察哈贝马斯对“后习俗伦理”与“正义理论”如何在“商谈伦理学”基础上推进。

二、哈贝马斯对“后习俗伦理”的推进

哈贝马斯在建构其“商谈伦理学”的过程中十分注重探究道德意识发展与交往行动的关系，他的两本最主要的道德哲学著作都与科尔伯格的道德意识发展逻辑相关，对之进行了最为详细的介绍与分析，尤其是哈贝马斯试图重新阐释“后习俗水平”的道德意识与交往行动之间的关系。① 也正是在交往行为理论基础上，哈贝马斯对科尔伯格道德意识发展阶段理论进行了改造和完善。他发现，单纯心理学对个体道德意识和认知结构的研究是有严重问题的，这主要表现在它无法充分地将道德意识的个体发生与整个社会伦理的“种系”发生联系起来，在这种同一性结构中考察伦理道德的认知与判断的自主创造性重构。所以，哈贝马斯特别看重皮亚杰发生认识论的“操作性”发生方法。但他认为，就像个人的自主成长必须是一个社会化进程一样，个人道德意识与判断的学习过程，必定也是在个人的“角色行为”与社会伦理的交往关系这一同构行为中共同发生的。不过，哈贝马斯在注意到道德意识发展的连续性的同时，还特别注意到了个体自主发展与社会交往和伦理重塑进程中具有一种连续性的“中断”！这种“中断”表明了个体与社会习俗伦理之间具有某种“道德冲突”和“道德意识危机”。这是连续性进程中不得不面对的异质性东西。这是哈贝马斯改造科尔伯格理论的主要背景。为了方便对照，我们将哈贝马斯列出的下列两张表格呈现如下：

科尔伯格关于道德意识的发展阶段

认识前提	道德意识阶段	好的与正义的生活理想	惩罚	有效领域
A 具体的操作性思维	1. 免受惩罚取向	通过顺从获得最大限度的好处	惩罚（物质奖励被剥夺）	自然环境和社会环境的浑然未分
	2. 工具性享乐主义	通过等价交换获得最大限度的快乐		

① Jürgen Habermas：*Moralbewußtsein und kommunikativen Handeln*（《道德意识和交往行动》），Suhrkamp Verlag Frankfurt am Main，1983. Jürgen Habermas：*Erläuterungen zur Diskursethik*（《商谈伦理学之诠释》），Suhrkamp Verlag Frankfurt am Main，1991.对于这两部著作思想内容的解读，请参阅邓安庆：《世界思想文化名著精读丛书——哲学卷》，广州：花城出版社，2006 年。

（续表）

认识前提	道德意识阶段	好的与正义的生活理想	惩罚	有效领域
B 具体的操作性思维	3. 做好人的想法	具体的美德，获得相互认同的满足感	羞愧（失去爱和社会的承认）	有直接联系的人群
	4. 法律和秩序取向	习惯了的规范系统的具体伦理		政治团体的成员
C 形式的操作性思维	5. 社会契约的律法主义取向	国家公民的自由和公众的福利	负罪感（良心的谴责）	法治秩序的成员
	6. 普遍的伦理原则取向	道德自由		作为个体的人格

哈贝马斯关于道德意识阶段

行为类型	交往水平		道德意识阶段	好生活的观念	有效领域	哲学重建	年龄段
前习俗性：权威取向和利益取向的相互作用	行为及行为后果	一般化的快乐和悲伤	1	通过服从获得最大的快乐和免受惩罚	社会和自然环境的浑然未分	幼稚的享乐主义	Ⅱa
			2	通过等价交换获得最大快乐和避免不愉快			
习俗性的角色行为	角色	经过文化解释的需要（具体的义务）	3	直系亲属的具体伦理	有亲戚关系的人群	具体的秩序思想	Ⅱb
规范引导的相互作用	规范系统		4	社会关系中的美德	社会关系中的成员		

（续表）

<table>
<tr><th>行为类型</th><th colspan="2">交往水平</th><th>道德意识阶段</th><th>好生活的观念</th><th>有效领域</th><th>哲学重建</th><th>年龄段</th></tr>
<tr><td rowspan="3">后习俗性的相互作用：商谈</td><td rowspan="3">按伦理原则</td><td>普遍化的快乐和悲伤</td><td>5</td><td>国家公民的自由、公共福利</td><td>所有法律伙伴</td><td>理性的自然法</td><td rowspan="3">Ⅲ</td></tr>
<tr><td>普遍化的义务</td><td>6</td><td>道德自由</td><td>个体人格的所有者</td><td>形式的伦理学</td></tr>
<tr><td>普遍化需要的解释</td><td>7</td><td>道德和政治自由</td><td>所有想象中的世界公民</td><td>普适性的商谈伦理学</td></tr>
</table>

从这两张表格来看，哈贝马斯的侧重点不单纯是道德意识的个体心理发展，而是儿童道德意识的心理学发展是如何在“社会交往”的“主体间”“互动”“理解”中、在社会历史发展中形成和发展的，其中从“习俗伦理”到“后习俗伦理”的最大转变就是从角色性的行为规范到普遍性原则伦理的过渡。普遍性伦理原则是道德主体在社会交往和互动理解中自主建构的过程，经历了习俗伦理的“角色化”和习俗的“他律”规范向自律的反思与道德自由的过渡。他特别强调的是，个人道德意识的发展是人格发展的一个重要组成部分，人格发展的目标是自我认同的形成，即在变化了的社会交往关系中始终保持自我的独立性。这种自我同一性或者说自我认同对道德意识和道德判断的形成至关重要，它不仅使个体拥有熟悉、承认或拒绝社会规范的能力，而且使主体能在普遍伦理原则（正义与自由）规范下实现自己的内在需要和合法权利，实现自身的幸福和社会的最大善。

哈贝马斯对科尔伯格道德意识理论所做的修改和完善，最主要地表现在：

首先给科尔伯格的6阶段道德判断的发展增加了一个阶段，在这第7阶段，道德规范不再被独白式地审视，而是放在“商谈对话”中被审视，哈贝马斯自己一直觉得这一步是他对康德伦理学的最大超越。因为只有在一种普遍的商谈对话伦理层次，每个个体视其真正利益的需要，成为实际对话的对象，才能获得阐释和辩护。

其次，哈贝马斯把道德意识和判断的每个阶段的结构性发展，都放在“交往行为”，即社会互动行为的基础上进行了重新解释。在第一个层次上，儿童通过语言的学习逐步被纳入社会交往的范围内，这是儿童熟悉交往的过程。通过成年人对其行为，特别是行为后果的奖惩，儿童认识到了成人世界规范的天然力量。同时，儿童自身也是依据其自身对某些事情兴趣的有无来学习交往的基本能力。在习俗水平上，人的需要被纳入社会文化系统中进行理解，逐步形成了人的角色意识和角色行为，继而出现了以规范引导的交往方式。在第三阶段，人类的交往行为更加社会化，个体不仅认同、接受社会以法律、文化、契约为形式的“他律”规范系统，而且以自身的价值观为定向，甚至在出现冲突的情况下，能够通过对话来协调行为原则或价值观的冲突，自觉消除以自我为中心的弊端，在普遍适用的交往原则引导下追求更高的道德自由和政治自由。

再次，在分析个人道德意识的发展逻辑时，强调了个人的角色行为在个人的社会化过程中形成自我认同的重大意义。在前习俗水平，儿童尚未形成自己的角色意识。但是，儿童对语言的天然的学习兴趣和自身的操作性思维能力，能够区别出一个“我的”世界和“你的”世界，尽管儿童的世界观是自我中心论的，这就萌发出他们天然的朦胧的自我中心的角色意识。但这种角色还不是真正意义上的社会角色。一旦儿童学会了充当社会角色，意识到以他/她个人的某种行为能够参与到整个社会化的行为愿望中，他/她就会理解行为的相互作用、相互牵制、相互冲突、相互协调、相互理解的意义。当青年人经历了从前习俗水平到习俗水平过渡的危机，就学会了对社会角色和行为规范有效性的怀疑，并进一步具有了对自相矛盾的和相互冲突的规范原则的判断力。当成年人经历了从习俗水平到后习俗水平过渡的危机，其角色行为的社会化和合理化意义又进一步提高了。他/她不仅在一般的社会意义上要求自我遵循一切特殊的角色和规范，而且要求破除特殊角色行为规范的强制性，使特殊规范在普遍规范之下受到审视，要求在普遍有效性的商谈讨论中，使道德规范成为普遍有效的协调原则，从而真正实现自我的同一性和自由。“随着儿童掌握了自己家庭环境的少数基本角色的符号的普遍性和其他群体的行为规范，他的自然同一性就会被以符号为基础的角色同一性的形式所取代。躯体的特征，例如性别、器官、年龄等，都被纳入符号中界说。在这个阶段上，行为者是作为角色上不独立的标准人，以后也是作为无名的角色承担者出现的。只有在所说的第三阶段上，角色承担者才能转化为不依赖于具体角色和特殊规范系统强调其同一性的人。”①

① 参阅[德]哈贝马斯：《重建历史唯物主义》，郭官义译，北京：社会科学文献出版社，2000 年，第 75 页。

最后,哈贝马斯超越了意识哲学的认识论框架,把道德意识的形成、发展与人的"规范引导下"的行为能力之发展紧密相连,突出人在道德意识的危机和断裂中保持人格同一性的能力,尤其强调道德意识是一种解决道德原则冲突的行为能力。"我的出发点是这样的假定:道德意识就是运用相互作用的能力自觉地研究道德上至关重要的行为冲突能力。对于用共识来解决一个行为冲突来说,当然需要一种能够共识的观点,借助于这个能够共识的观点,就可以建立起一种调节有争议的利益的过渡性程序。""因为道德意识把行为着的主体置于自觉地解决冲突的绝对命令之下,所以道德意识就成了普遍的相互作用能力稳定性程度的指示器。"①道德意识之所以是一种解决行为冲突的能力,是因为道德的自我本身就是一种矛盾体:自我作为人,同其他的所有人都是相同的;但是自我作为个体,同所有其他个体则全然不同。"因此,自我同一性在成年人的能力中能够证明自己在冲突的情况下有能力创造新的同一性,并且能使这种新的同一性同已被克服了的旧的同一性相一致,以便在一般原则和活动方式的指导下,在独特的生活历史中组织自己的相互作用。"②

科尔伯格在1983年出版了他的最后一部著作《道德诸阶段:当前的构想与对批评的回应》(*Moral Stages:A Current Formulation and A Response to Critics*)。在这本书中,他虽然通盘(durchweg)接受了哈贝马斯对他的理论的重新阐释,但依然暗示出了这一点:鉴于他的观念与哈贝马斯之间具有趋同性,第7阶段作为交往能力的最终阶段的公设完全是画蛇添足(überflüssig)。对此阿佩尔做出了这一评论:

> 这一信息最初出现可能是令人惊讶的。因为在可逆性角色承担(reversible role taking)的独白式原则与在关于共识性利益甚至权利要求的说理性商谈中的具体理解的对话性原则之间,始终还是存在着差异的。③

因此,究竟如何准确地把握这种差异,对于单个人道德意识个体发生的最高阶段的形式结构的把握,商谈伦理学的对话性的理想原则与科尔伯格的理想原则相比,并非没有其更为宽泛的重要性。因为在阿佩尔看来,正是因为单个人仅仅在交往能力的反思性的内

---

① [德]哈贝马斯:《重建历史唯物主义》,郭官义译,北京:社会科学文献出版社,2000年,第77页。

② 同上书,第80页。

③ Karl-Otto Apel: *Diskurs und Verantwortung—das Problem des Übergans zur postkonvertionellen Moral*(《商谈与责任——向后习俗道德过渡问题》), Suhrkamp Verlag Frankfurt am Main, 1988, S.343f.

在化，即独白式的学习理解中，是无法承认比科尔伯格意义上的“角色承担”的完全可逆性（Reversibilität）更高的正义原则，所以，才需要对他基于角色承担的可逆性正义原则进行商谈伦理学的改造。因此，一方面需要承认哈贝马斯的商谈伦理的改造有其必要性，另一方面需要认识到，就道德意识个体发生的最高阶段而言，哈贝马斯与科尔伯格之间的差异，主要体现在由单个人反思得到的正义的抽象形式原则在什么样的社会理想共同体中的具体应用难题，即哈贝马斯所要求于商谈主体的道德的与政治的自由条件，需要的是“世界社会”（Weltgesellschaft）的理想交往共同体，才能实现最高的正义原则。所以，阿佩尔认识到，要承认和保持哈贝马斯对科尔伯格改造的成就，必须进一步对理想的交往共同体进行“责任伦理学”的最终奠基，以此来超越反对对伦理原则做最终奠基的“后形而上学”的哈贝马斯的商谈伦理学。

三、阿佩尔对“后习俗责任伦理”的最终奠基

阿佩尔自己回忆说，1983 年早期他在罗马大学时，就已经研究了皮亚杰和科尔伯格的道德判断能力发展逻辑同道德的先验语用学奠基之间的关系。“这一研究的兴趣事实上也就是对科尔伯格对道德判断能力的个体发育（Ontogenese）的重构在一种与之相应的种系发育（Phylogenese）意义上加以重估，也即在道德意识的社会文化演化中加以评估。”①他认为这种评估涉及两个困难，第一个困难是这两者的关系：一方面要对伦理学的规范原则进行哲学奠基甚至辩护，另一方面是道德判断能力在皮亚杰的认知心理学意义上对个体发育作经验性、发展心理学的描述与重构的、理解的说明。这一困难对于他和哈贝马斯而言，实际上就是对道德意识种系发育的社会历史文化定向的重建同个体发育之间的关系。第二个困难最集中地涉及这两者的关系：一方面道德判断能力最高阶段（第 6 或第 7 阶段）不同类型的观念与其阶段建筑术之间的关系，另一方面就是同道德原则的哲学奠基之关系。为了化解这两大疑难，阿佩尔提出了**与商谈相关的责任伦理学的先验语用学奠基**（*die transzendentalpragmatische Begründung einer diskursbezogenen Verantwortungsethik*）以供讨论。

阿佩尔首先从方法论上对科尔伯格的道德意识阶段的发展心理学说明进行了哲学上的重构，对此，本文限于篇幅不作介绍。我们只把他的结论提供出来：（1）科尔伯格的道德意识发展阶段理论是对“从事实到应当”（From Is to Ought）的描述；（2）第 6 阶段以“正

① Karl-Otto Apel: *Diskurs und Verantwortung—das Problem des Übergans zur postkonvertionellen Moral*（《商谈与责任——向后习俗道德过渡问题》），Suhrkamp Verlag Frankfurt am Main，1988，S.306 – 307.

义作为可逆性”(Justice as Reversibility)阐明规范的正义标准。① 我们现在着重介绍一下阿佩尔对“后习俗责任伦理”的解决方案。

因为无论是哈贝马斯还是阿佩尔对科尔伯格道德意识“第6阶段”的解读,这一阶段都已达到了普遍的伦理原则,行动的正当性是根据与自己选定的伦理原则相一致的合乎良心的自主决定相一致的。所谓 Justice as Reversibility,强调的是可逆性或对等性原则,即互惠和人权平等,推己及人那样的金规则:己所不欲,勿施于人,因而本质上是普遍的正义原则。但他和哈贝马斯一样,都认为需要在对道德危机的化解能力中对此做进一步的阐明,才能够在伦理学上真正地抗拒伦理上的相对主义。他们两人都借助于超越康德的主体主义的道德理论来达到对科尔伯格的超越。但两人超越的路径是不一样的。哈贝马斯的商谈伦理依然是在主体性的范围内超越康德,即把康德的主体性道德理论视为单一主体反思性道德自律,而建立在交往行为理论之上的哈贝马斯的道德理论是基于“主体间”有效的商谈与对话的伦理原则,伦理共识是可以依其制定的商谈程序而实现的。但至少阿佩尔在两点上对哈贝马斯的商谈伦理是不满意的:第一,哈贝马斯对康德伦理学的超越,依然还是局限于“主体间”的层面,而没有推进到“实体的伦理性”层面;第二,要把最高伦理原则的最终根据推进到实体性伦理,即黑格尔所强调的“客观精神”的实体伦理层面,就必须坚持“形而上学”的最终奠基,才有可能确定出“最终奠基的标准”(Letztbegründungs-Kriterium),而哈贝马斯的商谈伦理却是放弃“最终奠基”的所谓“后形而上学”。

之所以需要有此形而上学的渴望,阿佩尔一直谈论他们这一代人所经历的纳粹战争的失败性的心灵创伤,这种创伤导致了存在主义对于生存意义的绝望感。如何从这种绝望中走出来,已经没有宗教能够带来救赎的希望,于是只能在形而上学中寻找这种替代性的满足。因此,哲学伦理学如果还能指导人类的生活,就必须在这个充满不义不公、看似毫无意义的世界上能够证明,这个世界依然还能具有一种对“道德存在”(Moralischsein)作为目的自身的存在主义追问,以化解人们对生存的绝望感。因此,他的伦理学必须坚持这种具有准宗教性质的形而上学最终奠基。

以道德存在作为目的自身需要有一个理想的世界公民社会的理想交往共同体,对于这种共同体,阿佩尔试图以先验语用学来为此奠基。在完成了对这个理想的交往共同体

① Karl-Otto Apel: *Diskurs und Verantwortung—das Problem des Übergans zur postkonvertionellen Moral*(《商谈与责任——向后习俗道德过渡问题》), Suhrkamp Verlag Frankfurt am Main, 1988, S.317-340.

的奠基基础上，他寻找到一个同样试图在伦理学上超越康德的同盟军，那就是汉斯 · 约纳斯（Hans Jonas，1903—1993）。

约纳斯面对新的科技文明对于人类未来的毁灭性危机，寻求一种人类能够持续、能够面向未来的"责任伦理学"。他像康德一样，把伦理原则视为先天立法的绝对命令，但这种绝对命令要能化解人类在技术文明时代所遭遇到的前所未有的道德危机，即人类创造的技术已经脱离了人类本身的控制，足以具有摧毁人类的能力这种根本性的危险。因此，商谈伦理只是寻求主体间的道德共识，还远远不够真正解决人类的正义难题，人类现在所面对的责任难题是人类是否还有未来。面对这一难题所能达到的普遍正义原则就不仅是主体间的正义，也不仅仅是人类中心主义的正义，而是人类世代之间的正义，是人与自然之间的正义问题。

但对"责任"的本质界定，阿佩尔推崇的是德国哲学人类学家盖伦（Arnold Gehlen）的定义："责任这个词只有在某人公开地清算得出了其行为的后果并知道此后果的地方才有其明晰的含义；所以政治家的责任在其成就上，企业家的责任在市场中，公务员的责任在其上级主管那里，工人的责任在其作业的监管中等。"①不过，这种责任界定是职业角色和劳动分工的社会制度层面上的，因此，这种道德责任也只是科尔伯格第 4 阶段的角色伦理责任，后习俗伦理的第 6 阶段如何能够与这种意义上的责任伦理联系起来呢？

角色化的责任伦理本身是在一个国家意义上的社会职业功能化区分中的道德责任问题，这种区分本身是否具有伦理的正当性，需要科尔伯格第 6 阶段的普遍伦理原则——正义——为其辩护。因此，后习俗的责任伦理视野下的道德，要超越于功能化的道德（这种意义上的责任是由实定法和纪律、习俗等"他律"来维系的），必须要有一个世界历史维度下的人类整体意识，它处理的不是社会职业伦理范围内的责任，而是在与自然相关意义上的人类整体的未来责任。

这种对于人类未来的整体责任问题，依然可以接着后习俗伦理的第 6 阶段继续完成其奠基。因为内含于商谈对话原则之中的普遍化伦理原理实际上已经被参与到对话之中的相关人员所承认，也就是说，无论是对于康德主义者（他已经在反思性的对话中承认了以可普遍化的法则作为准则的道德性标准）还是对于科尔伯格主义者（对于所有角色主体都把可普遍化作为可接受的交互对等的解决方案）而言，商谈对话的基本原则都可以作为调节性和程序性的原则来理解，这就可以表明，在相互理解的理想状况下，发问者向来

① A.Gehlen：*Moral und Hypermoral*，Frankfurt am Main，1973，S.151.

就已经给他自己和所有潜在的对话伙伴假定了对所提出的问题做出可以达成共识的、纯粹说理性的解答这一共同责任(Mitverantwortung)。而这种被对话程序所内含的共同责任是有普遍约束力的。也就是说,某人只要是带着严肃的问题参与到商谈对话之中,他就应该具有一种达成相互理解的善良意志,不仅自动地预设了所有潜在的对话伙伴具有平等的权利,而且也涵摄了在一个虚构性反设的理想交往共同体中具有某种解决问题的责任共契(eine Solidarität der Problemlösungsverantwortung)。这也就是阿佩尔关于最高道德阶段的后习俗伦理普遍原则的先验反思的最终奠基工作。所以,通过他的这一"最终奠基",商谈伦理学就演变为一种人类共同面对未来的共同责任伦理学。后习俗伦理的普遍原则(正义和自由)于是也就最终奠基为后习俗共同责任原理。

通过这种后习俗的责任伦理学奠基,我们也就能清楚地把握到,儒家传统的习俗伦理如果能在现代变化了的时代生活中继续引导和规范中国人的伦理生活,该如何进行返本开新的工作了。"正义"与"仁爱"是人类文明自古以来一以贯之的两个总的伦理原则,但"正义伦理"更侧重于作为制度德性,以求共同体的共存之道,"仁爱"更侧重于个人德性,以求人与人之间的相生之道。两道之间绝非相互对立而互不相容。柏拉图对话中就存在两条路径,或从"正义"求"仁爱",或从"仁爱"求"正义"。以此观之,中国传统伦理绝非只有"仁爱"而无"正义",而正是以"仁爱"求"正义"为主线的道德哲学路向。本卷《伦理学术》引入"后习俗伦理"概念,探究传统伦理向现代转型之中的"正义"与"仁爱"各自蕴含的问题及其解决之道。

【原典首发】

《黑格尔法哲学讲演录(1818—1831)》评论版“导论”①(连载一)

[德]卡尔-海因茨·伊尔廷②(著)

邓安庆(译)

【摘要】本篇“导论”介绍了《黑格尔法哲学讲演录(1818—1831)》各卷的内容及其来源,主要考察了如下五大“差异”:(1)黑格尔的政治立场在1817至1820年间的改变;(2)黑格尔王权阐述中的差异;(3)“等级议会论文”(1817年)与“法哲学”(1820年)之间的差异;(4)1818年和1820年“法哲学”序言之间的差异;(5)黑格尔到达柏林从事教学活动开始与《法哲学》出版完成后精神状态的差异。

【关键词】黑格尔,《法哲学》,《黑格尔法哲学讲演录(1818—1831)》

序　　言

只要谈论黑格尔的政治哲学,我们迄今为止或者联系于:

——《法哲学》,或者(虽然较为稀少)联系于:

——黑格尔的三部政治著作(《德国法制》《评符腾堡州等级议会的讨论》《论英国改革法案》),或者联系于:

---

① Georg Wilhelm Friedrich Hegel: *Vorlesungen über Rechtsphilosophie 1818—1831*, Edition und Kommentar in sechs Bänden von Karl-Heinz Ilting, Friedrich Frommann Verlag Günther Holzboog KG, Stuttgart-Bad Cannstatt 1973, S.25－42.

② 作者简介:卡尔-海因茨·伊尔廷(Karl-Heinz Ilting,1925—1984),自1966年起,担任萨尔大学哲学系教授,以研究黑格尔哲学、法哲学和自然法为重点。他的主要作品包括《实践哲学的基本问题》(*Grundfragen der praktischen Philosophie*)等,编辑、考订并评论:《G.W.F.黑格尔 1818—1831 法哲学讲演录》(4卷本)(*Georg Wilhelm Friedrich Hegel Vorlesungen über Rechtsphilosophie 1818—1831*, frommann-holzboog, Stuttgart 1973/1974.)由于他的努力,彻底颠覆了从前对黑格尔法哲学僵化、保守和反动的形象,开启了对黑格尔实践哲学正面形象的复兴,由此极大地推动了实践哲学在二战之后的发展。除此著作之外,伊尔廷还主编了:黑格尔《自然法:1819—1820年讲演录》(*Naturphilosophie. Die Vorlesungen von 1819—1820*),和黑格尔《宗教哲学:1821年讲演录》(*Religionsphilosophie. Die Vorlesungen von 1821*)。

——黑格尔耶拿时期的著作(《自然法论文》《伦理体系》《耶拿精神哲学》和《精神现象学》)。

就我所见,黑格尔在政治哲学领域最成熟的成就——法哲学,也只有法哲学,还从未得到认真看待,虽然在黑格尔全部著作的体系内,它在某些方面扮演了一个特别重要的角色,所以应当与他的法哲学讲演录联合起来看。但只要这方面的全部材料还根本未曾出版或出版不足,那么就几乎不存在这种联合起来看的可能性。借助于眼下这个版本,这一令人遗憾的缺失将得到补救,因为这本身表明,在《黑格尔全集》历史考订版的框架内——该版由波鸿黑格尔档案馆受德意志科学研究学会委托承担——黑格尔的法哲学讲演录在几十年内都面世不了。所以,摆在眼前的四卷版所包含和得到的全部材料,汇总了首次出版物中最大的部分。

第一卷,除了出自 1817 年"海德堡哲学全书"的"客观精神"这一部分的考订文本版外,还包含了一个附属于它的、迄今未发表的讲演笔记版本,这些笔记本质上是黑格尔在 1818 年和 1819 年为他关于整个《哲学全书》的讲演而写下的,以及一个迄今同样未曾发表的黑格尔第一次在柏林大学的"自然法与国家学"(1818/1819)讲演录笔记版本,这个笔记出自卡尔·古斯塔夫·霍梅尔斯(Carl Gustav Homeyers,1795—1874)之手。该笔记包含了依据黑格尔口述的 1820 年《法哲学》的原版。这部笔记超乎寻常的意义在于,它形成于"卡尔斯巴德法令"(1819 年 9 月)之前,本版的导论将把这一点讲清楚。

第二卷将包含 1820 年的《法哲学》。这部著作现在必须被理解为一个在 1819 年秋引入审查规定的压力下对 1818/1819 年讲稿作了改变的、拓展的版本。源自 1820 年初始版本的、经过严格检查的文本——类似于第一卷中出自"海德堡哲学全书"的文本——与讲演录笔记形成了对照,这些笔记是黑格尔为 1821/1822 年、1822/1823 年和 1824/1825 年的讲课所写而夹杂在讲义清样中的。虽然这些已经在格奥尔格·拉松(Georg Lasson)版和约·霍夫迈斯特(Johannes Hoffmeister)版中呈现,但是,迄今为止,把这些讲课笔记同黑格尔的讲课本身联系起来加以评价,还是不可能做到。刊印同时代人对"法哲学"评论——出于技术原因它们已经作为第一卷的附录出现——旨在帮助说明这部著作的直接影响。

第三卷发表的笔记,这是黑格尔的学生古斯塔夫·海因里希·霍陀(Gustav Heinrich Hontho,1802—1873)根据 1822/1823 年冬季学期的讲座所做的。这些笔记——它们在很长一段时间下落不明,自 1952 年以来保存在柏林的普鲁士文化遗产国家图书馆——和在第四卷中出版的格瑞斯海姆(Griesheim)的笔记一样,已经被爱德华·甘斯(Eduard

Gans)用做黑格尔逝世后的《法哲学》(1833)版本的"补充"。但是,无论是格瑞斯海姆的笔记还是霍陀的笔记,作为整体迄今都没有出版。除此之外,这一卷包含了一个以黑格尔口述"法哲学"风格撰写的这部著作的简短版,霍陀将其添加到他自己的笔记中。

最后第四卷发表的是卡尔·古斯塔夫·尤利乌斯·封·格瑞斯海姆(Karl Gustav Julius von Griesheim,1798—1854)根据黑格尔在1824/1825年冬季学期关于法哲学讲演所做的笔记。连同霍陀的笔记,它将证明1820年的"法哲学"是在例外处境中产生的,因此不能被视为黑格尔政治哲学唯一的、真实的权威表达。作为这些来源的补充,在这一卷中,"客观精神"的章节,也按照鲜为人知的《哲学全书》第二版和第三版(1827年以及1830年)再次重印。这些文本是黑格尔1825年至1831年间政治哲学的唯一证明;因为在19世纪20年代后半期,他的法哲学讲演似乎是让他的学生列奥波德·封·赫宁(Leopold von Henning)和爱德华·甘斯"代课",黑格尔只在1831年冬季学期,在他突然逝世的前几天,才再一次开始法哲学讲演。关于黑格尔这些最后的讲演,有一个至今不出名的笔记,是由大卫·弗里德里希·施特劳斯(David Friedrich Strauß,1808—1874)撰写的,也将在这一版中最终发表出来。一个详细的索引旨在让现在这些能被拓展的、丰富广博的材料更容易查找。

本版的第四卷后面将有两卷评论。第五卷将在本版的基础上提供黑格尔政治哲学的总体阐述,而具体的分析将留作第六卷来诠释。

如果不对所有帮助我,让我能够在相对较短时间内准备并完成这个版本的人表达我的感激,我就无法结束这一前言。奥托·珀格勒(Otto Pöggeler),波鸿黑格尔档案馆馆长,给出了第一个提示。施托尔岑贝格(Stolzenberg)博士的太太(柏林,普鲁士文化财产国家图书馆)在我取得手稿和复印时提供了宝贵而不懈的帮助。古恩特·豪茨伯格(Günther Holzboog)在一开始就参与了计划,并在发现大卫·弗里德里希·施特劳斯这个至今不知名的手稿时给予了帮助。西格弗里德·德特普勒(Siegfried Detemple)和赫尔曼·奥金斯(Hermann Oetjens)先生,萨尔布吕肯,在写作手稿初稿、校对阅读和获取材料等各个方面对我加以支持。萨宾·默尔茨(Sabine Mertz)小姐则证实自己在誊写难以辨认的手稿方面是一个十足珍贵的同事。但最重要的,我要感谢妮娜(Nina)——我的妻子——宁静且永远保持耐心(serena e sempre paziente)。

卡尔-海因茨·伊尔廷(Karl-Heinz Ilting)

1972年3月8日,于圣·英格伯特(St. Ingbert)

导　论

1820年的《法哲学》与黑格尔的法哲学讲演录

> 教授们都有自己的难处。他们的工资虽然没被削减，但也保持不变，而且普遍的物价上涨使它们变得更少。教授们发牢骚，但是很轻声。因为他们担心自己的立场，许多教授已经被解雇，特别是当他们表现出反对统治者时。举例来说，如果一个物理学教授激烈反对越南战争，他就无法完成他的任务。人们聘用他，是为了让他教授物理，而不是政治。但如果一个教授离开了他的岗位，他就会迷失。他不能再找到另一个职位，不是现在，也当然不是在美国。①

一、黑格尔的政治立场在1817年至1820年间的改变

鲁道夫·海姆(Rudolf Haym，1857)对黑格尔的清算富于影响力，他在其中以赞美的口气强调，在《法哲学》中，主观性原则在君主制形态中发挥了效用，这个原则通常是黑格尔——在海姆的看法中——试图贬低的东西。但遗憾的是，黑格尔并没有把这个值得赞美的初衷坚持下去；相反，他立即重新退回到他习惯性地对普遍东西和实体的高估："在黑格尔这里，这种个性只是分享了一般个人和个体的命运。"因为在黑格尔的阐述中，君主不是建筑物的"基础或者不只是拱顶，而是建筑物最高顶部的十字架；他的全部意义在于——"只说是的并在I上御笔一点"(H383)。

显然，通过海姆的启发，弗朗兹·罗森茨威格(Franz Rosenzweig，1920)得出了类似的结论。对他而言，"黑格尔的君主形象"也是通过一个"特有的模棱两可性"标画的。但取代诸如海姆的这种论断，作为黑格尔批评的基础，罗森茨威格在其中看出了其实是一种"深刻的思想上的冲突"：

> 君主，系统性地看，是一切国务活动的本源——"第一"权力，而且同时，实践地看，只是几乎空无内容地做决定的"形式的意志"，通过这一意志，在正式程序中由政

① 出自一篇关于美国大学状况的文章(Klaus Mampell，发表在《萨尔布吕肯日报》，1972年8月2日，第5页)。——原注

府和人民的意志完成的决策才被实施。因此,这种决策作为这样的“第三”权力,再反过来系统地看恰恰是最高的;如果腓特烈·威廉(Friedrich Wilhelm)对黑格尔将国王的职权描写为单纯地“在I上御笔一点”这一揭秘做出回应的话,应该就是这样:“但是,如果现在国王御笔不点”,那么教授就会觉得自己对国王的理解是完全正确的了。可是尽管依然还是这位君王,恰恰就他是所有政府的“第一”权力和本源而言,只是最低的权力,只是“单纯的”空洞个体;它的内容,仅仅只是上面趣谈的“I”所需要的这个点,只有从客观的历史的国家必需品的财富中向他呈现出来,以便他能够有效且有力地证明自己。自由,生机勃发成长着的精神气象,是国家的本质,此其一;形式,法,规则同样也是它的本质,此其二:这两种对立而又共同起作用的力量制约了黑格尔君主制的形象。①

海姆和罗森茨威格在他们的讨论中联系到了一个文本,这是在1820年的《法哲学》(缩写为Rph)原版中根本找不到的。只通过爱德华·甘斯,他于1833年作为第280节的“补充”放进了《法哲学》之中。甘斯从黑格尔的著名学生海因里希·霍陀的讲演录笔记中摘录出来的这个文本,是霍陀在1822/1823年冬季学期所完成的。在霍陀的笔记中,相对应的地方是这样说的:

意志的这种直接性,即纯粹抽象的主观东西构成了自然而然的说法,说君主是“这一个”特定的个体。所以这都只是达到了单纯的概念环节,对于君主,人们常说它取决于偶然性,如同在国家中有君主是偶然的一样,由于君主有可能教养恶劣,使得他不够格登上顶峰之位。因此,如果有人说最重要的事情被委诸偶然性,那么这是荒谬的,亦即这样的情况应当作为更理性的而存在。教育不会消除偶然性,毕竟如果天赋很差,所有的教育都是无能为力的,因为教育与一个自由的人有关,而且它本身还要取决于可能再次必定被选择的个体,乃至于在偶然性的无穷性中继续前行。因此通过教育,这个②偶然性不会被消除。然而人们要求的是,最高事务不应被委诸偶然。

① 弗朗兹·罗森茨威格:《黑格尔与国家》,慕尼黑和柏林1920,Ⅱ,141f.——原注

② 霍陀写作:Der(第三格),现在这里die(第四格)。——原注

然而重要的一点是，人们设定的前提，本质上还是取决于君主性格的特殊性。这一前提恰恰一无是处(Nichtige)，因为在一个发展的有机体中，关键的是这样一个形式上做决定的顶峰，事关这种决定的一种自然稳定性，使得在这里重要的(所以)恰恰不是性格上的特殊性。因此，需要一种君主制度的东西是这个：要有一个人，他来说“是的”，御笔在I上一点，因为顶峰就应当是这样的，乃至于性格的特殊性并非是有意义的事情。当然，这种特殊性也有它的游戏空间，但绝非本质性的东西，而且只要我们假定，个人的特殊性在君主身上是决定性的东西时，就是一个错误。

有人到处都要求，每件事务都应该得到客观的处理，但恰恰只有君主才是做决定的顶峰。因此，确定君主的概念，并非易事，长久以来，有1000个以上的君主，需要概括在这一概念上。说某事是有理性的，就是说某种东西与其概念相符合，而且说与概念相符合，就是说，所有东西都是概念自身的一个环节。

现在如果说，君主还拥有什么高于这种最后做决定的权力，那无非就是落入个人特殊性(Particularität)中的东西，这决不可视为关键的东西，因为倘若个性真的成为决定性的东西，那简直就是不幸。① 当然，在有可能出现这种情况的地方也会产生这样的状况，但是，一个如此这般的国家就不是一个有制度的(construiter)国家。然而，在一种君主制中，君主们的任性并不是法律，宪法(Verfassung)才是，宪法之法律接近客观的方面，君主接近的只是法律的主观的方面。我想必须要补充这一点。

在由黑格尔自己出版的《法哲学》文本中，不只是发现不了这个文本，甚至无论是海姆还是罗森茨威格都未提到这个文本，因而在那里也就缺少可供比较的黑格尔关于君主地位的看法。

二、黑格尔王权阐述中的差异

这一点爱德华·甘斯似乎从未注意到过，否则他在《法哲学》第二版(1833年5月29日)“序言”中就会写得不一样：“作者(黑格尔)……在一个艰难的时期……对君主做出了不同于国家之必要的和符合思想的权力顶峰这一阐释吗？……”在黑格尔出版的文本中，君主并不是“国家之必要的和符合思想的权力顶峰”，而是“整体的绝对做决定的环

① 这句话似乎证明，海姆以他对黑格尔的批判触及到了某些正确的东西。只是，并非海姆的每一个假设都会承认，在主权学说中应该特别强调个性要素。——原注

节”(《法哲学》第 279 节)。在前者,黑格尔将君主描写成“这个最终之物,将所有的特殊性扬弃在这个简单的自身(Selbst)中,终止了总是种种理由和反对理由之间来回拉锯、摇摆不定的权衡,而以我想要(Ich will)这种形式做决定,使一切行动和现实性得以开始”。(《法哲学》第 279 节附释)在具体细节上,虽然黑格尔对君主完满权力(Machtvollkommenheit)的描述并不是特别清晰(参见《法哲学》第 282 – 285 节),但他毫不怀疑,“行政权”只是对“君王所做决定的执行和运用”(《法哲学》第 287 节,参见第 291 节,第 293 节)。1820 年《法哲学》中的君主,还远不是一个纯然的“国家之必要的和符合思想的权力顶峰”,而是“整体的顶峰和开端”(《法哲学》第 273 节)。而黑格尔在 1822/1823 年的法哲学讲课中,却相反地将君主的功能限制在说“是的”和“在 I 上御笔一点”,我们起初绝没有因此就像罗森茨威格那样,认为这是同一种“深刻的思想上的冲突”有关,而是认为与这个事实有关,即 1820 年《法哲学》中的“君主制的形象”,是黑格尔在“一个艰难的时期”草拟出来的,并且他的这一描述在 1822/1823 年冬季学期的讲课中也没有令其覆盖起来。

甚至黑格尔同时代的人,在《法哲学》出版时也对君主制阐述中有一个“深刻的思想上的冲突”毫无察觉。1821 年 8 月 8 日,封 · 塔登(v.Thaden)在给黑格尔的一封信中写道:“您被交替地诋毁为保皇派哲学家和哲学的保皇派分子”(d.Ed.394)。他认为自己并没有什么诱因,让自己同对这部著作的这种判断保持距离。在 1822 年一篇非常详细且具有哲学意义的评论中,黑格尔被视作“君主拥有绝对的无限制完满权力的辩护者”(d.Ed.I 440)。完全不言而喻的是,评论者在另一处说明(同上,450),“在作者阐述了君主制的形式为实现国家统一的必要性之后,君主的职权,特别是他的治理权,不能是国家机制的一个结果和规定,而是直接地建立在创造国家的客观理性的秩序上”。他与黑格尔的说法相反地提出了(附带地说这是对的)“根据作者自己的说明……国家的起源、形式和具有该形式的最高权力的法只能通过公民的意志才能产生,因此国家及其法权的起源恰恰必须从这种意志出发”。(同上,450)

撇开一种“深刻的思想上的冲突”不论,我们因此倒是应当首先只说,在黑格尔已经出版的著作和他在 1822/1823 年冬季学期的讲课之间存在矛盾。当然,因此立即就引发了一个问题,即黑格尔在他的讲课中通常表达了关于君主制的何种观点?特别是:是否黑格尔在其他课堂上也以类似的方式归纳出了如同 1822/1823 年冬季学期同样的君主制的功能？回答这个问题的尝试,才促成了现在见到的这个版本。因为此版本显示出,黑格尔在这一点上所发表的意见不仅导致了国王的回答①:“可是,如果国王御笔不点呢?!”黑格尔已经在他的下年度的讲课中,即在1824/1825年冬季学期,回应了这一异议并强化了自己的观点。黑格尔的这一回复可在格瑞斯海姆的课堂笔记中发现:

> 在这一问题上人们习惯于突发奇想,认为他们能够做到的事国王也一样能够做到,这是不难的。例如,在英格兰,君主除了做最终决定,就没有更多的事要做了,而这也是有限制的。据说他不如人所愿地批准重要事件中的决议,那么就会收到部长的辞呈,他愿意看到的却是他对其他部长那样,这件事不是议会中的多数票能帮助的,完全无济于事。国王必须批准死刑,与此同时他内心却听任于赦免,却很少会出现这一情况,他违反部门的意志批准。所以每个人都设想自己也可以做国王,每个人都叫作众多个体的原子,所以以这种方式毫无特别地能够做国王,但当所有人恰好都有能力时,做国王恰恰不是所有人的事,而只是其中一人的事。之所以如此是因为必须只由一人来做决定,这是自然的。它可以是每个人的最后决定,所以必定是以无底的方式一个人直截了当地为此做决定,使得可将许多人排除在外,在国家中也只有一个人在场,所以如今也必须是一个。正是这种情况造成一种必要:每个人都能够做的事把许多人排除在外。
>
> 可是因此产生的结果是,应当听凭自然天命(Naturbestimmung),在许多人当中选出哪个是好的,这才是“我想要”(Ich will)的特权。于是“我想要”被确定为自然天命,它把其中的任性,对才能、个体的卓越性的特殊考虑排除在外。对这些因素的种种考虑只是做决定的最后一步,谁应该适合做此事,将变得没有把握,以至于这事并

① 法恩哈根·封·恩泽(Varnhagen von Ense)在1840年1月9日记下了这件事:“赫尔施贝格的舒巴特将他对黑格尔哲学和法哲学的所有追随者的一个阴险的控告都直接发给了国王,他特别指控法哲学与君主制相违背,而且腐蚀宗教与伦理。国王问道,在那里大概讲授了什么,并得到了回答——这个回答哪怕是一个黑格尔学说的朋友也是有可能做出有利的选择的,列举了这句话作为例子,说国王是那些在I上添加一点的人;但国王根本没有在如此恶意中接受这一点,而只是嘲讽地说:‘要是他就是不加这一点呢?’这就是发生的整件事。”(法恩哈根·封·恩泽的日记,莱比锡1861年,I 161)。——对这一异议,黑格尔已经在1824/1825年冬季学期做出了回应。——原注

舒巴特(K.E.Schubarth,1796—1861),是一位非常年轻的学者,善于投机取巧,由于出版过《在与歌德相关的文学艺术关系中看歌德》(Breslau,1820)而得到歌德的关爱和保护,之后歌德向黑格尔举荐了他,使得黑格尔卖力地为其在柏林大学谋取了一个职位,并安排他与当时的文化教育部长阿尔滕斯泰因这位曾经将黑格尔聘任到柏林的开明部长会晤。但此人恩将仇报,在高层的秘密唆使下成为黑格尔哲学的毁谤者、告密者和批判者。在黑格尔哲学受到反动派全面怀疑的时候,他落井下石,于1829年出版《泛论哲学并特论黑格尔的〈哲学全书〉》(Berlin,1829)对黑格尔哲学进行了严厉批判。参阅[法]雅克·董特:《黑格尔传》,李成季,邓刚译,上海:上海人民出版社,2015年,第230及其之后诸页。——译注

不停留在做决定的最后一步。这种从自然出发的确定性是一个主要之点，与激情正相反。

选举通常被认为是最明智的，但选举是把想让谁来做最终决定的事归根于公民的意志，所以主宰着的是激情，这个最终之物是不确定的，一切就都是最恶劣、最糟糕的领域。

黑格尔在他 1824/1825 年的讲演录中，所以不只是强化了与他自己出版的、现存的《法哲学》相偏离的观念，即君主单纯地只是“在 I 上御笔一点”。他甚至针对可能是来自宫廷圈内的异议，即君主却是可以拒绝在已经由政府议定的决议上签名的，来为这种观念辩护：在像英国人这样的君主立宪制中，政府在君主拒绝签字的这种情况下是会被解体的，“而且他乐于见到，他如何来到其他部长那里”；因为即便他可以任命一个新政府，这个新政府却也不会在一个有自我意识的议会中得到所需的多数，“所以它什么也帮不了”。简而言之：在这里依然保留这一看法：君主在这样的处境中只能是“在 I 上御笔一点”。

黑格尔几乎已经是用鄙视的语调，将君主补充表述为“享有特权的我想要”。当人们以为，“他们也能够像国王一样做得好”时，他们也是完全有理的：“所以以这种方式成为国王，丝毫不是什么特别的事。”所以，人们可以把“谁究竟应当是国王”的决定权放心地委诸“自然天命”。

这样我们就得出这个结论：黑格尔至少在他的柏林讲演录中针对这一点，表达出了与在他出版的《法哲学》版本中的一个不同的观点。这就引出了进一步的问题，即我们是否必须在这里处理黑格尔的书面陈述和口头陈述之间的区别，或者黑格尔是否相反地只是在出版了他的书之后，才为关于君主制的更加自由的一些观点做出了决定，如其在 1822/1823 年和 1824/1825 年的讲演录中遇见的那样。对这个问题的回答再一次隐藏了一个意外。

霍梅耶尔（C.G.Homeyer）在他的 1818/1819 年冬季学期的讲课笔记中，虽然并没有如同霍陀和格瑞斯海姆所做的那样，尽可能多地把黑格尔对他的《法哲学》原版中的各节所口授的解释记录在册，然而，他的笔记还是足以清楚地记录了这里令人感兴趣的东西。其内容是：

此为对君主的称颂，在作为个体的君主身上国家完成了自身（构成顶峰）。构成君王权的就是这种空洞的决定权，关于按照理由的客观决定（还）未言及，摄政者置于名下的，就是直接做最终的规定。（d.Ed.I 332）

因此不用疑问的是，黑格尔在出版之前就已经如同出版后一样，在这一点上持有与其在 1820 年出版的他的《法哲学》文本不同的观点，说的是，在他关于这个主题的讲演录中，与在他出版的现存著作相比，他总体上持有一些不同的观念，同时，在他的《法哲学》出版的时间点，他顾及这个“困难时期”是有情可原的，甘斯在他编辑出版的《法哲学》第二版序言中谈到了这个“困难时期”。

三、“等级议会论文”（*1817* 年）与“法哲学”（*1820* 年）之间的差异

在《法哲学》同时代的读者当中至少有一位读者没有忽略，黑格尔最近关于政治哲学问题发表的意见与其《法哲学》之间存在可以辨识的政治环境的显著差异。在上文已经提到的 1821 年 8 月 8 日封・塔登写给黑格尔的信中他说：“在自然法①中的许多地方都找不到对您的著名评论②哪怕一个注释，对此我必须严肃地指责。”黑格尔的“朋友”因为会“在您的法权学说的政治部分中发现一个可用的军械库，用以如此反驳您的精干与卓越的评论，以至把大多数在其中包含的政治格言斩草除根——此外，使他们从前的‘好的古法’重新获得尊重。您能够用什么为这些不一致辩解呢？只要您不能直接地，比间接回应更好地反驳它们时，我诚然有意在此期间维护这些评论”。（d.Ed. Ⅰ 399）封・塔登因此猜测，黑格尔极有可能意识到了，为什么他在《法哲学》中——不同于出版于同一年的《哲学全书》——一次也没有提到他的 1817 年的论文。他因此指责，“您自己，特别是在这部自然法③中，不完全是不受约束地自己修改过了”（d.Ed. Ⅰ 332）。

这种“不一致”，即封・塔登所抨击的，在于以下方面：在他的论文《评符腾堡州等级议会的讨论》中，黑格尔责备了 1815 年符腾堡州等级议会的议员，说他们没有追寻法的理性的基础，只是要求从拿破仑动乱之前的时代中收回他们的“好的古法”，并且“还没有把握到，人们不得不将法国大革命视为斗争的开端，这就是理性的国家法同实证法的群众与特权阶层的持续进行到底的斗争，因此使前者遭受到了压迫”。（出处同上。参见 WW Ⅵ 395）。当黑格尔当时明确地把自己置于理性的自然法和法国大革命的土壤上时，就企图

① 所指的是 1820 年版《法哲学》（Rph）。因为当时的书名是《自然法与国家学或法哲学原理》。——译注

② 指的是黑格尔 1817 年的《评符腾堡州等级议会的讨论》，也被简称为本节标题中的“等级议会论文”。——译注

③ 依然是指 1820 年版的《法哲学》。——译注

在这一革命限度内将理性自然法的基本思想付诸现实，这就如塔登所说，《法哲学》含蓄地包含了一个证据的军械库，可供理性的自然法的敌人使用，也可供遗留下来的、革命前的特权阶层之捍卫者所用。

封 · 塔登还暗示了两部著作之间的一个进一步的分歧：

> 您的学说都是为了哪个国家的制度？——因为所有人似乎都还没有达到这个荣誉（尤其是土耳其人的国家由于过复活节而受谴责，北美人的国家作为自由国家而被忽视）——难道是为俄罗斯人的、奥地利人的或者是普鲁士人的国家？[①] 我猜想是为普鲁士人的国家，因为您在 1817 年从不同的关系为当时的符腾堡州书写了制度。[②]

因此相当明晰，封 · 塔登假设：政治上的机会主义是黑格尔在 1817 年至 1820 年改变其政治环境的原因。

就在这个时间段内已经做出了的这样一个环境变换而论，使得从两部著作中而来的两处对立立场容易被证明：

> ……25 年前在一个比邻的国度所开始的东西，以及当时在所有精神中重新响起的东西，即是在一个国家制度中丝毫不该被承认为有效的，这种东西是要根据理性的法权才能被承认的。
>
> 人们不得不将法国大革命的开端视为斗争，这就是理性的国家法同实证法与担保法的全部遗产进行的持续到底的斗争，因此使前者遭受到了压制。（《评符腾堡州等级议会的讨论》，WW Ⅵ 395）
>
> 这又产生了（从国家契约学说中）其他一些单纯理智的结果，这些结果毁坏了自在自为存在着的神圣东西及其绝对的权威性和庄严性。因此之故，这些抽象推论一旦得势猖獗，一方面就发生了人类有史以来第一次不可思议的惊人场面，一个伟大的现实国家之制度，随着一切现存的和被给予的东西被推翻，现在一切都完全从头开始，从思想开始，并仅仅唯愿给予这种制度以自以为是的理性作基础；另一方面，又由于这些自以为是的理性基础都只是缺乏理念的抽象，所以他们把这一场尝试终于搞

① 影射俄国、奥地利和普鲁士在神圣联盟中的作用。——原注
② 暗示 1817 年在海德堡出版的论文是为符腾堡国王事务论战的论文。——原注

成最可怕和最残酷的事变。(《法哲学》第 258 节附释①)

在他 1817 年的著作中,黑格尔也指出,“自由的抽象思想”是在法国大革命中兴起的,这种自由在拿破仑战争结束后从制度上引入到德国时,也许真的可能招致了“混乱和危险”(WW Ⅵ 395)。他也看到“一个对消失不见了的国家实证法状态的固执坚守的极端”,对立于另一个“抽象理论的和一个浅薄闲扯的极端”(出处同上)。然而,根据他在这篇文章中所说的话,毫无疑问,随着法国大革命,“理性国家法”的突破取得了成功。这种思想黑格尔不再表达在 1820 年的《法哲学》中。在法国大革命中,他现在还只看到这个“完全从头开始和从思想开始”的尝试以及并“仅仅唯愿给予这种制度以误识的理性做基础”(参阅同上)。可以这样认为:在国家中唯愿把所有一切都奠基于思想之上,就只是误识的理性。黑格尔将这样一个尝试描述为“缺乏理念的抽象”,需要看到的是,这种抽象正是法国大革命变成了“最刺眼和最恐怖事件”的原因。对法国大革命的一种正面的敬重不再内含于 1820 年《法哲学》中了。②

四、*1818* 年和 *1820* 年的序言

如果我们在此比较的基础上——让自己有更多的添补,就必须发现封·塔登的印象——黑格尔在 1820 年的《法哲学》中在重要的点上放弃了他 1817 年的基本立场,是可以理解的,那么紧接着就得审核这个问题:是否黑格尔已经在他的第一个柏林法哲学讲演录(1818/1819 年)中就已经实现了这种立场转变?为了裁决这个问题,把这个讲座的序言和代表他立场的 1820 年《法哲学》的序言进行比较,这特别合适的。

1818 年序言(本版本,第一卷,231)的主题——这是在他柏林就职演讲③的同一天讲的——是自由概念的实现。类似于他的《法哲学》“导论”(Hr 第 8—10 节;Rph 第 11 - 24 节),黑格尔在这里通过历史哲学考察方式区分了自由实现的三个阶梯:

——自然状态:童年状态,不自由状态,偶然意愿的任意

——中间状态:意志与法权的规定以及基于权力或信任之规定的混合物

——法治状态:实现的自由状态

① 参见黑格尔:《法哲学原理》,《黑格尔著作集》第 7 卷,邓安庆译,北京:人民出版社,2017 年,第 384 页。——译注

② 同上书,第 29 节附释,第 75 节附释。——译注

③ 参见 WW Ⅷ 31 - 36 = 黑格尔:《柏林文集》,J.Hoffmeister 主编,汉堡 1956 年,3 - 9。——原注

黑格尔对此毫不怀疑,1818 年的历史现实尚未产生已在欧洲国家实现的自由,尽管"现在的时代精神"是针对这一目标的。因为存在"许许多多的因素,是欧洲人民目前仍然在忍受的状况";它们就是"那些依然还在阻碍法权概念纯粹发展的东西"。时代精神是针对这一情况的。由此得出的结论是:"在精神已经达到更高意识的所有地方,与这些(阻碍法权概念发展的)机制做斗争是必然的。"

作为这场斗争的盟友,黑格尔拿出的是哲学,也就是说在这里毫无疑问的是:他的哲学。(在柏林主宰着的)历史法学派没有能力提供黑格尔哲学所能提供的那种帮助,黑格尔从意识形态批判的角度注意到:"历史观在近代特别受到推荐,……是因为有必要为现存的法权状态作辩护。"但也是这里的这种哲学,把自身交给了大学生的听众——黑格尔这个法哲学课程的听众们——大部分作为盟友:他的老对手弗里斯(Fries)①的哲学,黑格尔想要把它驳回为不合时宜的:法权的"历史观"取得了它的成就,此外,"因为哲学的薄弱状态,它被降低在模糊的预感(Ahnen)②之上,而不去认知"。他自己的哲学反之不仅摆脱了历史法学派和弗里斯主义的局限性,也摆脱了一种"抽象的"哲学的虚弱性,这种哲学对(法国大革命)的"无限的破坏作用"是负有责任的:"法哲学既不停留于抽象也不停留于历史的回顾,这种哲学是不符合理念的。"他的哲学既包含历史性的理念(这是它与历史学派具有的共同点),也包含法权的理念(这是它与在法国大革命中取得成功突破的理性自然法相同的):

> 它知道,法权王国只能通过不断推进的发展才能存在,而且没有哪个相同的阶梯是可以跳过去的。——但法权状态只以民族的普遍精神为基础。因此,法度(Verfassung)与现存概念处在必然联系中。所以,如果民族精神提升到了一个更高阶梯上,那么与早期阶段相联系的制度因素就不再有立足点了;它们不得不瓦解,没有任何力量(Macht)能够支撑它们。于是哲学认识到,只有有理性的东西才能演历(geschehen),哪怕那些外在的个别现象依然还表现出极其强烈的抵触欲求也罢。(Hr 序言,本版,卷一 232)

人们在 1818 年 10 月能够想到的"与早期阶段相联系的那些制度因素",现在应该都还没有被讨论。首先足以确定的是,封·塔登确实没有发现,《评符腾堡州等级议会的讨论》这篇论文与 1818 年 10 月的"序言"表现出相反对的诱因——它们的出版物是在同一

① 参见本版,卷一 362 A 4.——原注

② 影射弗里斯(J. Fr. Fries)的《知识,信仰,预感》(1805)。——原注

年的1月才完成的。[①] 它们可以被视为一种根据历史条件进步的政治哲学尺度的典范性事件。与我所讲述的联系起来,它们应该有助于确定与1820年《法哲学》“序言”相符的政治立场。

在这个(序言)中没再说,自由在历史中的实现还尚未到来。相反,黑格尔试图唤起的印象是,似乎历史发展的目标——法权状态已经实现了:

> 本来,自从法权、伦理、国家在公法、公共道德和宗教中被公开表述并被熟知以来,关于它们的真理是同样古老的。如果思想着的精神不满足于以这种最近便的方式取得真理,那么这种真理还需要什么呢?它也需要被理解,并使本身已是有理的内容也自在地获得有理的形式,从而对于自由的思想显得是得到了合法性辩护的(gerechtfertigt)。这种自由的思想不停留于所与物(gegebenen),无论它是得到国家或公众一致意见这样的外部实证权威的支持,还是得到情感和心灵的内在权威以及精神直接赞同的证据的支持,相反,它从自身出发,因而也就要求知道自己在最内在深处与真理是一致的。(《法哲学》“序言”,卷七[②])

哲学的使命不再是与“现在的时代精神”结盟,“(与)斗争”,这种斗争唤起了将自由的概念同现实性概念做比较(Hr序言,本版,卷一231)。“思考着的精神”所拥有的,是“在公法、公共道德和宗教中被公开表述和熟知的”东西,只是还需要被“理解”,以便使这些“有理的内容对于自由的思考显得是得到合法性辩护的”。关于在现存的法律和国家的关系与一个有理的国家法权的要求之间可能存在的差异,黑格尔显得一无所知。据称1818年仍然还有这样的说法:“哲学的法学之对象是自由之本性的更高概念,不考虑它适用于什么,不考虑时间的表象”(Hr序言,本版,卷一234),所以在1820年,哲学看上去几乎被归结为,为现存东西做一种意识形态的辩护而操心:“本书所能传授的,不可能达到教导国家它应该如何存在,相反而只旨在教导,国家这个伦理世界应该如何被认识。”(《法哲学》“序言”,XXI[③])

确实,只要人们从非政治的立场去诠释它们,即只要将其可能的(以及或许接近

① 参见黑格尔在1818年1月31日给尼特哈默尔(Niethammer)的信(Br. Ⅱ 175)。——尼特哈默尔对这部著作的善意接受比塔登还少。关于该书的第一部分,他在1817年12月27日给黑格尔的信中写道:“我愿打赌,如果您处在像我一样的状态,您就不会写您的评论,去审视这种主宰着的面对面的理性!所以,我对这个评论的感谢同样真诚却是不亚于谁的。至少,我知道我要说的是,它富于精神地导致了一件糟糕的事。”(Br Ⅱ 171 f.)——原注

② 参见黑格尔:《法哲学原理》,《黑格尔著作集》第7卷,邓安庆译,北京:人民出版社,2017年,第3-4页。——译注

③ 同上。

的)政治重要性中立化,这些表述就还能让人获得一种不令人怀疑的意义。当然它们要说的,不是冷静的判断者想要争论的东西:政治哲学不需要去诅咒所有现存的东西,而是应当参与对那些在历史上已经实现了的有理的东西的尊重上。但要使这成为政治哲学的唯一任务,除了拒绝承认,并非一切现存的东西都如其应该的那样存在之外,没有任何别的意义。然而,这恰恰是黑格尔在 1820 年的序言中所固执坚持的态度,但愿把下面的态度对照能变得清晰:

> 于是哲学认识到,只有有理的东西才能演历(geschehen),哪怕外在的那些个别现象依然还是显得抵触它的欲求极其强烈也罢。(Hr 序言,本版,卷一 232)
>
> 由于这本书,仅就它以国家学为内容而言,它就该把国家作为一种自身有理的东西来理解和阐述的尝试,除此之外,它什么也不是。作为哲学著作,它必须绝对避免依照它应该如何存在来建构一个国家的做法。(《法哲学》"序言",XXI[①])

在 1820 年的序言中,黑格尔拒绝谈论,对一个有理的国家之阐述,可能导致的结果就是对国家应该如何存在,而不是它实际是什么的阐述。这正如封 · 塔登明白认识到的,这句著名的话的政治含义:

> 凡是有理性的,就是现实的;
>
> 而凡是现实的,都是有理性的。[②] (《法哲学》序言 XIX;参见 v. Thaden,本版,卷一395)

不言而喻,这一格言让人产生许多有利的引用,而黑格尔本人在第二版《哲学全书》中众所周知地做出了一个尝试,他通过区分现实性与达在(实存)[③]以捍卫这句话的非政治化意义。鲍鲁斯(H.E.G.Paulus)1821 年在他的《法哲学》评论中已经抢在黑格尔之前,在"现实性与现实性之间"做出区分(本版,卷一 367),以便立即咬定,切分有理性东西的现实性和现存东西的非理性,是必要的。诚然,鲍鲁斯确定:"(黑格尔)事实上没有做到这一点,从整体阐述中可以看出来……此外黑格尔先生?(Hr.H)不愿意从这样的区别中

---

① 参见黑格尔:《法哲学原理》,《黑格尔著作集》第 7 卷,邓安庆译,北京:人民出版社,2017 年,第 3 - 4 页。——译注

② 参见同上书,第 12 页及其注释。——译注

③ WW Ⅷ 48f.(§ 6 A)。"达在":Dasein(取其"音"和"理念通达存在"之意)和"实存":Existenz。——译注

知道任何事,他在'序言'第9页(S. Ⅸ[①])足够清楚地说出了这一点(出处同上369)。"当黑格尔1827年愿意针对这一抨击有效地为自己做出辩护时,该抨击被引向了对这一名言的反对,于是他就必须证明,他注意到了与《法哲学》"序言"相关的区别。但他对此无能为力。突出的是下面的一段:

> 所以一切的关键都在于,在时间性和转瞬即逝东西的显相(Scheine)中去认识实体,这个内在之物和当前所是的永恒之物。因为有理性的东西是与理念同义的,当它达到其现实性同时就是进入外部实存时,也就显现在无限丰富的形式、现象和形态中,它的核心就被五彩缤纷的外表包围着,意识首先栖身于这些外表,而概念则首先穿透这些外表,以便发现内在的脉搏,并感觉到它在各种外部形态中依然还在的跳动。(《法哲学》"序言",XX[②])

在1818年的序言中,黑格尔还谈到了"外在的个别现象",它们不能够与有理性的东西相抵触,"尽管它也还是显得这样很抵触"。不到两年之后,这个反对有理性东西的"斗争"就降低为一个单纯的"时间性和转瞬即逝之物的显相"。理性的实现不再是一场哲学也要参与其中的斗争,而是一种流射,它带来一种"形式、现象和形态的无尽财富",作为"五彩缤纷的外表"围绕着一个实体的核心。这些观念的美学上的直观性被海姆(H 383)正确地认识到了。

尽管现在是一个十字架,对于理性而言关键的在于,"在现在的十字架中去认识玫瑰"(《法哲学》"序言",XXII[③],参见法哲学 VN §3A)。但黑格尔急于兜圈子地澄清,为什么现在可以作为一个十字架出现:

> 存在于作为自我意识的精神之理性和作为现存的现实世界的理性之间的东西,把前一种理性与后一种理性分离并阻止其在后者中获得满足,是任何一种抽象物的桎梏,这种抽象物还未能解放成为概念。(《法哲学》"序言",XXII[④])

---

① 这涉及上文(本"导论"第38页)引用的那一段。——原注
亦即此处第29页的引文。——译注

② 参见黑格尔:《法哲学原理》,《黑格尔著作集》第7卷,邓安庆译,北京:人民出版社,2017年,第12页。——译注

③ 同上书,第14页。——译注

④ 同上书,第13-14页。——译注

这一缺点因此不再在现实东西的无理性中，而是在观念的抽象中被发现。黑格尔的哲学现在教导说，“同现实性保持和平”（出处同上，XXⅢ）；但这种“同现实性的和解”——黑格尔一而再地使用这个表述：关于什么的“现实性”，这个什么恰恰不是有理性的东西，相反应该被解释为单纯的显相或外在实存——这种“和解”按照其种种先决条件，不在任何其他东西中，而只在对现存东西的适应中被发现。它是代价，是黑格尔为了保护他的美学化的直观性而必须换取的。

所有这一切都表明，黑格尔试图用“现实东西”“有理性”的词语来表达这种态度是多么脆弱。因此，在他 1820 年的“序言”快结束时，否认他曾经着重宣布过的话，这并不令人惊讶。在那里，黑格尔不再言说某种“实体，这个内在之物”和某种“永恒之物，这个现在所是的”，说的是：

> 关于世界应该如何存在这个教导，也还要略说几句。本来，哲学对此总是来得太迟，在现实性结束了其形成过程并完成了自身之后，哲学作为这个世界的思想才出现在时间中。概念所教导的，也同样就是历史所必然呈示的，这就是说，要等到现实成熟了，理想的东西才会对现实的东西显示出来，并把这同一个世界放在其实体中被理解了之后，才以一个理智王国的形态建筑起来。（出处同上，XXⅢ f.①）

在这里和现在不涉及对一个思想家的敬重问题。在这里重要的是要表明，黑格尔在这些句子中也把他通常②只是谈论柏拉图政治哲学的东西，转述到了他自己的哲学上：在政治哲学中一再地总是出现理想东西同现实东西的对立；理智王国是现实世界的实体；实体因此不是内在的，而是一种超然的东西（Jenseits）。对于这种关系，黑格尔在《现象学》中使用“异化”这一术语。所以，在黑格尔自己的解释中，永恒之物，是离现在所是者十分遥远的。

五、朝霞与密纳发的猫头鹰

事实上，黑格尔在柏林时期教学工作开始时的表述和——准确地说 20 个月之后的——1820 年的《法哲学》序言之间的差距究竟有多大，最后可以通过以下对比变得明晰：

---

① 参见黑格尔：《法哲学原理》，《黑格尔著作集》第 7 卷，邓安庆译，北京：人民出版社，2017 年，第 14 - 15 页，有修改。——译注

② 参见法哲学第 185 节附释，其次还有：“只有当现存的世界变得不再诚信于自由（这个意志）时，这个意志就不再在现行的义务中去寻找自身，并不得不只在理想化的内心深处去寻求获得在现实中已经丧失的和谐。”《法哲学》第 138 节附释。——原注

我欢迎这种纯粹的精神的朝霞，我呼唤，我只同它相关联，因为我主张，哲学必须要有内容，而且我将在您面前展示这些内容；然而，总而言之，我在这里呼唤的是青春的精神，因为这是生命的美好时期，生命尚未在有限目的的体系中陷入困顿，并且能够自为地拥有无利害的科学活动的自由。（WW Ⅷ 35 f.=《柏林文集》8）

当哲学把它的灰色绘成灰色时，那么生命的形态就变老了，把灰色绘成灰色，不能使生命形态变得年轻，而只能使之获得认识；密纳发的猫头鹰要等到黄昏到来时，才开始起飞。（《法哲学》“序言”，XXⅣ①）

这个时间节点似乎已经到来，在这里不太会要求收集一大堆证据，以证明黑格尔在柏林的教学活动开始到他1820年《法哲学》出版工作完成期间，黑格尔针对他那个时代的历史现状和政治哲学的任务所持的立场发生了根本的变化。更为急切的事，显然是要回答这一问题：这种转变该如何阐释和说明？

在如此短的时间内，黑格尔改变了对历史情况做一种乐观主义的阐释吗？时代已经如此决定性地改善了吗？或者最终在理性与现实之间的鸿沟变得如此之大时，黑格尔看到了这种鸿沟的继续存在，促使自己断然否定其继续扩大吗？

Introduction to the Commentary Edition of *Hegel's Lectures on Philosophy of Law* (*1818—1831*)

Karl-Heinz Ilting

【**Abstract**】This thesis introduces the contents and sources of each volume of *Hegel's Lectures on Philosophy of Law* (*1818—1831*), the following five differences are discussed: 1, the change of Hegel's political position between 1817 and 1820; 2, the difference in Hegel's interpretation of kingship; 3, The difference between the "writing of Grade council" (1817) and the "philosophy of law" (1820); 4, The difference between the preamble of "philosophy of law" (1818) and the edition of the 1820's; 5, The difference between Hegel's state of mind when he arrived in Berlin and after the publication of *Philosophy of Law*.

【**Keywords**】Hegel , *Philosophy of Law*, *Hegel's Lectures on Philosophy of Law* (*1818—1831*)

① 参见黑格尔：《法哲学原理》，《黑格尔著作集》第7卷，邓安庆译，北京：人民出版社，2017年，第15页。——译注

Hegel über Recht und Gerechtigkeit[①]

[法]科维纲[②]

【摘要】本文主要想解决两个问题:(1)为什么黑格尔在《法哲学原理》以及《哲学科学百科全书》中很少使用“正义”一词?(2)为什么黑格尔在《法哲学原理》中在“不法”的惩罚语境下探讨正义。

针对第一个问题,作者以两个理由解释它。第一,黑格尔受到他所处时代关于法学概念的影响。在当时的时代中,与正义有密切关联的自然法理论已经衰弱,伴随着这一现象同时产生的是“自然法的实在化”,这一趋势始于法国《人权宣言》,直至康德与费希特将“法”与道德规范严格区分开。第二,黑格尔自身对近代自然法的看法比较复杂,体现在两个方面。第一方面又由三点组成:(1)就语言上来说,“自然法”一词中的“自然”具有歧义性。(2)黑格尔认为,“自然法或哲学的法与实在法相区别,但它们并不彼此相互对立”。(3)黑格尔反对康德与费希特版本的自然法,认为只有思辨哲学才能为实在法提供理性的内在规范。第二个方面是黑格尔并未借助古典自然法资源探讨法与正义之间的可能矛盾。黑格尔对于正义问题的关心与他的另一批判相联系,此批判的对象是启蒙法学家对“惩罚”问题的看法。为了解释这一点,就不得不涉及本文所要回答的第二个问题,即为什么黑格尔在《法哲学原理》中从对“不法”的惩罚这一视角探讨正义。

按照启蒙法学家(如 Cesare Beccaria, Ernst Ferdinand Klein, Anselm Feuerbach)的看法,惩罚的目的或是为了心理威慑,或是为了灵魂改造,或是为了保护社会。与这些观点相对照,黑格尔反对从心理学、道德科学及社会学的视角探讨惩罚,而是主张从“客观的”角度探讨它。因此,在他看来,对不法的惩罚之真正目的并非在于恢复某种特定的受到侵害的权利,相反倒是在于恢复在其普遍性之中的自在之法:抽象法;而这种自在之法的恢复体现了具有反作用力的暴力的象征性形象的正义。因为法是自在的,所以我们可以说,这里的正义也是自在的,就此它不以国家为前提。因此我们也可以说,在黑格尔那里只存在一种法,一种正义。不过这种正义在现代世界中的实现具有三个特征:第一,虽然在形

① 本文中英文摘要作者为张大卫,德国柏林洪堡大学哲学博士,华东政法大学青年教师。他对德文全文做了校对。

② 作者简介:科维纲(Jean-François Kervégan),巴黎第一大学教授、法国黑格尔哲学学会前主席,黑格尔《法哲学原理》法译本译者。

式方面而言，它与复仇相似，都是对作为否定的不法的第二种否定，但是它不是一种报复性的正义，而是一种惩罚性的正义。此惩罚的实施者是公共权力机关。第二，此机关并不具有政治或国家的属性。因此黑格尔在市民社会中探讨司法。对于他来说，司法是社会事务。第三，正义的“永恒的实体性原则”体现在公共舆论之中，对它的理解应被视为法律体系的一种规范性的封闭条款，这一条款必然会被不停地修正，但是它却构成了反对不法的一种具有弹性的限制。

【关键词】 正义，自然法，不法，惩罚

In den *Grundlinien der Philosophie des Rechts* sowie in der *Enzyklopädie der philosophischen Wissenschaften* ist das Vokabular der Gerechtigkeit (gerecht/ungerecht,; Gerechtigkeit) sparsam benutzt, am meisten in der Abteilung “Zwang und Verbrechen” des ersten Teils und in der Abteilung “Das Gericht” der Lehre der bürgerlichen Gesellschaft im dritten Teil, was übrigens völlig normal ist. Grob gesagt taucht das Problem der Gerechtigkeit anlässlich der Betrachtung der Formen des Unrechts auf, insbesondere wenn es sich um das Verbrechen und die Bestrafung der unrechtlichen Handlung durch die Justiz handelt. Daraus kann man zweierlei Folgen ziehen. Zuerst verleiht diese Sparsamkeit dem Vokabular der Gerechtigkeit eine emphatische Bedeutung: ein gutes Beispiel davon ist das § 99 der Grundlinien, wonach “die objektive Betrachtung der *Gerechtigkeit* […] der erste und substantielle Gesichtspunkt bei dem Verbrechen ist”.① Zweitens ist das Problem der Gerechtigkeit mit der Frage der Wiederherstellung des verletzten Rechts eng verknüpft; mit anderen Worten wird die Gerechtigkeit vom Standpunkt der Bestrafung des Unrechts betrachtet. Eine wichtige Folge davon ist, dass Hegels Lehre des objektiven Geistes (oder des “Rechts” im erweiterten Sinne des Wortes) keine “theory of justice” im heutigen Sinn ist. Besser gesagt: die “Theorie der Gerechtigkeit” darf nicht als eine komplette Realisierung des Projekts einer Lehre des objektiven Geistes als einer vom Geist “hervorbringenden und hervorgebrachten Welt, in welcher die Freiheit als vorhandene Notwendigkeit ist”,② betrachtet werden.

Versuchen wir nun, die Seltenheit der Parole “Gerechtigkeit” in Hegels “Philosophie des

① *Grundlinien der Philosophie des Rechts*, § 99, GW 14 – 1, S. 91.

② *Enzyklopädie der philosophischen Wissenschaften*, hrsg. von F. Nicolin und O. Pöggeler, § 385, Hamburg: F. Meiner, 1969, S. 315.

Rechts" (eines 1820 ungewöhnlichen Ausdrucks)① zu interpretieren. Eine allgemeine, auf der geistesgeschichtlichen Lage dieser Philosophie begründete Erklärung ist zum ersten Blick einleuchtend: das Ersetzen der Frage der Gerechtigkeit durch diejenige des Rechts ist ein Nebeneffekt des Untergangs der *naturrechtlichen* Problemstellung zugunsten eines rechtspositivistischen Paradigmas. In diesem Sinn nimmt Hegel an der mit der französischen Erklärung der Menschenrechte angefangenen "Positivierung des Naturrechts" teil,② wonach die "unveräußerlichen, unverjährigen natürlichen Menschenrechte" die Grundlage irgendwelcher positiven Verfassungsordnung sind. Diese Positivierung des Rechts führt zur Ablehnung der von der herrschenden Naturrechtslehre bisher verkündeten Einwurzelung des Rechts in der Moral (bzw. Ethik), bis Kant und Fichte die Notwendigkeit der strikten Absonderung von rechtlichen und moralischen Normen feststellen: die Rechtslehre _ so Fichte _ ist kein "Kapitel der Moral", sondern eine "für sich bestehende Wissenschaft".③

Nach solchem Erklärungsmuster sind die Verknappung des Vokabulars der Gerechtigkeit und der Untergang der damit zusammenhängenden Vorstellungen mit dem doppelten Prozess der Autonomisierung des Rechts gegenüber der Moral und der Entstehung eines vollständigen, selbstbezogenen Rechtsnormensystems direkt verknüpft. Mit Max Webers Worten kann dieser Prozess als die Entstehung eines "revolutionär geschaffenenRechts" beschrieben werden,④ das die Idee eines Naturrechts oder einer rechtlichen Metanorm nach und nach unvorstellbar machte, obwohl die revolutionäre Thematik der Menschenrechte in naturrechtlicher Sprache ursprünglich formuliert worden ist. Man könnte ihn auch mit Carl Schmitt als einen Übergang des Paradigmas der Legitimität (das auf Kriterien der Gerechtigkeit hinweist) zum demjenigen der Legalität des bürgerlichen Rechtsstaats beschreiben.⑤

---

① Bis auf den 30' Jahren des 19. Jahrhunderts sind die Wörter "Rechtsphilosophie" und "Philosophie des Rechts" selten benutzt. Erst nach der Veröffentlichung von Friedrich Julius Stahls *Philosophie des Rechts nach geschichtlicher Ansicht* (erste Auflage 1830—1837) wird sich diese Benennung zu Lasten vom alten Vokabular des Naturrechts durchsetzen. Siehe W. Klippel, *Naturrecht und Rechtsphilosophie im 19. Jahrhundert*, Tübingen: Mohr, 2012.

② Siehe darüber die klassische Studie von Jürgen Habermas, "Naturrecht und Revolution", in: Ders., *Theorie und Praxis*, Frankfurt/Main: Suhrkamp, 1978, S. 89–127.

③ J. G. Fichte, *Grundlage des Naturrechts nachPrinzipien der Wissenschaftslehre*, in: *Fichtes Werke*, hrsg. von I. H. Fichte, Band Ⅲ, Nachdruck Berlin: W. De Gruyter, 1971, S. 10.

④ M. Weber, *Wirtschaft und Gesellschaft*, Kap. Ⅶ, Tübingen: Mohr Siebeck, 1980 S. 496–513.

⑤ Siehe Carl Schmitt, *Legalität und Legitimität*, in: Ders., *Verfassungsrechtliche Aufsätze*, Berlin: Ducker & Humblot, 1958, S. 263–350.

In der Tat ist Hegels Philosophie des Rechts in der seit 1789 (Erklärung der Menschenrechte) und 1804 (Code civil) dominierenden Rechtskonzeption eingerahmt, wonach das Rechtssystem keinen weiteren Geltungsgrund als seine eigene Vollständigkeit, keine weitere Bestätigung als seine Wirksamkeit in einer weitgehend autonom gewordenen Marktgesellschaft, und kein weiteres Legitimitätsprinzip als den Volkswillen bedarf. Die Sache ist jedoch nicht so einfach, und die vorige Beschreibung soll meines Erachtens aus zwei Hauptgründen verfeinert werden.

1/ Erster Grund: Hegels Verhältnis zur modernen Naturrechtslehre ist eigentlich viel komplizierter als das, was in der bisherigen Darstellung festgestellt war.① Dies erklärt übrigens die Tatsache, dass ganz unterschiedliche, sogar entgegengesetzte Deutungen davon vorgeschlagen wurden. Joachim Ritter z. B. betont Hegels Ablehnung der individualistischen Voraussetzungen der modernen Naturrechtslehre, und versteht die Lehre von der Sittlichkeit als eine Rehabilitierung von Aristoteles' Begriff der Natur;② umgekehrt versteht Manfred Riedel Hegels Kritik des modernen "empirischen" Naturrechts als eine Fortsetzung der Kant's chen Unterscheidung von Natur-und Freiheitsgesetzen, die sich freilich von den Grundüberzeugungen der antiken Philosophie radikal entfernt.③ Um eine solche Diskrepanz zu vermeiden sollen meines Erachtens drei Ebenen in Hegels Kritik des Naturrechts unterschieden werden _ einer Kritik übrigens, die vom Naturrechtsaufsatz vom Jahre 1802 bis zu den Berliner Vorlesungen sehr stabil bleibt.

a. Hegel betont zuerst diesprachliche Unangemessenheit der Naturrechtsvorstellungen. In der Heidelberger Naturrecht-Vorlesungsnachschrift vom Wintersemester 1817/18 liest man z. B.:

> Der Name des *Naturrechts* verdient aufgegeben zu werden und durch die Benennung "philosophische Rechtslehre" oder […] Lehre von dem objektiven Geist ersetzt zu

① Meiner Meinung nach ist der Ausdruck "moderne Naturrechtslehre" ein Pleonasmus. Leo Strauss' und Michel Villeys Sicht zum Trotz gibt es kein "Naturrecht der Antike", weil die Idee des Naturrechts und der natürlichen subjektiven Rechte den modernen Begriff der Natur voraussetzt, wie man es im Hobbes' Werk eindeutig feststellen kann.

② Siehe J. Ritter, "Moralität und Sittlichkeit. Zu Hegels Auseinandersetzung mit der kantischen Ethik", in: Ders., *Metaphysik und Politik. Studien zu Aristoteles und Hegel*, Frankfurt/M.: Suhrkamp, 2003, S. 281 – 309.

③ Siehe M. Riedel, "Freiheitsgesetz und Herrschaft der Natur", in: Ders., *Zwischen Tradition und Revolution. Studien zu Hegels Rechtsphilosophie*, Stuttgart; Klett-Cotta, 1982, S. 65 – 84.

> werden. Der Ausdruck "Natur" enthält die Zweideutigkeit, dass darunter: 1/ das Wesen und der Begriff von etwas verstanden wird, und 2/ die bewusstlose unmittelbare Natur als solche. Unter "Naturrecht" hat nun das Recht verstanden werden sollen, welches vermöge der unmittelbaren Natur gelte; es hängt damit die Fiktion von einem *Naturzustand* zusammen, in welchem das wahrhafte Recht existieren soll.①

Was also bestreitet wird, ist in erster Linie die Benutzung einer Terminologie, die auf die "Natürlichkeit" irrtümlich hinweist, während es sich um die Vernünftigkeit des Rechts handelt. Es ist jedoch klar, dass das Irrtum nicht nur sprachlicher Natur ist; sonst brauchte man nur, das Wort "Natur" durch das Wort "Vernunft" zu ersetzen, um über eine richtige Fassung der Naturrechtslehre zu verfügen. Seit dem Naturrecht-Aufsatz ist sowieso die lexikale Kritik des Naturrechts mit einer methodologischen und philosophischen Kritik der begrifflichen Mitteln jener Theorie, in erster Linie der Begriffe des "Naturzustandes" und des "sozialen Vertrags", verknüpft.②

b. In anderer Hinsicht aber bestätigt Hegel die Grundintention der Naturrechtslehre, und zwar die normative Grundlage irgendwelcher rechtlichen und politischen Ordnung zu bestimmen. Die Anmerkung zum Paragraphen 3 der *Rechtsphilosophie* erklärt es eindeutig, wenn sie als eine allgemein anerkannte Wahrheit die These darstellt, wonach "das Naturrecht oder das philosophische Recht vom positiven verschieden ist", obwohl beide keineswegs "einander entgegengesetzt und widerstreitend" sind.③ Man braucht nur die vehemente Kritik der historischen Schule (Hugo, und darüber hinaus Savigny) zu beachten, die Hegel als ein Versuch der Herabsetzung der Rationalität zum Niveau der Positivität versteht, um sich davon zu überzeugen, dass er dem normativen Streben der Naturrechtslehre grundsätzlich treu bleibt.

c. Letzten Endes widerstreitet Hegel die Naturrechtslehre, insbesondere die von Kant und Fichte konzipierte raffinierte Fassung desselben, grundsätzlich deshalb, weil ihr Begriff der *Rationalität* unzulänglich ist, um ihr eigenes Programm zu realisieren. Weder eine instrumentelle,

---

① Hegel, *Vorlesungen über Naturrecht und Staatswissenschaft* (Nachschrift Wannenmann), hrsg. von O. Pöggeler et alii, Hamburg: F. Meiner, 1983, § 2, S. 6.

② Siehe Hegel, *Grundlinien*, § 75 Anm., GW 14 - 1, S. 78; *Enzyklopädie*, § 502 Anm., S. 396 - 397.

③ Hegel, *Grundlinien*, § 3 Anm., GW 14 - 1, S. 25 - 26.

ausrechnende Rationalität à la Hobbes, noch eine abstrakt normative Rationalität à la Kant sind imstande, gemäß der naturrechtlichen Bestrebung das Recht und die Rechte normativ zu begründen. Man soll zur spekulativen Philosophie, noch bestimmter zur Logik greifen, um sich die rationale Norm des positiven Rechts als eine immanente Norm vorstellen zu können, und infolgedessen der unfruchtbaren Alternative von Historismus (wonach das Rationale sich mit dem geschichtlich Entstandenen identifiziert) und *Normativismus* (wonach die Rationalität sich durch den prinzipiellen Bruch mit dem Bestehenden definieren lässt) zu entgehen. Der in den Paragraphen 1, 4 und 29 der Einleitung zur Rechtsphilosophie dargestellte normative Rechtsbegriff erfordert einen epistemischen Bruch mit den verschiedenen, scheinbar entgegengesetzten Gestalten der Naturrechtslehre, des Historismus und des ordinären Rechtspositivismus.

2/ Ein zweiter Grund, mit der vorigen Darstellung des Verhältnisses von Recht und Gerechtigkeit Abstand zu nehmen, ist die Tatsache, dass Hegel ihre mögliche Diskrepanz zwar selten, aber umso bemerkenswert berücksichtigt, ohne jedoch zur klassischen naturrechtlichen Problemstellung zurückzugreifen. Wie gesagt wird zum Vokabular der Gerechtigkeit hauptsächlich in der Abteilung der Lehre des "abstrakten Rechts" gegriffen, die das Unrecht untersucht. Diese Berufung auf die Gerechtigkeit tritt anlässlich einer Kritik der herrschenden, auf die sittlichen Ansichten und rechtlichen Kategorien derAufklärung beruhenden Theorie der Strafe ein. Es scheint also, dass bei Hegel die uralte Frage der Natur und der Formen der *justitia* aus dem Problem der theoretischen Grundlagen der Strafe entsteht. Um den genauen Gehalt des Hegelschen Verständnisses der Gerechtigkeit müssen nun die von Cesare Beccaria erregte Debatte um "Straftaten und Strafen" und der Kampf der Aufklärung gegen die Barbarei der traditionellen Strafpraktiken aufs Spiel gesetzt werden.

Wie sieht das Verhältnis von Recht, Unrecht und Gerechtigkeit in der Stelle der *Rechtsphilosophie* aus, die die Formen der Rechtsverletzung und deren Aufhebung durch die Strafe untersucht? In der Lehre des abstrakten Rechts, die die Grundlagen einer vernünftigen Privatrechtsordnung darstellt, folgt die Darstellung des Unrechts derjenigen des Eigentums und des Vertrags. Da ich es in vorigen Arbeiten mehrmals festgestellt habe,① darf ich hier

① Siehe z. B. J.-F. Kervegan, *L'effectif et le rationnel*, Kap. 1, S. 59 chinesische Übersetzung, S. 65 sq.; Ders., "L'institution de la liberté", in: Hegel, *Principes de la philosophie du droit*, übersetzt und kommentiert von J.-F. Kervégan, Paris: PUF, 2013, S. 55ff.

voraussetzen, dass das Verhältnis zwischen Person und Sache den Kern der ganzen Sphäre des abstrakten Rechts als "*Dasein* der Freiheit *im Äußerlichen*" ist①. Hegel, der die klassische Einteilung des Rechts in Personen-, Sachen-und Obligationenrecht (bzw. "Recht zu Aktionen") verwirft, behauptet, dass "das persönliche Recht wesentlich *Sachenrecht* ist, _ Sache im allgemeinen Sinne als das der Freiheit Äußerliche, wozu auch mein Körper, mein Leben gehört".② Daher folgt, dass der Begriff des *Eigentums*, als der Bezeichnung des Rechtsverhältnisses von der Person zur Sache, eine zentrale Rolle in der gesamten Darstellung (bzw. Rekonstruktion) des abstrakten Rechts spielt. In einer Randbemerkung seines eigenen Exemplars der *Rechtsphilosophie* schreibt Hegel: "Eigentum ist das Durchgehende in a. [= Erwerbung des Eigentums], b. [=Vertrag], c; [=Wiederherstellung des Rechts durch die Strafe]";③ unter "Eigentum" sind hier die komplexen Formen der Aneignung und der Enteignung im breitesten *rechtlichen* Sinne verstanden, die den Gegenstand des "abstrakten Rechts" ausmachen.

Diese zentrale Rolle des Eigentums in sehr extensiver Bedeutung ist die Voraussetzung der Betrachtung der verschiedenen Formen der Rechtsverletzung in der dritten Abteilung über "das Unrecht". Wenn es sich darum handelt, die kleinste oder die schlimmste Rechtsverletzung durch Zwang aufzuheben (moralisches Wiedergutmachen kommt hier nicht in Frage), ist es immer eine Frage der *Wiederaneignung* von etwas (einem materiellen Gut, einer "moralischen Eigenschaft" oder, im schlimmsten Fall, einer Würde, sei es der Würde des Opfers oder des Täters selbst).

Die Rechtsverletzung, als "eine Gewalt gegen das *Dasein* meiner Freiheit in einer äußerlichen Sache" verstanden,④ setzt im Allgemeinen das Recht zum "Schein" herab. Hegel setzt aber fort, dass "die Wahrheit dieses Scheins ist, dass er nichtig ist, und dass das Recht durch das Negieren dieser seiner Negation sich wieder herstellt".⑤ Die drei sukzessiven Formen jener Negation des abstrakt-universellen, an sich seienden Rechts sind bekanntlich: a/ das "unbefangene Unrecht", das heißt die verschiedenen Arten des Zivilrechtsstreits; b/ der

① Hegel, *Enzyklopädie*, § 496, S. 394.

② Hegel, *Enzyklopädie*, § 40 Anm., GW 14-1, S. 54.

③ Hegel, *Enzyklopädie*, Beilagen, GW 14-2, S. 393.

④ Hegel, *Enzyklopädie*, § 94, GW 14-1, S. 89.

⑤ Hegel, *Enzyklopädie*, § 82, GW 14-1, S. 85.

"Betrug", der die ganze Reihe der untergeordneten Straftaten umfass, und worin die Rechtsverletzung absichtlich ist; c/ die verschiedenen Formen der Gewalt-und Zwangstaten, die im "Verbrechen" gipfeln. Über die (falls mögliche) Reparation durch Schadenersatz hinaus, die nur eine besondere Person angeht, besteht die Wiederherstellung des Rechts darin, dem freien Willen in seiner Allgemeinheit seine objektive Existenz zurückzugeben; in letzter Instanz handelt es sich darum, der *Persönlichkeit*, deren objektive Manifestation die Rechtsfähigkeit ist,① nicht nur ihre Würde, sondern ihre *Wirklichkeit* zurückzugeben, welche das Allgemeine (*das* Recht) und das Besondere (*mein* Rech) in der Einzelheit einer Subjektivität vereinigt, die "in der Endlichkeit [s]ich als das *Unendliche*, *Allgemeine* und *Freie* weiß".② Was in der Rechtsverletzung und Rechtswiederherstellung auf dem Spiel steht, ist viel höher als das subjektive Recht einer bestimmten Person: es ist das Recht "an und für sich", also die Gerechtigkeit.

Dieser Hinweis auf die Gerechtigkeit wird in der letzten, das Verbrechen untersuchende Unterabteilung der Analyse des "Unrechts" mit Nachdruck betont. Dieser Hinweis ist nämlich durch den Umstand verursacht, dass das Verbrechen keine bloße gewaltige Handlung gegen eine bestimmte Person, sondern eine Verletzung des Rechts an und für sich ist: das Verbrechen ist "der erste Zwang als Gewalt von dem Freien ausgeübt, welche das Dasein der Freiheit in seinem *konkreten* Sinne, das Recht als Recht verletzt".③ Die Gerechtigkeit, die Nemesis, ist die symbolische Gestalt der rückwirkenden Gewalt, wodurch das Recht, das heißt die objektive Freiheit, in seiner *Allgemeinheit* wiederhergestellt wird, da sie gegen die Gewalt des Unrechts "eine jene erste aufhebende Gewalt" ausübt.④ Mit anderen Worten: das, was die Thematisierung der Gerechtigkeit verursacht, ist vor allem die nackte Erfahrung der ungerechten Handlung als einer Gewalttätigkeit nicht nur gegen eine Sache oder eine Person, sondern gegen das Recht als solches. Daraus entsteht die Aufgabe, eine juristische Theorie der Strafe als einer geregelten Gewalt aufzubauen, die das Recht durch seine anscheinende Negation wiederherstellt. Solche Überlegungen über Gerechtigkeit und Strafe erfordern aber, dass der

---

① Hegel, *Grundlinien*, § 36, GW 14-1, S. 52.
② Hegel, *Grundlinien*, § 35, GW 14-1, S. 51.
③ Hegel, *Grundlinien*, § 95, GW 14-1, S. 89.
④ Hegel, *Grundlinien*, § 94, GW 14-1, S. 89.

ursprünglich strikt juristische Rahmen des Problems erweitert wird.

Das Fehlen eines positiven Begriffs der Gerechtigkeit erklärt sich durch die klar ausgedrückte Option Hegels für eine nicht ontologische, sondern prozedurale Definition der Gerechtigkeit. In der Sphäre des strikten Rechts gibt es kein Wesen der Gerechtigkeit, das als Maßstab der gegensätzlichen Rechtsansprüche, sogar der positiven Rechtsnorm selbst gelten könnte. Wir haben ausschließlich mit Prozeduren der Aufhebung der Ungerechtigkeit, das heißt der rechtsbedrohenden Gewalt zu tun, welche durch kontingente Faktoren bedingtist. Die Existenz der unrechten Tat geht dem Wesen der Gerechtigkeit voraus. Es geht jedoch nicht darum, die Gerechtigkeit und die Faktizität und Zweckmäßigkeit der Strafe zu identifizieren. Im Gegenteil betont Hegel nachdrücklich die Objektivität, d. h. die Rationalität der Gerechtigkeit. Hegel schreibt am Rand des Paragraphen 99 seines Exemplars der Rechtsphilosophie:

> Mitleiden, Besserung, Staatszweck; besondere Zwecke der Gesellschaft _ erbleichen gegen die Frage: was erfordert die Gerechtigkeit? […] Gerechtigkeit geht unter, wie Wahrheit, wenn alles nur auf subjektiver Weise behandelt [wird].①

Es gibt also eine Gerechtigkeit an sich; aber sie ist in den Praktiken der Beseitigung des bestehenden Unrechts als eines aufzuhebenden "Scheins" verkörpert. Wie schon in der *Wissenschaft der Logik* festgelegt ist das Wesen (hier die Gerechtigkeit) nichts anderes als der Prozess der Aufhebung des Scheins (der Rechtsverletzung): es ist "der *als Schein gesetzte Schein*".②

Daraus folgt der Versuch, anhand jener dynamischen Konzeption der Gerechtigkeit eine strikt juristische (d. h. nicht moralische, nicht soziale, nicht politische) Theorie der Strafe aufzubauen. Hegel fängt mit einer Kritik einer vom mäßigten Aufklärer Ernst Ferdinand Klein gegebenen Definition der Strafe an:

> Unter Strafe im allgemeinsten Sinne versteht man das Übel, welches auf die gesetzwidrige Handlung als eine solche folgt. Insofern ein solches Übel zur Bewirkung

① Hegel, *Grundlinien*, Beilagen, GW 14-2, S. 539.

② Hegel, *Wissenschaft der Logik*, GW 11, S. 393.

künftiger gesetzmäßige Handlungen oder Unterlassungen gebraucht wird, ist eine Strafe in der gewöhnlichen Bedeutung vorhanden. Eine *eigentliche* Strafe setzt voraus, dass das Übel mit der unerlaubten Handlung zu dem ebengedachten Zweck *willkürlich* sei verbunden worden.①

Warum kritisiert Hegel diese Definition der Strafe, obwohl sie, wenigstens der Form nach, sehr ähnlich klingt wie diejenige, die Hegel in den vorigen Paragraphen dargestellt hat? Welcher Unterschied gibt es zwischen dem einem Übel nachkommenden Übel (Klein) und die Wiedergutmachung der Gewalt durch Gewalt (Hegel)? Er besteht, meiner Meinung nach, in der Benutzung seitens Klein (das gilt auch für weitere aufgeklärte Juristen wie Anselm Feuerbach) eines aus der *Moral* stammenden Vokabulars und Argumentation, obzwar das Wort "Übel" zum Wortschatz der Moralität nicht so eindeutig gehört als das Wort "Böse". Die insbesondere gegen Feuerbachs These des Präventionscharakters der Strafe gerichtete Anmerkung zum Paragraph 99 zeigt eindeutig, dass für Hegel diese Vorstellung der Strafe als eines "Gegenübels" den Kern der Irrungen der Straftheorien der Aufklärung ist. In dieser Polemik geht es also um das Verhältnis von Recht und Moral (bzw. Ethik), die Hegel, wie schon Kant und Fichte, strikt unterscheiden will. Ich erlaube mir nun, die Anmerkung zum Paragraph 99 ausführlich zu zitieren:

> Die Theorie der Strafe ist eine der Materien, die in der positiven Rechtswissenschaft neuerer Zeit am schlechtesten weggekommen sind, weil in dieser Theorie der Verstand nicht ausreicht, sondern es wesentlich auf den Begriff ankommt. _ Wenn das Verbrechen und dessen Aufhebung, als welche sich weiterhin als Strafe bestimmt, nur als ein Übel überhaupt betrachtet wird, so kann man es freilich als unvernünftig ansehen, ein Übel bloß deswegen zu wollen, weil schon ein anderes Übel vorhanden ist [···]. Dieser oberflächliche Charakter eines Übels wird in den verschiedenen Theorien über die Strafe, der Verhütungs-, Abschreckungs-, Androhungs-, Besserungs-usw. Theorie, als das Erste

① E. F. Klein, *Grundsätze des gemeinen deutschen peinlichen Rechts*, 2te Aufl., Halle, 1799, § 9, S. 6. Aus dieser Definition folgen eine Reihe von Folgen, u. a. die Unterscheidung von Strafe und Rache (§ 10) und die verschiedenen Zwecke der Strafe.

vorausgesetzt, und was dagegen herauskommen soll, ist ebenso oberflächlich als ein Gutes bestimmt. Es ist aber weder bloß um ein Übel noch um dies oder jenes Gute zu tun, sondern es handelt sich bestimmt um Unrecht und um Gerechtigkeit. Durch jene oberflächlichen Gesichtspunkte aber wird die objektive Betrachtung der Gerechtigkeit, welche der erste und substantielle Gesichtspunkt bei dem Verbrechen ist, beiseite gestellt, und es folgt von selbst, dass der moralische Gesichtspunkt, die subjektive Seite des Verbrechens, vermischt mit trivialen psychologischen Vorstellungen von den Reizen und der Stärke sinnlicher Triebfedern gegen die Vernunft, von psychologischem Zwang und Einwirkung auf die Vorstellung (als ob eine solche nicht durch die Freiheit ebensowohl zu etwas nur Zufälligem herabgesetzt würde), zum Wesentlichen wird.①

Dem "oberflächlichen Gesichtspunkt" Kleins, also: der moralischen eher als juristischen Vorstellung der Strafe und ihrer Folgen, stellt sich Hegel entgegen, indem er sich auf "die objektive Betrachtung der *Gerechtigkeit*" beruft, wobei er betont, dass es den "erste[n] und substantielle[n] Gesichtspunkt" ausmacht. Woraus besteht diese objektive Betrachtung, und welche ist ihre Funktion in der Theorie der Strafe? Hegels Widerlegung der "reformerischen" Rede der Aufklärer (Klein im § 99; Beccaria im § 100; Anselm Feuerbach in den rechtsphilosophischen Vorlesungen von 1817/18 und 1822/23) beschafft wichtige Elemente zur Beantwortung jener Frage. Gegen die von Feuerbach dargestellte *psychologische* Vorstellung der abschreckenden Wirkung der Strafe, gegen die *moralische* Erwartung einer Verbesserung der Seele des Täters (die man heute in der Parole der Wiedereingliederung), gegen den sozialen Zweck eines Schutz der Gesellschaft (Beccaria, heute der sogenannte *legal* realism), besteht Hegel auf eine formelle, rechtsimmanente "Gerechtigkeitsregel", und zwar dass "das Strafen an und für sich *gerecht*" ist.② Diese Regel hat die schlichte Bedeutung, dass "das Verbrechen als Verletzung des Rechts als Rechts aufzuheben ist": jede Verletzung der subjektiven Rechte

---

① Hegel, *Grundlinien*, § 99 Anm., GW 14－1, S. 91－92.

② Hegel, *Grundlinien*, § 99 Anm., GW 14－1, S. 92. Ich übernehme die Wendung "Grechtigkeitsregel" aus dem Werk von Chaïm Perelman (siehe Ders., *Cinq leçons sur la justice* und *La règle de justice*, in ders., *Ethique et droit*, Brussels: Editions de l'Universitė Libre de Bruxelles, 1990, S. 178ff. Hegels Untersuchung der Gerechtigkeit bietet nämlich manche gemeinsame Züge mit Perelmans Idee einer formellen Gerechtigkeitsregel, die unabhängig vonden verschiedenen materiellen Auffassungen des Gerechten gilt.

eines Einzelnen ist eine Verletzung des Rechts als solches und muss bestraft werden, damit das Recht in seiner Fülle und Majestät wiederhergestellt wird.

Für einen Foucault-Leser scheint es völlig klar, dass Hegel den Gang der Geschichte zuwiderhandelt: genau im Moment, wenn der Übergang von der schrecklichen Bestrafungen der alten Zeit zu den Techniken der disziplinären Gesellschaft stattfindet, ist seine Theorie der Strafe in einer Logik der Bestrafung, und nicht der Normalisierung eingerahmt.① Übrigens hat Hegels Kritik der "Moralisierung" der Strafe durch die Juristen der Aufklärung viel gemeinsames mit Foucaults kritischer Beschreibung der Medizinisierung der Strafe, die in eine Art Umerziehung des als "kranken" bestimmten Täters umgestaltet worden ist. Indem Hegel die Strafe als eine Form der Widervergeltung definiert,② hat er sich für eine Partei entschieden: die Strafe zielt nicht dazu, das zu reparieren, was irreparabel ist (ein Auge ersetzt nicht ein Auge), noch weniger dazu, eine verirrte Seele auf den richtigen Weg zu führen; ihr einziges Ziel besteht darin, einen Rechtsbruch zu beseitigen, das heißt eine "Verletzung, welche dem an sich seienden Willen (und zwar hiemit ebenso diesem Willen des Verletzers, als des Verletzten und Aller) widerfahren" ist.③

Unter solchem Gesichtspunkt hat die Strafe etwas zu tun mit der Rache, selbst wenn dieser Vergleich für unsere Vorstellungen schockierend ist:

> Das Aufheben des Verbrechens ist in dieser Sphäre der Unmittelbarkeit des Rechts zunächst *Rache*, dem Inhalte nach gerecht, insofern sie Wiedervergeltung ist.④

Dieser Satz scheint zum ersten Blick das Strafen des Verbrechens (die handelnde Gerechtigkeit) und die Rache zu identifizieren. Die Schranken solcher Identifizierung werden jedoch sofort betont. Unter ihrer rohen, vorjuristischen Form ist zwar die Rache "dem Inhalt nach" gerecht, indem sie sich an der "Gerechtigkeitsregel" hält. Wenn es stimmt nämlich,

---

① Siehe M. Foucault, *Surveiller et punir*, Paris: Gallimard, 1974; Ders., *La société punitive* (Vorlesung von 1973), Paris: EHESS/Gallimard/Seuil, 2013.

② Siehe Hegel, *Grundlinien*, § 101, GW 14-1, S. 93: "Das Aufheben des Verbrechens ist insofern *Wiedervergeltung*, als sie dem Begriffe nach Verletzung der Verletzung ist".

③ Hegel, *Grundlinien*, § 99 Anm., GW 14-1, S. 91.

④ Hegel, *Grundlinien*, § 102, GW 14-1, S. 95.

dass das Wiederherstellen des Rechts auf dem Prinzip derWertgleichheit von Strafe und Verbrechen beruht,① ist es verständlich, dass die bloße Vendetta als die Urform der Strafe erscheint. Aber die Rache ist nicht "der Form nach" gerecht: aus einem "subjektiven Willen" den Verwalter der Justiz zu machen, wird die Gerechtigkeit selbst einer Kontingenz preiszugeben, die sie zum "Progress ins Unendliche", also zur schlechten Unendlichkeit verurteilt. Die Gleichung von Gerechtigkeit und Rache hat also eine sehr begrenzte Bedeutung. Eine rächende Rechtspraxis erliegt dem Widerspruch, weil ein besonderer Wille (derjenige des Opfers oder seiner Familie) das Recht in seiner Allgemeinheit wiederherstellen soll, so dass die Rache "*eine neue Verletzung*" des Rechts ist.② Ein solcher Widerspruch kann erst überwunden werden, wenn die Aufhebung des Unrechts "vom subjektiven Interesse und Gestalt, sowie von der Zufälligkeit der Macht" befreit ist, das heißt wenn die "*rächende*" Gerechtigkeit eine "*strafende*" wird.③

Trotz seiner begrenzten Tragweite widersetzt der von Hegel angedeutete Zusammenhang von Gerechtigkeit und Rache der modernen allgemeinen Vorstellung des Rechts. Es handelt sich nicht nur um eine etwas provokative Widerlegung der theoretischen Irrtümer der nach einer "Moralisierung" des Strafens strebenden aufgeklärten Strafrechtler, sondern um eine genauere Angabe einer Haupteigenschaft des abstrakten Rechts, und zwar seiner prinzipiellen Unabhängigkeit von den (übrigens unvermeidlichen) sozialen und politischen Institutionalisierungsformen, die es *hic et nunc* erhält. Wenn die Strafjustiz mit der Rache etwas gemeinsam hat, dann deshalb, weil das Recht "an sich", in seiner Abstraktion, von der geschichtlichen Gestalten seiner Verwaltung begrifflich unterschieden ist. Es gibt nur *ein* Recht und *eine* Gerechtigkeit, obgleich sie sehr unterschiedliche kulturelle Übersetzungen erhalten haben. Gerade das betont auf knapper Weise der Paragraph 100 der *Rechtsphilosophie*:

> In Rücksicht auf die Weise der Existenz der Gerechtigkeit ist ohnehin die Form, welche sie im Staat hat, nämlich als *Strafe*, nicht die einzige Form und der Staat nicht die

① Hegel, *Grundlinien*, § 101, GW 14-1, S. 94.
② Hegel, *Grundlinien*, § 102, GW 14-1, S. 95.
③ Hegel, *Grundlinien*, § 103, GW 14-1, S. 95.

bedingende Voraussetzung der Gerechtigkeit an sich.①

"Der Staat ist nicht die Voraussetzung der Gerechtigkeit an sich": um diese Aussage korrekt zu deuten, muss es daran erinnert werden, dass Hegel (das ist, wenn man will, seine Art, ein treuer Naturrechtler zu bleiben)② das abstrakte, ansichseiende Recht einerseits, dessen Normen unabhängig von irgendwelchem politischen oder sozialen Anwendungskontext gelten, und die Rechtspflege, d. h. die konkrete Justizverwaltung in einer wohlfunktionierenden bürgerliche Gesellschaft andererseits, strikt unterscheidet. Unter diesen Umständen, zu behaupten, dass der Staat keine Voraussetzung der Gerechtigkeit an sich ist, bedeutet, dass der Begriff der Rechtsverletzung und der Rechtswiederherstellung ohne Bezug auf die konkreten historischen Formen der sozialen und politischen Strafpraxen vollständig durchgedacht werden kann. *An sich* ist jede Form der "Wiedervergeltung" ein gerechter Akt, weil sie, unabhängig von den Vorstellungen und Motiven der Handelnden, auf nichts anderes zielt, als das Recht bloß wiederherstellen. Sie ist es aber *nur* an sich, so dass das Retributionsmodell kein allgemeiner Archetyp der Gerechtigkeit ist.

Das Beispiel der Rache hat also den großen Verdienst, unabhängig von kontextuellen Betrachtungen die Notwendigkeit einer *Entpersonalisierung*, das heißt einer Institutionalisierung der Justiz festzustellen. Das Strafen eines Verbrechens kann zwar die brutale Form der Vendetta erhalten, und wird stets gewisse Charaktere davon behalten. Es soll aber diese vereinfachte Form überwinden, und zwar nicht um moralischen oder religiösen Gründe, nicht um sozialen oder politischen Gründe (der Preis der Vendetta ist zu hoch; der Staat hat das Monopol der legitimen Gewalt ...), sondern um einen strikt *rechtlichen* Grund: vom Standpunkt einer gerechten Auffassung des Rechts, der Rechtsverletzung und-Wiederherstellung muss eine "nicht *rächende*, sondern *strafendeGerechtigkeit*" herrschen.③ Welcher Unterschied gibt es darunter? Der Unterschied betrifft nicht den Inhalt, denn die Strafjustiz ist nicht prinzipiell milder als die blinde Rache, sondern den dezisiven Formumstand, dass ein unparteilicher Dritter, der

① Hegel, *Grundlinien*, § 100 Anm., GW 14-1, S. 93.

② Diese Treue an einer naturrechtlichen Rechtskonzeption, die er ausserdem heftig kritisiert, ist in der Polemik mit Gustav Hugo im § 3 Anm. der *Rechtsphilosophie* bemerkenswert.

③ Hegel, *Grundlinien*, § 103, GW 14-1, S. 95.

Richter, die Strafe und ihre Modalitäten bestimmt. Strafen vermag nur eine Institution (die durch den Richter verkörperte Justiz), welche nicht im Namen der Gesellschaft oder des Volks, sondern des Rechts und seiner Majestät handelt.

In der Lehre vom abstrakten Recht ist wenig und nur vorläufig über diese strafende Justiz gesagt; dort genügt es, auf ihr Prinzip zu weisen, und zwar auf die sogenannte "Gerechtigkeitsregel". Erst in der Darstellung der Sittlichkeit, noch bestimmter der bürgerlichen Gesellschaft sind die institutionellen Formen der Rechtspflege, insbesondere die modernen Modalitäten des Strafens, näher untersucht. Es muss betont werden, dass für Hegel die Rechtspflege unter den Bedingungen der Moderne, d. h. insbesondere in einer Lage der Differenzierung vom Sozialen und Politischen, die Sache der bürgerlichen Gesellschaft, nicht des Staates ist. Der Staat nämlich, obgleich er ein rechtliches Gebilde im erweiterten Sinne des Wortes "Recht" ist (wonach "jede Stufe der Entwicklung der Idee der Freiheit ihr eigentümliches Recht" hat)①, überschreitet die Schranken des abstrakten Rechts (des Privatrechts); daher die theoretische Unzulänglichkeit des Kontraktualismus, der den Staat aufgrund des privatrechtlichen Begriffs des Vertrags begründen möchte.② Die Rechtsprechung ist zwar im nachrevolutionären Kontext eine "Pflicht" sowie ein "Recht der öffentlichen Macht";③ deswegen obliegt die Rechtspflege Richtern, also Staatsbeamten, und nicht Heroen oder abenteuernden Rittern.④ Sie ist jedoch insofern eine *soziale* Angelegenheit, als das abstrakte Recht eine, oder sogar die Funktions-und Regulierungsbedingung der relativ autonom gewordenen bürgerlichen Gesellschaft ist. Die Verwaltung des im positiven Gesetz kodifizierten Privatrechts durch das "Gericht" (d. h. durch institutionalisierte Rechtsprechung) ist die Bedingung, oder wenigstens eine Bedingung der modernen Entpolitisierung der sozialen Zusammenhänge. Welche sind die Wirkungen dieses Phänomens für die Rechtsprechung, insbesondere für das Strafrecht?

Obgleich die *jurisdictio* die Wiederherstellung des "an sich seienden" Rechts in seiner abstrakten Universalität ist, vollzieht sie sich in einem bestimmten historisch-sozialen Rahmen;

---

① Hegel, *Grundlinien*, § 30 Anm., GW 14 - 1, S. 46.

② Siehe Hegel, *Grundlinien*, § 75 Anm. et § 258 Anm., GW 14 - 1, S. 78 u. 202.

③ Hegel, *Grundlinien*, § 219 Anm., GW 14 - 1, S. 183.

④ Hegel, *Grundlinien*, § 102 Anm., GW 14 - 1, S. 95.

nur dadurch wird sie ein Recht "in der Form Rechtens", d. h. "in seiner Existenz gerecht".① Aber was ist eigentlich ein nicht nur seinem Begriff nach, sondern "in seiner Existenz" gerechtes Recht? Diese Frage beantwortet Hegel auf bewusst aporetischen Weise. Wenn es darum geht, das Recht unter bestimmten geschichtlichen Verhältnissen zu sprechen, bietet der "Begriff" des Rechts, d. h. das Recht "an sich" "nur eine allgemeine Grenze, innerhalb deren noch ein Hin-und Hergehen stattfindet".② Dieses Hin-und Hergehen, dieses von dem Richter erfahrenes Zögern muss jedoch zu der einzigen rechtskonformen und gerechten Entscheidung führen:

> Es lässt sich nicht *vernünftig* bestimmen noch durch die Anwendung einer aus dem Begriffe herkommenden Bestimmtheit entscheiden, ob für ein Vergehen eine Leibesstrafe von vierzig Streichen oder von vierzig weniger eins, noch ob eine Geldstrafe von fünf Talern oder aber auch von vier Talern und dreiundzwanzig usf. Groschen, noch ob eine Gefängnisstrafe von einem Jahre oder von dreihundertvierundsechszig usf. [Tagen] oder von einem Jahre und einem, zwei oder drei Tagen das Gerechte sei. Und doch ist schon ein Streich zuviel, ein Taler oder ein Groschen, eine Woche, ein Tag Gefängnis zuviel oder zuwenig eine Ungerechtigkeit. _ Die Vernunft ist es selbst, welche anerkennt, dass die Zufälligkeit, der Widerspruch und Schein ihre, *aberbeschränkte* Sphäre und Recht hat und sich nicht bemüht, dergleichen Widersprüche ins Gleiche und Gerechte zu bringen; hier ist allein noch das Interesse der *Verwirklichung*, das Interesse, dass überhaupt bestimmt und entschieden sei, es sei, auf welche Weise es (innerhalb einer Grenze) wolle, vorhanden.③

Die Strafe ist einerseits unvermeidlich kontingent, andererseits muss sie gerecht sein: das ist das Dilemma der Rechtsprechung. Gibt es ein Ausweg, damit die Idee der Gerechtigkeit kein Gespenst oder ein Instrument von nicht expliziten *social policies* wird? Dieser Ausweg ist "das Interesse der Verwirklichung". Die durch die Logik der Rache scheinbar gelöste Aporie der

---

① Hegel, *Grundlinien*, § 220, GW 14-1, S. 183.

② Hegel, *Grundlinien*, § 214, GW 14-1, S. 178.

③ Hegel, *Grundlinien*, § 214 Anm., GW 14-1, S. 178-179.

Wiedervergeltung hat eine praktische Lösung, und zwar die Annahme eines mäßigten dezisionistischen Postulat: wenn es sich in einer gesitteten bürgerlichen Gesellschaft darum handelt, eine nicht nur *richtige*, sondern gerechte Entscheidung zu treffen, *muss* jedoch eine Entscheidung getroffen werden, und diese Notwendigkeit der Entscheidung ist stärker als irgendwelcher weiterer Umstand. Dies bedeutet aber nicht, dass in einer radikalen dezisionistischen Hinsicht irgendwelche Entscheidung getroffen werden muss, weil immerhin das Gerechte die Verwirklichung des ansichseienden Rechts ist. Der Sinn für die Gerechtigkeit, deren "ewigen substantiellen Prinzipien" in dem "gesunden Menschenverstand", und zwar in der öffentlichen Meinung nunmehr enthalten sind, ① soll als eine Art normativer Schliessungsklausel des Rechtssystems verstanden werden, die stets revidiert werden muss, aber eine geschmeidige Schranke gegen das Unrecht ausmacht.

Hegel on Right and Justice

Jean-François Kervégan

【Abstract】 This paper deals with two questions: (1) Why does Hegel rarely use the terminology justice in *Elements of Philosophy of Right and in Encyclopaedia of the Philosophical Sciences*? (2) Why does Hegel discuss justice in the context of the punishment of wrong (Unrecht) in *Elements of Philosophy of Right*?

The answer to the first question is twofold: First, Hegel was influenced by the concept of law, which dominated in his time. His epoch had seen the decline of the theory of the natural law, which was closely linked with justice. Accompanied by this phenomenon, "the positivisation of the natural law" took place, which began with *the French Declaration of the Rights of Man and of the Citizen* and culminated in the strict distinction of law and morality which was made by Kant and Fichte. Second, Hegel's attitude towards the modern natural law is complicated and can be characterized by two aspects. In the first aspect there are three points worth noting: (a) In the term of the language, the adjective "natural" in the natural law is ambiguous; (b) Hegel distinguished between "natural law or philosophical right" on the one hand and "positive right" on the anther hand, although they do not contradict each other in his eyes. (3) Discrediting the two versions of the natural law proposed by Kant and Fichte, Hegel argued that only the speculative philosophy is capable of offering the rational

① Hegel, *Grundlinien*, § 317, GW 14-1, S. 259.

and immanent norm for the positive right. The second aspect consists in the fact that Hegel examined the possible discrepancy between right and justice without recourse to the resources of the classical natural law. Hegel's discussion of right is closely related to his critique of the opinion of the punishment held by some jurists of the Enlightenment (for example Cesare Beccaria, Ernst Ferdinand Klein, Anselm Feuerbach). In order to understand this, we should turn to the second question with which this paper is concerned: Why does Hegel discuss justice in the context of the punishment of wrong?

According to the above-mentioned jurists, the aim of the punishment lies either in the psychological deterrence or in the improvement of soul or in the protection of society. In contrast to theses notions, Hegel opposed to the examination of the punishment from the angle of psychology, moral science or sociology while proposing an "objective" way to deal with it. Therefore, for Hegel the object of the punishment of wrong lies in the re-establishment not of some injured rights, but of the right in itself in its objective generality, the abstract right; and this re-established right in itself gives expression to the justice, which assumes the symbolic shape of retroactive violence. For the right is in itself, it can be argued that the justice is in itself and insofar does not presuppose the state. Accordingly, there is one right, one justice in the philosophy of Hegel. But the realization of this justice in the modern world are distinguished by three aspects: (1) Although justice and vengeance share the similar form of the second negation of the wrong as the first negation, the former is not avenging, but punitive; and the public authority is responsible for this punishment. (2) This authority is not political. Therefore, Hegel discussed the administration of law in the sphere of the civil society and considered it to be social affairs. (3) "The eternal substantive principles" of justice is manifest in public opinion. The sense of it should be regarded as a kind of normative Schliessungsklausel of the system of law, which must always be susceptible of revision, but constitutes to be an elastic limit upon the wrong.

【Keywords】 Justice, Natural Law, Wrong (Unrecht), Punishment

黑格尔论贫富鸿沟的加剧作为现代正义的最大难题

[德]克劳斯·菲威格[1](著)
郭　霄(译)　牛文君(校)[2]

【摘要】 贫富鸿沟加大是现代社会的一个根本难题,在黑格尔看来,这一难题是对正义的严峻挑战。贫困化是市民社会的必然产物,它不能凭借自身解决荒淫和贫困问题,黑格尔揭示了市民社会的局限性,并论证了市民社会向作为伦理现实的国家过渡的必要性,国家是社会正义得以构建的领域。诸种形式的社会救济是福利国家的根本支柱,也是市场秩序良性运作的前提条件,是现代国家的正义的必要条件。

【关键词】 正义,贫富鸿沟,市民社会,社会救济,福利国家

我们在联合国 2018 年的营养状况报告中看到,九分之一的人口长期忍饥挨饿,其中包括一亿五千一百万名幼童。与此相对,极少数的亿万富豪们占据着财富总量的绝大部分,约为九万亿美元,并且这笔财富仅从 2017 年到 2018 年就增长了 19%。在此,现代社会的一个根本难题呈现出来,在黑格尔看来,这一难题对于正义的确立意味着决定性的挑战。按照黑格尔的理解,市民社会不仅事关人身和所有权的安全,也关系到"对个人生计和福利的保障——即要求把特殊的福利作为法权来对待并使之实现"。(§230)"贫穷的产生总的来说是市民社会的一个后果,并且前者完全必然地产生自后者。"(《布鲁明顿笔记》,第 193 页)[3]对于单个人而言的那些不利和不幸的条件,诸如起因于身体上和在社会化过程的整体情境与其他偶然局面中的,都有可能会在市场情境中导致贫困状况,导致极度的、生存攸关的穷困状况,尤其是低于必要的物质生活条件。在当今时代,"重度(绝对

① 作者简介:克劳斯·菲威格(Klaus Vieweg),德国耶拿大学哲学系教授,著名黑格尔哲学专家。《伦理学术》是本文的首发期刊。

② 译校者简介:郭霄,兰州大学哲学系硕士;牛文君,耶拿大学哲学博士,华东师范大学哲学系副教授,德国海德堡大学访问学者。
郭霄的译文由我交给牛文君校对后,返回由郭霄定稿,他有的接受,有的不愿接受。最终我只有动用主编权力,对整篇文章做了最后一遍校对而没有征求译者和校者的意见。我特别感谢译校二位为译文准确性的执着坚持,但最终译文如果有什么错谬,全由我承担责任,也欢迎有人对不妥的译文另写文章予以探讨。——主编注

③ "在一个依照市民社会的原则组织起来的共同体中,必然出现其大部分成员的贫困化。"霍斯特曼(Rolf-Peter Horstmann):《黑格尔的市民社会理论》。路德维希·西佩(Ludwig Siep)主编的《黑格尔:法哲学原理》收录上文,引文见第 210 页。

的)贫穷”这一“困境”①,大致可如此界定:这样一些人可视为非常贫穷,“他们缺乏实现人的最低生存条件保障的途径”——如勉强够用的食物、住所、衣物以及医疗和教育的基本供应。② 贫穷这一情况并非突然闯进社会规划的良好秩序中,也不是某种黑格尔尚未认识到的情况,而是逻辑进程中的一个阶段;不是意外,不是事先未预见到的灾难,贫困化的风险始终是市民社会的构成要素。贫困和不幸不可避免地伴随着市民社会的产生过程,所有事情都在偶然性的地带上进展着,需求的满足取决于外在的偶然事件。“在自身中运动的复杂状况,也是富裕的依据所在,产生了贫富两个极端,也即前者不能够而后者很容易满足自己的需求……贫穷使人丧失了社会能提供的全部益处。”(《格瑞斯海姆笔记》,第605、606页)黑格尔对贫穷与富裕的主题,即市民社会的根本难题,给予了恰当和特别的关注,他认为,如何救济穷人、消除贫困是一个尤其困扰和折磨现代社会的问题(§244补充)。随着富裕的增进,贫困也在加剧,这一进展方式在市民社会的层次上不可能得到有效的控制和改变(《格瑞斯海姆笔记》,第476、494页),然而这并不意味着问题无从解决,而是揭示了市民社会的组织架构在可能性方面的局限性,并且使人注意到作为伦理现实的国家,这是社会正义在其中得以构建的领域。

这样一些个人的生活状况可以被描述为穷困:他们(像任何其他具体的个人一样)被视作市民社会的正式成员,然而他们的生计、参与市民社会的可能性以及作为人的生活形态却遭受了严重侵害。因而穷困简直也意味着生活机会、生活质量的实质性削减,穷困实质上暗示着对于每个具体的个人理当享有的市民社会参与权的本质性制约,因而也即对根植于社会成员身份的各种权利的严重减弱直至丧失。这尤其涉及对教育③、卫生保健、法律运用以及政治决策进程的恰当参与。甚至对于宗教实践和参与艺术享受的妨碍或阻挠,因为它们是教育的重要组成部分,也被黑格尔理解为严重的权利侵犯(§241)。“穷人无法请人给自己的孩子传授技能和知识……穷人很难有效地运用法律武器,世上没有免费的公道……他也同样难以关照自己的健康(《格瑞斯海姆笔记》,第606页)。”在上述意义上,贫困蔓延到生活的方方面面。

---

① 施特凡·戈色帕特(Stefan Gosepath):《困境和制度性奠基的救助义务》,收录于芭芭拉·布莱施(Barbara Bleisch)和彼得·沙伯(Peter Schaber)主编的《世界性贫困和伦理》,帕德博恩市,2007年,第213-246页。托马斯·博格(Thomas Pogge)对严峻贫困的决定性因素(Moment)提供了一个令人信服的描述,《被承认的却仍遭到国际法侵犯的:穷人的人权》,收录于《世界性贫困和伦理》,第96-137页。

② 托马斯·博格:《被承认的却仍遭到国际法侵犯的:穷人的人权》,收录于《世界性贫困和伦理》,第97页。

③ 穷人“或许只从事过工厂劳动的某个已经废止的环节,这种片面性使他难以再着手其他工作”。(《格瑞斯海姆笔记》,第606页)这描述了一个涉及教育方面的,现今仍存在的难题。

在当前关于穷困的哲学辩论中，以下说法以今天的话语方式提出了同样的想法：穷困经常导致"对于民主、公正的诉讼程序和法治国家状况所必需的公民权与政治权的侵犯"——非常贫困的人们通常因为幼年营养不良而终生身心疲弱，由于得不到学校教育而不能读写，只得勉力维持家庭生计，他们被排除在市民社会和国家的参与之外。[①] 就当今整体情况的定性而言，或许应该追加一个标志：机会贫困——按照黑格尔的说法，每个作为个体的人都必须通过自己的劳动负责生计之保障，独立支付自己的生活费用，然而"这种劳动始终只是一种可能性"(《荣格笔记》，第 150 页)。黑格尔更喜欢说，生计的保障、收益与劳动密切相关，因为在劳动成果兑换成报酬的同时，劳动者的自由得到了承认，劳动者也承认了自己。不过严格来讲，黑格尔并没有提到劳动权利(Recht auf Arbeit)，而是说了体面生活的权利(Recht auf ein menschenwürdiges Leben)。[②] 人在穷困中会丧失他的"无机本性"，也就不能再把他看作完整意义上的市民社会成员。这意味着对他权利的严重侵犯，因为每个人都有不受限制地生活和参与市民社会的权利。[③] 这特别牵涉到可怜的孩子(arme Kinder)、穷人的孩子(die Kinder der Armut)，因此难题被延续了。[④] 联合国决议通过的《儿童权利公约》在条款 3 中着重把儿童福利(儿童的最大利益[⑤])确定为高度优先的权利。

黑格尔也区分了直接源自偶然的市场环境(如失业)的贫困和可能是其他不利条件(技能、残疾、疾病、战争后果、教育机会等方面的差异)导致[⑥]的"所有类型的窘迫"(§242)。人们必须把确保生计的安全看作是普遍目的，生计的保障绝不能听任偶然性摆布，它必须稳定持续下去，因而人们必须重视福利问题——"每个人都有权要求市民社会对自己负责"。(《荣格笔记》，第 151 页)[⑦]对国家财富的参与也取决于能力、自然条件、健康状况和所持资本等因素，因而显得差异极大，受制于偶然和任意。在对公共财富的分享有限和微不足道的情况下，家庭也只能提供有条件的支持，因为曾经的孩子现在已

① 托马斯・博格：《被承认的却仍遭到国际法侵犯的：穷人的人权》，收录于《世界性贫困和伦理》，第 97 页。

② 参照：汉斯-克里斯托夫・施密特(Hans-Christoph Schmidt)：《作为批判理论原则的承认》(授课资格论文)，第 206 页及后续几页。依据法哲学，他认为，"创立一种类似参与社会生产进程的、无条件的、可诉请履行的个人权利的东西是不可能的"。感谢施密特先生允许我查阅该授课资格论文。

③ 黑格尔把市民社会称为作为个体的人的"无机本性"(《万纳曼笔记》，第 160 页)。作为个体的人正面临着丧失这一生存先决条件的危险。因而市民社会必须为每一作为个体的人享有体面生活的基本权利负责，假如它未能达到这一要求，那么它就不能被视为是一个市民社会，并且必须朝这一方向重塑。

④ 另参照：《基尔笔记》，第 320 页。贫富间的剪刀差能够被特定的继承法进一步固化。

⑤ 联合国公约：《儿童权利公约》。

⑥ 全部社会等级和行业分支的代表都可能陷入贫困。(《万纳曼笔记》，第 161 页)

⑦ 另参照：《基尔笔记》，第 215、216 页。

经变成了市民社会的成员（“儿子”“女儿”），并且作为个人的家庭成员也处于这个依存系统之中。为此，同业公会作为“第二个家庭”和国家就要负责关照社会成员。下述情况却与此相反：市民社会是一个普遍共同体，一个既有权利又有义务的、与其成员相对的联合体。此外，市民社会必须确保其成员拥有这些权利，比如生计、医疗保健、公共教育，必须一般性地履行保障就业和提供救济的义务。以何种方式实现被救济权利和救济义务，在当前的争辩中仍旧分歧很大。保障各种基本需求或者确保掌握各种能力（Fähigkeiten，capabilities），这两种立场必须在公正的义务和负担分配的意义上合理地关联起来。① 借思考极端贫困、紧急状态的机缘，可以直接联系到关于紧急避难权的考虑，它的原则如今已得到完全的认可，与此相关有这样一个说法：“我们过去认为紧急避难权只是关系到暂时性的需求。在这里，紧急状态不再只具有暂时性的特征。随着贫穷的出现，特殊物的力量登上舞台，冲击着自由物的现实性。”②暂时性转变为恒久性。由于生存意味着自由的根本前提，每个市民社会的成员都享有生存权。每个人不仅享有生命得到保护的“消极权利”，而且，他也享有积极的、实行了的、现实化了的权利：“自由的现实性是市民社会的目的。”（《万纳曼笔记》，第 160 页）对于作为个体的人的生存生计的保障不能被当作仅仅是出于慈悲的行为或者仅仅被置于个人—私人的责任之中，而是一种公共事务：“如果不是同时享有实现在其下生存和自由权利的要求一般来说得以可能的最低限度条件的权利，生存权就丧失了其规范效力。”（《万纳曼笔记》，第 160 页）这与黑格尔关于生存权和权利优先次序的阐述完全一致。生存和福利同样也属于自由权利，并且优先于形式的财产权。作为第二强制实现的、恰当的累进税以及由此实现的财产再分配拥有不受限制的合法性，尽管从诺齐克（Robert Nozick）到斯洛特戴克（Peter Sloterdijk）都对此提出异议，他们主张一种有限的权利概念并且将权利和义务分开。极端困境下的救济不只是一种单纯道德上的要求，而是当事人的权利和其他人在道德、社会和政治上的义务。③ 这一难题呈现在实践哲学现今的分歧和不同立场中，比如在下述见解的对峙中，“救济是一种个人决断的事务”“救济不是义务”“救济是每个个人的义务”等，以及在把救济理解为共同体的任务（政治—制度的、基于正义或基于法律的构想）的各种想法的对峙中。④

---

① 具体的解决途径当然不容易确定，最关键的是税法及一个社会性国家的其他手段。

② 《布鲁明顿笔记》，第 196 页。

③ 洛克已经确定了一种穷人的道德性的困境特权和富人的救济义务：“对于一个富有的人来说，如果任由一个兄弟因为未能从他过度的财富中得到必要的资助而死去，将永远是一种罪过。”洛克：《政府论一》，§42，依据下文引用：《约翰·洛克：政府论二——路德维希·西佩的评注》，美茵河畔法兰克福市，2007 年，第 371 页。对黑格尔来说，这里涉及的是一种社会性的，而不仅是道德性的权利，并且涉及互补的义务。

④ 《政府论一》，导论。

深刻影响市民社会的特殊性原则不仅造成了主观自由和持续创新的光明面，也带来了特殊与普遍的分裂、对任意和外在偶然性的全面依赖性和对成员需求满足的纯粹偶然性的阴暗面。“市民社会在这些对立中以及它们错综复杂的关系中，既呈现出荒淫和贫困的景象，也表现出两者所共同的生理和伦理上蜕化景象。”（§185）在这一领域下，财产（Vermögen）和技能的不平等、“善物分配方面的”不平等是一个必然的结果。然而这绝非表示只能把贫富间巨大的鸿沟当作不可避免的命运来接受，相反，从黑格尔的视角看，市民社会中的行动尚未符合自由行动的概念，特殊与普遍的统一不是作为自由，而只是作为必须忍受的必然性出现的（§186）。私权人格（Privatpersonen）构成的共同体尚未完全实现自由的主体间性概念，我们正遭受着伦理碎裂、异化之苦。这一状况要求在伦理行动的更高形式中，在主体间性的更高形态中扬弃市民社会，这一要求已经在市民社会中迈出了最初步伐，最终应在伦理理念的现实性形式中、在市民身份中（im Bürgersein）、在公民（citoyen）共同体中、在国家中实现伦理重建。人们必须调控和“驯化”（negare）这些自我毁灭的趋势（如贫富间扩大中的鸿沟），保存（conservare）主观自由和特殊性权利，创造（elevare）一个更高形式的共同体（Gemeinwesen）。[①] 在贫困中，在可能的生存威胁及其灾难性后果方面，深刻影响着困境—权利的暂时性转变为恒久性。基于无条件的自我保存权利和追求福利的权利，个人都有被救济权和要求得到市民社会[②]和国家关照的权利。

工业化、全球化和共同福利原则——世界性贫困和世界市民社会

由于作为“人们通过他们的需要而形成的联系的普遍化和为准备和提供满足需要之手段的方式的普遍化”（§243）扩大中的和无法遏制的工业化，这一社会难题剧烈地尖锐化了。市民社会“被迫超出自身，超出它本身的各种界限之外”（§246），人们不能把它理解为自身“封闭的”秩序。世界上的所有地区都被置入这个背景下，首先是通过对异族的殖民和野蛮征服。其中只有超出自身的“外在方式”，假如承认的原则未被满足，甚至相反被违犯了的话，合理的交流途径最初是在自由贸易中（《布鲁明顿笔记》，第 199 页）。海洋和航运连接起相距遥远的国家和区域，全球性的交流和交通建立起来。在工业化的基础上，伴随贸易而来的普遍交换[③]获得“世界史的意义”（§247）。黑格尔认为这种世

① 相关详情见论黑格尔的国家观念的那章。

② “生存权是人类最基本的东西，市民社会必须为此负责。”（《万纳曼笔记》，第 160 页）

③ “全部工业的一般基础将变为一般交换本身，即世界市场。”马克思：《政治经济学批判大纲》，第 426 页。

界一交流是“最伟大的教育手段”(出处同上),因为它使人们有可能去了解其他人、其他民族和其他文化。在需求的全球体系的基础上,在世界一市场的基础上,世界一一关联建立起来。这一全球化进程的每个参与者都获得了世界市民社会的成员地位。

这也导致了“财富积累”以及“束缚于这种劳动的阶层的依附性和穷困”(§243)的扩大和剧增,导致了“过量的财富集中到少数人手中”(§244)以及难以忍受的贫穷集中到大多数人群那里——“正是由于财富的过度,市民社会变得过于贫困”(《格瑞斯海姆笔记》,第611页)。过度准确地切中了问题实质:市民社会不能单凭自身为荒淫和贫困设置合理的限度和边界,趋于过度的态势发挥着统治性作用。尤其由于失业和工资最低化以及区域性发展不平衡①,一部分人群坠落到“某种程度的维持生计的水平以下”(§244)。大量的人被迫从事令人麻木的、不健康的、不安全的和使技能受限的工厂劳动和手工劳动,并且由于时尚的变化或者相关商品受到在其他国家的新发明的影响而迅速变得更物美价廉,某些工业分支可能会突然终止,整批不能自主摆脱窘境的从业者会陷入贫困。② 在另一处谈到了威胁着生存的“工业分支变迁”(《基尔笔记》,第220页)——对于当今工业的一全球化的世界及其阴暗面的根本趋势的相当出色的描述:全球大约40%的人口生活在贫困线以下,约10亿人遭受着严重的饥饿之苦,5.5亿人在全日劳作下连日均1美元都挣不到,11亿人得不到安全的饮用水,20亿人没有宜居的住房,8亿成年人是文盲,③数以亿计的人由于教育的匮乏不能充分发挥个人的潜能。④ 也谈到了底层的10亿人,即在60个最贫穷的国家里过着艰难困苦生活的最贫穷的10亿人。尽管有着各种形式的(重要的,但不充足的)救济,贫困人口的总数仍在显著增长。因而绝非是缺少财富,绝非缺少消除这种不人道现状的可能性。⑤ 在这种现状中,基本的人权受到了严重侵犯,包括国际公认的但在很多地区至今仍很难说已经得到贯彻的饮食权。似乎无可争议,在这种情况下,一种更公正的分配是必需的并且当事人有权要求这一点,有待讨论的只是,应当如何进行救助和重新分配、如何具体运作公正之事。黑格尔就已经断定,“这种社会

---

① “由于极度的贫困化,资本家能够找到大量愿意为低薪工作的人,并借此扩大自己的盈利。这一情况也使得资本家很少会再次陷入贫困。”(《基尔笔记》,第222页;《格瑞斯海姆笔记》,第610页)

② 黑格尔:《耶拿实在哲学》,约翰内斯·霍夫迈斯特(Johannes Hoffmeister)主编,柏林,1969年,第232页。

③ 参照托马斯·博格:《被承认的却仍遭到国际法侵犯的:穷人的人权》,收录于《世界性贫困和伦理》,第98页。

④ 约瑟夫·斯蒂格利茨(Joseph E. Stiglitz):《自由落体》(Im freien Fall. Vom Versagen derMärktezur Neuordnung der Weltwirtschaft.),慕尼黑,2010年,246页。另英文版书名为 *Freefall: America, Free Markets, and the Sinking of the World Economy.* “一份体面的、收入足够养活自己的、与能力匹配的工作,对任何人而言都是自尊心的重要支柱,全社会的净福利损失(Wohlfahrtsverlust, deadweightloss, welfare loss)(由于对劳动力的要求过低,利用不充分导致的)远大于被缩小的生产成果。”

⑤ 在“富裕的”德国约有1150万穷人,占人口总数的14%,并且比十年前多了三分之一。

状况(贫富差距的无度)呈现出悲惨的景象。当事态如此严重,那么国家自身就是有缺陷的和病态的"(《海斯笔记》,第 35 页)。

穷人和富人的"法外姿态"——对法律的蔑视

贫富难题为法外姿态的登场以及随之而来的平民主义的政治立场和统治形式的风险铺就了舞台。黑格尔使用了术语 Pöbel(贱民)及 Pöbelhaftigkeit(贱民心态),该词转写自拉丁文 populus。[①] 然而不能仅从贫穷着眼。伴随着法律缺失状态及相应的拒斥法律的思想态度的出现,贱民兴起。市民社会的每个成员都有权要求凭借自己的劳动养活自己。假如他通过自己的劳动未能得到该权利,他就有权利丧失的感觉。然而,并不仅仅是在过度贫穷的处境中才会形成厌世、恼怒以及最终无视法律的思想态度、贱民心态以及法律意识和道德的沦丧,同样也可能出自过度富裕的那面:在贫穷那面是对工作的畏缩和法制观念的弱化,在富裕的一面财富的贱民状态同样呈现在一种错乱的法律理解中——"像在贫困中一样,贱民心态同样存在于富裕中。也存在富裕的贱民。"(《基尔笔记》,第 222 页)。财富妄图拥有高于法律的权力:对于富人来说一切都是许可的,他们无须遵从法律。这种情况下,财富自视为一种法律缺失状态,因为它认为自己就是权力。[②] 对于他人的犬儒主义式轻蔑以及随之而来的相互承认的断裂,一种对于法权和自由共同体的攻击,寓于财富的这种傲慢之中。有些富人试图绕开法律,有些穷人则试图逃避法律。[③] 黑格尔明确地认识到卢梭坚定预言(beschwören)的从根基处对法律进行暗中破坏的危险:"在一无所有从而不再担心失去的人们那里,'愤恨'(Empörung)取代了服从法律的意愿,而在富可敌国的人们那里,傲慢取代了服从法律的意愿。"[④]在这里可以联系到已经描述过的道德的逆转形式,理性的自爱(philautia)突然转变为纯粹的自私(arrogantia),转变为与对法律的蔑视交织在一起的纯粹的自利、自负、专横和恶毒。公民和贱民的区别在于对于法律运用

---

① 关于术语"Pöbel"的来源,参照赫伯特·施奈德尔巴赫(Herbert Schnädelbach):《黑格尔的实践哲学》,美茵河畔法兰克福市,2000 年,292 页。"从词源方面说,一个新高地德语的、早在路德时期已经通用的、出自拉丁语 populus 的派生词(参照法语 peuple,英语 people)";黑格尔:《法哲学原理——或自然法和国家学纲要》。依据由爱德华·甘斯(Eduard Gans)主编并附有由赫尔曼·克伦纳(Hermann Klenner)整理的附录的版本,柏林,1981 年,第 504 页。"已证实,黑格尔在其图宾根学生时代已经开始使用由马丁·路德(没有贬义的意味)引介进德语的词汇 Pöbel(自拉丁语 populus,人民)。"

② 黑格尔:基尔笔记,法哲学,第 222 页。一句波兰谚语确切地呈现了这种犬儒主义:"体谅下穷人们吧,一位来自罗兹市的工厂主经常说到,反正体谅体谅又不花钱。"

③ 卢梭:《政治经济学》(Abhandlung über die Politische Ökonomie),收录于《文化批判和政治文集(两卷本)》,让·雅克·卢梭著,马丁·冯提乌斯编,柏林,1989 年,第 355 页。

④ 西佩:《德国观念论中的实践哲学》,第 301 页,维托里奥·霍斯勒(Vittorio Hösle)谈到"贿赂一切和嘲讽法律的贱民式思想态度"。维托里奥·霍斯勒:《黑格尔的体系》第二卷,汉堡,1988 年,第 555 页。

的态度和对于国家的理(《万纳曼笔记》,第 229 页注释)。按照卢梭的说法,被蔑视和被滥用的法律“同时充当了强者对付弱者的矛和盾,公共福利的托词始终是危害最严重的民族灾难”。[①] 法外的富人们(facats,巨富们)认为自己可以带着犬儒主义的自负狂傲蔑视共同福利,贿赂一切,买通并暗中败坏法律,通过逃往微型国家和避税天堂来欺骗税法,狡猾地,甚至有时是非法地促成私人利益,这已经是众所周知。对这种贱民来说,执行监督、进行监控、主持正义的法治国家妨碍了他们臆想的自由和无所不能的幻想。贫困不再被视为社会政治意义上的挑战:变穷的都是没本事的人。“全球化社会财富再分配战役的残兵败将应该再次去学习乞讨。”[②]对处于贱民心态的两派来说,贫穷和富裕自身已经不足够解释堕落至贱民心态的原因。还必须考虑到道德麻木、专横、对法律原则的蔑视和嘲弄等因素,简言之:精神贫困。这导致了一种缺乏教养和无视法律的危险的混合状态。硬币的两面能够为无教养的愚民政治(das ungebildete Ochlokratische)和无教养的寡头—财阀政治,为平民主义统治和金元独裁的登场铺好舞台。

因而在上述情况中,对于现代的、自由主义的秩序来说,存在着一个巨大的潜在风险。在公民秩序的范围内,这种潜在风险只能得到有条件的、相对的调控。这一洞见对于处理贫富问题特别重要,正如下述经典段落表达出来的:“尽管财富过剩,市民社会并不足够富有,即市民社会并没有掌握足够的真正属于自己的财富,用以消除过度贫困的现象和遏制贱民生成的态势。”(§245)在歌德的《浮士德》中,“人的忧愁”说道:

钟鼓馔玉
意不足贵
祸福皆痴念
金缕衣中自销损[③]

贫富间自主生成且日益加大的剪刀差从根基处危及市民社会,并且标示了一种超越,下述形式的黑格尔式扬弃——在保存、否定和提升的统一中,在该领域的理性形态及其非理性的维度的意义上。

① 卢梭:《政治经济学》,收录于《文化批判和政治文集(两卷本)》,让·雅克·卢梭著,马丁·冯提乌斯编,柏林,1989 年,第 354 页。

② 延斯·耶森(Jens Jessen)在《德国时代周报》2010 年 1 月 21 日第四页中原话为:现在有必要重新学习乞讨(Jetzt heißt es wieder betteln lernen)。

③ 歌德:《浮士德》第二部,第 11459 - 11462 行。

考虑到“市民社会被迫超越自身”、世界—生产、世界—市场和世界—教育的形成——现代社会的全球化——对市民社会的基本评判仍然是有效的。个人因而变成了世界—个人,变成了世界市民社会的成员,这一状况对调控及合乎理性的建制提出了新的要求,一种国际化的运作和调控。一种人道的全球化绝对不可以归结为市场在全球范围的扩张。如已阐明的,真正的全球化只能理解为经过调节的、受到控制的、合乎理性的和符合社会公正的对世界共同体的相互关系的构建。[①] 凭借全球扩张及与之相伴的殖民化并不能解决市民社会的根本困难。[②] 原则上市民社会被迫超越自身,但并不是变成另外一种秩序,而是朝向自身的根据,朝向有理性的、以理解着的思维为依据的形态,变成自由的国家,变成一种国际法权状态,变成世界公民法权,变成一种各个国家奠基于理性的世界秩序(参照论国家的那一章节)。

对当今世界局势的客观观察使人确信,无论国内还是国际,不仅监督和管控仍然欠缺,而且贫富两极分化正在以戏剧化的方式加剧。总人数在持续减少的巨富群体占据着人类财富的绝大份额,这群少数人掌控的财富甚至还在剧增,合理的、参与社会公共财富分配的权利对所有人来说都未得到保障。大部分人被禁止获得世界公民地位(der Status des Weltbürger-Seins)、世界—市民社会(die welt-bürgerliche Gesellschaft)中享有平等权利的成员身份。由于贫富间巨大的裂痕,一种全球性的贫困(呈现在难以置信的饥荒、普遍的赤贫化、教育和健康方面的克扣中,因而是对根本性的福利权的公然侵犯)形成了,一种可以用 Favela[③] 表示的贫困。涉及数十亿人的贫民窟化,在少数人掌握的巨额财富的对照下,仍然是当代不容忽视的丑闻(Skandalon,σκάνδαλον),因为这是在相当巨大的规模上对体面参与社会的权利的拒斥。这种权利是世界市民社会的全部成员理当享有的,这关系到在一个全球化的现代世界中这样一种正义的树立。无论如何,已经创造的国民财富为此提供了完全充分的根源,如今已创造的财富为这种权利的实现提供了完全充分的基础!“众人的不幸原本通过少量的钱就可以补救,这些钱却在另一些人的闲置财富中。”(《霍陀笔记》,第 398 页)

---

① 参照艾伯哈德 · 埃辛霍费尔(Eberhard Eichenhofer):《全球化条件下的社会保障》,柏林,2009 年。

② 把黑格尔关于殖民化的观点当作殖民主义的表现加以批评,远没有切中问题,同样也不能区分发生和效果(Genese und Geltung)(参照论国际法的章节)。“殖民地的解放证实自身对母国来说极其有利,正如奴隶的解放证实自身对主人来说极其有利一样。”《法哲学原理》,§ 248,附注。

③ Favela,葡萄牙语,贫民窟,尤指巴西各城市中与周边繁华富贵形成强烈对比的贫民窟。

和衷共济和获得社会救济的权利——黑格尔关于正义的核心理念的基础

黑格尔首先在考虑自然构形时发展了关于关怀和救济(Sorge und Fürsorge)的思想,是在自然性的可持续性的意义上,现在我们在社会性的关怀和救济的层面上来考虑其核心本质仍有待确定的社会性的可持续性。作为第一种形式的主观救济,形成自个人意识到的个人的道德责任,表现在仁慈、友善、悲悯、善行或慈善、紧急情况下作为实施社会援助的道德义务的个人间的相互支援以及善良意愿之中。第二种形式的主观救济是通过个人间的联合,公益性的、非官方的救济,是一种集体性的慈善和互助。黑格尔提到以同情心为基础的慈善行为、慈善基金会和社会慈善事业联合会。"公益性的"(gemeinnützig)这个词完全是在黑格尔意义上的——它涉及普遍利益、公共的善:人对公众有益,人服务于福利(Wohlfahrt)①、公益(Gemeinwohl)。然而这种救济并没有得到市场原则的庇护,也不是国家救济的形式。但是,这种格外重要的、不容低估的主观救济始终是偶然的,在持续性方面没有保障,因而没有为当事人的福利提供充分的担保。这两种社会救济形式不可或缺,并且缓解了众多当事人的困境。此外,救济者因而会感觉自己是在具体帮助特定的人,受惠方是否真正满意却有待检验。原则讲来,这种救济始终是偶然的,它也可能会停止,比如当个别的慈善者或公益协会出于各种原因不再救济的时候,这种情况会引发负面后果。

因此,处于困境中的个人也有权得到普遍的、公共的救济,从中可以形成一个各种救济形式和救济机构的整体,这一情况再次突破了市民社会的局限(作为公共—国家互助的社会救济、青少年救济、老年人救济和残疾人救济)。如今,一些以参与者的责任心和慈善救济团体(社会团体)的支持为推动力的,主观救济和公共救济的特定联合体通常可以通过官方国家机构进行注册。这种局面下甚至可以对救济工作进行更好的协调,对职责进行更合理的分配。黑格尔认为,对于进程控制和资源供应来说,税收和税制的手段始终是决定性的,尤其是累进所得税这一模式,借此可以确定每个人所占社会共同财富的具体份额并且公正地组织作为共同体的义务的救济:差额税收对抗不平等。对于社会救济来说,关键在于当事人不仅成为被救济的对象,并且此外仍然能够是享有自决权的行动者(selbstbestimmender Akteur)。

---

① 在1792年的《普鲁士普通邦法》中,福利已经被表述为国家目的。

所有上述形式的社会救济构成了一个福利国家,也许是决定性的主管机关的根本支柱以及一个运作良好的市场秩序和一个现代社会的前提条件。“设计良好的‘福利国家’可能是‘创新型社会’①的唯一支撑”,即正义的必要条件。

Hegel on the Increasing Gap between the Poor and the Rich as the Biggest Problem of the Justice in Modern Age

Klaus Vieweg

【**Abstract**】 The increasing gap between the poor and the rich is a fundamental problem in modern society, which according to Hegel is a severe challenge to justice. The pauperization is an inevitable product of civil society, which cannot resolve the problems of extravagance and poverty by itself. Hegel reveals the limitation of civil society and argues for the necessary transition from civil society to state as ethical reality, where the social justice is possible. Different forms of social aids not only constitute pillars of the welfare state, but also are the prerequisites of market economy and justice of modern state.

【**Keywords**】 Justice, the Gap Between the Poor and the Rich, Civil Society, Social Aids, Welfare State

① 约瑟夫 · 斯蒂格利茨(Joseph E. Stiglitz):《自由落体》,慕尼黑,2010 年,第 256 页。

“概念的劳作”是正当的吗？
——在跨文化哲学视野中对黑格尔正义概念的思考

[德]拉尔夫·鲍伊坦①(著)
吴怡宁(译)　朱　毅②(校)

【摘要】本文把“正义”主题与一种非常特殊的实践类型——即概念的实践——关联起来。没有这种概念性—论证性的实践活动,哲学,尤其是欧洲哲学将难以设想。在此需要追问的是,如果说黑格尔哲学宣称通过“概念的劳作”就能把握“真理”,那么它对待其他哲学与(非欧洲的)文明的方式是否“公正”?黑格尔认为,以示范性的方式,系统性的问题应该依据“真理”与“正义”的关系来处理。基于对问题理解的多样性,本文着眼于哲学中“沟通”所发挥的作用,以此论证:从跨文化的视角来看,黑格尔哲学本身并非不合理,但是它不能保护我们免受不合理的论断的侵扰。

【关键词】黑格尔,概念的劳作,正义,真理,跨文化哲学

一、哲学中的正义:真理与正义

“正义”是哲学的核心主题——这一论断是不无道理的。它不仅适用于欧洲哲学的开端——其中包括“睿智”的雅典政治家梭伦(640 B.C.—560 B.C.)那广为流传的洞见,③甚至也以更显著的方式适用于欧洲和西方哲学传统的另一端(即后现代)——哲学在这里受到彻底怀疑(比如列维纳斯、利奥塔、德里达等)。这在自身中已然是令人吃惊的发现。

因此无须惊讶,在欧洲传统的决定性转向中——这个转向从2000多年的形而上学传统转变到200多年前开始的现代性动力——即在黑格尔那里,人们无须上下求索便能触碰到正义的主题。毫无疑问,黑格尔的“法哲学”恰好是“正义”问题中的一个关键文本,

① 作者简介:[德]拉尔夫·鲍伊坦(Ralf Beuthan),韩国明济大学教授。
② 译校者简介:吴怡宁,复旦大学哲学学院伦理学专业硕士生。朱毅,复旦大学哲学学院伦理学专业博士生。
③ 在我看来,东亚哲学传统亦是如此。大家普遍接受这一观点:哲学由于其多样性——并且多样性本身就是人类生活的一部分,本质上是由正义问题所驱动的。这并不能将真理问题排除在外,但也不能简单地被还原成真理问题。

克劳斯·菲威格(Klaus Vieweg)扎实的“法哲学”研究尤为强调这一点,他把黑格尔的实践哲学解释为现代正义理论。(Vieweg, 2012,398)

在古希腊时期已经有了这样的批判——经济利益诱使公民放弃正确的尺度,并且用不义的方式以他人为代价来使自身获益。在梭伦看来,他们的“自负”(Hybris)挑战了“正义女神”。作为人格化的正义,狄刻(Dike)会向那些被短视私利打破普遍平衡的不义复仇(vergelten),并且重塑被遗忘的真正的秩序。

对我们来说有两种思想值得注意:(1)正义的观念在此已经与如何达到某种共同体状态的问题相关联,其中共同体的成员(公民)之间事实性的不平等可以维持在一定程度之内,从而所有“公民”的行动都能产生长远稳定且实际的结果。对梭伦来说,唯有处在一种对普遍尺度的重视之下,或一种“秩序”中,这才是可能的,这种秩序的约束力超越了协议(Vereinbarung)和公约(Konvention),就此而言同时也被视为一种“神的秩序”(这对黑格尔来说也是如此)。在此,所有公民都是“平等”的,因为他们,或者说他们的行动将会在同样普遍的尺度中得到衡量;同时他们又是“不平等”的,因为他们所实现的是不同的行动和所有权关系。(2)然而当“不平等”超越了“正当的尺度”,行动仅仅指向短暂的收益,从长远来看却没有任何实质性的现实性;同时共同体的参与者会受到损害,并最终危及共同体本身。——如果“正当的尺度”被超越,那么参与者必然会通过其(在复仇中的)“苦难”(Leiden)而认识到“被遗忘的秩序”(即整体的本真秩序)。借此,这样的思想就显而易见了(即梭伦关于约束性秩序之过程的“必然性”思想)——正义不是一种状态,而被视为一种发生(Geschehen),即一种真理性的发生(Wahrheitsgeschehen)。(这种思想也在之后黑格尔那里发挥着作用,正如人们在关于“作为世界法庭的世界历史”这种论点所看到的那样。)狄刻是“指引者”,她通过复仇指明了“被遗忘的秩序”。在梭伦看来,正义步入了“真理的中心”。

因此,我们早已能够发现这种思想的复杂性:一方面,正义在一种通过平等和不平等所标识的共同体中,涉及有关行动(同时也包括经济行动)的普遍性与约束性尺度的实践问题,另一方面,可以看到表面上对正义的追问与“理论”“真理”这样的核心概念相联结。简言之,自梭伦以来,也就是说从一开始,人们在欧洲哲学传统中就会发现这种传统的决定性思想:“正义”和“真理”,亦即“实践”和“理论”处在紧密的概念性关联之中。在此可以看到,这种(例如在海德格尔传统与东亚那里)流传很广的观念——即欧洲哲学总体上代表一种片面的理论优先性,后者导致机械论和科学思维模式——遭到了反驳。反过来则是这种情况:古典的形而上学传统并不是“理论性的”(theoretizistisch),而在根本上是理论性和实践性的。实践与理论的联结也是黑格尔哲学那广为人知的特征之一。受费希特影响,黑格尔试图重新弥合在康德那里似乎不可避免的理论与实践的割裂。

然而,那些流行的偏见指出了一个应当进一步讨论的更深层次的问题。也就是说——首先完全形式地看——人们可以在两种截然不同的方向上来阐释"正义"与"真理"之间的关系。(1)要么人们可以以一种强的形式来论证正义与真理的同一性,使两者最终合二为一。[①] 但带来的风险就是抹杀二者的差异性。(2)要么人们可以尝试更多地论证其差异性。但这也会导致这样的风险,即割裂两者概念上的联系,且增强诸如正义概念并不是"真理"概念这种主张。要点(2)是一种可以在后现代哲学语境中找到的理论策略,而要点(1)则是黑格尔部分表达的观念。如果在黑格尔那里,"真理"与"正义"的概念性差异实际上是可以忽略不计的,而且形而上学的真理性要求似乎覆盖了"正义"主题,那么那种偏见(即"理论主义")虽然绝不是正当的,但却是可以理解的,它被当作一个"问题指示器"(Problemindikator)。这种强的(形而上的,而不是以经验为根据的)黑格尔式的真理性要求对正义的实践性追问来说意味着一个问题吗?在此,一般的实践性追问是否应当被归置于理论的优先性之下?我将在下文中试图阐明,问题确实存在。更确切地说,我将关注这个问题:如果理论的"真理性"在"绝对知识"中"逻辑地"展开,那么理论的"正义"是怎样的?这个问题黑格尔本人并没有、可能也无须提出,但我们如今还是要追问。

二、真理与方法

人们现在可能会论证,一种理论的"正义"问题完全是毫无意义的问题。因为理论构建的主导性概念并不是"正义",而是"真理"。我们从理论中要求真的东西,或者说通过理论才认识到什么是真的东西。如果现在人们想要在前文所述的形而上学传统意义上进一步论证,理论的真理优先性绝没有排除"正义",那么人们可能会在此首先维护一种弱的论点,即在理论之中也关乎"正义"这个理论的对象。例如在黑格尔那里,理论中就包含着一种行动理论。因此,正如人们就可能会论证的那样,只有当我们涉及行动、行动主体和规范性时(而非涉及纯物理实体的行为——例如那些使得某些物理客体落在地球上、某些上升的规律性),对"正义"的追问才有意义。但是人们也可能持有一种更强有力的论点,即一种真的理论意味着它不仅是合法的(即有充足根据的),而且同时还是"正义

---

① 简而言之:"正义与真理是互相转化的(Justitia et veritas conventuntur)。"

的”。在此就可能会得出这样的见解，即“认识真理”与“正当行动”意义上的正义处在一种根本性的关联之中。这两种论点在黑格尔那里都发挥着作用，均与理论的真理优先性协调一致。

然而对理论之真理优先性的论证，以及随之而来对追问理论的合法性本身的拒斥，都最终在概念性的范式中发挥作用。根据这种范式，行动要么是理论的一个对象（抑或不是），要么是理论的一种后果（抑或不是），但理论却不同时就是行动本身。在此，假定人们在主张中接受了这样的前提，即正义问题以行动为前提，那么会因此而得出另一种完全不同的论证的可能性，——也就是说，如果人们能够阐明：理论并不是偶然地，而是自在地就是行动。在这种情况下，以同样的前提（即“只有行动才是正义的”）就可以用富有意义的方式去追问，是否理论也是正义的。

现在实际的情况是这样，黑格尔式的理论观并没有一种确定的行动模型，也就是说纯粹思维的行动并没有被理解。哲学理论甚至能够且应当对经验的事实行为进行思考，但它在方法论层面并不被要求为有根据性的事例。对黑格尔而言，哲学唯有借助一种先天知识才能确保其科学性。其知识的根据就是“纯粹思维”，后者独立于感性—想象性的表象并独立于经验和非经验（例如“逻辑法则”）的前提，只涉及一种纯粹的思维活动。这种思维的内容仅仅在思维进程中才能把握。在此对黑格尔来说，思维本身纯粹从自身之中发展出来（也就是自由，即自我规定），无关于外在的事例（或权威）或内在直观。思维的自我运动展现为一种概念性的活力（“辩证法”），借此思维的运行就作为一种逻辑性的架构在方法上展开的反思层级中被认识。但其结果，即逻辑性的架构，不应当混淆那些在任何地方“预存的”东西和思维（例如在柏拉图式的“理念世界”中）“给定的”东西；相反，这个逻辑性的架构仅仅是通过纯然思维的自我规定活动产生出来的——在这个意义上：通过逻辑性的架构和“思维的行动”才会产生并被认识。逻辑性架构的存在—认识根据——即“逻格斯”或“世界的句法”——也是一种生产性的活动，后者唯有通过自我运作在纯粹思维中才能经验到，也就是说作为一种天然反思性规定过程（自我规定）的现实化。然而与此同时，这种思维行动并不被理解为经验性主体的表达或活动，而是作为纯粹思维的运作，后者出自绝对的有效性并独立于经验的主观性和情景性的条件。这可能就是黑格尔言说的“决定，纯粹地思维”背后所假定的东西。

一方面，纯粹思维的实践独立于主观性的心理状态和生活世界的利益，另一方面，“逻辑学架构”的绝对有效性（“客观性”）在于他的方法—概念性的关联，后者出现在黑格尔称之为“概念的劳作”的表述中。“劳作”这个术语不仅指出了行动的方面，而且也强调

“方法性学说”的特征,这种活动在一定程度上的“技术性”特质,消除了“主观性的碎语”,严谨地重视思维内容中纯粹的概念性要素(正如黑格尔也知道,有时这很令人头疼)。“概念”这个表达在黑格尔哲学中——绝对不同于现今习以为常的语言使用——不仅是一种稳固的“逻辑性”(即概念性的,而非直观性的),而且也是“客观性”,即形而上学层面的含义。“概念的劳作”以逻辑—方法的方式展示了世界的句法,或者说存在与思维的基本架构。因此“概念的劳作”绝不与个体的或者共同体的“各方面概念的到处运作”混为一谈。

黑格尔在《逻辑学》中明确表示,“真理”完全是这样展开的,即自身作为纯粹思维的方法进程处在发展之中。“真理”并不独立或外在于“概念的劳作”而实存,而是更多地存在于所有概念要素的充分展开之中——它是其活动的整体,这个整体就是概念规定的逻辑系统。正如黑格尔那句为人熟知的话“真理即是整体”。对黑格尔来说,一个整体(一个大全,一种具体的普遍性)必须是一种概念性的关联,后者纯然产生于概念的自我规定。无概念就无整体(其中没有“存在”,没有“世界”,没有“生命”,没有“对象”……最终一无所有)。

黑格尔式体系内部的黑格尔阐释者,会被(在某些要点上)其不寻常的,甚至可能是独特的对“逻辑”“概念”“真理”和“方法论”的理解所说服。至少不得不说,关于“真理”仅仅作为概念的方法展开,简言之:真理只借助“概念的劳作”来展开——这些黑格尔的固有论点至少是十足令人信服的(在此我认为这些论点确实对事实性哲学来说是根本性的,而且不只限于黑格尔的阐释)。但是,当人们为真理性的概念—方法性的关联(仅仅在思维过程中产生和可见的)这个论点再附加上另一个黑格尔的著名论点——思维规定性的逻辑秩序(例如:存在—无—生成)也在历史的秩序中获得描绘,这个问题就会变得困难起来(vgl. W 5, 84 和 91)。概括而言,对黑格尔来说不仅“真之所是”内在于“逻辑秩序”之中,而且“在历史中的真之所是”(如文化历史,艺术、宗教、哲学的历史)也遵循着“逻辑的秩序”。如果某物在概念—方法性的关联中并无“逻辑位置”,那么它在这个论证关于历史结构的真理性要求就会是糟糕的(一种文化、一种哲学等)。

显然,在其他理论立场的规则中——比如儒学或康德主义的理论,会趋向于否认一种历史观——个人的立场在哲学历史内部看起来是一种不充分且次要的立场。这个与黑格尔相对的敌对阵营至少与黑格尔处理过的哲学一样持久。甚至更持久的是:比倾向于一种逻辑的次要立场还要糟的是,某些人在阵营中被认为完全没有立场。最近就可以听到这样的判断——也可以理解——黑格尔不仅是“不真的”,而且更糟的是“不合理的”,因为他无视整个哲学传统。这样就回到核心问题:“概念的劳作”是否是正当的?

三、对“方法问题”的附加说明

黑格尔的真理观依然引导了对正义正确或可信的构想(事实上这正是我主张的),并且以黑格尔为根据的一种更为正当的行动形式也是可能的(对此我与菲威格一样,尤其主张政治行动),——但是同时可以思考的是,黑格尔的理论本身带来的一种施事性(perfromativen)的矛盾,也就是说,当这种主张蔓延开来,就不仅仅意味着“真”,而且还暗含着“正当性”(至少在“有权判断”其他立场和传统的意义上,以及在梭伦关于不同立场之间的“真之中心”思想的意义上,这两方面意义都应当在其合理尺度之内根据“普遍的尺度”而被认识)。

为什么一种通过方法—概念性程序来宣称认识真理的理论,会陷入那种施事性的矛盾之中?(难道只能突出“真理”与“正义”天然关联的假设这个矛盾才能得到解决?)问题的关键并不在于特殊的黑格尔式的方法这种基本形态(“辩证法”),而在于更早以前就已经揭示出来的东西。这个问题最终与欧洲哲学的一种基本特质相关,即哲学思考在此(可能从一开始)依赖于对方法理解性反思步骤的解释效力。人们甚至可能会说,欧洲传统已经发明了一种特定形式的方法反思步骤(借助并超越不同的抽象层级),唯有通过这种方法,其理论性的概念才会产生出来或被发现。无论如何:这种在方法学说思维的结果,如果我可以这么说的话,在任何情况下都具有两面性。也就是说追问真理固然非常值得期待,会有不可或缺的影响,但同时也会产生消极效果,真理的闪光与其说使人睿智,不如说更容易让人迷惑。

为了说明这种负面影响,首先,我想展示一个著名的知觉心理学实验,即所谓的“大猩猩”实验。(为避免错失精准的效果,我建议用 YouTube 播放器完整播放一次大约两分钟的实验。)简单来说,这个实验表明,我们的注意力在多大程度上被一种特定的“游戏规则”(类似于“方法”)所支配,而且令人难以置信的是我们拥有什么样的“盲点”。在此可以将其概括为一种(非黑格尔式的)知觉辩证法,后者产生出一种最大限度的可视化(Visibilisierung)(使之能被看见),同时又会产生出一种不可视化(Invisibilisierung)(使之不能被看见)。这种关联是自然的,并在古老的传统中就被认识到了(比如泰勒斯的水、柏拉图的洞穴寓言等),但是上述实验以非常令人信服的方式使之直观化和被理解。我们的知觉所遵循的“游戏规则”,可以结构性地与思维进行比较:思维自身“完全”(àcorps perdu)绑定在它的“游戏规则”(方法)中,在缺少方法程序的情况下,那些对所有现象之物的无视(抽象)就不会出现,而是有意或无意地被接受下来(对黑格尔而言可以确定的是,他十分清楚自己在干什么,所以也不会对"逻辑"的抽象保持沉默)。

然而这种不可视的效果一旦被接受,就首先可以从一种思维的积极效果中得到解释,即决定性地与真理有关。思维的方法—概念性的程序(其"游戏规则"),正如上文所说,是两面性的。这种两面性就在于:它不仅剥离了我们知觉领域的漏洞,而且还剥离了人们口耳相传的"神话"和故事、独裁者的论断、狂野的幻想和狭隘的教条。因而可以概括性地说:它剥离了"神话"而解放了"逻格斯"。这不再适用于人们常说的东西,或以一种压倒性力量所言说的东西,而是处于一种显明的根据关联之中,并且其仅仅来自思维的真理本身不可证明。什么是真,必须在某种程度上首先获得方法性地"构造"——尽管并不是"单纯的构造"(bloße Konstruktion)。举两个例子:无论是三角形的内角和等于两个直角之和这种真的几何事实,还是"存在"的本体论事实(黑格尔的说法就是存在与无的同一性和非同一性),都不是我们可以在空间—时间性的现实中可以轻易找到的"对象"。它们必须首先在方法性步骤本身中才得以产生。它们在一定程度上存在于"构造"(konstruiert)中,但还不是"构造物"(Konstrukte),而是对现实性的洞见,正如人们在对三角形的内角和的证明中所看到的那样。

这种方法性思维的双重剥离性某个方面不仅没有问题,而且也被意欲:人们剥离了所有以纯粹偶然的方式断言为真的东西,仅保留在必然推证过程中推导出来的东西,以及完备的非偶然真理的可见之物。与真理图景并不相符的不可见之物,不仅被接受,而且还是方法的特殊目标。在此(根据黑格尔的历史观),那些零散的哲学和哲学传统不仅发挥着次要的作用,而且时常变得不可见,以方法性为优先所获得的真理见解必定不会是消极的。这样就很容易确定,在某物被确立为真的条件下,人们不可能也不一定要思虑一切。人们也可以与黑格尔一道承认,同样在方法性思维的条件下,(a)不同的哲学也都发挥着作用;然而(b)有些(最终是全部)哲学的作用虽然是积极的,但从整个根据性关联的理解而言是次要的;而(c)某些哲学在此则根本就没有经受住完整的批判性(区分性的和评价性的)审视,故而被视为非哲学。即使如上文所论,也可以承认(d)一些哲学不仅被拒斥(但至少还能被认识),而且完全不可见。这种哲学与"不可见的大猩猩"共享着同样的命运:也就是说,对既定"游戏规则"(方法)富有成效的遵循,不可避免地会导致无视那些未被强制性视为与"游戏相关"的事件或存在。结果就是,在每一种有效的方法条件下,各种隐藏起来的事物不必再被隐匿起来——如果"不可见的大猩猩"自身拥有更成熟的方法,也同样如此(在"其他哲学"可被预设的情况下)。

四、背景性的哲学(*Situierte Philosophie*)

我们现在可以更为切近地界定理论的施事性矛盾的问题,这种理论试图认识真理与正义,并且通过其自身理论建构的实践(比如“概念的劳作”)独自展现出一种非正义的形式。(比如无视),这种想要脱离暂时性和语境条件来保证真理观的有效性的方法,简单来说就是使情景不可见化,换言之,制造一种自主的根据性关联,这种方法试图通过分离所有可能的语境和似是而非的信念而获得其真理理论相对于依赖语境的解释力的优势。通俗地说,真理的方法在某种程度上是无知的。从人们通常所期待和接受的论点和信念来看,从中意欲抽象出来的真理应当被称为“方法的无知”(methodische Ignoranz)。因为对于“真理的方法”而言,在最终裁决中既没有既定真理假设的事实,也没有其语境合理性的一种根据性理论的相关性。

假如理论仅仅与“三角形的内角和”这类对象相关,那么的确没有异议。然而,哲学无疑涉及的东西比这更多。正如我所说的,同样是因为哲学从一开始就与“正义”有关。“正义”问题——包括理论的正义问题及其方法论——当它不是着眼于抽象实体的关联方式,而是着眼于更具体的、更生动的(即有活力的)且更有意识(有意识能力的)的关联方式,才会首次出现。同时正义仅仅涉及这样的关系——它与在自然的和历史的世界中可以被思考的具体背景有关。于是首先出现的问题是,在一种具体的、理论能嵌入其中,即处于背景中的历史关联下,一种理论能自身显示成为不正义的。只有一种在世界中背景性的思想,及其在此世中被经验到的、历史的、在背景中的关系和行为模式(例如方法论式的排外)才能在正义问题上被提出。一种背景性的思想也允许这样追问,是否在这种条件下没有任何东西更好地被了解——即“更正当”——以至于更能对其他思想进行判断。

因此,我们就得出了一个关键的论点。最近我们必须重视并对黑格尔的理论进行合理的判断。黑格尔很少为人承认的伟大哲学贡献就在于,不仅个体及其行动、社会和政治的形式及其规范性基础,而且哲学理论也都是处在历史背景之中的。上述提到的历史观并不源自于一种理论的自负,这种理论想要将历史世界的混乱美化为一种逻辑的世界秩序。相反,这种历史论点更多地代表了一种现代的基本论点,其中每一种思想以及有关普遍真理的形而上学思维,都承载着一个时间索引(Zeitindex),即:总是同时是一种历史背景中的思想,这种思想承载着其时代的标志。因此正是黑格尔,前无古人地试图为背景性的思想,以及在不同历史视域意义上的哲学多样性进行讨论,却并没有为相对主义进行辩护!“**在思想中把握其时代**”对黑格尔来说,恰好不意味着我们不能认识普遍真理。

现在对“概念的劳作”来说这意味着什么？通过这种“劳作”在与其他理论的关联中所实现的真理导致的一种理论的不正义，这种怀疑又意味着什么？在黑格尔的理论视角内部，这个历史论点恰好不能被理解为必然导向不正义的论点，以至于其他哲学被安排和隶属于一个目的论的关联中（或者甚至变得不可见）。方法论—概念式秩序（“概念的劳作”）与历史论点的联结，更确切地被视为一种对哲学非相对性真理主张的现代尝试，这种阐释不需要将其他理论及其真理主张作为完全不真的东西而排除在外。换句话说，历史论点并不处在其时代之中，而是更多地处在与其他理论关联中涉及正义。黑格尔完全不同于他的哲学前辈（在德国观念论和其他），他承认在过去的历史视域中可以认识到理论的真理，尽管这看起来与他自己的论点相矛盾。这进一步表明，黑格尔的历史观在三个方面依然引领了现代世界的理解：

（1）不同的历史视域能被区分出来，使得思想能被理解为背景性的思想，而不仅仅是某种完全依赖于背景的方法性操作（这依然可能是一种广为流传的虚构）。（这种核心洞见不仅适用于现象学和诠释学传统，而且也适用于批判理论和后结构主义。）

（2）进一步说，在不放弃真理论点的情况下，这种历史背景性的论点也可以表达出来，因为它可以假定，一种历史背景性的思想是真实而有效的。这种有效性条件的历史界限并不意味着真理的任务，而是用作对真理认识的澄清。

（3）同时，黑格尔的历史观能解决那些发生着的真理观之间的冲突问题，在此无须非此，或者完全（怀疑）所有真理观，将其判定为单纯的谬误。知识（或真理）之历史性的真理理论的关键之处在于，在此考虑并认识到真理观的多样性，而不将非矛盾律有效性的力量排除在外。因为在一种历史视域中，“真”并不“同时”就是“不真”。某些东西（一种理论、一种原则）同时为“真”和“不真”的矛盾，将借助历史性中的共时性（“同时”）得到解决。一种时间性的序列涉及的是“同时”的立场。这样就可以无矛盾地论证，即使存在哲学的多样性，但真理始终只有一个。

因此，在黑格尔哲学的视域中，我们的确发现一种理论模型，它容许思想可以作为背景性的思想，即作为处于历史具体关联中的思想，后者借此也可以被判定为某种思想行为。需要强调的是，黑格尔的理论试图这样对待其他理论：它将后者置于历史语境中进行观察，并以此证明自身的合理性。但对黑格尔来说，这种使其他理论被承认的方式，在单纯历史背景性的思想中并没有被穷尽。相反，对黑格尔来说，认可其他的理论（哲学的）同时就蕴含着这样的要求，即真理，或者说理论标准的真理性要素必须得到认识。换言之，其他理论变得正当，意味着它的真理得到了认识（而不仅仅是它的历史条件）。也就是说,理论之间的关系不同于个人之间的关系,“承认”(Anerkennen)同时就意味着“认识”(Erkennen)。从我们一开始对正义问题的追求来看,我们可以做个总结:在黑格尔那里,正义(在与理论的相互关联中)意味着真理(也就是通过对其他理论的真理性认识而获得的承认)。

五、真理与正义:融合抑或分离?

对现代范式方法而言,黑格尔的历史观包含了一种背景性思想的论点。在此,正如我们已经看到的那样,他并没有放弃一种对最终普遍真理的要求——这种对真理的要求与这样的论点相互兼容,即个人的理论在其他理论和真理观念中也能变得正当。这种将真理与正义紧密相连的做法多么吸引人——如果人们进一步讨论背景性的思想,那么这种思想也会被考虑在内。

目前我们还面临一个问题,也就是说,我们不仅必须阐明一种背景性的思想如何处于历史序列的条件之下,而且还必须阐明在共时性的条件下应当如何行动。这个问题最终是开放性的。为澄清这个问题,可以做如此升华:黑格尔式的对真理与正义的融合(即一种思想的理论)所涉及的是历史序列的思想,也就是说,这种情境性的思想存在于一种直接的交换之中,或者说存在于会被忽视的理论沟通之间。① 但是,一种背景性的思想确实不仅与过去的理论(和过去的交流)相联系,而且还与其他当代的理论相联系。这种在共时性层面上的思想的背景性,在其中思想面对着其他同时的思想形式以及其他方法论标准,甚至部分面对着其他传统——此种背景性带来的是对思想中沟通的特殊关注。但正是这种沟通的情况使问题变得尖锐,即真理与正义如何能够相互支持。因为正如我们已经看到的,基于黑格尔的融合论,理论之间的冲突可以分布于历史的坐标轴上,而且无权要求同时性的效果。但是这恰好属于沟通这种情况。这样就可以看到,我们似乎现在必须在两种不那么吸引人的选择中做出抉择:(1)要么我们独断地维持着我们的真理性要求(也就是说,我们会强迫其他理论臣服于我们所设置的方法标准,如果它还想提出一种有效的真理要求的话),并且最终破坏正义,即破坏对其他思想形态所进行的正当判断;(2)要么我们无条件地意欲其他思想形态变得正当(也就是说,我们使自己臣服于其他方法标准),考虑到理论的多样性,放弃我们的真理性要求而助力于那种无底线的相对主义。简言之:黑格尔式对真理与正义的融合似乎不再可能。真理与正义彼此互相侵犯。这个

---

① 不论是黑格尔本身还是其理论,都不能说交流在其中没有扮演任何角色,但是其在理论的逻辑—历史秩序意义上确实是作为一种过去的、“被扬弃”的交流形式被看待的,因此才没有被重点关注。

图景就不再是融合,而是分离。

我想在结尾处就我的中心论题进行概要解释:当人们将正义与真理——不同于黑格尔——归入沟通情境条件之下进行判定时,二者是如何组成一种哲学理论?我的论点是,即使处在沟通情境条件之下,真理与正义也不是相互分离的,相反,它们的组建方式不同。在某种程度上人们可以说,20 世纪的欧洲哲学是把沟通主题作为一个核心的哲学论题来澄清的。从类型学(typologisch)的角度出发,我将简短地呈现出特定的根本立场,从而能对我的论题进行阐明和比较。

(1) 第一个立场可以从一种"普世语言"和"科学性"的流行观念出发来解读。这种观念完全是以一种意识形态的方式而延续的,即遵循以科学性来确保真理观之正义(这里可以以卡尔纳普和波普尔为例)。无一例外的是,在这种传统路线中,几乎或者完全没有更老的传统,而且也没有其他传统,如亚洲传统被提及。这种"方法的无知"可以在(并不是黑格尔那里)其最极端的形式中找到。

(2) 第二个立场在 20 世纪欧洲哲学成为一种主要趋势,这种立场持有更为清楚的反思性和自我批判性。正如在古典和形而上学以普遍真理为优先的传统(直到黑格尔)被部分或全部放弃掉了,这就导致一种决定性的转向。现在理解背景性思维的模式不再沿着"证伪"(Falsifikation)和"证成"(Verifikation)的系列进行科学性进展(正如要点 1 那样),而是具体生活世界的沟通情境。在此也出现了指示性的思想,后者对沟通情境来说,不再是一种形而上学的真理,而是为正义所决定和奠基。正义的优先性和真理的边缘化成为现代和后现代思想的主要趋势(这里主要是指列维纳斯、德里达和利奥塔),其后果就是真理不仅是次要的,而且还受到怀疑。黑格尔的融合论在这种情境中看起来如同一种挑衅。正义与真理的分离变成了主导性的观念。

(3) 第三个立场(如哈贝马斯)企图在此将真理收容进来,但并不接受现代科学主义,也不放弃对沟通性情境正义问题的敏感性(正如要点 2)。在此可以发现一种——至少理想化——沟通伙伴彼此之间的公正关系,其中每个人在原则上的同等权利都能得到承认。最终以正义为前提,一种可能的沟通进程应当发现一种共识性的真理,这种真理不仅适用于所有人,而且也被视为一种普遍有效的共同尺度。然而这种立场持有的依然还是正义优先于真理的立场。(需要注意的是,这里普遍预设了一种共同的传统关联,从而使得标识一种理解真理的乐观图景变得相对容易。但是我们在理智的视角中不能预设沟通成员享有共同的传统关联这个前提,因此,要实现在哈贝马斯构想中的那种共识性的真理,还需作进一步的推动。)

最后基于这些类型的比照,我可以具体说明我的观点:每一种理论的联结,其中个人在沟通情境中对一种思想的反思,在我看来从正义优先性的角度来说都是正确的。因为不像在科学主义的世界图景(1)中那样,环境因素必须被考虑在内,我们不仅能有不同的真理信念,而且也能有不同的方法范式,而不只是单纯依靠证成/证伪的游戏。我们首先必须悬置我们自己方法性带来的真理观,容纳其他对真理和方法的看法。我们至少必须承认这种可能性,即对我们来说至少不可理解的事物包含着一种真的思想。这些"使自身可以为他者所规定"或者"以他者作为自我思考的标准"都可以较好地在正义概念之下被把握,但对还不知道已经处在有效的普遍之中并包含可被认识的真理的人那里才是可能的。然而不同于那些理论(要点 2 和 3),我还看到了这种可能性,即真理既不会被正义优先性所侵蚀或放弃(要点 2),也不需要局限于共识性的真理(要点 3)。人们也可以从黑格尔进一步示例的历史性思想中认识到,一种来自立场冲突的真理有效形式可以退场,认识到这不是共识的形式,而是作为一种事后的(*post hoc*)复杂的概念形式。换句话说,即使有人不同于黑格尔,强调的是思想的沟通背景并因此给出了另一种先于真理的正义概念,我们仍然没有理由去假设真理必须被抛弃或者被限制。如果人们像前述那些现代立场(2 和 3)那样有效地给出正义的优先性,那么可能会更加期望思想的多重性不仅能汇聚成一种共识的一致性,而且思想还会转变为一种被改变的且更为复杂的概念标准。这是沟通和建构性的正义优先性,而不是意见一致(意见一致在某种程度上是范导性的,对真理概念形式的洞见来说并不施展建构功能;它并不给出单一的形而上学的真理观,后者对任何时代来说都是为真理而斗争的思想家们的共识)。

关于黑格尔原初的途径,我对真理与正义的理论联结的结论性思考总结如下:

我们都熟悉黑格尔的历史思想:"密纳发的猫头鹰总是在黄昏起飞",其飞行最终与真理有关并带来奠基性的正义的洞见。然而,"正义(Justitia)在黎明破晓之时已持有天平",但是绝不像现代和后现代想要坚信的立场那样,与黄昏的飞行背道而驰。

Is the "Work of the Concept" Just? Reflections on Hegel's Concept of Justice in the Perspective of Intercultural Philosophy

Ralf Beuthan

【Abstract】 The paper will relate the theme of "justice" to a very specific type of practice: the "practice of concepts", i.e., that kind of conceptual-argumentative activity, without which philosophy, especially in Europe, is hard to understand. The question is whether Hegelian philosophy, which claims to grasp the "truth" through the "work of the concept", does "justice" to other philosophies and foreign (non-European) cultures. In an exemplary way, Hegel will figure out a systematic problem regarding the relationship between "truth" and "justice". Starting from a more differentiated understanding of the problem with regard to the role of "communication" in philosophy, it should be argued for the theme that Hegel's philosophy in an intercultural perspective is not unfair *per se*, yet it cannot protect us from unfair judgments.

【**Keywords**】Hegel, Work of the Concept, Justice, Truth, Intercultural Philosophy

行动与伦理生活

——第二自然与黑格尔对主体概念的根本性修正[①]

[日]大河内泰树[②](著)

吴怡宁(译)　李育书[③](校)

【摘要】 该篇文章提出了黑格尔在《法哲学原理》中给出的行动理论蕴含着对于主体概念的根本性修正,而在当代关于行动理论的讨论中已经预设了该修正。

文章第一节和第二节通过考察黑格尔在《逻辑学》中的目的论章节,以及《法哲学原理》中的道德章节,分别来说明黑格尔本人并没有局限于在道德章节中的行动概念,而且该概念必须中介自身内反思和向外反思这两者。第三节论述皮平(Pippin)的行动概念,他在此基础上正确给出了黑格尔主体性概念的社会性特征,但同时本文也会指出保持主体自治性努力的失败。第四节论证作为第二自然的习惯才是黑格尔主体性概念的组成部分,并且实现了自身内反思和向外反思的统一。该概念是关键性的,因为其自治性蕴含了(第二)自然作为机械过程的消极性,而这也被认为是主体自身意志的组成部分。

【关键词】 黑格尔,行动概念,主体性,第二自然,《法哲学原理》,目的论

引言

在过去二十年中,黑格尔的行动理论成为其哲学中最受关注的话题之一。在分析的行动理论看来,该话题一般关注于黑格尔是否给出了关于行动的因果性解释[④]或者是否捍卫一种行动的回溯性描述(retrospective descriptivism)[⑤];黑格尔的行动概念是否将其结

---

① 作者英文原文采用了 Ethical life 来翻译《法哲学原理》中的第三部分 Die Sittlichkeit(在现有中译本中被译为"伦理""伦理法"或"伦理性"),译者在此还是根据英语原意来翻译该概念。——译注

② 作者简介:大河内泰树,日本一桥大学大学院社会学研究科教授。

③ 校者简介:李育书,上海市委党校哲学部副教授。

④ Laitinen, Arto, Hegel on Intersubjective and Retrospective Determinations of Intention, *Bulletin of the Hegel Society of Great Britain*, 49/50, 2004. Quante, Michael, *Hegel's Concept of Action*. Cambridge University Press, 2009. Knowles, Dudley, *Hegel on Actions, Reasons and Causes*, Laitinen/Sandis (ed.) 2010.——原注

⑤ Pippin, Robert, *Hegel's Practical Philosophy. Rational Agency as Ethical Life*, Cambridge University Press, 2008. Quante, Michael, *Hegel's Concept of Action*. Cambridge University Press, 2009. Taylor, Charles, *Hegel and the Philosophy of Action*, Laitinen/Sandis (ed.) 2010.——原注

果作为其组成部分,或他是否认为行动总是包含在社会情境中并且仅仅在社会规范下被施行①等。

对于我们黑格尔主义者来说,去了解黑格尔是否已经预示了某些当代行动理论是有益处的。然而,在上述争论中,已有的对黑格尔行动理论的讨论总是建立于对《法哲学原理》第二部分,即道德部分的解读上。这种对文本来源的限制并不是没有理由的:这是黑格尔谈论行动最多的部分,并且他在其哲学体系的其他部分几乎很少提及行动——除了《精神现象学》中理性部分第二章和第三章。然而我认为,从这种系统性定位来看,我们有足够的理由去质疑至今为止关于黑格尔行动理论的讨论的有效性。黑格尔是否在此就行动给出了最终的叙述呢?

接下来我将对这些内容进行认真探究:根据黑格尔的系统构想而来的结果,以及看起来并没有在黑格尔行动理论的文献中被认真对待的部分,即在《法哲学原理》的第三部分——“伦理生活”中找寻其对行动的最后论述。然而,这个挑战可能会看起来太过于野心勃勃,甚至于无望,因为黑格尔在这一部分确实很少提到行动概念。

因此,我将重构黑格尔在“伦理生活”中的行动概念。这必定是一项重构工作,因为,首先正如我所说的,我们并不能在这一章中真正找出关于行动的叙述。黑格尔在这一章中主要在诸如家庭、市民社会和国家这些范畴下描述了(在广义上)的社会机制(social institutions),这些社会机制各自都在其下包含了次一级的其他机制。然而,这也并不意味着行动在此章中没有扮演任何角色;相反,正如我所要论证的那样,行动在伦理生活(Sittlichkeit)的概念里扮演了重要的角色。

其次,我将在一些特定的视角下去重构黑格尔的行动概念,这些视角主要是在黑格尔行动理论的讨论下展开的。在这篇文章里,我会主要关注两个主题:第一是黑格尔对于行动的解释是否是因果性的?第二是关于行动或主体(agent)的社会性,即行动中的主体是否必然与社会或其他主体相关联?为了阐明第一个问题,我参考了黑格尔《逻辑学》中的目的论章节,正是在这一内容的基础上,黑格尔展开了在《法哲学原理》中道德章节的行动概念。而对于第二个问题,我将给出一个积极的答案,但同时也会说明在以往文献中②所阐释的在社会性下的行动概念错失了黑格尔本人的目标:如果理解正确的话,黑格尔的行动之伦理概念,蕴含着一种对主体概念的激进修正——这不仅被预设在对黑格尔

① Pippin, Robert, *Hegel's Practical Philosophy. Rational Agency as Ethical Life*, Cambridge University Press, 2008.——原注

② 同上。

行动理论的讨论中,也被预设在一般的行动理论中。

一、行动作为目的性的事件(*Teleological Event*)

我将从上述第一个问题开始:黑格尔是否给出了一种行动的因果性理论?在这里,我将参考《逻辑学》的目的论一章。如果行动是一种目的性的事件并且能被置于该目的论逻辑之下(并且它必须如此,因此这一章在"黑格尔的行动理论"文献中被完全无视是令人费解的),黑格尔在这里看起来给出了完全不同的答案。

> 它(目的)既不是一种使自身外在化的力,也不是那表现自身于偶然和结果之中的实体和原因。①(GW 12 160)

然而,黑格尔好像也可以接受一种对合目的性的因果性解释:

> 目的(Zweck)虽然也可以被规定为力和原因,但这些名词仅仅表达了其意义的一个很不完全的方面。②(GW 12 160)

这就很令人困惑了:目的不能被理解为原因的同时又可以被定义为"力(force)和原因(cause)",这意味着什么呢?要理解此模糊性,就必须搞清楚黑格尔是如何理解原因或因果性的。他显然在这个问题上指涉的是本质的逻辑(logic of essence),其中他处理了诸如力和原因的范畴。

即使我不能考察因果性概念本身,也必须注明一点:黑格尔是在论证原因和结果的相互规定,对黑格尔来说,并不总是原因规定了结果。结果也规定原因。

在已有的研究中,因果性行动理论的支持者③和反对者都认为,对行动的因果性解释包含了原因在规定中的时序优先性;为了捍卫这一种对于原因—结果—联系的回溯性视

① 参见中译本黑格尔:《逻辑学(下卷)》,杨一之译,北京:商务印书馆,2009 年,第 430 页。——译注

② 同上。

③ Laitinen, Arto, Hegel on Intersubjective and Retrospective Determinations of Intention, *Bulletin of the Hegel Society of Great Britain*, 49/50, 2004. Knowles, Dudley, *Hegel on Actions*, *Reasons and Causes*, Laitinen/Sandis (ed.) 2010.——原注

角，人们引入了对因果性的表达主义或阐释的解释(interpretative explanation)[①]。然而，这种一方面因果性理论对回溯主义的析取式依附(disjunctive attachment)，和另一方面表达主义或解释的阐释对回溯主义的析取式依附，都预设了因果性必须排除对原因(目的)的回溯性理解：原因必须是在其结果出现之前作为原因获得其规定性。但是黑格尔并不同意这种原因对结果的在先规定性。

因此，这样一种可能性已经被排除了，即黑格尔不会支持如 Laitinen 和 Knowles 所论证的对行动因果性的解释。对黑格尔来说，如果将他本人所阐释的意义上的因果关系加在目的论关系上，这也许并不是错误的；但是正如上一条引用所展现的那样，黑格尔对此并不是毫无保留的。于是：

> 假如这些名词要由目的按照其真理来说出，那么，它们便只有用扬弃它们的概念的方式才能如此；即作为一种力，它激起自身的外在化，作为一个原因，它就是自己的原因，或其结果直接就是原因。[②] (GW 12, 160)

这一段文本给出了对于因果性(在相互规定中的因果性)的正确理解直接导向了目的论。(用一种黑格尔式的表达即是："目的论就是因果性的真理。")概念(Begriff)一词不必在特殊的黑格尔意义上来理解——正如译者[③]想要做的那样，并且将其以开头字母大写的"Notion"来表示。在这一段文本中，如力量(Kraft)和原因(Ursache)这样的范畴并不在自我反思的方式以外能表示目的，在其中它们必然会丧失它们原初的含义。因此，我们可以导出的结论是，原因通过消失成为原因，这是因为原因之所以是原因是因其导致了结果，即原因转化成了结果。目的—实现的关系应该替代这种原因—结果的关系。

> 在一切过渡中，概念都保持自身，例如，当原因变为结果时，那在结果中只与自身融合的，就是原因；单杂目的性的过渡中，那本身已经作为原因，作为对客观性及其外在可规定性是自由的那种绝对的、具体的统一而存在的，却是概念。[④] (GW 12, 167)

---

① Pippin, Robert, *Hegel's Practical Philosophy. Rational Agency as Ethical Life*, Cambridge University Press, 2008. Taylor, Charles, Hegel and the Philosophy of Action, Laitinen/Sandis (ed.) 2010.——原注

② 黑格尔：《逻辑学》，杨一之译，北京：商务印书馆，2009 年，第 430 页。——译注

③ 此处指《逻辑学》的英译者和英译本。——译注

④ 黑格尔：《逻辑学》，杨一之译，北京：商务印书馆，2009 年，第 439 页。译文有所改动。——译注

即使在因果性中，概念应该已经是潜在的，但是在目的论中其后果已经被实现了：原因（现在作为目的）是从一开始作为绝对的具体而存在的，并且在物理客观性面前保持自身是自由的。原因在结果这一他者中彰显自身，并且原因必然会消失在结果中；同时目的（Zweck）会从一开始就成为概念，它不会在其自身的实现中消失。其实现必然是目的自身的实现。

然而，如果我们指望用目的论来替代因果性的转换会在目的章节中就能完成的话，那么我们会感到失望——目的章节本身展示了这种替代发生的转换过程。这种替代仅仅会在其结尾处完成，即当它变成理念（Idea）的时候。对于我们来说，重要的不是理念概念本身，因为这还需要进一步的论证。这里，我们仅能注意到目的论表示了这种转换过程，在过程中目的和其实现的关系仍然是外在的，但实际上应该被内在化。

黑格尔为了描述这一目的论的概念而引入了两个关键（operative）的概念，即"自身内反思"（Reflexion in sich）和"向外反思"（Reflexion nach außsen）[①]。目的论在这种模糊性和两种反思概念的混合中是可能的，其中前者代表了目的本身，而后者代表了其在世界中的实现。黑格尔是这么解释的：

> 现在，目的就是这个客观性的全部自身反思，并且直接是如此的，在这种情况下，第一，自身规定或作为单纯自身反思那样的特殊性就与具体的形式相区别，并且是一个规定了的内容。目的就此而言，是有限的，尽管它就其形式而言，是无限的主观性。第二，因为目的的规定性具有客观不相关性的形式，这种规定性便具有前提的形态，而目的的有限性，从这方面说，就在于目的当前有一个客观的、力学的和化学的世界，它的活动之与这个世界相关，就像与一个当前现在的东西相关那样；所以它的自身规定的活动，在它的同一性中，就是直接外在于自身，并且它是多么自身反思，也就是多么向外反思。[②]（GW 12,161）

目的有着确定的（bestimmt）内容，并且是有限的，应为它在另一个（比如世界）之前同时在预设着后者，而在这另一个世界中，这个目的必须被实现。然而，外在（世界）是被因

① 反思的概念在这里不能被理解为是某种心理活动。"反思"一词指的是自我指涉（self-referential）的结构。它可以毫无困难地适配"自身内反思"的概念；但是如果反思意味着自我指涉的话，那么"向外反思"听起来就很自我矛盾。后者是被用来表达那些原本应该有自我指涉的结构、但现在被导向了他者之物的。——原注

② 黑格尔：《逻辑学》，杨一之译，北京：商务印书馆，2009 年，第 431－432 页。——译注

果性地(物理地和化学地)决定的。行动是带着这个特定目的的主体与被给予的世界相交互并且在其中实现的事件。这是向外的反思,因为目的还未被实现,同时世界依然作为主体(目的)的他者,但这也是自身内反思,因为它包含了世界应当与目的相匹配,并且成为被实现的目的。

二、道德部分的行动

如果我们将上一段从《逻辑学》中摘出的引文与接下来从"道德"部分第117节开始摘选的引文,即之前被认为是黑格尔行动理论的主要文本来源的片段相对比,那么这种关联就显而易见了:

> 行动本身的意志(Der selbst handelnde Wille),在它这个以目前的定在(Dasein)为指向的目的(Zwecke)中,具有对这个定在的种种情况(Umstände)的表象(Vorstellung)。但是,因为意志为了这种预先设定之故是有限的,对象性现象(gegenständliche Erscheinung)对它来说是偶然的,而且除了意志的表象(Vorstellung)所包含的东西之外,它自身还能包含某种不同的东西。[①] (GPR, 117)

我认为黑格尔的行动之道德概念建立于目的论的概念之上,这不仅是因为黑格尔在这里谈论到了目的,也因为目的位于"对象性现象"(gegenständliche Erscheinung)之前。这也是为何包含了该目的的意志(Will)是有限的。意志最初应当是无限的,但现在是有限的,因为它有了一个被规定的目的。该比较足以使我们确定行动是在两种由有目的的关系构成的反思概念中被构想的:自身内反思和向外反思。

如果以上假定是对的,那么我们可以得出此结论:行动的道德概念并不是黑格尔关于行动的最后论断,而是位于两种反思将被中介的过程中。这一中介,因此也是两种反思之间对立的取消,只有在伦理生活中才能完成。这也是为什么黑格尔没有在"伦理生活"中过多谈论行动的原因:因为目的论的体系(在前述意义上)——其中行动的(道德)概念才有可能——仅仅属于"道德"而不属于"伦理生活"。"行动"被保留在此种限制性的意义中。

在黑格尔看来,作为自由的理念(Idee der Freiheit),"伦理生活"同时也是有生命力的

---

① 中译参考黑格尔:《法哲学原理》,邓安庆译,北京:人民出版社,2016年,第209页,译文有所改动。——译注

善(das lebendige Gute),其是"通过有意识的行动而具有现实性"①(GPR, § 142),并且这种行动在"伦理性的存在中"(an dem sittlichen Sein)(GPR, § 142)有其目的。但是在伦理生活中有目的并不代表它在目的论和道德中具有同样的合目的性。那么,我们又应该如何理解"在伦理生活中有目的"这一表述呢?

三、行动的社会性(*sociality*)

因此,我们现在要转向我们的第二个主题:行动的社会性。伦理生活与道德之间最明显的区别就是,在前者中,目的是主体作为伦理的部分的存在。如此一来,应该有着经常在讨论中被提到的行动之社会角色的好论证,并且表示出了"道德"部分作为黑格尔行动理论的缺陷。比如,皮平认为:

> 众所周知,黑格尔……认为相比之下实践理性总是关乎对社会规范的一种回应性。人们作为"伦理存在"(sittliches Wesen)而慎思,而不是作为理性的主体。②

皮平通过将黑格尔行动理论的主要领域从"道德"转移到"伦理生活"而向前跨出了重要的一步。在行动中涉及的规范不能是康德普遍的和形式性的规范,而是具体的社会规范。如果他强调了两种反思之间的中介的话,那么他似乎也跟随了我们的思路。

> 主体在于自我反思不能离开社会关系去理解。我于我自身的关系是通过我于他人的关系被中介的。③

皮平看起来是通过自我关系和与他人的关系之间的中介去理解"伦理生活"的主体的。乍看起来他的模式与我们的相对应。

> "被中介的"在此处意味着什么?黑格尔的一层含义是很明显的。实践理性是一种与规范相绑定(norm-bound)的活动(人们想要得到关于人们应当做什么的正确

---

① 黑格尔:《法哲学原理》,邓安庆译,北京:人民出版社,2016 年,第 282 页。——译注

② Pippin, Robert, *Hegel's Practical Philosophy. Rational Agency as Ethical Life*, Cambridge University Press, 2008, pp.140 - 150.——原注

③ Ibid, p.149.——原注

答案)，并且在问题中的规范并不是简单得由他们自身“由我决定”。他们反映了社会分配，已经为广泛分享的分配，作为为如此慎思而各自被继承下来的标准而起作用。[①]

我们在行动中考虑进去的规范并不是“由我决定”的，必须拒绝康德式自治的主体模型。皮平同时也认为行动是通过“作为‘伦理存在’(sittliches Wesen)，而不是作为理性主体”而施行的。[②]

然而我也同意，如果皮平在此预设了实践理性的话，那么主体的社会模型就会坍缩成为康德的模型。社会规范应当被认为是主体的实践理性中诸多选项之一。然而皮平仍然认为主体可以通过其反思或推理在不同动机中选择，并且拥有通过其决定而行动的能力。

而黑格尔行动理论的内容远多于如此这般的社会规范。当我们考察《哲学全书》“主观精神”第 474 节中的内容时，这会变得更加明显。在对客观精神进行预期时，黑格尔说：

关于冲动、倾向和激情的真正内涵的讨论，本质上就是关于法的、道德的和伦理的诸义务的学说。[③]（ENZ §474 Anm.）

客观精神是在“法律的、道德的和社会责任的理论”意义上被言说的。在接下来的引文中，黑格尔提到了“伦理性的东西”(das Sittliche)概念，同时使得该概念应被提到的上下文更加清晰。

另一方面则尤其是把为义务而义务，即道德性(Moralität)跟冲动(Trieb)和激情(Leidenschaft)对立起来。但是，冲动和激情不是别的，而只是主体的活力(die Lebendigkeit des Subjekts)，主体(das Subjekt)自己就是依照这个活力而处于它的目的及其实现之中的。伦理性的东西(das Sittliche)涉及内容，内容本身是普遍的东西，没有行动的东西要在主体那里(an dem Subjekt)才有自己的实行者。内容内在于这个实行者里面，这就是兴趣，而要求着全部起作用的(wirksam)主体性的就是激

① Pippin, Robert, *Hegel's Practical Philosophy. Rational Agency as Ethical Life*, Cambridge University Press, 2008, p.149.——原注

② 同上。

③ 译文参考黑格尔:《精神哲学》，杨祖陶译，北京:人民出版社，2015 年，第 270 页。译文有所改动。——译注

情。[①] (ENZ，§475 Anm.)

皮平的行动模型用来描绘黑格尔行动理论的不足之处现在已经厘清。余下就是皮平行动理论中的冲动和激情为何？他的行动之社会模型最终停留在他自己所批评的康德框架下，即主体将自身置于其实践理性的结果之下；道德律仅仅为社会规范所替代，但康德式主体的框架未能改变。

不仅如此，如果社会规范在此种框架下被概念化，黑格尔最想要从康德处继承而来的一点就丢失了：自由作为自我规定。在皮平的社会模型中[②]，亟待实现的规范或目的被遗漏在了主体自身之外。

四、第二自然

因此，余下的问题就是：反思如何能被中介？主体如何能适配(appropriate)这种规范或目的？解决该问题的关键是"第二自然"的概念。根据"Sittlichkeit"(伦理生活)一词的词源学来看，黑格尔把风尚(die Sitte)表达为习俗(custom)[③]。

> 当内容摆脱它在实践感觉中和冲动所有的不纯洁性(Unreinheit)和偶然性(Zufälligkeit)，同时不再以实践感觉和冲动(Trieb)的形式，而是以其普遍性被置放(eingebildet)在主观意志里作为它的习惯(Gewohnheit)、性情(Sinneart)和性格时，内容就是风尚(ist er als Sitte)。[④] (Enz，§485)

如果两种反思的中介对黑格尔行动的(伦理)概念来说是必须的，那就应考虑到此种在主体中被现实化为激情的习俗。黑格尔在"伦理生活"中的关键段落中提到了习俗，它被称为第二自然，精神生活并且如此这般地出现在此。在《法哲学原理》中，第二自然的概念被引入"伦理生活"的概念中。

> 但是，在与个体现实性的简单同一中，伦理性的东西就表现为个体普遍的行为方

---

① 译文参考黑格尔：《精神哲学》，杨祖陶译，北京：人民出版社，2015 年，第 270 页。译文有所改动。——译注

② Taylor 也犯了同样的错误，这在其开创关于黑格尔行动理论的文章中可以看出。(Taylor，1985)——原注

③ "伦理生活"(Ethical Life)，通常被用来翻译 Sittlichkeit，实际上丢失了后者本身的内涵。——原注

④ 黑格尔：《精神哲学》，杨祖陶译，北京：人民出版社，2015 年，第 276 页。译文有所改动。——译注

> 式，即表现为风尚。个人的风尚习惯，作为第二自然，取代了最初的单纯自然意志，浸润于灵魂，是伦理定在的意义和现实，是作为一个世界生机勃发的和现存着的精神，其实体就这样除此作为精神实存着。[①] (GPR, § 151)

伦理性的东西(das Sittliche)由行为的普遍方式(Handlungweise)组成，即作为习俗具体表现在社会成员中。[②]

这个概念已经被引入"人类学"的文本中，在其中灵魂(Seele)作为自然精神被讨论。另外，该概念也在论习惯(Gewohnheit)的章节中被讨论过，这一章在上一段引文黑格尔介绍习俗的概念中也有提到。习惯是"灵魂使自己这样地成为抽象普遍的存在，并且把种种感觉的(同时意识的)特殊东西归结为它身上的一种单纯存在着的规定"(Enz, § 410)，或者是"对感觉之特定的和形体性的表达塑造进灵魂的存在中"(Enz, § 410 Anm.)。然而，对习惯概念的引入混淆了目的论所预设的差别。

> 习惯跟记忆一样都是精神组织中较大的难点；习惯是自身感觉的机制……习惯是感觉，也是理智、意志等等就它们都属于自身感觉而言的那种被制作成为一种自然存在着的东西、机械性东西的规定性。[③] (Enz, § 410 Anm.)

习惯作为第二自然[④]是自然的机械(mechanical)必然性的表征，它必然意味着将盲目的必然性引入心灵。其自然性(naturalness)是在其通过包含这种盲目的必然性而独立于我们的意向之中的。但是黑格尔又如何能确定这是个体的现实性呢？以此方式实施行动的社会成员如何能是自由的呢？在这一点上，黑格尔承认了在习惯中缺乏自由，但接下来也表达了：

> 人在习惯中就是在自然实存的方式中……是自由的，因为感受的自然规定性通

---

① 黑格尔：《法哲学原理》，邓安庆译，北京：人民出版社，2016 年，第 291 页。译文有所改动。——译注

② 我想在此强调黑格尔谈论的是个体。是个体而不仅仅是集体精神(collective Spirit)在第二自然中是自由的。——原注

③ 黑格尔：《精神哲学》，杨祖陶译，北京：人民出版社，2015 年，第 167 页。——译注

④ "习惯有理由被称为第二自然，——称为自然，因为习惯是灵魂的一种直接存在，——称为第二自然，因为它是一种由灵魂建立起来的直接性，是对于应属感觉规定本身和作为形体化了的表象规定与意志规定的那个形体性的一种塑造和精制。"(Enz, § 410 Anm.)——原注
译文参考黑格尔：《精神哲学》，杨祖陶译，北京：人民出版社，2015 年，第 167 页。——译注

> 过习惯降低为他的单纯存在,他不再在差别中,并因而不再对感受的自然规定性感兴趣、关心和依赖。[①] (Enz, §410 Anm.)

如此,在主观精神中的第二自然概念必须参考黑格尔在《法哲学原理》的伦理生活中对其之描述。

在我看来,在此呈现出的主体概念不仅包含了对康德自治概念的批评,而且与我们当代关于行动理论的讨论相关。为了理解行动和其主体,仅仅将主体概念化为一个主动的做事者(active doer)是不充分的。[②]

主体的概念可以被认作为被实现的目的论,其中自身内反思和向外反思应当得以统一。规范的社会化对黑格尔的行动之伦理概念来说是不充分的,它们必须被中介、被内在化和表现在主体自身上。主体应当去遵循的规范并不是那些它真正应当遵循的规范,这意味着,主体被要求在理性运作中为自己挑选动机,然而它总是已经遵循了那些规范,因为它们是"在个人意志中被置放入内的",并且已经被合并到主体的(有意识或无意识)习惯和习俗中。

这里可以反对这样的一种主体概念:主体被认为是单纯被动的,并且不是严格意义上的主体。但是这样的反驳错失了重点:在如此行动概念中,黑格尔是在主张一种超越了主动性和被动性的主体性模型。我们并不总是主动行动,而是在没有任何外在干扰的情况下被驱动(moved)去行动。在其行动中的主体性不应被看作反思性的模型,积极的主体应在诸多理由中做出正确的选择;这个主动与被动相对立的模型是无效的。

结论

最后,我将重申前文所述中包含的几点:

(1) 单纯依靠"道德"章节内容来阐明黑格尔行动理论的努力已经被证明是不充分的。

(2) 此不充分性导致对其行动之伦理概念缺乏理解,而在伦理概念中,主体体现或知晓社会规范。

---

① 黑格尔:《精神哲学》,杨祖陶译,北京:人民出版社,2015 年,第 167 页。——译注

② 该概念必须和被论证为是非意向的行动和意志的薄弱之所是相区分。它不是非意向的行动,因为后者是其结果未能与原本意向的行动相匹配的行动。它也不是意志的薄弱性,因为它并不意味着主体因其他的动机造成了破坏而不能完成其原本意向的行动。——原注

（3） 此种意义上的行动既是被动的又是主动的，或者说主体性超越于这两者之上①。

（4） 正因如此，黑格尔很少在"伦理生活"这一章讨论到行动，他并不满意于通常的行动概念——其应该被超越。

在有了如此这般的行动概念之后，黑格尔促使我们从根本上去修正我们对主体性的理解，这不仅体现在分析的行动哲学中，也体现在受到前者强烈影响下的黑格尔行动概念研究中。

缩写说明：

Enz：G. W. F. Hegel, *Enzyklopädie der philosophischen Wissenschaften* (1830). Herausgegeben von Friedhelm Nicolin und Otto Pöggeler, Hamburg, 1991.

EPR：G. W. F. Hegel, *Elements of the Philosophy of Right* edited by Allen W. Wood, translated by H. B. Nisbet, Cambridge : Cambridge University Press, 1991.

GPR：G. W. F. Hegel, *Grundlinien der Philosophie des Rechts , oder, Naturrecht und Staatswissenschaft im Grundrissemit Hegels eigenhändigen Notizen und den mündlichen Zusätzen*, in：Hegel *Werke in zwanzig Bänden*, Bd. 7, Frankfurt am Main：Suhrkamp, 1986.

GW：Georg Wilhelm Friedrich, *Hegel Gesammelte Werke*. In Verbindung mit der deutschen Forschungsgemeinschaft, herausgegeben von der Rheinisch-Westfälischen (später：Nordrhein-Westfälischen) Akademie der Wissenschaften Hamburg, 1968ff.

PM：*Hegel's Philosophy of Mind : being part three of the "Encyclopaedia of the philosophical Sciences" (1830)*, Oxford : Clarendon Press, 1971.

SL：*Hegel's Science of Logic*, translated by A. V. Miller, Atlantic Highlands, NJ : Humanities Press International, 1989.

Action and Ethical Life：Second Nature and Hegel's Radical Revision of Agency

Taiju Okochi

【**Abstract**】This article aims to argue that Hegel's theory of action in his *Philosophy of Right* (*PR*) implies

① 关于中间语态（middle voice）或中间—被动态（medio-passivity）的讨论可以帮助我们理解黑格尔中的主体性概念，因为后者要求我们超越主动性和被动性的二分。（Han-Pile 2017, Kokubun 2017）——原注

a radical revision of that agency concept that has been presupposed in contemporary discussions on theory of action.

In the first and second sections, I examine the "Teleology" chapter of Hegel's *Logic of Concepts* and the "Morality" chapter of *PR* respectively to show that Hegel himself is not committed to the concept of action developed in the latter, but his own concept must mediate the reflection-into-self and the reflection-outwards. In the third section, I turn to Pippin's concept of action, with which he rightly conceives the social character of Hegel's concept of agency, and I point out the failure to keep the autonomy of agency. In the fourth and final section, finally, I will argue that it is the custom as second nature that is constitutive of Hegel's concept of agency and achieves the unity between the reflection-into-self and the reflection-outwards. This concept is radical because its autonomy implies passivity as the mechanical process of (second) nature, which can be regarded as constitutive of the agent's own will.

【**Keywords**】Hegel, Theory of Action, Agency, Second Nature, *Philosophy of Right*, Teleology

新自由主义中“自由之痛”的出路
——论黑格尔客观精神哲学中“社会自由”的概念

[韩]郑大圣[1](著)
朱　毅[2](译)

【摘要】 虽然如今人们对自由的概念习以为常,却只享受着最贫瘠的自由。尽管(新)自由主义从40年前作为一种独特的支配性的意识形态起就极为强调自由,但人类却比任何时候都更加处于科学的和政治的压迫之中,并且再次呼唤自由与解放。人们此时开始认识到,自由的市场破坏了市场的自由。新自由主义的破坏性结果,迫使我们去寻找一个全新的自由概念。一个作为替代性的术语概念是“社会自由”,它在韩国依然还特别不为人熟知。这篇文章的目的在于,揭示黑格尔社会政治哲学中存在着一种社会自由概念的原型。实际上,黑格尔是最早得出以下结论的哲学家之一:自由主义的自由不可避免地在不自由与不义中终结,自由只能在与他者的关系中才会实现出来。他的客观精神哲学如今作为一种强有力的替代方案,来超越新自由主义的粗暴行为。为实现这个目标,这篇文章讨论(1)黑格尔哲学中精神的本质和自由,(2)市民社会中消极的以及自我破坏的自由概念,(3)国家作为社会自由的普遍稳定的系统并附带一点评论。

【关键词】 市民社会,社会自由,经济自由,黑格尔,国家

一、问题意识

虽然如今有关自由的知识汗牛充栋,但人们却只能享受最贫瘠的自由。尽管(新)自由主义从40年前作为支配性的意识形态起就极为强调自由,但人类却比任何时候都更加处于科学的和政治的压迫之中,并且再次呼唤自由与解放。

(新)自由主义把自由理解为“从其他人以及国家的强制中解放出来”,即理解为消极的自由。如果这种自由陷入与幸福或美好的冲突之中,它就被赋予更多的价值;国家甚至

---

① 作者简介:郑大圣(Dae Seong Jeong),韩国延世大学教授。
② 译者简介:朱毅,复旦大学哲学学院博士生,主要研究方向为古希腊哲学、康德伦理学。

应当采取一种中立的态度来面对幸福。倘若国家强行推行某些善或道德的信念,个人自由便会受到损害;这些信念应当归入私人领域,由个体自己选择。

对自由主义者而言,国家是一个保障自由和权利,而非推广某种善的观念的系统。这种自由主义者的观念产生于一种对前现代、传统世界观的批判性回应,这种世界观试图把每个社会成员完全绑定在某种唯一的价值之中。在这种回应中可以看到对生活多样性以及在竞争中获取进步的信念。

然而,当自由主义成为一种强大的意识形态,我们所经历的却是单一性而非多样性,是致命的社会分裂而非社会进步。自由市场经济的经济学奠基者亚当·斯密认为,市场参与者的自由活动,在缺少国家干预的情况下,更容易让市场保持活力。

可以看到,新自由主义这种自由主义的现代版本是如何毁灭这个世界的。它倡导一种比古典自由主义更极端的消极自由,因为市场原则不仅必须被运用到经济领域,而且还必须被运用到整个生活领域。从而市场经济变成了市场社会。

新自由主义创造了一个"1 比 99"的史无前例的社会,自由市场变成一个你死我活的竞技场。此时我们开始意识到,自由的市场摧毁了市场的自由,并且根据其内在本性,只有持有资本、权力和智识的人,也就是极少数人会赢得胜利。(新)自由主义在其名称中包含着自由的概念(Liberty),似乎在其本质中就蕴含了摧毁自由的要素。新自由主义的破坏性结果,迫使我们去寻找一个全新的自由概念。一个作为替代性的术语概念是"社会自由",它在韩国依然还特别不为人熟知。

诺伊豪泽尔(F. Neuhauser)在他的著作《黑格尔的社会理论基础》(哈佛大学,2000)中已经把黑格尔式的"实体性自由"概念阐释为社会自由。目前,霍耐特(A. Honneth)接受并捍卫了这个自由观念。黑格尔批判了康德式的作为自律的自由概念(理性的自我立法),因为康德为此把自然和传统意义上的驱动力完全从自由的概念中驱逐出去。但是根据黑格尔,自由只有在与其他人的具体关联中才能实现。

这篇文章的目的不在于探讨诺伊豪泽尔和霍耐特的社会自由观念,而是要揭示,在黑格尔的社会哲学中可以找到一种社会自由概念的原型。实际上,黑格尔是最早得出以下结论的哲学家之一:自由主义的自由不可避免地在不自由与不义中终结。他的社会政治哲学如今也能作为一种经过充分论证的替代方案,来超越新自由主义粗暴行为(Gewalttätigkeit)。

为了实现这个目标,本文将首先考察黑格尔哲学中精神的本质和自由,其次展示市民社会中消极的、自我破坏的自由,然后阐明国家作为社会自由普遍稳定的系统,此外还会有一些进一步的主要评论。

二、黑格尔哲学中精神的本质和自由

黑格尔哲学中的核心概念是自由,它被认为是近代最伟大的一个成就。黑格尔终身献身于精神哲学的这个事实,对自由思想的核心是一个重要的证明,因为对黑格尔而言,精神就存在于自由之中。人们可以将黑格尔的整个精神哲学视为自由的哲学,然而在此特别研究市民社会和国家的客观精神哲学,可以被视为是黑格尔式的自由思想的中心。如今,这个主题领域再次具有最高的现实意义。

精神是理解黑格尔哲学的关键性概念。根据他的观点,自然最终会与精神保持一致,但是其精神哲学却始于精神与自然的对立。在他的体系中,精神哲学在自然哲学之后发展起来。这意味着,黑格尔将自然和精神这两个领域区分开来。实际上,精神与自然的区分属于欧洲哲学的古老传统。

因此,精神首先区别于自然。自然是描述某些给定的客观物,或者说被动性之物的总称,而精神概念则与主动性和主观性的东西相关。在此,人被理解为一种自然性的动物,同时又被理解为一种精神性的存在。就他服从于无法选择的自然法则而言,人是一种自然性的动物。他遵从重力法则,如果饿了就必须吃东西,到点了就得睡觉,如此等等。同样,人在特定情境中还受到情感和情绪的推动。这些行为方式不是人可以自由选择的,而是由自然引起的。这些行为自然的进程或者说是对刺激的反应,在这个意义上都是被动的行动。

另一方面,人是一种精神性的存在,即一个主体,因为他不仅遵守自然法则,而且还会追问,他为什么应当服从这个法则,并且会从事诸如科学、艺术和宗教的特定活动,这些活动在自然中是找不到的。

除了将精神理解为自然的他者(das Andere),人们也会把精神理解为使其行动得以发生的能力。通过重复性的行动,可以看出人的精神;一个定期去教堂的人,应该会被基督教精神所塑造,而那个主张我们生活的所有领域都必须通过市场原则来规定的人,应该会被新自由主义的精神所掌控。在此意义上,精神会推动一个人去采取某种特定的行为(Verhalten)。在这个方面,外在的行为就依赖于精神,后者在这些行为中发挥作用。

从外部观察到的东西是方式(Modus)或表达(Ausdruck),而导致这种表达的原因,则是不可见的精神。在此意义上自然就是精神的一种表现方式。非感性的东西作为实体在感性的东西背后发挥作用,非感性的精神产生出感性的东西。就此而言,它就是主体,产生并规定感性的东西,即方式。黑格尔所说的"实体即主体",应当从这个方面理解。

在这种理解中,精神是一种独立性的存在,它创造并规定了诸如自然这样的从属物(das Abhängige)。精神并不指涉他物,而指涉自身。黑格尔将精神的这个特征规定为"在他者中自在自为"(Bei-sich-selbs-Sein-im-Anderen)。换言之,精神虽然处在如自然或者传统的他者之中,但是它并不被它们所规定,而是自在的。因此,自我规定的精神,就存在于自由之中。自由之人为自己思考和行动,然而不自由之人的思考和行动来源于他者中,在他的主人那里。

近代,自由首次被提升为一种普遍性价值。黑格尔通过把他的哲学设计为自由的哲学,也高度充分地评估了这种近代价值的意义。然而,在许多近代哲学家那里,例如霍布斯和洛克等,却认为人类在自然状态中才是自由的,但是在黑格尔看来,自然界中占支配性的是自然的必然性,自由的可能性只在精神领域中才会被开启。

当精神不同于自然,一种作为自然形式的本能就区别于一种作为精神形式的意志。甚至任性(Willkür),这种总的来说与选择自由相关的东西,也与真正的自由无关,因为这种选择一方面依赖于偏好,另一方面发生在某些不属于主体的选择方案之间。真正的自由应当抽离所有特殊的东西,像偏好、欲望和冲动等(PR, §123)。在这个意义上,任性包含的仅仅是自由的假象,因为只有依赖于自身的意志(Wille)才是自由的。

通常说来,行动者脱离外在或内在强制的行动才被视为是意志的行动,才是自由的。"我想要X"这个表达在严格意义上意味着,我并不是基于外在或内在的强制,而是自愿去做X。

然而,我们大多数的行动都处于某种强制之下。例如,我似乎可以自愿想不去喝牛奶,而是去喝咖啡,但事实上,这是一种反应,一方面是对口渴的自然强制性的反应,另一方面是对从社会或文化而来的强制性的反应,我对咖啡的偏爱就来源于此。在严格意义上,这些在群体中处于强制之下的行动,并不是来自意志的规定,后者自己与自己相关联。

> 唯有在这种自由中意志才全然坚守在它自身,因为除了与它自身相关外,不与其他任何东西相关,从而对某个他物的依赖关系都取消了。(PR, §23)①

与仍依赖于外部客体的感觉和信念相对,思想是一种在对象中对自我规定的认识。

① 黑格尔:《法哲学原理》(《黑格尔著作》第7卷),邓安庆译,北京:人民出版社,2016年,第64页。

因此,思想完全区别于对客体适应或者对任何刺激的反应。在这个意义上,思想是另一种对自我关联的精神或仅仅自我关联的意志的表达。“自由就是思想自身;摒弃思想而言说自由的人,并不知道他所说的是什么。思想与自身的统一性就是自由,即自由意志。”(VGP Ⅲ, 426f.)黑格尔对意志与观念同一性的强调,明显与浪漫主义相对立,后者“想排除思想而诉诸感情、心胸和灵感”。(PR, §21)①

三、市民社会中消极的、自我破坏的自由

黑格尔在他的《法哲学原理》②中把这个意志作为法和伦理性的出发点(PR, §4)。这意味着法、道德性和伦理性的原则是自由。研究共同体的伦理理论,是黑格尔体系中客观精神的一个组成部分。在伦理性中他探讨家庭、市民社会和国家。由于客观精神是客观性的,它处理的就是外部客观的对象,即共同体,由于它是“精神”,共同体就存在于自由之中而与动物群体相对立,后者根据本能和自然法则来活动。

如果在与自然的比较中来研究伦理性,人们就可以认识到,为什么国家是根植于精神的最高共同体;在自然界中,会发现动物界类似于家庭,甚至类似于拥有内在组织机构的社会,但在自然界中却毫无与国家的相似之处。就国家并不产生于自然,而产生于意志而言,它是一种客观精神的伦理的最高共同体。

黑格尔被视为第一个把市民社会与国家区分开来的哲学家。以这种区分为基础,他确立了一种现代社会性的国家理论。为理解其国家理论的独特性,他的社会理论是一个关键的步骤。

当黑格尔把自由主义的国家解释为“市民社会”的模型,他对市民社会的设计不仅区别于当前的市民社会理论,而且也区别于市场原教旨主义(Markfundamentalismus),后者谈论的是超出“市场社会”的市场经济学。

由于在黑格尔那里,市民社会涵盖的不仅仅是经济的和私人的关系,而且也涵盖一种类似公共领域(quasi-öffentliches)的系统,人们在一定程度上已经拥有了国家的形式。黑格尔将市民社会称之为“理智的国家”(PR, §183),后者虽不完整,但毕竟已经是一个国家了。其中,理智是一种分离的精神。

市民社会是理智的国家,因为在此人被视为分隔开的、孤立的主体,被视为追求自我利益的个人。市民社会的建制原则上以保护私人为目标。市民社会的成员与他人处在竞

① 黑格尔:《法哲学原理》(《黑格尔著作》第7卷),邓安庆译,北京:人民出版社,2016年,第61页。
② G.W.F.Hegel. *Grundlinien der Philosophie des Rechts*, Felix Meiner Verlag Hamburg, 2013.

争之中,且这里的他人与整体的统一都仅仅是被看作达成每个人自己利益的手段。

然而市民社会不仅包含像司法这样的特定建制,后者规范这里的竞争关系和维护个人的权利,而且也包含社会的和团体的系统。那种系统的统一性被视为社会性国家的原始形式。

(一) 市民社会作为需求以及全方面依赖性的系统

黑格尔首先把市民社会理解为一种与经济行为相联系的社会,更确切地说,理解为一种资本主义的自由市场社会。市场的参与者彼此竞争并与他人一起劳动,以满足他们的需要。因此,市民社会是由特殊的、自为的个体组成的集体。由于参与者把与他人的合作仅仅当作实现自我利益的手段,市民社会首先是"需求的系统"。(PR, §183, §189)

市民社会参与者的需要会如此形式各样且毫无止境地扩展。"动物用一套有局限的手段和方法来满足它的同样有局限的需要。人虽然也受到这种限制,但同时证明他能超越这种限制并证明他的普遍性,这种证明首先是通过需要和满足手段的多样化,其次是通过把具体的需要分解和区分为单一的部分和方面,后者变成了各个不同地殊异化了的,从而是更为抽象的各种不同的需要。"(PR, §190)①

这意味着,人在市民社会中会无止境地延伸着他的需要,并且想要满足这种扩展性的需要直到尽头。当然,黑格尔的这种思想强调的是,无法控制的资本与市场活动是资本主义市场经济的一种重要倾向,这种倾向会导致世界急剧的市场化和经济化。同时这里存在着一种潜在的力量,能使市民社会自我毁灭。

然而市民社会并不会固着于它自己的倾向之中,而是会发展为其他的组织形式。家庭成员或者国家成员基于他们各自忠诚的隶属关系来行动,与之相对,市民社会的成员则是作为个体,作为个人来行动的。市民社会的成员,即"市民",是对这些自由个人的命名。然而,想要通过劳动来满足其需要的市民,作为个人从来无法实现这个目标。为了满足他的需要,他必须与其他人联系在一起。他最初自然并不知道与社会的统一性。社会是外在于他的。

尽管市民社会是一种普遍性的形式,但是市民并不把自己视为它的成员,而是视为独立的人。换句话说,这个共同体仅仅被看成他们自我实现的一个手段,而不被看成他们的本质性要素。在这个方面,黑格尔把市民社会称为"伦理性的丧失"或者"伦理映现的世界",(PR, §181)它不是一个真正自在的共同体,后者的根据在于自身。

---

① 黑格尔:《法哲学原理》(《黑格尔著作》第7卷),邓安庆译,北京:人民出版社,2016年,第337页。

通过为满足需要而开展的劳动，市民意识到，自己是与其他人联系在一起的，这种劳动既为他们自己，也为其他人，因为他们个人劳动的产物变成其他人享受的对象，反之亦然。甚至最私人性的行动是这样与他人相关的，即拥有集体性。在这个意义上，市民社会就是“一个在一切方面相互依赖的系统”。“利己的目的，在它的实现中是受普遍性限制的，这就建立起在一切方面相互倚赖的系统……”（PR，§183）①因为自我需要的满足被其他人的要求和劳动所限制，与其他人的关联或者集体性便成了人之为人的本质要素。（PR，§192）“在这种依赖性和劳动的相互性以及需要的满足之中，主观的自我追求反过来为所有其他人需要的满足作出了贡献。”（PR，§183）

（二）处在偶然性之中运行着的市民社会

市民社会的成员置身于作为竞争和依赖性场所的市民社会，从而扩大了他们的私有财产。尽管所有成员在形式上都拥有参与权，但这种参与能否满足他们自己的需求，却是由一些偶然因素决定的，例如“自身的直接基础（资本）”“技能”以及“业已不平等的自然体质和精神禀赋”等。（PR，§200，附释）②

这些并非由行动主体所选择的要素决定了他们在市民社会中的成就，理性本真的意义以及自我规定的自由并不能在市民社会中完全展现出来。市民社会看起来是一个为自由个体活动提供的空间，然而它其实营造的是一个自然的或者麻烦不断的不平等的竞争领域，直接导致了市民社会的不平等。“这种由自然（……）法则造成的不平等不仅没有在市民社会中得到消除，反而（……）升级为理智教养与道德教养上的不平等。”（PR，§200，附释）③

这个市民社会的运行原则会延伸到世界性的层面，且市民社会内部的分裂会反复出现在全球性的层面。当市民社会的活力借助殖民化得到延伸的时候，这种根本性的倾向也没有改变。（PR，§246）这就是最初规定着市民社会的市场原则不会在总体上接受伦理性的原因。

黑格尔的观念使得当代占统治地位的新自由主义思想从根本上受到怀疑。新自由主义者 M.弗里德曼认为，对市场中分配的商品进行政治的再分配，会有损于正义，因为对货物的分配来说市场就是最公正的场所。

但正如上文所说，市场里取得的成就依赖于如资本和本来就已经不平等的自然体质

① 黑格尔：《法哲学原理》（《黑格尔著作》第7卷），邓安庆译，北京：人民出版社，2016年，第330页。
② 同上书，第342页。
③ 同上。

和精神禀赋等偶然性,市场并不是一个公平竞争的场所,而是一个成败既定的场所。在这个方面显而易见的是,财富的集中是市场竞争产生的结果,市场沦为了优势群体不断攫取资源的合法手段。

黑格尔的这种观点显然被罗尔斯的平等自由主义所接纳。罗尔斯领会了康德的自由概念,强调偶然性不应当影响成败。罗尔斯说:

(在自由市场中)分配的份额依赖于自然的能力。从道德的观点来看,运气是偶然的。收入与财富的分配不应由与生俱来的能力所决定,正如它们不应由历史—社会的偶然性来决定一样。

在罗尔斯这段话里,人们可以轻易读出黑格尔的思想。罗尔斯强调,新自由主义的市场秩序本身带来的是一种严重的不平等。通过论证市民社会在自身中蕴含着自我毁灭的倾向,黑格尔已经预见到了罗尔斯的思想。

市民社会试图通过他们自己的社会救助形式,例如司法、警察和同业公会,来摆脱这个困难。

尽管如此,这些市民社会自我救助的形式还是无法阻止其走向毁灭,因为这些形式也处在偶然性之中。这种偶然性的特殊之处必须向普遍性转移。市民社会的自我救助形式应当提升到普遍性的建制,上升到政治性的共同体,即上升到国家。作为政治的伦理性,国家通过建制性的监管来保障市民社会。这就是市民社会必须提升到国家的理由。

四、国家作为市民社会的扬弃

对于市民社会向国家过渡的必然性,黑格尔是这么说的:

同业公会的目的之为有限制、有限度的目的(……)在自在自为的普遍目的及其绝对的现实中,具有它的真理性;因此,市民社会的领域就过渡到了国家。(PR, § 256)①

与被视为理智国家的市民社会相比,真正的国家是一种伦理性的共同体,后者使社会

① 黑格尔:《法哲学原理》(《黑格尔著作》第 7 卷),邓安庆译,北京:人民出版社,2016 年,第 381 页。

救助形式普遍地,即在法律上、政治上制度化了。通过这种普遍性的福利,具体的自由才会实现出来,远比市民社会中的抽象自由更为强大。

> 国家是具体自由的现实性;但具体的自由在于,个人的单一性及其特殊利益不但获得完整的发展,它们的权利获得自为地承认(如在家庭和市民社会的系统中那样),这时他们一方面通过自己本身过渡到对普遍东西的关切,一方面以对普遍东西的认识和意志,尽管是承认它为它们固有的实体性精神,并为了这个普遍东西(作为他们的最终目的)而活动,……(PR, §260)①

之后,黑格尔更为清楚地阐明了国家的目的:"国家的目的特别关切的是普遍性的利益,关切的是其实体性的保存。"在黑格尔看来,为了使这些国家理念变为现实,国家必须拥有它自身的组织结构。这暗示,在国家中参与者不该是单个的人,而是各种组织机构,这些组织机构是具体自由的体现。因此,值得批判的是,在黑格尔那里,作为单个以及"绝对的人权"的人是不存在的,遗留下的只有共同体和建制。黑格尔很明显是一个强有力的建制主义者。然而这与对个人自由的侵犯并没有直接的联系。黑格尔强调国家中建制的理由在于,阻止个人的特殊意志在没有过滤的情况下就到达公共领域。这个的讨论超出了本文的范围。

五、结论

总而言之,市民社会本身带来了贫富差距,而这种差距的危险在于会使构成人性的权利或自由丧失掉。市民社会中所导致的权利的丧失,使成员根本经历的是人性的丧失。这里可以看到,经济自由是人类生活的基础。因此,黑格尔试图通过市民社会本身的自我努力以及政治共同体,即国家的协助,来控制资本主义的市场社会。黑格尔借助这样的市民社会理论来发展社会性国家的观念。简言之,社会性国家的出发点对经济自由而言就是政治自由的必然性。

现在人们看到,以人性之名被珍视的价值是如何可悲地被赚钱的考虑引向堕落的。人们体验到的是人性尊严如何脆弱,守护这种价值是如何的艰难。

市场原则或经济关系扩展到所有生活领域的结果,就是世界处处都是毁灭性的痕迹。

---

① 黑格尔:《法哲学原理》(《黑格尔著作》第7卷),邓安庆译,北京:人民出版社,2016年,第390页。

新自由主义是一种以自由之名将世界市场化且推行市场社会的意识形态。

新自由主义可能是资本主义本性最好的表达。因为市场的扩张依赖于人的需要并且人的需求的扩展会最终纳入全球性的市场。资本主义的市场既会扩展到内部世界的尽头,也会扩展到外部世界的尽头。

在世界市场化和市场社会普遍化的时代,我们之所以要关注黑格尔的一个原因,就是他已经提前预见到了市场社会的平庸性,并且想要在社会国家中克服这种平庸性,这依然是有效的。

The Way Out for "The Pain of Freedom" in Neo-Liberalism: On the Concept of "Social Freedom" in Hegel's Objective Spiritual Philosophy

Dae Seong JEONG

【Abstract】 Although people are now accustomed to the concept of freedom, they only enjoy the most barren freedom. Although (new) liberalism has emphasized freedom since 40 years ago as a unique dominant ideology, human is more under scientific and political oppression than before and calls for freedom and liberation again. People began to realize at this time that free markets undermine the freedom of the market. The destructive consequences of neoliberalism force us to look for a new concept of freedom. An alternative terminology is "social freedom", which is still particularly unfamiliar in Korea. The purpose of this article is to reveal a prototype of the concept of social freedom in Hegel's social political philosophy. In fact, Hegel was the first philosopher who came to the conclusion that liberal freedom inevitably ends in non-freedom and injustice, and that freedom can only be realized in the relationship of the other. His objective spiritual philosophy is now a powerful alternative to the violent behavior of neoliberalism.To achieve this goal, this article discusses: (1) the essence and freedom of the spirit in Hegel's philosophy, (2) the negative and self-destructive concept of freedom in civil society, and (3) the general stability of the state as a social freedom. The system comes with a little comment.

【Keywords】 Civil Society, Social Freedom, Economic Freedom, Hegel, State

【热点前沿】

劳伦斯·科尔伯格与新亚里士多德主义[①]

[德]哈贝马斯[②](著)
杨　丽[③](译)

【摘要】普遍主义道德理论对科尔伯格的道德发展心理学至关重要,科尔伯格不仅借助于黑尔、弗兰克纳和罗尔斯等人的观点来界定"正义判断"的对象,还构建出一种后习俗伦理的概念。反之,科尔伯格的道德发展心理学也可以视作是检验康德的《伦理形而上学奠基》的"试金石",科尔伯格在后习俗伦理概念的构建中,回应了新亚里士多德主义对康德道德理论的指责,从而为我们提供了一种新的视角来重新理解:关乎行动正确与否的义务论和涉及行动者的具体的"善"如何统一的问题。

【关键词】道德发展心理学,后习俗伦理,科尔伯格,新亚里士多德主义,对话伦理学

一、

对我来说,劳伦斯·科尔伯格是我美国朋友当中最能体现美国特质的。这个传统可以追溯至米德和杜威,及罗伊斯和皮尔斯一直到先验论者,从地域上来说是从芝加哥到康科德。科尔伯格在学术上获得重大成长的地方也是查尔斯·莫里斯等其他学者在那时依然保持实用主义精神的地方,这绝不是偶然的。我记得,有一天晚上在劳伦斯的科德角岛上的家里,我们坐在壁炉旁看着余晖下的海洋。他从书架上拿出一本翻得破旧的书,并开始背诵沃尔特·惠特曼的诗,结结巴巴地,时而缓缓叙述时而陷入沉思。当时我对诗的内容几乎一点也不懂,但在他的音调中,我感受到自由诗的韵律之流动,整个场景足以说明:

---

① 本文选自 J.Habermas, *Erläuterungen zur Diskursethik*, Frankfurt/ M.: Suhrkamp Verlag,1991,S.30－99.

② 作者简介:哈贝马斯,德国哲学家、社会学家,法兰克福学派第二代代表人物。

③ 译者简介:杨丽,上海大学社科学部哲学系讲师。

在这里我们目睹了其人整个一生的精神家园。我上次访问哈佛期间，他带我去了威廉·詹姆斯厅，并展示了表达实用主义之本质直觉的题词：

> 没有个人的推动，共同体就会停滞不前；没有共同体的支持，个人的推动力便会消失殆尽。
>
> ——威廉·詹姆斯

这句话在美国传统里根深蒂固。但是，这句话所表达的观点以及这条格言所表达的观点是有原则的吗？我问得更直白些：这句话是否仅仅适用于美国人？对于那些未能有幸继承托马斯·潘恩和托马斯·杰斐逊的政治思想价值的人来讲，就不能获得其真理吗？有人或许会反对，认为这并非易事，二战后高中毕业的、受"再教育"影响的那一代德国年轻人，他们远离德国高中的精英意识，并毫无保留地接受激进民主传统之普遍、平等的基本信念。然而，这种信念的起源在多大程度上预先判定了其有效性，这才是问题的关键。

接下来，我想支持一种与时代精神不是那么切合的观点：一直在顺利的家庭中成长起来的人、在相互承认关系中培养其自我认同的人，这样的人会有一种相互承认的期待和视野，这种视野被置于言谈语境和以理解为导向的行动的语用学中，他们必须习得如詹姆斯的言辞中所表达出的道德直觉。这条格言称社会化和个性化是相互依赖的，个人的自主性和社会团结之间是相互关联的，这种关联归属于所有的交往行动主体的背景知识；它不仅仅是表达了某个人关于什么是美好生活的主观意见①。那句话表达出了一种直觉，这种直觉是我们在各种不同语境中获得的，只要我们是在还没有完全被系统的、扭曲的交往所破坏的关系中成长起来的。

科尔伯格主张，道德判断在所有文化和社会中以下列的形式表现出这样的结构："假定社会与文化的条件适合认知的道德阶段的发展，那么道德思想的过程就会表现出一种所有人都可能明确表述的普遍主义的正当形式。我们还宣称，这种趋于理性道德思维形式的个体发生以同样的步骤、不变的阶段序列发生于所有的文化之中。"②每个判断都有

---

① J. Habermas, "Individuierung durch Vergesellschafttung", in: ders., Nachmetaphysisches Denken, Frankfurt/Main 1988, 187ff.——原注

② L.Kohlberg, "The Current Formulation of the Theory", in: ders., The Psychology of Moral Development ,San Francisco, 1984, p. 286.——原注
翻译参见科尔伯格：《道德发展心理学——道德阶段的本质与确证》，郭本禹等译，上海：华东师范大学出版社，2004 年，第 269 页。——译注

两个论点需要独立证明其正当性,第一个用道德哲学的方法,第二个涉及道德发展心理学的领域。当然,其中一种主张的无效性必然会影响到另一个(主张)的真理性。

哲学家是基于规范性的方式来讨论道德普遍主义的问题,并没有借助经验性理论。但相关的经验性理论至少需要符合理性的重构,即哲学上对言说主体、行动主体和判断主体之直观知识方面提出的建议。爱因斯坦的相对论是对康德《自然科学的形而上学基础》的挑战。在另一种意义上,正如我们将要看到的科尔伯格的理论,它是检验康德的《伦理形而上学奠基》的试金石。皮亚杰的发展理论也只能是心理学为了描述道德心理发展最高阶段的认知性操作所使用的一种间接性理论测试。这相当于对不同的、不能建立直接关系的理论之间进行关联性试验。在元理论的层面,即我们将不同的理论建立联系的层面,不能是相互矛盾的。反之,一种认知心理学显然也是依赖于哲学理论,它使用哲学理论来构建理论。科尔伯格的理论为此提供了一个很好的范例。他用黑尔、弗兰克纳和罗尔斯等其他人的论据来界定"正义判断"的对象。此外,他还使用道德理论的方法,以此描述了六个阶段的后习俗判断的结论,通过经验性的论证是不能充分证明这种后习俗判断的;考虑到序列的发展逻辑完整性,必须假定出一个最高的阶段①。

我将首先着手从哲学方面讨论普遍性的议题。对科尔伯格的研究来讲,普遍性立场的道德哲学辩护是至关重要的,原因至少有以下两个:

(1) 科尔伯格自己清楚地意识到,他的"元伦理设定"必须要在哲学对话的框架下才能获得其正当性。如果在道德哲学中反对普遍性观点已经有了充分的理由,那么对一种普遍性的、以之为导向的发展理论来说就无异于釜底抽薪。然而,科尔伯格使用的"元伦理学的"的表达来描述他的范畴框架的核心特点②是令人误解的。因为不借助一种对道德判断的最高阶段进行描述的规范性理论,就无法界定道德判断的对象领域,也不能解释清楚:我们应该如何理解正义的问题以及其相应的解决方案。再者,为了应对重建研究项目之科学导向理念的反对意见,就必须澄清心理学理论之哲学的基本前提。

(2) 此外,道德哲学奠基中的差异和变化对于经验理论的构建甚至实验设计都是有启发的。道德哲学和道德心理学的观点是在元理论的层面上的,在一种诠释学的循环中,两者是相得益彰的。当道德观点的哲学解释改变时,也就为人们如何进行道德判断的实

---

① 在科尔伯格的道德发展理论中经验性的看法与理性的重构如何相互连接,我已经在下述文本中讨论过,in:"Rekonstruktive vs. Verstehende Sozialwissenschaften", in: ders., J. Habermas, Moralbewusstsein und kommunikatives Handeln, Frankfurt/Main 1983, 29ff.——原注

② L. Kohlberg, "The Current Formulation of the Theory", in: ders., The Psychology of Moral Development ,San Francisco, 1984, p.277.——原注

证调查以及如何选择仪器和评估数据之方式方法带来了新的视角。近年来,像罗尔斯、德沃金、阿佩尔以及我所持的普遍性主张遭到麦金太尔、伯纳德·威廉斯、查尔斯·泰勒、迈克尔·桑德尔和大卫·威金斯这些哲学家的尖锐批评。对以上提到的讨论我首先在第二部分强调三种尖锐的反对意见。之后在第三部分,我想换一个视角去讨论基于新亚里士多德立场提出的反对意见之困难。最终在第四部分,这种讨论会使我们去修正康德道德理论的基本前提,以至于使得针对新亚里士多德的反对意见也可以在道义论的框架内获得一席之地。

二、

在亚里士多德的作品中获得一种完美样式的古典伦理学,它致力于追问这样一个哲学的基本问题:“我应该怎样生活?”或“人应该怎样生活?”按照这种假定,实践问题也就获得了一种目的论的意义。“我应该怎么做?”或“我怎样做才是对的?”问题也就可以被归属于另一个更包罗万象的问题:“什么是好的生活?”这种善伦理学的转向导致的结果是实践理性与理论认知相分离。实践理性被视为明智、实践智慧(prudential、Phronesis),作为一种总是处于已有的方式和习俗之视域的能力,也就放弃了亚里士多德为科学或理论保留的严格意义上的知识性要求。当然,随着现代实证科学的出现,哲学理论也不得不放弃作为一种最终的、形而上学的知识的强的要求。但是,这种变化形式和认知性的削弱性要求也影响到亚里士多德所说的,其对立面——实践智慧。理论理性(地位)的震动使得实践理性的地位也悬而未决①。

另外,有必要以一种现代意义的理论和科学的视角去重新确定实践理性。伦理学正在朝着三个方向发展。要么以经验主义的方式,在考察道德判断能力时绝不考虑理性的领域,由此产生了一系列的非认知主义的观点。要么基于功利主义的立场,道德的理性思考最后沦为了目的理性的后果计算。仅仅只有康德在实践理性的领域为道德判断保留了一席之地,为一种认知性要求保留了地盘。在康德看来,所有的判断,经验的、规范的、美学的,都有其自身的有效性要求,基于其充分的理由都能得到支持或被批判。这些转换同时也意味着,道德概念从此也需要知识论的支撑。人们所理解的道德也将依赖于人们如何回答一种关于实践问题的可能性问题。

亚里士多德仍然会在一种弱的认知主义的意义上回答源于一种形而上学世界观的伦

① H. Schnädelbach, “Was ist Neoaristelimus?”, in: W.Kuhlmann(Hg.), Moralität und Sittlichkeit, Frankfurt/Main 1986, 38ff.——原注

理学之认知要求。亚里士多德是从城邦中公民的位置来界定人的本质目的,他的伦理学完全可以理解为针对本体论条件和好的生活的制度性框架。没有这样一种形而上学,康德面临的第一个任务是解释道德认识的可能性,然后指明实践理性在三重的、只是形式上的统一理性的建筑术的位置。绝对命令可以被理解为对一种公正的判断形成的观点的阐释。

这种道德观点的视角是,我们可以基于理由公正地决定有争议的规范要求。康德不得不为这种自律道德的后形而上学观念付出代价,哲学家至今仍对这种代价进行争论。亚里士多德伦理学的支持者认为,道德理论的现代方向已付出了太高的代价:这些理论已经放弃伦理学的本质目标,即追问我们的生活到底是什么的生存论问题的答案。绝对命令自身也被迫需要一种抽象性,即忽略正在形成中的实践,忽视道德判断和行动发生的地点。在这里我暂且将解释的问题搁置,以便讨论新亚里士多德所认为的康德的道德观念。他们指责康德的继承者,义务论的观点是将实践理性从伦理性的情境中分离开来,并加以限制,使其成为一种由普遍性原则构想所定义的狭隘的道德观。绝对命令的直观含义是明确的:道德问题应由所有人的意志而决定。规范和行动方式在道德上是有效的或是出于义务的,即获得所有参与者(或所有相关者)的合理同意。事实上,道德观点之抽象性可以从三个方面概括:(1)当事者所要求的动机,(2)既定情境,和(3)正在形成中的制度和生活形式。

(1) 道德的视野从实践理性的问题形式由“什么对我/我们才是好的?”转换为聚焦“我应当做些什么呢?”的正义问题。伴随着这种视角转换,以前对快乐和幸福的标准导向的意义也随之发生了变化。幸福的问题原本涵盖了所有的可能的好,还包括所有德性、正义感的领域。但在义务论视域下,正义和自律(按照自我设定的法则行动的能力)的问题,所有人能够意愿什么的,是被确定为道德上唯一相关的规定。道德观点就必须能区分对的和好的。一切事物,包括我生活样式的最高的好或我们共同追求的生活形式,其道德地位都被剥夺了,并最后归结到一起以满足一切可能的需要和愿望;之后,好仅仅满足了主观偏好。另外,使得善伦理学与正义道德的义务和倾向对立起来。从这种对立中将会出现两个令人不安的后果:

(a) 如果道德判断仅限于主体间的义务(问题),那么,如何解决作为个人和社会成员的我们应该如何生活的问题,就会停留在盲目的决定或一时的冲动之上,按照古典伦理学的视角,实践理性就会失去了其全部的立场。哲学曾经允诺通过反思来打开个体生活样式和共同生活方向之空间。哲学的本性即它能帮助人们导向一种有意识的生活。哲学必须放弃上述任务,而屈服于对一系列实践问题、正义问题提出一种清楚的判断标准吗?

(b) 一旦对的和好的之间的纽带断裂了,人为何要有道德的问题就不再会有令人满意的答案。古典伦理学试图证明,对至善的追求同时满足我们的义务和真正利益。但在康德看来,只有自由意志构成了道德的视野;他认为作为主体能力的自律与他的意志是相连的,并且仅仅遵循道德判断来指导他的行动。一种道德所要求的动机不会高于出于好的理由的推动力。因此,康德必须为实践理性补偿一种比理智世界更高的权威。但是,如果我们拒绝康德关于本体和现象的形而上学背景的假设,如果它与我们的利益无关,我们为何仍然要倾向于一种道德的立场?"为什么要有道德的?"这个问题就仍旧是开放的:"在理性反思之际从我的欲望退开一步的那个我仍然是那个拥有这些欲望的我……仅仅通过这一步并不能获得公正的动机。"①

(2) 按照道德的视角,实践理性聚焦于规范证成的问题,与此同时,应用问题也就失去其重要性。实践理性因此从一个在生成中的生活形式的视域下依赖于情境的审慎能力转变为一种纯粹的,即不依赖于情境的理性能力。亚里士多德的实践智慧涉及的是具体的行动选择,并将规范性考察与经验观察和不确定的理性选择联系在一起。相形之下,康德意义上的实践理性仅限于规范的证成问题,虽然是以一种激进的方式,但是如果没有深深植根于我们的日常实践的传统或者是生活方式,问题何以能确定?生活世界中涉及的每一个规范有效性要求的问题必须能够被提出;所有的都只能算作一种假设,直到其有充分的正当权威理由可以重新获得有效性。

对证成问题的聚焦,不处理应用性问题,是道德判断的后传统阶段的核心特征。康德突破传统思想的方式,使他遭受对语境不敏感的指责。因为他按照"伦理法则"阐明了道德观点,"我应当如何行动?"的问题只能理解为原则的证成问题,他似乎按照伦理法则将实践理性的运用仅仅限制为行动选择的判断。道德证成的完成似乎等同于单个情况下抽象基本原则的演绎应用,以至于丧失特定情况下的语境的相应的关联性。对特定个别情况的抽象也排除了对行动后果的规范性考察。康德为此背上了一种信念伦理学僵化的指责。针对特定模型的证成问题忽视了这种情况,即提出了在有冲突的行动规范以及其相应的法的运用性问题之间的选择问题。一般而言,前提性规范的应用性问题甚至比证成性更迫切需要解决②。

---

① B. Williams, Ethics and the Limits of Philosophy, London, 1985, p. 69.——原注
参见伯纳德·威廉斯:《伦理学与哲学的限度》,陈嘉映译,北京:商务印书馆,2017 年,第 86 页。——译注

② A. Wellmer, Ethik und Dialog, Frankfurt/Main 1986, 129ff.——原注

（3）从道德视角来看，道德认知的问题优先于实践操作的问题；这个问题从对社会化个体之单个和共同生活的具体担忧的生存论层面，转移到单一主体的反思的抽象层面，所有人在其行动时可以接受什么样的法则。康德的实践理性超越了传统和制度的有效性范围，而传统和制度是特定集体人群的特定生活形式，他们有着特定的习惯、传统及具体的德行和义务。这种抽象由此又将产生两个棘手的后果：

（a）首先，人的原子化概念前提，因为每个人从道德角度检验自己的准则，将人视作是远离自己内在生活形式的语境，独立于他者的，即孤立的个体。自由意志在真空状态下发挥作用，脱离于赋予伦理生活意义的社会条件。与持占有性的原子化个体观念相对的是契约论社会的观念，它否认生命任何内在道德品质，认为它是自身利益的计算："社会在很大意义上来说是一个共同体，共同体一定是由参与者共同的自我认识构成的，并且体现他们的制度安排，而并不仅仅是某个参与者人生计划的属性。"①

（b）从语境主义的角度看，任何正义观念是否可以获得一种普遍有效性的要求，必定是值得怀疑的。生活价值是以复数形式存在的整体。但是，如果伦理生活和某种生活形式是联系在一起，每一种善恶的观念就必须受到一种在某一地方占据道德观主导地位的前理解的抽象观点的影响和塑造。正义概念不能脱离于一种具体的伦理复杂性整体和关于美好生活的特定想法。这就是为什么麦金太尔认为"启蒙对道德的证成之事业"失败了②。卢梭、康德在18世纪发展的道德自律的观念似乎也依赖于他们出现的时代。但是，一种占有的个体主义的核心内容和起源，它在资本主义现代化过程中占主导地位，这仍然是不证自明的。

三、

对康德式道德理论的反对意见可以概括如下。作为道德基本现象的应当的义务论特点不可避免地使得对的与好的、义务与倾向之间的抽象分离。这也导致抽象于一种必要性动机。因此，为什么要有道德的问题也就不再有一个有说服力的答案。道德判断的后传统阶段的认知主义特征优先考察规范证成的问题。这也就导致了其抽象于具体的情况，也忽略了规范应用的问题。从特殊到一般的形式主义特征最终也契合于原子化个体的概念和契约化社会的观念。这就导致了一种对伦理性的抽象，这种伦理性是在多元的生活形式中形成具体的样式。这也就关涉到形式和内容之间的严格分离的可能性，以及

---

① M.Sandel, Liberalism and the Limits of Justice, Cambridge, Mass, 1983, p. 173.——原注

② A. MacIntyre, Der Verlust der Tugend, Frankfurt/Main 1978, 75ff.——原注

对完全脱离情境的正义的怀疑。

我们反思的结果是有以下两种选择：要么我们回归到一种持批判意见的亚里士多德主义，要么去修正康德的部分、重视这些合法的反对意见。那些想要恢复形而上学思想方式的人最终可能接受第一种选择。而当前的新亚里士多德主义者不是这样。他们尝试在脱离形而上学的前提下发展源自亚里士多德精神的实践哲学。但是我无法看到，他们是如何克服其面临的困难的。

（1）在现代社会中，我们遭遇的是个人生活方式和集体生活形式的多元化，并且相应的美好生活的理念也是多样性的。因此，我们必须放弃以下两种选择之一：要么是古典哲学的要求，它能够把充满竞争的生活方式置于一种等级系列中，并且在等级的最高点建立一种享有特权的生活方式。要么是现代宽容的基本原则，每个人对生活的观点都是一样好的，或者至少有生存和被承认的平等权利。麦金太尔试图鱼和熊掌可以兼得。一方面，他坚持古典的认知要求："对我而言什么是好的?"的问题也就意味着"我作为一个整体（一种个体生活）如何可以过得最好和完满?"的问题。要问"对人类而言什么是好的?"，也就是在问："上述所有问题的答案必须具有的共同之处是什么?"①另一方面，在后形而上学思想的前提下，麦金太尔现在已经不能再恢复亚里士多德所说的"形而上学的生物"，在此基础上的观点是："人"只有在一种特定生活形式的卓越语境中，即城邦，才能发挥相应的本性和实现"好"。与之相反，没有获得"好生活"的核心特征的整体性描述，麦金太尔必须转向对实践、传统以及生活样式的多样性的论证。正如理查德·伯恩斯坦所说："虽然在我回答'对我而言什么是好的?'这个问题的时候有一定限制，但这并不妨碍答案的多样性。其中的每一个答案都可能是相互冲突的并且排斥其他答案，但需要参与到这不相容的实践中来，甚至需要不相容的德性。一种人类的好的（现代）观念并不限制'破坏性的专制'，但'破坏性的专制'却能够侵害道德生活。"②

（2）如果我们重视现代多元性，我们就必须放弃传统哲学的要求，表明一种特定的生活方式的神圣性，例如以沉思生活反对不同的形式，即作为普遍的幸福之路的行动。在此前提下，伯纳德·威廉斯仍然想确保道德意识的认知地位。此外，实践理性保留了实践智慧的余晖。当它的形而上学的支柱被移除以后，实践智慧注定要么被同化为日常知识，要么被提升到反思知识的位置。威廉斯认为道德意识是一种伦理知识，它仍然是一种知识，仍然在客观科学和哲学反思的界限之下。因此，威廉斯一方面强调哲学的界限："我们要

① A. MacIntyre, Der Verlust der Tugend, Frankfurt/Main 1978, 292ff.——原注

② R. J. Bernstein, Nietzsche or Aristotle?, in: ders., Philosophical Profiles, Philadelphia 1986, p.129.——原注

诚实地面对既存的自我与社会，这该怎样与反思、自我理解、批判结合在一起？这个问题不是哲学本身所能回答的。这一类问题只能通过反思的生活得到答案。”①另一方面又必须给出标准，凭借它要将一种反思式的生活从未经启蒙的生活方式中区别出来：“伦理反思成为其所认为实践的一部分，并内在地修正它。”由此就面临着一个矛盾的任务。虽然实践理性从对道德行为的一种经验性研究的客观程序中脱离出来了，如哲学的理论构建，但是它仍然提供一种实践知识，“这些信念有助于我们了解在这样一个社会世界中我们该怎样找到门径——这个世界是我们这个乐观主义的构想所表明的对人类来说最好的社会世界”。② 威廉姆斯不得不将实践理性归结为合理性，这个合理性涵盖了纯粹的常识，但是它和科学合理性之间的差异仍有待确定。

只要实践理性可以解释，对社会生活世界的成员而言什么是最好的，他们应该如何规范自己来共同生活，那么实践知识是有可能的，这种实践知识是从内在于我们的生活世界中获得的，但同时也超越了它自身的界限。任何生活形式的界限是灵活的，它的边界也在相互渗透。“尽可能宽泛的主体间的一致”③并没有设定绝对的障碍。实践知识被允许宣称自己是一种真正的合理性，我们越是彻底地向他人开放且限制我们的地方性知识和种族主义观，我们的社会就越会扩大，直到我们的对话最终涉及所有言说、行动的主体。但是这也关涉到康德主义者称什么是道德观点的问题。当然，“一旦若非来自强制，就必定是从人类生活内部生长出来的”。④ 然而，这种能力也适用于一种实践理性概念的主体间性解释，它保留了实践理性的普遍性内核：如果我们通过最大限度地扩宽“我们”的应用范围来彻底满足罗蒂的实用主义要求时，“我们”所赞同的和所有可能赞同的是一致的。如果每个社群不仅仅是比喻意义上能够知道，对它来讲什么是好的，那么很难理解，为什么这种实践知识没有朝着跨文化的方向延伸，而彻底地从狭隘的局限中解放并以此为导向，即对所有人同样的好是什么。如果没有形而上学的后盾，亚里士多德所谓的实践智慧必须要么被常识所同化，要么按照程序合理性的要求阐发实践理性的概念。⑤

（3） 如果我们想继续忠于亚里士多德的思考，认为道德判断与某一特定的伦理精神

---

① B. Williams, Ethics and the Limits of Philosophy, London, 1985, p.200.——原注
参见伯纳德·威廉斯：《伦理学与哲学的限度》，陈嘉映译，北京：商务印书馆，2017 年，第 240 页。——译注

② 同上书，第 186 页。——译注

③ R. Rorty, Solidarität oder Objektivität, Stuttgart: Reclam, 1988, S.15.——原注

④ B. Williams, Ethics and the Limits of Philosophy, London, 1985, p.172.——原注
参见伯纳德·威廉斯：《伦理学与哲学的限度》，陈嘉映译，北京：商务印书馆，2017 年，第 206 页。——译注

⑤ K.-O.Apel, “Der postkantische Universalimus im Lichte seiner aktuellen Missverstätnisse”, in: ders., Diskurs und Verantwortung, Frankfurt/Main 1988, 217ff.——原注

是联系在一起的，那么我们必须做好准备，放弃道德普遍主义的解放内涵，并否认有内在于潜在的剥削和压迫关系中的结构性暴力的可能性，其要接受道德的严厉批判。因为只有过渡到道德批判的后传统阶段，才能将我们从熟悉的对话和习惯的实践性的结构限制中解放出来①。查尔斯·泰勒被指责为普遍主义的善伦理学，指示出超越于所有实践生活形式的最高的善。他引用柏拉图、斯多葛学派到基督教，即诉诸理性权威、一种普遍的自然法和先验的上帝的传统中获得范例。② 这些都是道德普遍主义的先驱。但是，他们受宇宙、宗教世界观的支撑，比起亚里士多德的目的论世界观，它们更难与后形而上学思想调和。

当前的新亚里士多德主义在德国和美国承担着完全不同的政治角色。在两种文化中类似的论证思路却有着不同的意义，一个是保守的，一个是批判的。但是，如赫伯特·施奈德尔所示，新亚里士多德主义的保守倾向不完全是偶然的："对于转向保守性的新亚里士多德主义，与自律是根本对立的……新亚里士多德主义的德性伦理学，它的弱的基础主义与自律原则构成的相对性，是一种卓越的政治伦理学影响的结果。将伦理还原为一种风俗不仅仅造成对现有事件的习惯性偏见，也会使得对个体的一贯的不信任，风俗只是一种举例说明，但绝不是承载自身……因为在政治上现实化的伦理已经凌驾于道德个体之上了，这就对新亚里士多德的倾向做了解释，从政治的角度抹杀了政治与道德之间的差异，与此同时警惕政治的道德化。"③

综上，在后形而上学基础上复兴亚里士多德伦理学的所有尝试都面临着无法克服的困难。因此，我想探索其他可行的方法去审视：对有关义务论、认知主义和形式主义的抽象性指责是否可以在康德道德理论的框架内获得一种主体间性的诠释。

四、

我将结合科尔伯格，通过两个小节再来论论上述已经讨论过的反对意见。

（一）抽象于必要性动机

科尔伯格严格区分道德困境和好的生活的问题。我所说的义务论抽象指的是，他给一位年轻的女士解释，这位女士对她的生活持一种批判性的决定："我有一个个人的决

① W.E. Connolly, Politics and Ambiguity, Madison 1987.——原注

② Ch. Taylor, "Die Motive einer Verfahrenethik", in: Kuhlmann(1986), 101ff.——原注

③ H. Schnädelbach, "Was ist Neoaristelimus?", in: W.Kuhlmann(Hg.), Moralität und Sittlichkeit, Frankfurt/Main 1986, 53ff.——原注

策——离婚,……但是我不视它为一个道德问题,它不是的。它事实上不涉及任何道德争论。唯一争论是它合乎我们的需要吗? ……我知道我将放弃我现在的生活,不得不开始新的生活,因为它涉及地理位置的变迁和工作的变动。"如果非得说,什么会构成道德上的问题,她设想了下面的情境:"通常当我所处的情境中存在两个有价值的原则且相互不兼容、针锋相对时,那么要对这些事情做出决策会非常难。当我在对一些事情进行思考时,如虐待儿童,就会出现一个家庭团结的原则和一个儿童福利的原则,虽然我在那种情况下通常会注意儿童福利的原则,因为我认为那是一个更高的原则。"科尔伯格对此写道:"她在虐待儿童对家庭团结的两难问题中选择的对策算得上是普遍的、无偏私的,并被全人类赞同为正当的……她个人的离婚决策虽然涉及道德责任问题,但它不能用虐待儿童的两难问题中表述的'道德观点'加以解决。"①

好生活的道德问题可以通过一种自我关涉性与道德问题区分开来。它们关涉的是对我而言什么是好的或者对我们而言什么是好的。在这种情况下,对该女士和她丈夫以及其他受离婚所影响的人来说,什么才是最好的。这种利己主义者,或者,当它涉及政治—伦理的问题时,种族中心主义的联系是伦理问题和自我理解问题之间的内在标示,我应该如何理解自己(或我们自己作为家庭、共同体和国家等的成员)的问题。"这种情况下什么是对我/我们最好的?"的问题的答案必须根据以下问题:"我是谁? 我想要成为谁?"("我们是谁? 我们想要成为谁?")它讨论的是自我认识的问题。伦理问题隐含着认同和自我理解的问题,这个事实也许可以解释:为什么他们不赞同一个答案能适用于所有人。但这些问题的逻辑并不完全排除能从这个角度找到理性答案的可能性。伦理问题并不需要抛弃主观决定或偏好。如通常所认为的,这并非是道义论方法的结果:"个人决策被看成具有文化、历史和个人的相对性,虽然解决这类问题还需要某种程度的共情、敏感性与语言的交流。"②

对自我认同的阐释学解释要有理有据;对自我指涉的解释必须满足一个前提,即要能确定是否真实。这种类型的解释取决于对一个人的成长过程的描述性理解。"'我是谁?'也依赖于作为生活规划和自我理想的'我想成为怎样的人?'(的问题)。"因此,诠释性的自我理解的有效性要求仅仅针对有确定的历史和具体生活规划的人。伦理陈述的相

---

① L.Kohlberg, "The Current Formulation of the Theory", in: ders., The Psychology of Moral Development ,San Francisco, 1984, p. 230.——原注
翻译参见科尔伯格:《道德发展心理学——道德阶段的本质与确证》,郭本禹等译,上海:华东师范大学出版社,2004 年,第 219 页。——译注

② 同上。

关有效性并不是不足的,它是由问题的逻辑决定的,这个问题仅仅针对的是我(或者我们),并最终只有我(或者我们)能回答。但可靠的解释无疑又必须与有效的道德规范是统一的。

这种差异还是没有解决问题,即道德判断和事实行为之间的义务论鸿沟如何连接的问题。显然这种动机的问题只能在哲学的框架下提出,并有信心对好的生活的问题给出一个普遍的答案。不再声称了解美好生活的目的的道德理论必须提出这个问题:"为什么要有道德?"在后形而上学思想的前提下是不能理解,当道德要求的和人们的利益发生冲突时,为什么理论应该有激励人们遵从自己的间接行事的必要性能力。负责任行动的特质依赖于社会化进程和成功的自我认同之培养。但自我认同并非由论证培养而成的。当道德理论划定自身的任务,即重建的道德观点并证明其普遍有效性时,也就没有不足的。如果他们想解决道德问题,他们就会遵循程序的步骤,所有集体的决定必须听凭参与者。谁认为他有正确的答案,即知道这个人没有充分的理由另行他事。道德判断正是在这个意义上激励行动,如支撑自身的理由有合理的激励能力。合理的动机事实上影响行动的程度取决于个人、情况、利益立场以及制度。

(二) 抽象于既定情境

康德并没有前后一致地过渡到自律道德。他将绝对命令表述为是对"我应该做什么?"这个具体问题的回答,并没有完全明晰:要倾向证成的问题,这也导致了规范证成问题和规范应用性问题之间的严格分离。绝对命令不能用于理解可以直接应用于原则和行动的伦理法则。绝对命令是关于如何理解公正的观点的建议,据此能够判断规范的有效性。我们无法证明单向度地说规范是正当的,同时去为具体行动辩护。在证成性的对话中,我们只能说明通过举例方式来说明的规范应用的条件。上述完成的并不是一种具体的情况正确决定(的问题),它在特定的情境中允许有不同的行动方案的问题,而是规范有效性(的问题),它要求将这些规范运用到这些决定中。有效规范的知识并没有扩展到能明白一个人应该如何在特定情境中做出决定。应用性对话需要其他的信息和作为证成性对话的其他原则。科尔伯格的阶段 A 和 B 在后习俗层面是涉及这些差异的。

如果实践理性应用不再被看作在孤立个体精神的应用而是成为公共性的论证,那么以规范为导向的行动经验性结果也就由理性来裁决。所以,信念伦理学必定会退却到责任伦理学。科尔伯格从米德那里借用的理想角色担当是以通过论证或讨论的形式来实现的,论证或讨论迫使每个参与者从他人观点的角度来思考。这个想法最近才赢得分析哲学的注意。例如大卫·威金斯就是结合行动主体、行动客体以及特定沟通形式下的观察者的观点来解释普遍化程序:“设想一个公共的场景……其中道德主体是演员和观众……演员是正在做事的人以及让他人做事的人。对演员来说,观众并不是陌生人;对观众来说,演员也不是陌生人。在某种情况下扮演其中每一种角色的每个人,他们对对方角色直接和间接的认识不断地让他了解他所扮演的每一个角色。”①这样的描述与在交往前提下产生道德论证是相似的。对我而言重要的是,从道德角度来看,交往理论的解释将绝对命令从道德的严格主义的负担中解放出来,这种道德严格主义被认为是无视行动的后果。如果每个参与者或者潜在的相关者能为自己和他人考虑普遍遵守规范的后果和副作用,那么规范就能够得到所有的通过理性激励的同意。

这样解放性结果是源自应用性对话的逻辑②。证成性对话规定的普遍性原则没有彻底显示出合法性判断之公正性的规范意义。我们必须引用更深层的原则来保证单一判断的正确性。一个公正的法官必须判断哪一个相互矛盾的行动规范,其有效性是提前确定的。一旦既定情况下所有的相关功能在情景描述中已给予了应有的重视,它就适用于一种具体的情况。因此,适当性原则和包含所有情境特征的原则便在这里发挥其作用。实践理性从而在应用对话中也是有效的。

(三)抽象于具体的伦理性

新亚里士多德在这一点上是正确的,即它批判蕴藏在所有的近代道德理论和法律理论之中的原子化个体的概念和契约化社会的观念。但是黑格尔,作为第一个对此提出批判的人,他也意识到一种事实,即在这些现代抽象性概念中也存在一定的真理性。个人主义方法对自主和信仰自由的方法而言是有效的,这两者对于近代的自我理解而言是必不可少的。因此,康德也将道德意识确定在单一个体的知性的自我中。他考虑的是一种极致的情境,在这种情境中有一种道德见解必定会被大多数人甚至整个社会抵制。这样的观念论受到了路德的新教箴言的影响,即“我站在这里,别无选择”。由新教主义衍生的美国的实用主义也致力于克服契约论个人主义,但是不能以牺牲根植于个人意识的道德内容为代价。皮尔斯、罗伊斯和米德发展了交往无限共同体社会和普遍主义对话的理念,该理念提供了趋向抽象的内在性的选择,因为他们超越了当前事物现有的一切状态,同时保留了公开性上诉的特点。“理想化角色设置”的概念已经保留先验的前社会的特点,并

---

① D. Wiggins, Needs, Values, Truth, Oxford 1987, p. 82.——原注

② K. Günther, Der Sinn für Angemessenheit, Frankfurt/Main 1988, 255ff.——原注

使人想到团结整个人类的社会纽带。

以理想化的扩展的交往共同体的概念作为参考点，道德理论也摈弃了单个人的前社会的概念。个性化是社会化的对立面。只有在相互承认的关系中一个人才能培养和再生产一种自我认同。甚至一个人最内在的本质与最外围的遥远的交往关系网络是紧密相连。只有在交往过程中个人才能认同其自身。导致自我形成的社会互动也会损害它。在社会相互依赖中自我会因突发事件而受到牵连。作为这种前社会模型的对立面——道德就是要发挥其前瞻性的作用。

但从单一主体的目的行动的必要性前提中发展出一种实质性规范的自律概念不是不可能的①。为了实现这一目标，我们必须采用以理解为导向行动的模式作为我们的出发点。在交往行动中，言说者和听者认为他们的观点是可以互换的。当他们通过施为性的态度来探讨交互性关系时，他们必定会承认彼此是能够适应有效性要求的责任主体。而他们的行为预期在生活世界的规范情境下仍然相互联系。这种交往行动的必要前提构成了围绕一种道德核心建立的可能性理解基础的结构——无宰制交互性主体的理念。由于论证性实践仅仅是交往行动的反思形式，因此，这里对论证的交往前提存在一种预设的规范性内容。只有在这个层面，构建交往行动的观点、承认关系和规范性预期在所有相关方面是完全等同的。因为论证参与者被寄予了过高期望，可以暂时地远离既定的各种生活形式的规范性范围。

因此，一种对话伦理学的观点显示出了：科尔伯格如何假定社会认知能力和道德意识之间是内在相连的。例如罗伯特·塞尔曼在主体间策略行动中拓展了这样的观点的研究②。这些研究以及类似的研究③为一种基础性的直觉提供了经验性证据，一种道德角度的主体间性解释可以追溯到以理解为导向行动的前提分析中。这也是与亚里士多德见解一致的，我们并非通过哲学指导或其他明确的信息来获得道德直觉，而是通过一种潜移默化的社会化方式。因为社会化一定是通过以理解为导向的行动的媒介来进行，所有的社会过程都嵌入了这种行动类型的结构，但是道德内核已经置入交往行动的前提中了。

五、

科尔伯格从他的博士论文起就坚定不移地坚守他的理论纲领。他反复分析了相同的

① A. Gewirth, Reason and Morality, Chicago 1978.——原注

② R.Selman, Die Entwicklung des sozialen Verstehens, Frankfurt/Main 1984; ders., "Interpersonale Verhandlungen", in: W. Edelstein, J.Habermas(Hg.), Soziale Interaktion und soziales Verstehen, Frankfurt/Main 1984, 113ff.——原注

③ F. Oser, Moralisches Urteil in Gruppen, Frankfurt/Main 1981.——原注

数据,以更加精确的方式详细阐述了这样的精彩理念。这种态度与机会主义相比是令人印象深刻的,后者从根本上是一种体制性研究。科尔伯格的态度使其成为科学家中的哲学家,当然是一个从来没有放弃真理标准的经验主义者。在另一方面,他确实足以被称为一个哲学家,从他的理论在教育学的实践来看,他早已可被称为一个柏拉图主义者。失落的皮亚杰走的是一条从哲学回到心理学的相反的路,科尔伯格完全扭转了这条路的路标。科尔伯格作为心理学家,与大部分惧怕权威的哲学同僚相比,他对古典哲学有着更多的理解。

Lawrence Kohlberg and Neo-Aristotelianism

Habermas

【Abstract】 Universalist theory of morality is the key to Kohlberg's theory of moral psychology. He not only uses arguments from Hare, Frankena and Rawls, among others, to delimit the domain of judgments of justice, but also constructs a concept of post conventional ethics. Whereas, Kohlberg's theory represents a touchstone against which Kant's "Foundations of the Metaphysics of Morals" must be tested, the construction of the concept of postconventional ethics, which we can see as a response to the neo-aristotelian criticism of Kant's moral theory. Thus, it provides us with a new perspective to understand: how to unify the Deontology and the Ethics of the good, the former is concerned with the correctness of action and the latter focus on the question of the specific "good" of actors.

【Keywords】 The Psychology of Moral Development, Postconventional Ethics, Kohlberg, Neo-Aristotelianism, Discourse Ethics

对科尔伯格道德发展阶段图式的解读

龚　群①

【摘要】科尔伯格的道德发展阶段论对于哈贝马斯的交往伦理有着十分重要的影响。哈贝马斯认为人的道德资质需要一个道德发展心理学的证明，而这正是科尔伯格提供给他的。但哈贝马斯并非完全搬用科尔伯格的三水平六个发展阶段的道德发展理论，首先，他承认科尔伯格的三个水平六个发展阶段的道德发展理论的有效性，其次，他用他的交往理论重新解释了这个发展理论。尤其重要的是，哈贝马斯还在第六阶段论之后，提出了第七阶段论。从话语伦理学的话语交往视域重述科尔伯格的道德发展阶段论，使哈贝马斯得出话语交往是合乎逻辑地建构在反思性的第六阶段之上，交往主体的普遍呈现以及话语伦理交往的新阶段，使哈贝马斯的伦理学超越了科尔伯格。

【关键词】科尔伯格，哈贝马斯，道德发展阶段图式，话语伦理学

科尔伯格的道德发展阶段论引起了哈贝马斯的极大兴趣，哈贝马斯建构自己的伦理学理论的过程，表明科尔伯格的道德发展阶段论对哈贝马斯的理论贡献极大。可以说，科尔伯格的这一理论为哈贝马斯伦理学理论提供了理论基础。

一、

科尔伯格是20世纪后期著名的道德心理学家，他继承了皮亚杰等人的儿童道德发展理论，并且将其进一步完善化。皮亚杰以试验性的观察为依据，提出了儿童道德发展呈现不同阶段特征的理论。在皮亚杰看来，儿童的道德发展大致有这样三个阶段：一是服从权威的他律阶段。这一阶段从婴幼儿到8岁左右。在这一阶段，儿童服从成人的好孩子的定向鼓励，服从规则，单方面地服从成人或年龄较大的儿童；并且处于这一阶段的儿童认为规则是外在的。二是规则的平等意识阶段。这一阶段大致年龄在8—11岁。这一阶段的儿童通过相互的互动（游戏），意识到规则是人所制定的，并且，开始从外在规则的实在论向内在转化，开始意识到行为的责任，并且已经有了相互合作的可能。三是规则公正意

① 作者简介：龚群，中国人民大学哲学院教授，博士生导师，长期从事伦理学研究。

识阶段(11—13岁)。处于这一阶段的少年儿童,已经有了一定的公正意识。如在与较小的儿童竞争时,为了补偿由于年龄和身体的原因造成的技术差异,较大的儿童往往会让一让较小的儿童或给他们一些优先条件。在皮亚杰看来,儿童的道德发展有着一个从自我中心到去自我中心的发展。

科尔伯格在自己的观察与试验基础上,推进了皮亚杰的这样一个道德发展三阶段论,他提出了一个具有全球普适性的三个水平六个发展阶段的道德发展论。在他看来,每个个体在社会化的过程中,都以不变的顺序从一个阶段进入下一个阶段,没有跨越某个阶段也没有出现倒退。这三个水平是:前习俗,习俗,后习俗。科尔伯格这样解释三者的不同:"习俗水平不同于前习俗水平在于前者运用了下列推理:(1)关心社会赞许;(2)关心对人、团体和权威的忠诚;(3)关心他人和社会的福利。我们需要追问的是,决定推理的这些特征的基础是什么,是什么力量将之结合于一处的?是其社会观点,即关系或团体的参与者的观点,从根本上决定和统合习俗水平的这些特征。习俗水平的个体会使自己的要求服从于团体或共同关系的观点。"①科尔伯格以处于不同年龄层的人对违法行为的不同理解来解释。他指出,对"违法"的理解,处于两个不同水平层次的人的理解不一样。处于第二水平层次的人,会认为法律是大家制定并为大家服务的,而处于前习俗水平的人则会认为,法律是警察强制实行的,所以遵守法律是为了不受惩罚。那么,后习俗水平呢?科尔伯格认为,后习俗水平的人是从个人观点来看待规则或法律,但后习俗水平的人所持的个人观点则是普遍性的,是任何理智的有道德的个人所持有的观点。"后习俗水平者知道社会成员的观点,但会依据个人的道德观点对它质疑和重新解释,因此,他会用所有道德个体公认合理的方式来重新界定社会义务。"②科尔伯格指出这三种道德发展水平的区别,前习俗水平还处于一种对权威的外在服从的阶段,而在习俗水平阶段,则认可了社会的规则,认为规则是大家制定的,同时也将规则内化为自己内心应当遵守的规则,人们将这些规则的履行看成是行为正当与否的依据,而不是为了避免外在的惩罚。那么,对于第三发展水平的道德呢?在科尔伯格看来,将是从个人观点重新质疑和解释社会规则,换言之,处于第三发展水平的人与第二发展水平的人的不同在于,后者是一个习俗的存在者,而前者则已经可以或从本性上对习俗进行质疑和依据自己的个人观点进行解释。因此,后习俗水平的人是一个反思的存在者,而不是因袭的道德存在者。

三个水平又共分为六个阶段,其中每个水平分为两个阶段。对于这六个阶段的具体

① [美]L·科尔伯格:《道德发展心理学》,郭本禹等译,上海:华东师范大学出版社,2004年,第164-168页。
② 同上书,第169页。

内容,科尔伯格以一个详细的图表来表示,不过,在不同的著述中可能有不同的表述,哈贝马斯《交往与社会进化》(英文版)采用的是米切尔主编的《认知发展与认识论》中科尔伯格的表述。这里简述如下。

(1) 前习惯[①]水平。在这个水平上,儿童能够对文化规则以及好与坏、对与错之类的标准做出响应。但他们对这些标准的理解,则是依据行为(惩罚、奖励、礼物的交换等)的物质和享乐性结果。这一水平分为两个阶段。阶段 1:惩罚与服从的倾向。行为的物质结果决定着它的好与坏,而不管这些结果的人文意义或价值。阶段 2:工具相对主义倾向。正确行为乃由那种可以工具性地满足自己的需要,偶然情况下也满足他人需要的行为所构成。人类关系被看作是类似于市场的交换关系,公平互惠、平等共享等因素都被包容于其中。

(2) 习惯水平。在这个水平上,维护个体家庭、集团或国家的期望,作为可在自己的权力中予以评估的东西被接受,而不管其直接的、显而易见的结果。此时的态度不仅是遵从于个人期望与社会规则,而是对社会规则的忠诚,并积极维护、支持它,替它辩护,以至于和卷入其中的个人与集团同一化。这个水平为如下两个阶段。阶段 3:人际和谐的"好孩子"倾向。好的行为乃是帮助他人、使他人愉快并得到他人赞许的行为,并存在着对成年、"自然"行为的立体映像的强烈遵从。阶段 4:法律与秩序倾向。存在着一种朝向权威的并固定化了的规则,以及维护社会秩序的倾向,正确的行为乃是尊重权威、维护社会既定秩序。

(3) 后习惯水平。在这个水平上,明确出现某种为界定道德价值与原则的努力。除提出这些规则的集团或个人权威,以及个体自身对这些集团的认同外,这些道德价值与原则亦拥有有效性和适用性。这一水平分为两个阶段。阶段 5:社会契约主义倾向。功利色彩浓厚、正确的行为被倾向于按照已经社会全体批评式检验并认可的个体权力及规范加以界定。存在着关于个人价值与意见相对性的明确意识,以及对达到交感之程序规则的相应强调。阶段 6:普遍伦理原则倾向。正确行为是由与诉诸逻辑可领会性、普遍性及连锁性的自我选择伦理原则相一致的良心决定所定义。这一阶段人们具有普遍抽象的正义原则以及关于平等性、对个人尊严的尊重之类的普遍化原则。[②]

---

① "convention"这一词汇,既可以译成习惯,也可译成习俗。此处因引文出处译为习惯,故从之。以后论述中,都译为习俗。

② 以上三水平六阶段内容参见[德]哈贝马斯:《交往与社会进化》,张博树译,重庆:重庆出版社,1989 年,第 82-83 页。

科尔伯格关于道德发展阶段的图表(1)①

认识性前提条件	道德意识阶段	良好与公正生活的观念	制裁	有效性领域
具体操作思维	1. 惩罚与服从倾向	服从以获得最大快乐	惩罚（剥夺物质奖励）	自然或社会环境
	2. 工具快乐主义	平等交换获得最大快乐		
具体操作思维	3. 好儿童倾向	快乐的互动中的具体道德	羞耻（收回爱与社会认可）	相关者
	4. 法律秩序倾向	规范的习俗系统的具体道德		共同体成员
形式化操作思维	5. 社会契约主义	公民自由与公共福利	内疚（良心反应）	法律联合体
	6. 伦理原则倾向	道德自由		私人个体

在《道德发展心理学》一书中，科尔伯格从关于对错的道德判断这一角度，提出了一个更详细的六阶段列表②，这里简述其列表。

科尔伯格关于道德发展阶段的图表(2)

阶段	所谓的对	做得对的理由	社会观点
阶段1，他律阶段	避免破坏规则而受惩罚，完全服从，避免对人和物造成损害。	避免惩罚和权威的强力	自我中心观点，不考虑他人的利益或认识到它们与行为者的利益之间的区别，不能把这两种观点联系起来，依据物质后果而不是依据他人的心理兴趣来裁判其行为。
阶段2，个人主义、工具性目的和交易	遵守会给人利益的规则，行动为满足自己利益和需要，并允许别人也这么做。对的就是公平的。	在满足自己需要或利益的情况下，也要承认别人有自己的利益。	具体的个人主义观点，意识到每个人都有自己的追求，且充满冲突。所谓对的是相对的。

① Juergen Habermas *Communication and the Evolution of Society*, translated by Thomas McCarthy, Boston, Beacon Press, 1979, p.81.

② ［美］L·科尔伯格:《道德发展心理学》，郭本禹等译，上海：华东师范大学出版社，2004年，第165－167页。

（续表）

阶段	所谓的对	做得对的理由	社会观点
阶段 3，相互性的人际期望，人际关系与人际协调	尊重亲人的期望，"为善"是至关重要的，意指有良好的动机，表明关心别人，也意指维持相互关系，如信任、忠诚、尊重、感恩等。	需要按自己和别人的准则为善，关心别人，相信"金科玉律"，愿意维护保持善行的规则和权威。	与他人相联系的个人观点，意识到共享的情感，协议和期望高于个人的利益，联系"具体的金科玉律"观点，设身处地地考虑问题，不考虑普遍化的制度观点。
阶段 4，社会制度与良心	履行个人所承诺的义务，严格守法，除非它们是与其他规定的社会责任相冲突的极端情况。	致力于使机构作为一个整体，避免破坏制度，或者迫使良心符合规定的责任。	把社会观点与人与人之间的协议、动机区分开来。采纳制度观点，并据以指定角色和规则。依据制度来考虑个人间的关系。
阶段 5，社会契约功利或权利	意识到人人都持有不同的价值和观点，而大多数价值和规则都相对于所属的团体，但这些相对的规则通常只有是公平的才应该遵守，因为它们是社会的契约，有些非相对的价值和权利诸如生命和财产都应该在任何社会中必须遵守，而不管大众的意见如何。	有义务遵守法律，因为个人缔造的这种社会契约的目的乃是用法律来发展所有人的福利和保护所有人的权利。	超越社会观点。这是一种理性的个体意识价值和权利超过社会依附和契约的观点。通过正规的协商、契约、客观的公平的机制和正当的过程来整合各种观点。
阶段 6，普遍的伦理原则	遵守自己选择的伦理法则。特定的法律和社会协议之所以通常是有效的，是因为它们建立在这种法则之上。当法律违背这些原则时，人们会按照原则行事，因为这些法则是普遍的公正原则，人权平等和尊重个人作为人类的尊严。	作为一个理性的个体相信普遍的道德原则的有效性，并且立志为之献身。	基于治理社会的道德依据的观点。这种观点使任何理性的个体都懂得道德的本质和人作为目的的这个事实。

科尔伯格的道德发展六阶段论的第二个图表解释，加上第一个图表解释，使我们更清楚了解科尔伯格所要表达的意思，也对科尔伯格的六个发展阶段有了更完整的认知。第二张图表是发表在其后来的重要著作《道德发展心理学》中的，可以看作对这六个阶段经过多年的思考以及批评后的定论（哈贝马斯后来在他的《道德意识与交往行动》一书，也

采用的是第二个图表的解释）。这两个图表在道德意义上有差别，重要的是对第六阶段的解释，人们对于第六阶段，即道德发展终点的争论多年来也是最多的。因此，我们应当重视第二个图表，尤其是第二个图表对第六阶段的说明。在前一个图表中，良心这一概念出现在第六阶段，后面这个图表中则出现在第四阶段，即第二个图表将良心的形成提前到了第四阶段。良心表明内在道德意识情感的最终形成。不过，科尔伯格的第二个图表对于第五与第六阶段的说明表明，科尔伯格这两个阶段的道德意识，已经是在民主政治的条件下的道德与政治意识，而不是在一般意义上的道德意识。这是因为，人类其他类型的政体条件下的道德实践表明，人人平等的观念、尊重个人权利和人的尊严的意识，在一种集权专制的社会条件下，是难以形成的。实际上，科尔伯格在其分析讨论中，也一再强调了社会环境对于个体从幼年到青少年发展过程中的作用。科尔伯格说："关于家庭、父母允许或鼓励儿童就价值问题进行交流是促进他们道德阶段发展的最明显的决定性因素之一。这种观点和态度的交流就是一种'角色承担机会'。关于同伴群体，高参与者的道德阶段高于低参与者的道德阶段。关于在更大社会中的地位，社会经济地位与多种文化中的道德发展相关。"①按照科尔伯格的这个逻辑，在专制社会，有些人可能永远发展不到第六阶段，或许第四阶段就是其最高发展阶段了。因此，就人类社会而言，或许在相当长的历史时期中，相当多的社会成员的道德意识仅仅发展到习俗阶段，而根本谈不上后习俗阶段。他们没有反思，或者其反思也不敢怀疑习俗道德所给予他们的道德法规。因此，当我们解读科尔伯格的道德发展阶段论时，不要忘记了他强调的社会背景对个体道德发展所起的作用。并且，科尔伯格在对第五、第六发展阶段的解释条文中，明确写了"个人权利"意识与"公民自由"。试问，在一个只知臣民而不知公民为何物的社会里，我们怎么以科尔伯格的道德发展阶段论来进行对照研究？我们知道，科尔伯格对于他的道德发展阶段论进行了全球跨文化的研究，这一研究所得出的主要结论是人类道德发展的阶段是道德判断能力的发展，这一能力是人类的认知结构内在具有的。因此，在科尔伯格的理论中，主要强调的是内在认知结构能力问题，而不是环境问题。换言之，人的道德判断能力主要是内在思维和判断能力的发展，而不是外在环境的变化因素的影响。不过科尔伯格对道德发展第五、第六阶段的说明，以及他不得不说的家庭、社会以及文化环境问题，同样表明了他并不是没有关注到社会环境因素对于道德发展的影响。其次，两个图表的说明虽然不同，却表明了科尔伯格的基本信念，人类个体的道德是一个从前习俗到习俗，再到后习俗的发

---

① ［美］L·科尔伯格：《道德发展心理学》，郭本禹等译，上海：华东师范大学出版社，2004年，第189页。

展过程，并且，与此伴随的是，随着人的认知能力的发展，人们的道德意识越来越具有抽象性和普遍性形式化的特征，表明人们在道德领域里把握世界的能力的成熟。

二、

哈贝马斯接受了科尔伯格对于个体道德发展阶段的划分论，承认人类的个体在社会化过程中，有着一个渐次成长为道德个体的内在发展规律。但是，哈贝马斯认为，科尔伯格没有为这样一个理论提供证明。但实际上，我们知道，科尔伯格正是在大量的经验研究或试验研究的基础上提出他的理论来的。不过，哈贝马斯这样讲是为了在科尔伯格的基础上提出他自己的交往理论的解释。他说："我将通过这样一个系列来引入可能交往行为的结构，在其中，主体经由儿童成长并进入到符号化普遍性阶段；我还要将交往行为的基本结构与儿童必须获得以便能在社会环境的各种水平上活动的认知性能力或资质相协调，即儿童先参加不完整的相互作用，继而能参加到完整的相互作用，最终参加到交往中来，参与交往要求从交往性行为到论辩的转变。"①在这里，哈贝马斯认为，认知思维能力的发展对于人们的道德意识成长至关重要。其次，哈贝马斯抓住人与人的交往互动这一视域，全面重新诠释这六个道德发展阶段。哈贝马斯提出三个水平的解释。水平一：处于前操作性思维阶段，个体具体的行为期望与行为，只能由作为奖励与惩罚而理解的行为结果所构成。水平二：一旦学会了作为社会成员的角色参与相互交往活动，其符号化和普遍化的部分，将不仅是由表达具体意向的行为所组成，而是作为一般现实化了的行为期望来理解。水平三：符号化普遍化能力再一次扩展，不仅能够依据原则来判断，而且也能通过这种判断去处理假说性有效要求。哈贝马斯说："在水平一上，行为者还没有进入符号化世界，那里只有自然的代理人……而没有这样一种主体，人们可以根据一般化了的行为期望，要求他对自己的行为负责……在水平二上，行为者作为角色—依赖的涉及者出现，然后又作为无个性特征的角色承担者出现。只有在水平三上，角色承担者才转变为这样一种个体：他能够宣称他的同一性独立于具体角色和特殊的规则系统。"②儿童是在参与交往的社会过程中成长为一个道德主体的。哈贝马斯从个体作为某种"角色"参与交往来观察这三个不同的水平。只有到了第三水平，青年人才真正是某种参与社会交往的角色，并且是已经具备批判能力的社会角色。哈贝马斯说："行为主体间的交互性正是这样一种观点：在交往行为中，一种至少是不彻底的交互关系乃是通过被卷入各方之间的人际联系

① ［德］哈贝马斯：《交往与社会进化》，张博树译，重庆：重庆出版社，1989 年，第 85 页。
② 同上书，第 88 页。

得以建立的。两个人在下列意义内是处于不彻底的交互关系中:其中一人可作,或期望于X作,仅仅是在另一人可以作,或期望于Y作的程度上(例如教师与学生,家长与孩子)。但如果双方在可比较的情况下能够做,并期望同样的事情,他们的关系就是彻底交互性的(X=Y,例如民法规范)。"①从儿童到成年人,每个人在社会化过程中都是从不完全、不彻底的交互性到彻底的交互性的发展过程。这一过程最初受制于儿童的认知思维能力或符号化普遍化的能力,随着儿童道德思维能力和儿童到青少年道德判断能力的发展,以及在社会化过程中社会交往范围的扩大,每个人与社会他人的关系也由不完全的交互性发展到完全的交互性。换言之,随着道德主体的成长或成熟,个体也从单个主体与外在世界的关系发展为交互主体性(intersubjectivity)关系。值得指出的是,哈贝马斯将第一水平的第二阶段看成是"彻底的交互性",而第二水平的两个阶段都看成是"不彻底的交互性",但第三水平上则都是"彻底的交互性"。这里最难理解的是第一水平的第二阶段的"彻底的交互性"。② 我们认为,这是哈贝马斯依据皮亚杰与科尔伯格对于儿童道德发展阶段划分得出的。这是因为,在皮亚杰和科尔伯格看来,儿童到8至11岁,是从道德外在实在论向道德内在论转变的关键年龄阶段,而发生道德转变的根本原因在于儿童之间的平等交往,这种交往是相互性的或交互性的。当然,他们由于年龄、身体以及认知能力的局限,与成年人的交互相比较,仍然是一种不彻底的交互性。

最值得注意的是,在《交往与社会进化》(德文版《历史唯物主义的重建》)中,哈贝马斯在科尔伯格所提出的三水平六阶段的道德发展阶段论的基础上,直接将他要提出的话语伦理学看作道德发展的第七阶段。在科尔伯格那里,第三水平的两个阶段,第五阶段是"契约主义和公民自由",即发展到这一阶段的道德行为者,能够意识到社会法律为人们大家所制定,从而有着一种契约主义的观点,在这个意义上,相对接的就是"公民自由";第六阶段,能够对于伦理原则有着符号化普遍化的理解,或者说,在普遍性意义上把握社会道德规则以及对于社会道德规则进行反思性的批判,因此,相对应的是"道德自由"。但哈贝马斯认为,仅仅意识到对于道德原则可普遍化以及相应的批判反思还不够,还应当有一个更高的阶段,这就是作为第七阶段的话语阶段("ethics of speech")。第六阶段是仅仅从个体出发,设想所有作为个人存在的道德主体,但不是在交互关系中或交往关系中的交互主体,因此,应当设想在交往关系中的全体,这个全体就是"所有作为设想中的全体

---

① [德]哈贝马斯:《交往与社会进化》,张博树译,重庆:重庆出版社,1989年,第91页。
② 同上书,第92页。

社会成员的人。"①质言之,如果从彻底的交互性来看,就不应该认为仅仅是个人的道德自由就是人类道德发展的最高层次了,而是应当从交互主体的普遍化来看待人类的彻底交互性,因而意味着一种在全人类所有成员意义上的道德与政治自由。但哈贝马斯的第七阶段无疑具有乌托邦色彩,因为作为全人类所有成员进入这样一种道德发展阶段,现实的政治条件如当代主权国家对于人类治理的分割就是一个无法克服的现象。不过,哈贝马斯心目中长期以来并且在后来的思想发展中,都没有离开这样一种乌托邦,如他后来提出的"世界公民"概念。

在这里他将后来成型的话语伦理学(discourse ethics)命名为" ethics of speech"。不过,"discourse"与"speech",这两个单词有重大区别。"discourse"是语言学的专用名词,而"speech"仅仅是言说。从语义学来看,"discourse"是指有着完整意思的一段对话,即至少是说者本人能够完整清楚地叙述或表达某种事或某件事,或者至少是有两个掌握了某种语言规则的人有关某件事或行为的对话。对于话语伦理学,哈贝马斯提出了语言资质与道德资质的问题。在哈贝马斯看来,这两者缺一不可。无论是语言资质还是道德资质,都是个体在心理发展、认知发展和道德发展过程中形成与获得的,在这些发展过程中,也就是个体渐次从自然人进而发展为人与人的相互交往中的主体,并且在相互交往过程中,发展出了这些进行交往的资质,从而成为能够具有抽象思维能力的道德主体。最终,道德主体能够超越具体的生存环境的约束而认知把握,以及自我建构符号化的普遍道德规则,实现道德自由和政治自由。

在《道德意识与交往行动》这一著作中,哈贝马斯再次重述了科尔伯格的道德发展阶段论,不过,这次他是以科尔伯格在《道德发展心理学》中对三水平六阶段的说明。就哈贝马斯个人的理论变化来看,重要的是,他不再明确地将他的话语伦理学看作科尔伯格的六阶段之后的第七阶段,而是认为,科尔伯格的关于道德发展阶段的划分与说明,与他的话语伦理学理论的基本点是一致的。不过,实际上仍然隐含了他的话语伦理学是更高阶段的观点。

哈贝马斯指出,科尔伯格的三水平六阶段的道德发展阶段论表明,人们从一个阶段过渡发展到另一个阶段,是一个学习的过程。哈贝马斯说:"道德发展意味着一个儿童或少年重建了和区别性地对待了他已经有的道德结构,从而使他现在能够较好地解决他以前

---

① [德]哈贝马斯:《交往与社会进化》,张博树译,重庆:重庆出版社,1989 年,第 92 页。

所面对的同样的问题……年轻人他自己要把这个道德发展看作是一个学习过程，在这个学习过程中，在较高的阶段，他必须能够解释以那种他所有的道德判断方式认为对的是否是错……话语伦理学与学习的这个结构性概念是相容的，它包括了这种叙述（就论证的一般意义而言）将作为交往行为的一种反思形式，并且，它假定了一种从行动到话语的转变的态度变化。一个儿童是在每日的交往实践中长大的，而后他才会有话语交往，而在一开始他没有这种态度的转变。"①科尔伯格认为，个体道德发展是一个不断学习和不断重新建构新的认知模式的过程，这样一个过程同样也是交往行动不断发展的过程，儿童在这一过程中，随着年龄的增长以及认知能力和抽象思维能力的提高，话语交往能力也随着道德水平的提升而得到提升。

人们要进行交往，话语本身就是不可缺少的工具或媒介。仅仅是在没有学会语言的婴儿那里，婴儿与成人的互动没有语言。从儿童学习了使用语言开始，所有个体的交往都离不开语言。那么，哈贝马斯又为何单独提出一种"话语伦理学"？首先，哈贝马斯的伦理学从属于他的交往哲学（理论）或交往行为哲学（理论），伦理学是他的交往哲学的重要组成部分。哈贝马斯对交往哲学的研究使他意识到，如果不深入研究交往伦理学，也就不可建构起交往哲学，而他将他的交往哲学就称为"话语伦理学"。这是因为，他在对交往哲学的研究中发现，话语或言谈在交往中的重要地位。话语或言谈是一切交往主体生存的大地，如果没有话语或言谈，也就不可能存在人类的交往行为。人们通过话语而交往，但不仅仅因为话语是我们交往不可或缺的工具，而且因为话语本身包含着人类交往的基础以及结构。哈贝马斯以科尔伯格的道德发展阶段论说明，话语或言语交往是经过长期的社会化过程和道德发展过程而形成的。换言之，话语交往包括作为道德主体的语言资质和道德资质，而这两者既是通过交往所发展的，同时又是交往的基础条件。其次，就话语或言谈结构而言，任何话语交谈的前提在于相互的理解，因此，话语内在包含着对于事态世界叙述的真实性，态度的真诚性，以及对于社会世界的规范正当性要求。换言之，话语交谈要获得对方的理解，就必须通过话语传递真实性的信息，并且，话语主体内心应当是真诚的，而不是虚假的态度，而且对于社会世界的规范应当有着一致性（正当性）的理解前提。换言之，如果交往双方主体对于事态的善恶有着完全不同的规范标准，对于某个事件或事态的陈述的规范性，也许就不可能得到对方主体的认可或赞同。规范的有效性

---

① Juergen Habermas, *Communication and the Evolution of Society*, translated by Thomas McCarthy, Boston, Beacon Press, 1979, p.125.

很可能由于道德主体所处的发展阶段的变化,而改变了其有效性。哈贝马斯说:"观点的有效性主张因此服务于在他们的日常交往中无问题的倾向,但同时也会出现问题。当问题发生时,论证参与者采用一种假设的态度来对待有争议的有效性主张。当实践话语开始时,争论的规范有效性被放在一边,并且,规范是否值得承认的问题和对规范赞成与反对者的争议所决定的问题。在正义问题上从交往行动到话语的态度改变的过程与在真理问题上的态度改变的过程不是不同的。在真理问题的情形里,为先前考虑的事实的事件现在被看作不是这种情形,正如'事实'被转变为'事态',所以一个人所习惯了的社会规范转变成了那种可被接受或被拒绝的规则的可能。"①这个问题的性质也就是"我们每一个人必须处理从习俗到后习俗水平的道德判断"②的转变。

话语或言谈交往的功能之一就是面对不同的规范与认知的冲突,哈贝马斯说:"'道德意识'意味着运用交互作用的资质(interactive competence)去自觉处理与道德相关的行为冲突的能力。行为冲突的相互认可的解决要求某种对舆论是公开的观点,借助于这种公开观点,冲突中的利益的过渡性调整才能够建立起来。"③哈贝马斯在这里强调道德意识实际上不过是解决相互之间道德冲突的能力,然而,还有一点,即诉诸公开的观点,即对于冲突的解决不是压制,而是公开讨论从而达到一致或共识(consensus)。为什么如此?这是因为,话语交往不仅有对于三个世界的三种规范性要求,还包括一个更根本的前提,即话语交往是以交互主体性为前提的。交互主体性即承认进行交往的话语双方都是平等的交往主体,对于交往主体,说者不可能仅仅通过强权来使得对方赞同你的观点或主张,而必须在平等的基础上,对于事态世界、内在情感世界和社会规范世界有着上述的规范性要求前提下,通过理性和合乎程序的方式来达到相互之间的共识或妥协——当进入话语商谈的双方有分歧或冲突时。就此而论,话语伦理学无疑是比科尔伯格的道德发展的三水平六阶段更高的发展阶段。这时不仅要求人们从习俗水平过渡到后习俗水平,而且要求发展出可普遍化的道德能力,通过诉诸理性或理性程序,达到社会的团结和道德主体间的相互尊重与承认,达到某种正义的社会秩序。

---

① Juergen Habermas, *Communication and the Evolution of Society*, translated by Thomas McCarthy, Boston, Beacon Press, 1979, pp.125 - 126.

② 同上书, p.126.

③ 同上书, p.88.

Interpretation of the Schema of Moral Development Stage

GONG Qun

【**Abstract**】 Kohlberg's theory of stage of moral development has a very important influence on Habermas' communicative ethics. Habermas believes that human moral qualifications require proof of moral developmental psychology, which Kohlberg provided to him. But Habermas did not completely copy Kohlberg's theory of moral development at three levels and six stages of development. First, he acknowledged the validity of Kohlberg's theory of moral development at three levels and six stages of development. Secondly, he reinterpreted this theory with his theory of communication. Especially important, Habermas puts forward the theory of seventh stage after the sixth stage. From the perspective of discourse communication in discourse ethics, Habermas restates Kohlberg's theory of moral development stages, which leads Habermas to conclude that discourse communication is logically constructed on the sixth stage of reflection. The universal presentation of communicative subjects and the new stage of discourse ethical communication make Habermas' ethics surpass Kohlberg's.

【**Keywords**】 Kohlberg, Habermas, Schema of Moral Development Stage, Discourse Ethics

“后习俗责任伦理”:基于“伦理”“道德”的考察

高兆明[①]

【摘要】“后习俗责任伦理”的核心是伦理共同体规范性秩序与个体自由反思精神关系。宪法法治及其规范性的价值优先性是现代社会基本特质之一。良心自由反思精神捍卫宪法法治的基本价值及其秩序,坚持宪法法治的行为规范性限度。现代社会的法治规范性秩序是生长性的,离开了独立人格与反思精神,既不可能有法治规范性秩序的持续再生产,也不可能有社会正义与真善美。

【关键词】习俗责任伦理,后习俗责任伦理,伦理,道德

一、问题的提出

“后习俗责任伦理”概念的形成有三条基本进路。其一,从科尔伯格道德心理发生阶段理论出发,揭示个体自由反思精神的形成及其意义,其强调的核心是:一个人不仅要有履行伦理共同体规范性要求的规范性精神,更要有反思性自由精神。此条进路指向的是个体自由精神培育及其对伦理共同体义务要求的反思性能力。其二,针对道德生活中空洞形式主义义务倾向所提出,其强调的核心是:一个人不仅要有义务感,而且还应当有责任感,不仅要忠实地履行伦理共同体的习俗义务要求,而且还应当有责任感地行动。此条进路是在传统义务论基础之上进一步强调义务履行的负责任态度与创造性精神,指向主体履行义务的创造性活动。其三,从现代社会个人自由精神与现代社会规范及其合法性、正当性出发,强调个人自由与社会共同体规范的内在统一性,并在此内在统一性中寻求规范性的正当性与社会的正义性。此条进路指向的是个人自由与共同体规范性秩序的统一。显然,“后习俗责任伦理”的这三条理论进路侧重点各不相同,有较为广阔的理论空间。

尽管这三条理论进路强调重点、理论表达形式各不相同,但是,仔细琢磨,其要旨则相同:各自均以特殊方式指向个体自由精神与伦理共同体规范性秩序关系,各自的核心问题

① 作者简介:高兆明,哲学博士,博士生导师,南京师范大学特聘教授、上饶师范学院兼职教授,研究方向为道德哲学、政治哲学等。

均是个体自由精神与伦理共同体规范性秩序关系。在此意义上,我们有理由说"后习俗责任伦理"的核心问题是伦理共同体规范性秩序与个体自由精神关系问题,借用黑格尔的概念表达,是"伦理"与"道德"关系问题。

这样,"后习俗责任伦理"本身就有一系列须进一步深入展开的理论问题。其中包括:其一,个体自由精神对于共同体意义究竟何在?一方面,如果进一步深入"伦理"共同体则会发现,共同体的伦理义务规范性要求不是单数的,而是复数的。除了极为简单情况外,即便是有合理理由的伦理义务往往也是复数的,这样,主体在做出履行义务决定前首先就有个选择问题。这对伦理共同体规范性义务要求意味着什么?另一方面,伦理共同体及其规范性义务是生长着的,其生长机制、机理是何?个体自由精神对伦理共同体及其规范性演进意义何在?其二,个体自由精神在伦理共同体中形成,个体自由精神形成过程是个体社会化过程。然而,个体社会化过程绝不是个体简单接受伦理共同体既有价值规范的单向度过程,而是主体主动活动的双向交流过程。个体一旦有了反思性能力,有了自己的独立认知判断,其反思性活动的合理性依据何在?如何避免黑格尔所说"任性""形式"的良心?怎样才是"忠实"履行伦理共同体的规范性义务要求?显然,"后习俗责任伦理"中的"自由精神"仍然有待学理上的进一步深入探究。

本文的旨趣不是在一般意义上讨论"后习俗责任伦理"问题,而是在当今人类历史背景中进一步具体探讨:宪法法治秩序对于共同体的基础性价值,个体自由精神对于共同体的意义及其规范性限度,个体自由精神与共同体法治秩序的互生关系。

二、"伦理":"习俗责任伦理"的两种规范性维度

尽管"习俗责任伦理""后习俗责任伦理"概念为今人提出,但是,作为一种社会现象的"习俗责任伦理""后习俗责任伦理",则早已有之。重要的是合理理解与解释这类社会现象。

"伦理"为具有共同善的社会有机体,"伦理"具有实体、关系、结构、秩序属性。"共同善"是"伦理"区别于其他实体的关键。此"共同善"不是外在的,而是共同体内在的价值品质,是"伦理精神"。正是"共同善"成为共同体精神。"伦理"作为社会有机体具有内在结构性、规范性与生长性。依据其内在结构及其规范性,伦理共同体在总体上可分为自然伦理共同体与社会伦理共同体。自然伦理共同体为自然形成的伦理共同体,家风家规、乡规民约、团体自律公约等系自然伦理共同体的规范性方式。社会伦理共同体为通过公共理性活动形成的伦理共同体,宪法法律等系社会伦理共同体的规范性方式。

对“习俗责任伦理”“后习俗责任伦理”现象的理解、解释可有不同角度,时空性是极为重要的角度之一。“时空性”有两方面内容:具体性与生长性。对一种社会现象的理解,不能空泛,应有历史感,在历史中把握问题,且应注意不同历史阶段的特殊性并在特殊性中寻找普遍性内容。就“习俗”“后习俗”责任伦理而言,一方面,特定历史阶段均有其“习俗”“后习俗”责任伦理,应当注意区分具体历史阶段中的“习俗”“后习俗”责任伦理;另一方面,“后习俗责任伦理”总是相对于“习俗责任伦理”而言,且是从后者内在生长出来的。

从历史性角度看,如果我们能够承认不同历史阶段的伦理共同体有不同的“习俗责任伦理”与“后习俗责任伦理”,那么,当今时代伦理共同体的“习俗责任伦理”“后习俗责任伦理”是什么? 然而,“当今时代伦理共同体的‘习俗责任伦理’‘后习俗责任伦理’是什么”这一发问本身就将我们带入更为复杂的思想中。此发问究竟是实然、描述性意义上的,还是应然、价值规范性意义上的? 尽管二者都有“客观性”,不过,一个是现象感性实在的“客观性”,一个是本质精神普遍必然的“客观性”。由于我们所思考的是在伦理共同体中生活的人们的伦理义务与责任问题,因而,“当今时代”的伦理共同体的“习俗”“后习俗”责任伦理,就一定不是简单实然描述意义上的,而是这个时代的时代精神意义上的——当然,实然意义上的内容亦有意义,它既显现这个社会,也显示这个时代的时代精神。

对概念、问题的这种抽象思辨,恰恰是在具体澄清问题本身:是要澄清当今时代具有合理理由的伦理共同体规范性要求,揭示主体良心的真实内容,即,澄清伦理共同体规范性要求、个体自由反思精神的合理内容。并非任何伦理共同体的规范性要求均是真实的,只有那些具有合理理由的伦理共同体规范性要求才是真实的,对于那些不具有真实性的伦理共同体规范性要求,社会成员有合理理由不服从。并非所有以良心名义出现的均是真实的,只有那些达到人类在现时代认知程度的、具有人性的良心才是真实的,出于此良心的责任精神才具有高贵性。

“习俗责任伦理”之“习俗”,相当于黑格尔所说“伦理”共同体规范。它构成共同体成员的日常生活世界,并在向共同体成员提出规范性要求的同时塑造共同体成员。这些规范性要求构成共同体成员的义务根据。根据杜威的思想,“习俗”是共同体中“普遍一致”“持存”的规范性范式,“习俗”早已在一个个个体之前就存在,个体首先是通过“同化”“参与”到共同体中去,个体在共同体习俗中社会化并形成人格。不仅如此,这些习俗还“构成”个体的“道德标准”。① 然而,从现象观之,伦理共同体的规范性要求有诸多内容。

① 参见杜威:《人性与行为》(《杜威全集》第 14 卷),罗跃军译,上海:华东师范大学出版社,2012 年,第 37、46 页。

作为共同体成员的个体会面对这些多样性内容的共同体规范，并被要求理解且在行为中尽可能兼顾这些多样性规范内容。在此理解工作中，不仅要将这些规范性要求理解为一个完整体系，而且还要找出彼此间的价值优先性关系——如果有此关系的话。黑格尔在《法哲学原理》中揭示家庭、市民社会、国家构成“伦理实体”三环节，就是以思辨方式揭示伦理共同体规范性要求的体系性。

就我们当下所讨论的“习俗责任伦理”“后习俗责任伦理”问题而言，黑格尔这一思想中至少有两个内容值得注意。其一，伦理共同体规范性要求有多方面规定，这些规范性要求各自均有合理性根据，它们共同构成规范性体系，换言之，它们各自均是完整体系中的有机部分。其二，作为有机体系中的有机部分，它们彼此间的关系不是外在的，而是内在的；不是僵死的，而是生长着的。正是在此生长性中呈现出诸规范性要求间的价值优先性关系。所谓“诸规范性要求间的价值优先性关系”，是在作为有机体整体的意义上理解。在黑格尔思辨哲学中，家庭、市民社会、国家分别代表人类社会或人类文明发展的三个不同历史阶段。这是人类社会分化趋于复杂，在个体、个性、个人权利确立基础之上建立起现代文明社会的历史过程。国家是宪法法治有机体。黑格尔以思辨方式揭示：宪法法治是现代文明社会的最高规范性。宪法法治及其规范性的价值优先性，是我们今天思考“习俗”“后习俗”责任伦理的基石。

这样，在社会、历史的视野中观察、理解“习俗”责任伦理问题时，就可以提出两个值得进一步注意之处。其一，伦理共同体及其规范性要求是一个悠久社会现象，伦理共同体是历史性、生长性的。在现代社会，伦理共同体进一步生长出了作为政治国家的法治国家，生长出了法治社会。法治社会、法治国家是宪法法治。宪法法治的现代伦理共同体及其规范性要求，是近代以来才有的社会现象。宪法法治确立起了宪法法律的规范性及其权威性。其二，在宪法法治的现代伦理共同体中，既有通常所说的“习俗”规范性，亦有宪法法律的规范性。通常所说的“习俗”规范性是社会的规范性，宪法法律的规范性则是政治国家的规范性。二者共同构成伦理共同体的规范性框架体系。

现在需要澄清的是：“伦理共同体”与“法治社会”概念的关系。二者是否等同？如果有区别，区别何在？根据黑格尔《法哲学原理》中的理解与使用，“伦理共同体”是人自由生活的现实存在，其由情感、习俗、契约、法律等内在维系的社会有机体。黑格尔关于“伦理”的三环节以抽象思辨方式揭示：“伦理共同体”是历史性生长着的，“法治社会”只是其高级阶段才出现的现象；①“伦理共同体”的规范性根据有情感、习俗、契约、法律，“法治社

① “伦理共同体”是人类悠久历史现象，“法治社会”则是人类晚近才出现的社会现象。

会”的规范性根据是宪法法律。显然，在此二重意义上，“伦理共同体”不同于“法治社会”。不过，如果能够对“法治社会”进一步做广义理解，用以标识当今时代“伦理共同体”的基本特质(即，当今时代的“伦理共同体”凭此区别于既往时代)，并在此意义上一般理解、指称当今时代的“伦理共同体”，那么，二者可以通用。在此意义上，可以将“法治社会”理解为当今时代的“伦理共同体”。①

然而，即便是在广义上将“法治社会”与“伦理共同体”通用，亦须特别注意以下两点。其一，“法治社会”、当今时代的“伦理共同体”以宪法法治规范性为特质，不可忘却其宪法法治规范性特质。这是当今时代“伦理共同体”的内在规定性。其二，警惕由于“伦理共同体”的多样性、歧义性含义而以“伦理”遮蔽、取代“法治”，并由此退回前“法治”语义。不可忘却须时刻追问：现代社会共同体的规范性究竟是以“伦理”为基础，还是以“法治”为基础？当然，在这种追问中，亦为后述“后习俗责任伦理”之“良心”思考奠定基础。现代社会作为有机体仍然是伦理共同体，在此意义上，现代社会具有伦理的规范性。不过，由于现代社会的法治特质，其“伦理”规范性的核心已演变为宪法法律规范性：宪法法律成为社会共同体的规范性基础。甚至遵守宪法法律、捍卫宪法法律秩序，本身就成为伦理共同体的核心规范与核心精神。

根据上述，依规范性根据，“习俗责任伦理”的规范性在历史性展开过程中就有两个阶段：“伦理”规范性与“法治”规范性。于是，关于“习俗责任伦理”的“习俗”规范性要求理解就应当被进一步细化区分为两类：伦理的与宪法法律的。此处“伦理规范性要求”之“伦理”，不同于黑格尔意义上的“伦理”，它不包含政治国家，它更近于通常常识意义上的“社会”共同体之“伦理”，“伦理规范性要求”是常识意义上的社会共同体的规范性要求。在现代社会，伦理规范性与宪法规范性两类“责任伦理”共存。不过，现代社会作为法治社会，宪法法律的规范性要求在价值上优先于伦理规范性要求。在日常生活中，“伦理规范性”与“宪法法律规范性”要求均有规范性功能，并在一般意义上构成社会成员的现实义务，甚至在一般“社会”自治领域，“伦理规范”直接发挥规范性作用，不过，由于现代社会是法治社会、多元社会，社会体系的规范性有多个维度，因而，“宪法法律规范”是政治共同体中的最高规范，一切规范性要求都不得违反宪法法律，即便是“社会”自治的“伦理规范性”，也必须置于宪法法律规范性的有效约束之下。

① 霍耐特批评黑格尔《法哲学原理》中的“伦理的过度制度化”缺陷，认为“伦理”中有“习俗”“制度”等，这也从一个侧面佐证“伦理共同体”与“法治社会”的种属区别。当然，在黑格尔思辨体系中，在一切家庭、社会活动都在现实国家法律制度中存在的意义上，二者又可做同等意义上的使用。参见霍耐特：《不确定性之痛》，王晓升译，上海：华东师范大学出版社，2016 年，第 103 页往后。

以历史形态学角度观之，宪法法律规范性是现代社会的特质。我们之所以在理论上对“习俗责任伦理”及其规范性要求做如此辨析，旨趣是要揭示、阐明现代社会规范性要求与既往社会的根本区别，是要确立起宪法法治的社会基本规范及其价值精神——正是宪法法治的社会基本规范性，使现代社会伦理共同体保持生命活力——否则，我们对“习俗责任伦理”“后习俗责任伦理”的认识，就有可能迷失方向，溺于文字游戏。

法治社会、法治规范性秩序，应当是我们今天思考一切社会规范性问题的前提。“习俗责任伦理”“后习俗责任伦理”问题亦不例外。这就提出了如何在法治规范性秩序中理解与把握“习俗责任伦理”“后习俗责任伦理”的问题。具体言之，一方面，法治规范性秩序本身有一个持续再生产的问题，此种持续再生产何以可能？其内在动力、机制是什么？另一方面，如何使得“后习俗责任伦理”具有“时代精神”，既在法治规范性秩序框架之内，又内在地构成法治规范性秩序持续再生产的内在动力？在规范性意义上，社会成员的所有反思性批判活动，既有实质规定而不流于任性，又捍卫宪法法治且在宪法法治规范性范围之内？

这种历史形态学的理解，在当今中国尤为重要。它直接涉及社会发展的文明方向。在当今中国思考“习俗”“后习俗”责任伦理问题应有强烈的中国问题意识，如果没有中国问题意识，则在一般意义上缺少学者应有的严肃社会责任意识。思考“习俗”“后习俗”责任伦理问题要有“中国问题意识”意味着在思考此问题时，除了一般意义上的概念、学理澄清外，更应置于当今中国语境，明晰其使命、指向。在中国历史语境中，当今具有合理性根据的“习俗责任伦理”及其规范性是什么？与此相应，超越性的“后习俗责任伦理”的合理内容是什么？中华民族在现代化历史进程中，如何走出“伦理”社会，建立起“法治”社会？以传统儒学为代表的中华民族悠久传统文化如何在现代社会获得新生？如何使其成为民族文明进步的珍贵财富而不是沉重包袱？这些是我们丝毫不能忘却的。

三、“道德”：反思精神及其行为规范性限度

“后习俗责任伦理”是对“习俗责任伦理”的超越。问题在于：“后习俗责任伦理”在何种意义上“超越”“习俗责任伦理”？此种“超越”是内在性的，还是外在性的？如果不是内在性的，那么，不仅意味着“习俗责任伦理”缺失内在生长性，而且意味着“后习俗责任伦理”缺失出现的内在根据或理由。如果此种“超越”是内在性的，那么，“习俗责任伦理”自身存在的合理根据或理由是什么？因何而“内在性”地被“超越”？又如何在“后习俗责任伦理”中存在？其生长性的内在动力机制是何？

科尔伯格的“后习俗道德”从道德心理学角度揭示了人格发育的阶段及其机制，其要旨是：人的自我认同、人格形成过程是一社会化过程，在此过程中，首先是接受社会既有结构体系及其规范性约束，接受社会文化价值精神熏陶，在此基础之上进一步形成独立人格。反思批判性精神是独立人格形成的最重要标志。不过，这里的问题是：其一，个体人格形成、社会化过程是否只是简单地单向度接受伦理共同体的既有规范性要求？一方面，伦理共同体有多种规范性义务要求，有善恶，个体究竟接受其中的哪些规范性要求？这里有选择问题。另一方面，在此社会化过程中，个体是否具有主动性？“后习俗责任伦理”不仅意味着负责任、创造性地履行义务，亦意味着个体反思批判能力的训练。其二，我们都生活在伦理共同体、生活在政治国家中，每个人当然得有“习俗责任伦理”，忠实地遵从伦理共同体的规范性要求、服从国家宪法法律。问题在于：何谓“忠实”？一个人的义务根据究竟是什么？一个人履行伦理共同体习俗、法律义务时是否应有反思性批判精神并听从良心的声音？当基于伦理共同体习俗、法律的义务与良心的义务彼此不一甚至尖锐冲突时，究竟应当履行何种义务、承担何种责任？一个人如何才是真正“正直”地生活在伦理共同体中，并为伦理共同体秩序做出自己应做的？

根据科尔伯格的理论，一个人的人格在伦理共同体中经验性形成。这有两层含义：其一，人格在“伦理共同体”中形成，离开了伦理共同体，无法理解人格。其二，然而，此“在”伦理共同体中形成，不是一般的知识传授，而是日常生活、日常认知、行为方式、风俗习惯等经验活动的，且此经验性日常生活是主体主动参与的。人在伦理共同体中生活，并通过伦理共同体“习俗责任伦理”的规范性，进一步形成关于真、善、美等的认知、价值与信念。① 此过程在总体上是所谓“内化”过程。个体在对共同体“习俗”的认同、内化过程中，实现社会化过程。

个体“良心”在伦理共同体的“习俗责任伦理”中形成。此“良心”，依据黑格尔的说法，是“善在心中”的自我“确信”。不过，一方面，如果此“善在心中”的自我“确信”仅仅以共同体习俗责任伦理规范性为内容，缺少主体的自觉反思批判性，缺少认同基础之上的升华，则此“良心”还只是朴素、习俗性的，尚不是反思性自由精神的。另一方面，如果此“善在心中”的自我“确信”缺失伦理共同体的规范性内容，则此“良心”是纯粹主观“任性”。尽管如此，由于“良心”是“善在心中”的自我“确信”，“良心”就因此有了无所他凭、

① 一切“真”都是“信”，区别只在于是否可开放性证伪（实）的、是否已经在历史实践中经过反复证伪（实）的。在“习俗责任伦理”规范中形成“真”的过程，是对共同体习俗“信”的过程。

自成依据的品质，并标识个体有了自由精神。在此意义上，有良心就有自由精神。①

现在有两个问题需要进一步追问。其一，如上所述，自我“确信”“善在心中”并不意味着真的“善”在心中，自我“确信”是“善”的未必真是“善”的，如是，“良心”还可靠吗？“良心”在何种意义上才可靠？其二，即便是真的“善”在心中，但是，一方面，现代社会是多元社会，有多元完备性学术体系，良心可以有多样性内容；另一方面，现代社会是法治社会，我们都生活在政治国家、宪法法治秩序中，“良心”及其显现、反思性批判精神是否应有其行为规范性限度？如果没有规范性限度，则意味着可以在反思性批判精神、“良心”名义下为所欲为。若果真如此，则极为恐怖，作为我们现实生活世界标志的法治社会将失去存在根基。如果有规范性限度，则此规范性限度是什么？什么才有资格构成现代法治社会中“良心”显现、反思性批判精神的规范性限度？

个体人格、良心及其反思性批判精神在伦理共同体中形成，这意味着：如果在普遍意义上希望社会成员具有健康人格、真实良心，那么，就应当向其提供合乎人性生长的环境。黑格尔借古希腊哲人之口说让人生活在具有良好法律的城邦中，泰勒强调两个背景性框架对于现代社会人格形成、自我认同的前提性意义，所表达的正是此意。在一个具有良好法律的城邦中生活，在好的背景性框架中生活并形成人格，所说要旨是：只要具备此条件，一个人就能够在常识的意义上形成良善良心，成为常识意义上的好公民与好人。反之，如果一个伦理共同体向其成员持续提供系统性蒙蔽与欺骗（如纳粹法西斯德国或者那些极端主义团体的“洗脑”，或者运用信息技术向特定人群大脑定向持久输送特定信息），那么，很难指望社会成员形成健康人格，很难指望其成为好公民、好人。生活在这种环境中的个体自以为“善在心中”，但其良心却可能是扭曲乃至邪恶的。我们要能够严肃地思考“习俗责任伦理”“后习俗责任伦理”，其前提是：人类如何保证自身生活的伦理共同体不是僵死、欺骗、邪恶的，而是开放、自由、善良、正义的。

一个人在伦理共同体中成为常识意义上的好公民、好人，并拥有常识意义上的良心与反思能力。此反思能力使一个人拥有听从良心声音的能力。不过，在现代社会，具有反思

---

① 在对人是否有“自由意志”的理论质疑中，有两种不同理路：一是基于社会文化、习俗对个体自由选择的影响，一是基于大脑神经生理、生化机制在行为中的作用。就后者言，总体上秉持的是还原论理路。就前者言，其合理地看到了人存在的社会性特质，以及个体道德人格、良心形成的社会化过程。“成人”过程确实是一社会化过程，然而，社会化过程有两个方面：一是“内化”，一是基于“内化”的反思性创生。个体的“反思”能力是伦理共同体演进的内在动力。不能以“内化”否定个体“反思”能力及其意义，甚至，“反思”能力本身就内在于伦理共同体既有文化价值精神中，并总是以某种方式在伦理共同体中显现。仔细想来，否定人的“自由意志”，不仅是试图否定个体的反思、自由意志能力，甚至还在试图否定人类的反思、自由意志能力。然而，如果人类的自由意志能力真的被否定，那么，伦理共同体的文化价值精神、习俗本身则无法被合理解释。

能力者的道德活动是否可以仅仅以“习俗责任伦理”或“良心”为义务根据？这里必须回到时代，回到现代意义上的伦理共同体，回到法治社会——只有宪法法律为根本规范性的伦理共同体才是自由精神在当今人类社会的“定在”，才是现代意义上的、自由生活秩序的伦理共同体。“真实的良心”以伦理为内容，但此伦理不是简单外在形式的规范性义务要求，而是内在规范性价值精神要求。听从良心声音，就是听从伦理共同体内在规范性价值精神的声音。这样，良心就不是纯粹主体的任性。宪法法治秩序中的服从宪法法治规范性的行动自由与听从良心的精神自由的统一，就是人的存在自由。这正是如后所述黑格尔将“道德”收回“伦理”的深刻缘由之一——尽管黑格尔本人并未清晰揭示这一点。

现代社会是法治社会，宪法法治精神是时代精神。当今时代思考规范性问题，思考一切道德责任、义务、良心，均不能缺失宪法法治这一时代精神，均不能离开宪法法治秩序这一人类文明方向。这样，“后习俗责任伦理”存在的合理根据，就不能或缺宪法法治秩序、宪法法治规范性这一基本前提。如是，“习俗责任伦理”就应当被合理地具体表述为“法治社会中的习俗—法律规范性”，与此相应，“后习俗责任伦理”就应当被合理地具体表述为“法治社会规范性秩序中的反思批判性精神”。

在法治社会中，守法、捍卫法治秩序是伦理共同体的基本要求。然而，问题在于：如果法治秩序中的“法”由于种种缘由，沦为“恶法”，或者“法治”秩序的实施过程出现明显反法治精神、反人类文明精神的行为，是否还得严格遵守此法律？这是人类历史上极为严肃、极为重大的问题。20 世纪初，在魏玛共和国的宪法法治秩序中，德国纳粹法西斯合法地上台并给人类带来巨大灾难的历史教训不能忘记。如果简单地断言在此条件下不需要遵守宪法法律，则有可能动摇整个现代社会的宪法法治秩序及其价值精神基础。那么，宪法法治的“法治”秩序自身是否能为这种条件下的“不守法”反抗行为提供充分合理理由与根据？回答是肯定的。宪法法治的“法治”秩序为这种反抗提供了两个基本理由与根据：其一，非暴力反抗的不服从；①其二，“国家法”与“人类法”关系，“人类法”高于“国家法”。② 在特殊情况下，坚守宪法法治精神这一“守法”理由给人的“不服从”提供了充分合理理由与根据。

纳粹法西斯分子艾希曼在耶路撒冷法庭审判中自辩时，提出了“艾希曼的康德”问题。艾希曼以康德义务论思想为自己辩护。艾希曼认为自己是在忠实实践康德义务论，

① 参见罗尔斯：《正义论（修订版）》，何怀宏等译，北京：中国社会科学出版社，2009 年，第 284－288 页。

② 参见阿伦特，等：《〈耶路撒冷的艾希曼〉：伦理的现代困境》，孙传钊译，长春：吉林人民出版社，2003 年，第 78－79 页。

履行义务是无条件的,服从元首的命令是义务,服从元首的命令也应当是无条件的。崇高的康德义务论怎么成了法西斯行为的辩护词?“艾希曼的康德”症结在哪儿?即使根据康德思想,服从元首命令也不是无条件义务,而是有条件义务,不是绝对命令,而是假言命令。在法律或法律实施过程中出现明显反人道、反人权情况下,人永远得保持独立反思批判性精神,听从良心的声音,捍卫宪法法治精神,坚守“人类法”高于“国家法”。这是回应“艾希曼的康德”问题的关键所在。当元首的命令明显反人道、极端残忍时,当“国家法”明显违背“人类法”时,艾希曼作为行为主体就有根据宪法法治精神“不服从”的正当理由。这既是良心自由,又是在捍卫宪法法治精神。艾希曼没有这样做,就是在根本上违背了宪法法治精神及其规范性要求。在伦理共同体中,人不是纯粹工具,人是有反思批判能力的主体。正是良心自由、反思性批判精神捍卫着宪法法治的基本价值与基本秩序。

四、为什么“伦理”要将“道德”收回自身?

黑格尔明确区分“伦理”“道德”,并通过将“道德”收回“伦理”的方式统一二者,其思想真谛、奥秘是什么?在今天能给我们何种启迪?黑格尔通过将“道德”收回“伦理”旨在揭示:任何个体都生活在特定共同体及其关系中,任何义务责任、善恶价值观念都不能离开伦理共同体空洞谈论,任何义务履行都是具体情境的且都受既有社会体系的规范性约束。黑格尔这样做是要以“客观”性规定个体“主观”性,反对个体“任性”,克服“道德”孤立化所产生的“不确定性之痛”。①

不过,“伦理”将“道德”收回并非意味着“伦理”吞噬“道德”、否定个体及其主观性,而是要使个体主观性精神在伦理共同体中活生生地存在并展开,进而揭示个体在伦理共同体中反思性生活这一真实自由存在样式,揭示个体与共同体自由存在的真实状态。被“伦理”收回自身的“道德”及其所确立起的个体主体性精神,在“伦理”中内在性地发展成为主体的“反思性”精神——这是“伦理”共同体的内在“反思性”精神,并成为“伦理”共同体自身生长的内在动力。这样,“道德”被收回“伦理”并在“伦理”中存在的要旨就是:伦理共同体是生机勃勃的生命有机体;伦理共同体中的个体是具有独立个性、创造性活动的主体,是伦理规范性秩序的自觉维护者与再生产者,是坚定维护伦理共同体自由秩序、具有反思性批判精神的实践主体。“道德”的反思性批判精神是“伦理”生长不可或缺的内在动力。

---

① 参见霍耐特:《不确定性之痛》,王晓升译,上海:华东师范大学出版社,2016 年,第 66、68 - 69 页。

根据霍耐特的研究，甚至黑格尔也没有绝对主张个人在任何情况下都不可以援引道德良心并以道德良心为依据。在黑格尔“伦理”将“道德”收回的思想体系中甚至隐含着这样一种思想：“如果人们有足够的、良好的根据而对制度化的实践是否具有理性提出质疑，那么他们只诉诸自己的良心，这样一种做法也是值得采用的。”如果主体所存在的社会环境所提供的规范性尺度不能有效保证自身的合理性与正当性，人们在日常生活实践中“陷入困境”，那么，“在这个危机的时刻，个人自由得以实现的唯一剩余形式就是：与现存的一切规范保持距离，并在其社会有效性方面对它们进行限制”。“我们必须从我们的思维和传统中、从我们的规范和价值中所反映出来的那些足够合理的东西出发，并把它们看作是社会氛围，我们必须普遍地、毫不犹豫地把这种社会氛围的道德尺度作为前提。”①霍耐特的这一分析是合理的。

宪法法治秩序中的守法精神与个体反思性批判精神二者共存互契，是“后习俗责任伦理”问题中最重要的内容之一。多元法治社会中的规范性在根本上是宪法法治规范性。在此意义上，“法治精神”下的“守法”是多元社会的第一美德。“守法”第一美德表征了法治精神、法治秩序对于现代社会的基础性意义。不过，现代多元社会的法治规范性秩序亦是生长、生产性的，它建立在社会成员的个性、独立人格、批判性反思精神基础之上。离开了个性、独立人格与反思批判性精神，既不可能有法治规范性秩序的持续再生产，也不可能有社会正义与真善美。

根据阿伦特的说法，伦理共同体规范是“历史性”形成的传统，且因其是“历史性”形成的传统故具有权威性。不过，一方面，此权威性有其实质规定或限制、约束；另一方面，此具有权威性的传统本身又是在历史中敞开的，它是具有理性能力的人们共同“行动”的结果。② 哲学对人类理性活动及其历史的理解中有所谓“理性的狡计”一说。“理性的狡计”似乎是否定共同体及其历史中的个体活动意义，其实不然。它以独到方式揭示：共同体及其历史正是在每一个个体的自觉理性活动中开辟道路。我们每一个人都生活在共同体中，并以自己的方式参与构建共同体秩序及其历史。一个具有生命力的伦理共同体不能没有个体的反思性批判精神。以主体、主人的态度反思那作为“道德标准”的风俗习惯，反思那实存的伦理秩序，反思那现实的法治秩序，这是社会的开放性生长过程。③ 个

① 参见霍耐特：《不确定性之痛》，王晓升译，上海：华东师范大学出版社，2016 年，第 66－67 页。

② 参见阿伦特：《政治的应许》，张琳译，上海：上海人民出版社，2016 年，第 76－78 页。

③ 参见杜威：《人性与行为》（《杜威全集》14 卷），罗跃军译，上海：华东师范大学出版社，2012 年，第 46、54 页。

体与共同体不可分离。伦理共同体的活力与演进有赖个体的创造性活动。个体生活在共同体中,但此“在”共同体中,不是如树枝、种子被置于瓶中,而是如树苗、种子生长在土地之中,彼此互构。共同体法治秩序与个体反思性精神契合共存,是现代社会文明演进的机理。

正如津巴多“斯坦福监狱实验”所揭示的那样,在一般的意义上,不要过于相信社会成员个体的人性力量。“情境”的力量很容易使“好人”变为“恶人”。社会成员个体本不是“烂苹果”,如果“情境”是个“坏桶”,它很容易导致“好苹果”腐烂。① 反之,在好“情境”“好桶”中,“好苹果”不容易变坏。也许这正是罗尔斯强调现代社会政治正义优先于个体善的基本缘由。当然,这并不意味着一个社会共同体可以不重视其成员的人性塑造、人格培育,可以无视社会成员的反思性批判精神。相反,社会成员的人性、人格、反思性批判精神对于社会共同体健康发展、长治久安极为重要。它们是共同体的活力源泉。问题的关键有二:其一,社会“情境”、社会基本结构及其制度框架更为重要。只有在“好”的“情境”,或如黑格尔借古希腊哲人之口所说在“良好”法律秩序中生活,社会成员才有可能在普遍的意义上成为“好人”,社会成员的人性光辉、反思性批判精神才有可能较多且自然地显现,社会精英分子的“大丈夫”浩然人格力量才能更多地显现为喜剧的,而不是悲剧的。其二,“大丈夫”浩然人格、反思性批判精神对于所有社会成员均很珍贵,但是,在普遍的意义上,它们首先是社会精英分子的品格与精神。社会大众在精英的垂范之下,形成风气、习惯。这些或许正是今天我们思考传统儒学现代重构新生时应当格外注意的。阿伦特曾以“沙漠”与“沙漠中的绿洲”,比喻个体“独处”的高贵精神对于社会文明进步、开启新开端的意义。阿伦特认为人的存在有两种方式:复数性的与单数性的,复数性的形式是公共政治生活领域,单数性的形式是私人生活领域。“尽管我们生活在荒漠之中,但我们并不属于荒漠,我们能够把荒漠改造成人类世界。”②

一个人无法摆脱社会、伦理共同体与政治国家,并总是受各种制度规范性约束。有各种制度规范性约束并非意味着没有自由意志可言。有西方学者通过对德国纳粹法西斯统治期间的一些心理学实证调查研究,试图以社会性、文化、环境心理因素为理由否定个体自由意志的存在。这种做法不仅学理上有严重问题,而且客观上是在为纳粹法西斯行为

---

① 参见瑞文:《超越自身的自我:一部另类的伦理学史、新脑科学和自由意志神话》,韩秋红等译,北京:人民出版社,2016年,第70-78页。

② 参见阿伦特:《政治的应许》,张琳译,上海:上海人民出版社,2016年,第169-170页。

辩护。一个人不能以社会文化、环境、条件为理由，为自己的行为做有正当理由的充分辩护并推卸自己的责任。此处的要害在于：一个人应当自觉珍视与维护自己的独立思考与判断能力，珍惜与维护听从良心声音的能力。如果不能坚持主体的反思性批判精神与自由意志，那么，不仅人的主体地位及其责任担当精神不再可能，而且伦理共同体及其宪法法治秩序亦不能持续再生产。

Post-Conventional Responsibility Ethics: An Approach Based upon "Ethical Life" and "Morality"

GAO Zhaoming

【Abstract】 The core issue of "post-conventional responsibility ethics" is the issue about the relationship between the normative order of a community and an individual community member's free reflective thinking. "Governed by law based upon constitution" and rule value priority are basic features of a modern society. The free reflective thinking of one's conscience is to defend the basic values and order in the spirit of "Governed by law based upon constitution" and maintain normative limits of people's behavior based upon the law and constitution. Normative order by rule of law in a modern society is productive. Without independent personality and reflective thinking, there will be neither reproduction of normative order by rule of law nor any social justice or truth, good and beauty.

【Keywords】 Conventional Responsibility Ethics, Post-Conventional Responsibility Ethics, Ethical Life, Morality

道德在什么意义下需要宗教？四种形态的讨论

[中国台湾]林远泽①

【摘要】本文称主张道德实践完全依赖于宗教信仰的立场为“强义依赖论”，它可以细分成“神律论”与“神爱论”这两种不同的理论形态。而“弱义依赖论”则是主张道德虽有独立于宗教信仰之外的理性基础，但因人类的有限性，因而在实现道德的可能性上，仍需有宗教信仰的支持。这种立场同样可以再细分出“实践设准论”与“终极关怀论”这两种不同的理论形态。本文透过对上述四种理论形态的讨论，最后将支持“终极关怀论”的立场，以说明我们是在道德实践需要宗教信仰提供生命虽有限但可无限的意义下，才接受道德需要宗教的理性论证。

【关键词】欧绪弗洛两难，神律论，神爱论，实践理性的设准，终极关怀

一、前言

关于宗教信仰与人类生活的关系，史学家吉本(Edward Gibbon)在《罗马帝国衰亡史》中曾有极为深刻的观察，他把罗马人对于宗教所持的三种不同的立场，综括成这句一针见血的名言：“就宗教而论……风行于罗马各地之崇拜方式，人民看来都是真，哲学家看来都是假的，地方行政长官看来都是有用的。”②我们若非逢庙必拜的行政长官，而是想在道德推理的层次上做出真假、对错的判断，以理解宗教信仰与有意义、有道德的生活之间的关系，那么我们就不能只从宗教的社会教化作用，这种经验实证或社会实用的观点来看宗教是如何“有用的”。而是必须说明在什么意义上，或在什么道德推理的必要前提下，宗教信仰是人类要过道德或有意义的生活的可能性条件？宗教若完全不具有支持道德实践的作用，我们就至少能依据实践理性的观点，批判宗教的虚假性，要求扬弃宗教存在的必要性。为了说明道德与宗教之间的关系，本文因而尝试从“道德在什么意义下需要宗教?”

---

① 作者简介：林远泽，政治大学哲学系特聘教授，柏林自由大学哲学博士，主要研究领域为语用学、伦理学、哈贝马斯和霍耐特思想等。

② Gibbon, Edward, *The History of the Decline and Fall of the Roman Empire.*, London: Routledge / Thoemmes Press, 1997, Vol.1, pp.34 – 35.

这个提问着手。

当我们提问:想过有意义、有道德的生活,宗教信仰是否是必要的?在各种可能的回答中,最强义的主张当然就是:如果没有宗教信仰,想过有道德的生活是不可能的!在这个最强的意义上,我们说道德实践完全依赖于宗教信仰,本文将这种立场简称为“强义依赖论”。“强义依赖论”还可再细分成“神律论”与“神爱论”这两种不同的主张,它们各有其神学与伦理学的证成基础。① 由于“强义依赖论”经常会产生否定人类自主性的理论后果,因而关于道德实践与宗教信仰之间的关系,也有学者采取较为弱义的立场,本文称之为“弱义依赖论”。他们肯定道德具有独立于上帝意志之外的理性基础,但由于他们也无法否认人类的有限性,因而在实现道德的可能性上,仍主张需要有宗教信仰作为实践的设准或生命的终极关怀,道德实践才终究是可能的。这种“弱义依赖论”的立场,因而可以再细分成“实践设准论”与“终极关怀论”这两种不同的理论形态,它们也各有其哲学与心理学的证成基础。本文探讨道德与宗教之间的关系,即主要将针对“神律论”“神爱论”“实践设准论”与“终极关怀论”这四种理论形态来进行讨论。

主张道德实践依赖于宗教信仰的“强义依赖论”,有其源远流长的历史。它们的理论基础是古代神学伦理与当代“后设伦理学”之“非认知主义”的奇妙结合。无论是“神律论”或“神爱论”,他们的神学论据大都基于“主意志论的上帝概念”(Voluntaristic concept of God)。亦即作为全知、全善、全能的上帝,他的意志必不受任何限制。上帝的绝对自由与其超绝的他在性,超出或根本不是有限的人类所能理解的。人唯有服从上帝的命令,才能做出正确与善的行为。这种神学伦理的观点,在后设伦理学的意义上,却正好是说,道德的对错并非有理性客观的标准,道德对错只是表达个人的情绪,或对他人行为之赞同与否的态度。在后设伦理学的非认知主义中,“情绪主义”(emotivism)与“规约主义”(prescriptivism)因而很可以用来合理地解释,在神学伦理学中主意志论的上帝概念,其实正等同于将道德之对错判断的本质,化约成非认知性的个人命令或对他人的规约要求。

“强义依赖论”最大的理论困难一直在于,上帝绝对自由的意志,并不能排除有命令不道德行为的可能性。这使得“强义依赖论”在“神律论”之外,又发展出“神爱论”的观点。“神爱论”主张上帝不可能命令人做不道德的事,但这不表示上帝是受独立的道德判断所限制的,而是因为上帝对人的爱。正因神爱世人,所以上帝命令人所做的行为,必然

---

① 在神学伦理学或宗教伦理学中,“神律论”有像“神令论”(Divine command theory)或“神律道德”(Theonomous morality)等不同的称呼。为求统一,本文统称为“神律论”。以一方面与道德“自律”相对比,另一方面则与“神爱论”有区别。

是对人为善的行为。"神爱论"在其后设伦理学的基础上，因而又与德性伦理学的观点结合在一起。只不过，"神爱论"一旦将道德义务的基础，从上帝的命令转向上帝对人的爱，那么对于一个道德行为的动机到底是出于"义务"或"爱好"，就会有难以区别的问题。本文第二节因而将分别讨论对"神律论"与"神爱论"的证成与批判。

透过第二节的推论，我们虽然认为"强义依赖论"在神学理论内部会有困难，其所预设的人类学的观点，又有对人性过分悲观的嫌疑，但这终究并不减损"强义依赖论"作为严格地划清人类之宗教性与道德性之界限的意义。"强义依赖论"对于道德自主性的否定，其实正是在批判我们一般人都以为宗教的本质只是在劝人为善的实用观点，而凸显出宗教意识与道德意识实有严格的区别。"强义依赖论"主张道德依赖于宗教，意在肯定宗教性在人类生命的意义上具有高于道德性的地位，而非意在否定道德生活的价值。这种高举宗教意识的生命价值观，既表现在像路德或加尔文这样崇高的宗教家身上，也体现在像齐克果与陀斯妥耶夫斯基这样深刻的存在主义哲学家与文学家身上。它所具有的重大的意义，并非是一个无神论或非信仰有神论的社会可以任意轻忽的。只不过我们仍可以争论：宗教性的本质，是否一定得体现在有神论宗教之人格神的绝对意志之中，还是我们可以把宗教视为道德实践的设准，或是生命终极关怀的意义基础？本文第三节因而将分别讨论由德国哲学家康德所代表的"实践设准论"与由美国心理学家科尔伯格所提出的"终极关怀论"，以检视"弱义依赖论"是否具有理论的有效性。

二、"强义依赖论"的证成与批判

对于道德必须依赖宗教的强义主张，最早见于柏拉图《对话录》中的《欧绪弗洛篇》(Euthyphro)。在这篇讨论宗教虔诚之意义的对话录中，欧绪弗洛把"强义依赖论"的观点说成是：

> 凡是令诸神喜悦的，就是虔敬的；凡不能令诸神喜悦的，就是不虔敬的。①

在这里，欧绪弗洛显然即是以神是否喜悦(亦即他是否意愿我们这么做)，来作为一个行为是否虔敬的(亦即这个行为是否能被证成具有道德正确性)的判准。这种观点后来在宗教改革运动中也被许多宗教家所支持，像是路德也说："并非上帝应当这样意愿，所

① Plato, "Euthyphro: 7a" In B. Jowett (trans.), *The Dialogues of Plato*, Oxford: Oxford University Press, 1967, vol.1, pp. 303 - 327.

以他的意愿才是对的,亦即,他不是被约束才如此意愿的;相反地,正是因为他的意愿,才使那因而发生的行为是对的。”然而针对欧绪弗洛所主张的“强义依赖论”观点,苏格拉底却早已质疑说:

> 虔敬事物之为虔敬,是因为诸神赞许它;还是因为它是虔敬的,所以诸神赞许它?①

苏格拉底在此对于“强义依赖论”的质疑,即是后来学者用来指称介于宗教与道德之矛盾关系而著称的“欧绪弗洛两难”(Euthyphro's dilemma)。用我们现代的语言来加以表达,“欧绪弗洛两难”即是说:

> (1)一个行为是因为上帝要求(或命令)它,所以它才是道德正确的;或者说,(2)上帝之所以要求(或命令)做这个行为,是因为它在道德上是正确的?②

上述(1)是欧绪弗洛的立场,但代表苏格拉底的立场(2)却是主张,就连上帝做出命令的意志,也不能违反道德律。因为只要上帝是全善的,那么上帝也不可能命令我们做不道德的事。可见,先于上帝的命令,一个行为首先必须是在道德上善的,那么上帝才有可能会要求(或命令)我们去做它。而对于我们而言,若非我们先知道何谓道德上的善,否则我们也无法知道上帝命令我们做的事在道德上是否是正确的。而若我们不知道什么是道德上正确的,那么我们除了服从上帝的命令外,似乎也没有任何基础可以说,服从上帝命令的行为,就一定是在道德上正确的。《欧绪弗洛篇》的讨论并没有结论,但这却可引发我们进一步思考,在苏格拉底的质疑之下,“强义依赖论”的观点是否仍能站得住脚?

(一) 神律论

让我们以《圣经·旧约》中《创世纪》第二十二章关于上帝试验亚伯拉罕的例子,来讨论“强义依赖论”中的“神律论”观点。上帝曾为了试验亚伯拉罕,要求亚伯拉罕杀死他所钟爱的独生子以撒。亚伯拉罕听从上帝的命令,带以撒上山去献祭。到了山上,以撒还天

---

① Plato, “Euthyphro: 9 - 10a” In B. Jowett (trans.), *The Dialogues of Plato*, Oxford: Oxford University Press, 1967, vol.1, pp. 303 - 327.

② 此处参见 Sag 和 Statman 对于“欧绪弗洛两难”的解读。Sagi, Avi & Statman, Daniel, *Religion and Morality*. trans. form Hebrew by Batya Stein, Amsterdam: Rodopi B. V., 1995, p.11.

真地问他父亲:“火与柴都有了,但燔祭的羊羔在哪里呢?”他大概完全没想到,亚伯拉罕竟然已经开始动手把他捆绑在木柴上并举刀准备杀死他,作为献祭的牺牲品。这是多么惊悚的场景呀!亚伯拉罕并不是一个道德麻木的人,他曾因上帝要焚灭所多玛城,而质疑这样将会殃及无辜的义人,而直谏上帝说:“将义人与恶人同杀,将义人与恶人一样看待,这断不是你所行的。审判全地的主,岂不行公义吗?”但现在他为何听从上帝的命令,决定亲手杀死自己的独生子?亚伯拉罕在此岂会没有内心的挣扎?当他坚定信仰,决定放弃道德的考量,以表现他对上帝命令的敬畏时,他的心中岂会没有如齐克果所说的——在我们从生命存在的伦理层次跃上宗教的层次时,势必会面临令人难以承受的“恐惧与战栗”?①

上帝从亚伯拉罕并没有将他亲生的独子“留下不给我”,而肯定亚伯拉罕是真正“敬畏上帝”的人,他最后还是派遣天使阻止了这场悲剧,并起誓说日后一定要赐福给亚伯拉罕的子孙。亚伯拉罕大概不是预期上帝会给他回报,才决定听从上帝的命令,因为我们很难想象,在世界上难道还有什么东西可以比亲情至爱有更高的价值。而又有谁会愿意用自己认为最有价值的东西,去换取那些价值较低且不一定能得到的东西呢?但在上帝的命令之前,亚伯拉罕却连至爱的独子都没有考虑要留下来,这表示,亚伯拉罕在敬畏上帝的宗教意识下,已经彻底抛开他个人爱好的考虑,他在上帝的命令之前,不仅愿意放弃一切尘世的价值,甚至必须做出重大的牺牲也在所不惜。在这个意义下,亚伯拉罕成为在上帝眼中的义人,他无条件地遵守超越他个人利害考量的律令。上帝显然认可这种行为配得幸福,因而起誓说,他一定会赐福给亚伯拉罕的万代子孙。

从亚伯拉罕的例子中,我们看到主张道德依赖于宗教,或道德判断应从属于上帝命令的“神律论”之洞见之所在。道德要求我们应超越只是满足自我中心的个人爱好,而无条件地服从义务。但是,若义务的要求仍然只是个人自己所制定的,那么“义务的要求”就难与“爱好的满足”做出明确的区分。所谓“舍曰欲之,而必为之辞”即表示,我们种种的道德修辞(所谓满口仁义道德),究其实质,很可能都只是用来顺遂个人利益的借口而已。相对的,我们在现实上,却经常看到那些真正有坚定信仰的人,他们虽谦称只是上帝的仆人,而没有自己的功劳,但他们所做的无私奉献却多么令人敬佩与动容。一旦透过敬畏上帝,遵循上帝的命令,使我们能不受限于个人那些根深蒂固的主观道德判断与世俗价值观点,并在面临可能必须付出重大牺牲的恐惧与战栗之前,仍能坚定信仰,而无所迟疑地跃

---

① 关于亚伯拉罕的宗教选择对于伦理学的超越意义,请特别参见齐克果(Sören Kierkedaard)在其著作《恐怖与战栗》一书中的讨论。Kierkegaard, Sören, *Furcht und Zittern*. In Ders. Gesammelte Werke, Vierte Abteilung. Düsseldorf Köln: Eugen Diederichs Verlag, 1950.

向实现人类生存意义的宗教向度；那么，我们就可以说，唯有建立在服务上帝命令的宗教信仰之上，真正客观的道德判断，真正无条件地服从义务的命令才是真实可能的。

试图将亚伯拉罕在接受上帝试炼，体悟到道德判断乃从属于上帝命令的观点，透过神学或伦理学的语言来加以重新说明，即形成所谓"神律论"的神学或伦理学理论。从神学的立场来为"神律论"辩护，那么我们即可直接从敬畏上帝之宗教崇拜的逻辑，推论出神律论的观点。我们可以这样推论：如果我们信仰某种有神论的宗教，那么我们就得相信，某个具人格性的神是全能而且至高无上的。上帝拥有至高的权能，那么他必是不受任何限制的。在这个意义下，上帝甚至应是没有任何本质可言的，因为他若有任何本质，他就受到本质之必然性的限制。上帝因而仅能作为一种绝对意志的存在。这种绝对意志的内容不必然是善或理性，因为唯有他的意志才能决定什么是善或什么是理性，而不是反过来说，他的意志是遵照理性或善的标准而决定的。这种概念即是一种"主意志论的上帝概念"，在西方基督教的传统中，从早期的教父、中世纪主张唯名论的士林哲学家，到宗教改革时期新教的路德与加尔文等宗教家，大都支持这种观点。

在这种"主意志论的上帝概念"中，上帝作为绝对意志的至高权能，完全不受限于理性与善的考虑，且正是因为如此，他才反而能是所有理性与道德正确性的来源。上帝要求（或命令）我们应做某事的理由，在原则上是我们所无法理解的。我们之所以必须无条件地服从上帝的命令，并不是因为我们理解上帝命令的理由才决定这样做，而仅仅是因为上帝就是这样命令的，所以我才这样做。上帝对人不可猜测的绝对意志，构成了他对人的超绝性与他在性。他的命令是我们行事正确的来源，而他的绝对意志又不是我们所能理解的，因而我们唯有遵从上帝的命令，才能做出真正合乎道德的行为。就此，欧绪弗洛的"强义依赖论"（或即此处的神律论）："一个行为是因为上帝要求（或命令）它，所以它才是道德正确的"，即能得到神学的证成。

神学的证成是在有特定宗教信仰的前提下才成立的，但我们也可以先不预设特定的宗教信仰，而从当代的后设伦理学理论，来为神律论提出理论的证成。当代后设伦理学者 Moore 指出，我们不能把"善"等道德字词化约成自然性质的存在（例如快乐或幸福等），因为这样会犯了"自然主义的谬误推理"（naturalistic fallacy）。简单地说，善恶或对错并不像黄色或硬度等自然事物的性质，是可以加以经验观察的对象。在 Moore 之后，有一些后设伦理学家因而认为，我们所谓的对错或善恶这一类的道德字词，其实只是在表达我们个人好恶的情感（情绪主义），或要求他人必须做某类事情的态度（规约主义），而不是在表达任何与经验事实有关的客观真理。在这个意义下，我们即可说，当有人主张我们有义务去做某件事X时,他就必须假定存在着一个能表达他的意志,并能将他的意志以命令的方式赋予他人,作为他人应做之义务的立法者。这个立法者必须能被人格化,因为若情绪主义或规约主义的说法是对的,那么提及义务的概念,其意义就必然与一个能赋予这个义务的人格者之意愿或命令有关。

把后设伦理学的情绪主义与规约论的观点,运用在神律论的后设伦理学证成上,可用一个三段论的推理形式来加以表达①:

(1) 凡有法则即必有其立法者,凡有命令即必有其命令者;

(2) 关于道德法则,上帝必然是其立法者;

(3) 因而,如果道德法则存在,那么它必然依赖于上帝的立法。

在此前提(1)即是反映非认知主义者的立场,道德法则或义务都是立法者或命令者的主观意志表达或其欲规约他人的命令。前提(2)则是进一步考虑,若道德法则的特色应包括有"普遍的有效性",那么这就正好不是个人主观的情感或态度的表达所能设立的。由此可见,能为道德法则立法的立法者,只能像是上帝这般具有无限权能之人格性的神。根据前提(1)与(2),我们即可推论出神律论的观点,亦即:(3)如果道德法则存在,那么它必然依赖于上帝的立法。

透过上述神学与伦理学两方面的证成,我们可以把神律论的观点表达成:X行为是道德上善的,若且唯若上帝要求(或命令)做X行为。但现在,我们据此再回头反省亚伯拉罕的例子,我们就会发现,我们若视亚伯拉罕的做法是一种"强义依赖论"的主张,那么在此就还有一个隐藏的前提尚未经过讨论。那就是,亚伯拉罕显然必须相信上帝必是全善全能的,或者他所信仰的宗教基本上是肯定道德行为是上帝意愿的,那么亚伯拉罕的行为才不是盲目的信仰,而是真正能成就道德的宗教信仰。神律论的完整推论因而应是:

(1) 上帝是善的;

(2) 上帝要求(或命令)X行为;

---

① Sagi, Avi & Statman, Daniel, *Religion and Morality*. trans. form Hebrew by Batya Stein, Amsterdam: Rodopi B. V., 1995, pp.23-24.由于"神律论"或以下对"神爱论"的观点,许多学者各有不同的表达形式。为求通用,本文引用神律论或神爱论的相关讨论,皆以Sagi与Statman在其合著的《宗教与道德》(1995)一书中的用法为准。他们在《宗教与道德》一书中,亦将道德依赖于宗教的观点,区分成强义与弱义的主张,本文接受这种区分,但对于这个区分的标准与内容,则有不同的解释。

(3) 因此,X 行为是道德上正确的。①

但现在问题是,在上述神律论的神学与后设伦理学的证成中,我们却正好无法证成(1)"上帝是(道德上)善的"这个前提。因为一方面,若我们认为善恶、对错的来源都在于上帝的命令,那么我们说上帝是善的,只是说上帝(命令的)是上帝的命令,这句话其实是重言反复的套套逻辑(tautology)。神律论的道德上帝命令说,因而将使"上帝是善的"这句话成为空洞的陈述,而不能为神律论提供必要的前提。更糟的是,在上述的神学证成中,"主意志论的上帝概念"基本上否定我们能以道德理性或善的标准来限制或理解上帝的意志,就此而言,我们在原则上并不能排除上帝会做不道德命令的可能性。由此可见,上帝是善的这个前提,不仅不一定能成立,且一旦神律论仍允许上帝会有做不道德命令的可能性,那么它甚至会反过来否定神律论的主张。亦即,一旦"上帝是善的"这个前提是不必然存在的,那么当亚伯拉罕面对上帝要求他做谋杀这种不道德的行为时,我们就不应支持亚伯拉罕仅因他自己虔诚的宗教信仰,就可以决定谋杀无辜的人。就此而言,我们即可以提出对于神律论的批判,并将此批判表达成以下的三段论推理过程:

(1) 谋杀无辜的人,绝非是道德的义务;

(2) 神律论容许这种可能性;

(3) 因而,必须否定神律论的主张。②

(二) 神爱论

为了避免"主意志论的上帝概念"会有上帝做出不道德命令的可能性,从而否定了上帝的命令是道德行为之依据的主张,"强义依赖论"因而进一步想从"神爱世人"的观点,来为神律论建立"上帝是善的"这个必要的前提。一旦神是爱世人的,那么他必然也愿意他的命令能增进人类的幸福或避免使人受到伤害。在这个意义下,上帝赋予我们的要求,即应能与我们的道德判断或价值观点相容。就此而言,上帝的绝对意志就不会是任意的,他的旨意对我们而言,也不会再是超绝而无法理解的。再者,由于爱并不是出于被限制的

① Sagi, Avi & Statman, Daniel, *Religion and Morality*. trans. form Hebrew by Batya Stein, Amsterdam: Rodopi B. V., 1995, p.26.

② 同上书, pp.23-24.

义务，爱代表的是更多的付出。因而若是出于爱，那么上帝意愿人的善，就不代表他是受限制的，而是这样更能彰显他的大能。在“神爱论”的观点中，上帝的绝对自由或至高无上性，并不会因为他爱世人、意愿人的善就受到任何限制。上帝爱人，则上帝必定意愿人的善，基于上帝的爱，我们即可说“上帝是善的”这句话既非空言，且我们也不必再因肯定上帝的绝对自由，而必须假设他仍会有要求我们做不道德之事的可能性。设想爱人的上帝，却会要求我们做不道德的恶事，这种设想是自相矛盾而不可能的。

神爱论的观点，同样可以另外建立在当代德性伦理学的一些基本立论之上。上帝爱人，他的意志之绝对自由不是任意、不可理解的，他意愿人的善，因而上帝所命令的行为，其理由应不致背离于我们的道德社群对于正确行为的看法。在这个意义上，当《新约》说：“你要尽心、尽性、尽意、尽力，爱主你的上帝。其次，就是说，要爱人如己。再没有比这两条诫命更大的了”（马可福音：12），这即表示，上帝爱人，因而他必定也要求人应爱他人，上帝命令我们应做的行为，即可由人与人之间的社群德性要求来加以理解。当代学者Adams即由此提出“义务的社会要求理论”（social requirement theory of obligation）来证成神爱论的“强义依赖论”。① 他引用法学家Pufendorf的观点，主张我们之所以会将他人的要求看成是一种义务，唯当我们有“感恩的理由”（reason of gratitude）才可能。别人爱我们，与我有值得维持的友谊关系，那么我们之所以服从他人的要求，即因我们对他们曾经有过的付出，心存感恩。适度的感恩作为一种美德，即是基于对他人之善行的承认。就此而言，人在社群中相互感恩的关系，即成为实现敬爱上帝，服从上帝命令的具体实践。这反过来看，即等于我们在德性伦理的观点中，为神爱论的“强义依赖论”，提供了伦理学的证成基础。

神爱论虽解决了上帝有可能要求不道德行为的可能性，并从上帝爱人来说明上帝的命令必然是善的。但它的论证却又反过来有混淆“义务”与“爱好”之界限的危险。上述神爱论的观点，可以重构如下：

（1）X行为是道德行为，因为上帝命令去做它；

（2）上帝命令X行为，因为X行为是出于爱的行为；

① 此处参见Adams, Robert M., Divine Commands. In Linda Zagzebski & Timothy Miller (eds.), *Reading in Philosophy of Religion: Ancient to Contemporary*, Malden / MA: Blackwell Publishing Ltd, 2009, pp.288–298.试图透过德性论的观点为强义依赖论奠基的讨论，可以再进一步参考Zagzebski的论文。Zagzebski, Linda, The Virtues of God and the Foundations of Ethics. In Linda Zagzebski & Timothy Miller (eds.), *Reading in Philosophy of Religion: Ancient to Contemporary*. Malden / MA: Blackwell Publishing Ltd, 2009.

(3) 因此,X 行为是道德义务,因为 X 行为是出于爱的行为。①

在这个三段论中,我们可以清楚地看出来,透过神爱论(前提 2)对于神律论(前提 1)的修正,我们得出神爱论的主张即是:(3)X 行为是道德义务,因为 X 行为是出于爱的行为。但在这里,上帝命令的必要性以及道德命令的义务性质,其实反而消失掉了。因为如果道德行为 X 本身就是一种来自爱的行为,那么我们并不需要上帝来命令我们做它,而是我们为了自爱的理由也会乐于去实行它。因为一旦道德的行为就是爱人的行为,那么我们只要追求幸福与快乐,就将会是上帝的爱所会意愿的事。这样一来,道德就不再具有义务要求的命令含义,而只沦为由爱好自我推动的需求满足。

三、"弱义依赖论"的证成与批判

回顾一下从神律论到神爱论的理论发展,我们其实已经在强义依赖论中看到人类逐渐意识到自己行动的自主性要求。在神律论的"主意志论的上帝概念"中,相对于上帝意志的绝对自由,人只能在敬畏上帝的前提下,表现出无条件的服从。他们基本上否定了人有能力做理性的判断或能自主地行动,以至于道德的可能性条件,即在于无条件地服从上帝的命令。在神爱论中,上帝全能的决定论与人的自由之间的难题,开始有了解决的可能性。上帝既爱世人,那么上帝必意愿给予人类自由行动的能力。上帝既是全善、全能,但何以受上帝决定的人,仍然充满恶行的可能性?这个问题现在也可以归诸人自己应负的责任,因为恶行乃是人类误用上帝所赐之自由的结果。人因而开始得为行为的善恶负起全责。这种人类自主性的自觉到了启蒙时期达到高峰,启蒙时期的哲学家最一致的立场,大概就是都对宗教采取批判的立场。但是即使我们主张道德是理性自律的,但这是否意味道德与宗教必是对立而不相容的?还是自律道德仍可以在某种意义下,需要宗教作用的辅助与补充?我们下面即将分别就德国哲学家康德与美国心理学家科尔伯格的观点,来说明,主张道德有其独立的有效性,但其实行却仍有待于宗教辅助的"弱义依赖论",是否可以站得住脚。

(一) 实践设准论

我们先从康德对"弱义依赖论"的哲学证成着手。与"强义依赖论"的人性论预设相

① Sagi, Avi & Statman, Daniel, *Religion and Morality*. Trans. form Hebrew by Batya Stein, Amsterdam: Rodopi B. V., 1995, p.53.

同，康德也接受新教对于人性所持的悲观主义论调，亦即认为人的本性具有根本恶的倾向。[①] 人的确经常会倾向于不遵守道德，而听从欲望的要求，选择恶的行为格律。但不同的是，康德也接受启蒙时期对于人类具有自主性的乐观主义肯定，他相信人性的向善发展始终是可能的。[②] 对于人性堕落的悲观主义与对人能自主决定的乐观主义，这种矛盾对立的人性观，对于康德而言，却正好能在道德自律的实践理性能力上得到统一的表现。因为正是人性倾向于欲望做主，才从而凸显出道德自律即是人类能自主行动的基础。康德认为实践理性即是一种道德自律的能力，这是因为道德自律正是理性之普遍合法则性的主体自我立法。对康德而言，如果我们能依据正当性的理由来决定我们自己的行动，那么我们的行动即是自由的。至于我们如何能确定一个行动理由是具有义务正当性的，这即需要进行可普遍化的测试。[③]

在可普遍化的思考实验中，我们必须能站在别人的立场，来思考我们应该怎么做，才是大家都能同意的做法，以使得这种原属于我个人设想的主观行为格律，能成为大家都愿意遵守的客观实践法则。在此“神爱论”的“爱人如己”即又被康德肯定为道德律的核心。我们能站在别人的立场上，来决定自己应该怎么做，这种可普遍化的思考，意味着我们不断脱离自我中心的思考，亦即不再以我们个人爱好的满足来作为行动决定的依据，而是根据对他人人格的尊重来限制自己的自私自利。遵守具正当性的义务，即必然同时要求我们应抛弃一切个人爱好的考虑，这显然表示，康德仍肯定亚伯拉罕神律论之核心观点的重要性。只不过对于康德而言，我们必须无条件地遵守义务的要求，并非出于敬畏上帝的命令，而是出于对道德法则的敬畏。

道德法则是我们透过可普遍化的过程而自我立法的，因而我们会敬畏道德法则，显然不是因为我们害怕上帝的惩罚或出于感激上帝的恩宠。在道德实践中，我们遵守义务的行为，使我们能证明我们是不受欲望（或本能）的因果法则所决定的存有者，我们的人格尊严因而系属于我们在道德自律上的自由。我们有自由选择的可能性，但我们若不选择道德自律，而是随顺人类的根本恶去选择恶的格律，那么在为恶（或不遵守道德要求）的

---

① 请参见康德在《单纯理性范围内的宗教》中对“在人性中的根本恶”的讨论。Kant, Immanuel, *Religion Within the Limits of Reason Alone.* trans. by T. M. Greene and H. H. Hudson. New York: Harper Torchbooks, 1960, pp.15 – 39.

② Kant, Immanuel. *Religion Within the Limits of Reason Alone.* trans. by T. M. Greene and H. H. Hudson. New York: Harper Torchbooks, 1960, pp.40 – 49.

③ 关于康德透过“定言令式”的可普遍化要求，来说明道德自律的含义，请进一步参见拙文的详细说明。林远泽：《论康德定言令式的共识讨论结构——试从理性存有者的道德观点阐述康德的先验规范逻辑学》，《台湾大学哲学论评》，2007 年第 33 期，第 183 – 232 页。

当下，我们即同时会发现，我们事实上已经又把自己贬低成受本能冲动或欲望偏爱之因果法则决定的动物性存在，从而丧失了作为具有人格性的人的尊严。这种对自我人格尊严的贬损，产生出道德的羞愧感。相对于这种羞愧感，道德法则的义务性要求，其代表人格尊严的崇高，即成为我因选择不遵守道德法则之根本恶而堕落的罪恶感，所敬畏在前的对象。

依上所述，对于康德而言，道德因而有其独立的理性判断依据。对于道德的性质，以及对于道德实践的动机基础，我们都可以从实践理性的可普遍化立法中来加以合理的说明，而无须诉诸上帝的命令或爱。根据上述神律论或神爱论的观点，我们并不能明确地区分出，我们的行为到底只是出于害怕上帝的惩罚，因而是他律的道德；或者说，我们只是因为相信上帝要求的所有行为都是爱人的，因而主张我的义务即在于满足幸福快乐的自爱。道德应是自律而不能是他律或自爱，在实践理性的基础上，康德拒绝了神律论或神爱论的立场。但即使如此，他仍然认为道德最终仍需宗教，作为解决实践理性之二律背反的必要条件，从而提出他在“弱义依赖论”观点中的“实践设准论”。①

在康德的义务论伦理学中，一个行为的道德价值不在其后果的好坏，而在存心或意图的善恶。一个出于善意志的意图，不论其行为结果的好坏都不影响这个行为本身的道德价值。这种强调意图的伦理学，并非说我们的行动可以完全不管后果，而是在于我们必须先能澄清，我们行动的决定依据到底是出于能产生出好结果的利害考量，还是仅出于它是有正当性理据的义务要求。行为仅出于义务而行，而非计较结果所可能面临的牺牲或所能获得的利益，那么这个行为才称得上是道德的行为。我们要求行为的决定根据不被后果的考虑所影响，但这并不表示我们的行为是没有目的或对象的。人类行为的对象当然还是善的实现，而在经验上这即指幸福的达成。一个行为若是依据善的意志而决定，其结果并能达成幸福，那么这就是一种圆满的善。康德因而认为，虽然善意志是道德性的唯一依据，因而在最高条件的意义上，善意志是最高善。但在最完满的意义上，却唯有达到德福一致才是最高善。

实践理性在进行道德决定时，必须排除幸福的考虑，但在追求它的实践对象时，却唯有德福一致的最高善才是实践理性的最高理想，这因而产生了实践理性的二律背反。这个背反是理性所无法解决的，因为我们能做自律的道德决定，这预设了智思世界的自由，

---

① 有关“最高善”“实践理性的二律背反”与“实践理性的设准”的说明，请参见康德《实践理性批判》一书中的相关讨论。Kant, Immanuel, Critique of Practical Rreason. In M. J. Gregor (ed.), *Practical Philosophy/ Immanuel Kant*, New York: Cambridge University Press, 2008, pp.226 - 247.

但我们的行为能否因而产生幸福的后果，这则落入到现象世界之因果法则决定的领域。人类自己无法保证有德者必有福，因为我们无法以我们的自由介入受因果法则决定的现象世界，从而实现使有德的人必能配得相应的幸福。但若德福一致是不可能的，那么作为我们实践理性之理想的最高善，即无法有实践的一天，这将违反我们实践理性的内在要求。因而我们最终仍需假定上帝、灵魂不朽与来世的存在，这样我们才能借助上帝的全能、全善，为每一个人的德行配予等比例的幸福。并肯定我们有德的行为，即使在此生未能获得幸福的回报，但至少我们还是能相信，我们的灵魂不朽，因而我们的善行终将在来世获得应有的回报。康德因而即在这个意义上，宣称信仰上帝存在、灵魂不朽与来世，即是我们实践理性的设准。我们因而可说，康德的观点基本上仍是一种"弱义依赖论"。

（二）终极关怀论

相对于康德实践设准论的"弱义依赖论"，科尔伯格认为宗教对于道德的作用，并不在于它能让我们设想回报的可能性，而在于它能说明为何道德是人类生命存在之究竟有意义的活动。① 道德对于宗教的需求，并非起源于要求德福一致的理性思考，而是出于对人类生命存在之意义虚无感的真实回应。道德之所以需要宗教，其真正的理由在于，道德其实并没有办法充分证成：为何实践道德本身最终仍是一项有意义的活动？特别是当我们在穷尽道德的一切努力之后，却发现我们仍无法不处在一个遭忧受苦、充满不正义的世界，这时我们就难免会面临到生命毫无意义可言的虚无主义危机。面对这种生命意义的虚无感，"我为何要行道德？"的强烈质疑将挥之不去。② 这即如同科尔伯格所说的：

> 即使我们能省察到我们在成年早期所获得的普遍的正义原则，但还是不能排除会有绝望的可能性；的确，它会让我们更感到要在这个世界中找到正义的困难。即使我们已能清楚地觉察到普遍的伦理学原则，而能有效地对抗一般怀疑论的质疑，但是

① 关于科尔伯格论宗教与道德的关系，请参见其专论《道德发展，宗教思维与第七序阶的问题》（Kohlberg, Lawrence, *The Philosophy of Moral Development*: *Moral Stages and the Idea of Justice*. San Francisco: Harper & Row, 1981, pp.311－372.）以下对于科尔伯格观点的阐释，则请参见林远泽在《生命终极关怀能否超越正义的观点？》一文中的相关说明。林远泽：《生命的终极关怀能否超越正义的观点？试论宗教与形上学思考在生命伦理学争议中的实践意义》，收录于《关怀伦理与对话疗愈——医护人文学的哲学探究》，台北：五南出版社，第221－257页。

② Mavrodes 同样尝试用"我为何应当行道德？"的质疑，来说明为何道德最终仍需要宗教。但他认为我们之所以会问"我们为何应当行道德？"问题，是因为我们对道德的要求感到"奇怪"（queerness）所致。这种说法完全忽略了"我为何要行道德？"这个问题，在道德生活中深刻的存在感受之基础。Mavrodes, George, Religion and the Queerness of Morality. In Louis P. Pojman (ed.), *Ethical theory*: *Classical and Contemporary Readings*. Belmont, Calif.: Wadsworth Pub. Co., 1989, p.537.

> 却还会有一个怀疑论的质疑会被最大声地呐喊出来，亦即“为何要行道德?”“为何在一个大部分都不正义的宇宙中我们还要行事正义?”在这个层次上，对于“为何要行道德?”的回答，包含了“为何要活着?”的问题，以及相平行的“如何面对死亡?”的问题等。因而最终的道德成熟要求能对生命意义的问题，提出成熟的解决。我们因而争论说，这本身几乎不是道德的问题，而是存有论与宗教的问题。不仅这问题不是道德的问题，它甚至不是单纯在逻辑与理性的基础上可以被解决的问题。①

面对生命无意义的虚无主义危机，道德的观点并无法自行回答“我为何要行道德?”的问题，这时我们就需要宗教信仰，来为道德回答他必须坚持这样做的理由何在。“我为何要行道德?”的问题，无法单以道的理由作为回答，因为这个问题是以整个道德行为的有无意义性作为质问的对象，而非以特定对象对我们而言是否具有价值(价值的判断)，或个别的规范要求是否是我们应践履的行为(规范的判断)，作为要质疑与回答的问题。它要求能对生命的终极意义何在做出回答，而这正是宗教信仰的终极关怀所试图要提出解释的。我们在道德中被要求依正义原则而行事，然而我们却也发现充满在世界中的“受苦、不正义与死亡”，将令我们产生存在性的绝望。对于不可抗力的天灾地变、对于不可掌握的祸福命运、对于终难避免的疾病与死亡，我们的道德实践能力看来是太有限了。我们因而必须重新整合我们的世界观，超越有限的观点去进行形而上学的思辨，以设想正义即内在于宇宙的秩序中，或去认同我们与所有人类或与世界全体、无限存有者之间，具有全体平等之普遍一体性的观点。

唯当宗教能针对存在性的绝望，阐释道德无穷的实践，即是吾人生命意义之终极关怀所在，从而使我们能面对生命无意义的虚无主义危机，那么我们才有可能无视于在现实世界中“受苦、不正义与死亡”的逼临，而坚定地从事道德的实践。宗教作为一种生命终极关怀的阐释，能为道德实践作为生命之有意义的行为提供最终的奠基。对于这种“弱义依赖论”的观点，科尔伯格首先援引福勒(James W. Fowler)的观点来做说明。福勒受到田立克(Paul Tillich)以“终极关怀”界定“信仰”(faith)之本质的影响，将宗教与信仰区分开来。他认为每一种形态的道德推理都必须有一种信仰作为基础，他说：

---

① Kohlberg, Lawrence, *The Philosophy of Moral Development*: *Moral Stages and the Idea of Justice*. San Francisco: Harper & Row, 1981, pp.344 – 345.

> 每一道德观点，不论它是处在哪一个发展阶段，都必须安顿在一更广泛的信念或忠诚的系统中。每一种道德行动的原则都是为某些价值的核心在服务。即使诉诸自律、理性或普遍性作为道德第六序阶的证成，但这些也不优先于信仰。它们反倒是信仰的表现——亦即是对自律、理性或存在之普遍福祉——作为有价值的理想之信任与忠诚，并因而视之为有价值的表现。因而，我相信总有一套信仰的架构，涵盖并支持了遵行道德与运用道德逻辑的动机。①

以福勒的说法为基础，科尔伯格即能将康德道德自律的观点，再纳入他的“弱义依赖论”中。他指出，道德发展虽然以信仰的终极关怀为基础，但这并非说我们主张要以宗教取代道德领域的自律性，否则在这些价值核心的领域中，我们又会回退到只服从神令的他律道德中。科尔伯格极为精准地看出，康德的自律伦理学具有一种内在分裂的紧张关系。从他的道德发展理论来看，道德发展的序阶性提升，是以道德判断的分化与统整程度作为衡量的标准。因而道德意识的发展即逻辑地涵蕴了，我们必须不断地在实然与应然之间做出截然的划分，以及必须针对道德规范的应用，做出无条件限制的普遍性要求。因而当我们坚持道德的自律，但却面对“受苦、不正义与死亡”的绝望危机，而发出“我为何要行道德?”的质疑时，我们就只得把生命意义的终极关怀交给宗教去进行形而上学的解释。宗教的解释从而负有解释我们如何能沟通实然与应然、理想与现实之间的鸿沟，以及如何使我们能自我认同于无限存有者的问题，以能面对因道德实践而来的绝望与无意义的危机。宗教必须能构想有一能弭平一切差别对待，以使我们能处身在生命一体性之本体—宇宙论的世界观点（诸如中国哲学所谓的天人合一、物我一体），这种宗教信仰观事实上已经远离有神论的宗教观，反而比较接近中国哲学的宗教观点。

在宗教思考中的形而上学认知方式，事实上是把原来作为道德发展的必要条件，因而已经能够成熟运用的逻辑认知能力，超越地运用于对终极实在的形而上学猜测之上。这种不确定的猜测，若非以道德意识的确定发展为前提，以至于能对生命意义的终极关怀有所解释，否则他在人类的思维运用中即不能有独立的意义与确定的地位。科尔伯格因而对宗教的内涵提出一个深刻的洞见，他认为每一个道德序阶的发展，都会在该序阶的发展阶段中去寻找一种相应的宗教观。因为宗教提供一种无视于由道德理想与现实的鸿沟，

① 转引自 Kohlberg, Lawrence, *The Philosophy of Moral Development*: *Moral Stages and the Idea of Justice*. San Francisco: Harper & Row, 1981, p.335.

以及由受苦、不正义与死亡的存在所产生出来的暧昧不明,而接受一实在为终极可信任者的方式。宗教所处理的问题因而是由道德推理的界限所产生出来的,这些问题的独特性在于,它们虽然属于道德的领域,却不是道德的讨论所能回答的。在这个意义下,科尔伯格虽是主张道德需要依赖宗教,但这却不是说宗教能对道德议题的讨论提供道德原则的实质规定,而是在于他能说明并支持为何行道德是一件有意义的行动。科尔伯格因而说:

> 道德思考的功能在于依据规范或原则解决个人之间相冲突的主张,而宗教推理的首要功能则是联系于超越的、无限的根据或整体感以肯定生命与道德。①
>
> 宗教是对于追问道德判断与行动之终极意义何在的一种有意识的回应与表达。宗教本身的功能不在于提供道德的命令,而在于支持道德的判断与行动是一项有意义的人类活动。②

就此而言,我们即可说,科尔伯格实系以其"终极关怀论"为"弱义依赖论"奠定了心理学的基础。

四、结论

透过本文的讨论,我们主张宗教对于生命终极关怀的阐释,实能为道德实践提供有意义性的基础。它使人类在面对生命意义的虚无主义危机时,仍能坚持道德的实践。且这种对于宗教超越向度的期盼,从主张"强义依赖论"的神律论开始,就都不否认它必须建立在人类道德实践的无穷努力之上。我们唯有穷尽道德的一切努力,才能真正感受到人的有限性,而需要无限性的超越。在这个意义上,宗教同样不能独立于道德实践之外而存在。一旦我们能区分出宗教对于人类生命意义的终极关怀,在透过道德自律以确立人格尊严之外,对生命实践仍具有不同层次的意义,那么肯定道德需要宗教,并非主张道德最后必须依赖于神律,而是主张唯有透过道德与宗教的相互补充,以道德实践作为人类生命意义之终极归趋,才能得到理性的证成。

---

① Kohlberg, Lawrence, *The Philosophy of Moral Development : Moral Stages and the Idea of Justice*. San Francisco : Harper & Row, 1981, p.321.

② 同上书, p.336.

Is Moral Practice Dependent on Religious Belief? An Examination of Four Types of Theories

LIN Yuanze

【Abstract】 Regarding the issue whether the moral practice is dependent on religious belief, one can derive his theoretical basis from two broad sources: one is called the theory of strong dependence, and the other is the theory of weak dependence. The first view states that the human being can only fulfill the moral requirement by completely depending on the religious belief; this view divides into two branches: divine command theory and theory of divine love. The second view holds that we are able to fulfill the moral obligation without appealing to religion. Having said that, the theory of weak dependence believes that, due to finiteness of human's life, we eventually have to reach the goal by grounding the basis on the religion. The second view splits into two types: theory of practical postulate and theory of ultimate concern. This article argues to favor the theory of ultimate concern after a detailed discussion of these four types of theories. The religious beliefs cannot be completely excluded from the argument for the fulfillment of moral requirement because one needs to use religion as the basis to argue for the infiniteness of human's life.

【Keywords】 Euthyphro's Dilemma, Divine Command Theory, Theory of Divine Love, Postulate of Practical Reason, Ultimate Concern

【传统伦理研究】

“彰善”“纠过”与儒家的“以礼化俗”

——王阳明《南赣乡约》的美政美俗旨归与乡村治理设计①

余治平②

【摘要】“乡约”是古代中国邻里乡人互相劝勉共同遵守,以相互协助救济为目的的一种规则约定。通过乡民受约、自约和互约而保障乡土社会成员的共同生活和共同进步。儒家的理想不仅要让人成其为人,而且还要让社会成其为社会。在古代中国,政权马不停蹄地换,甚至还会一时真空,但社会却还能够维持得很友好,人伦秩序一天都不乱,靠的就是教化的力量。王阳明《南赣乡约》发挥底层精英作用,对“同约之人”进行“彰善”“纠过”,构成《南赣乡约》两个基本功能和要求,目的在于使人做“良善之民”,营造出“仁厚之俗”。从约长、约副、约正,到约史、知约、约赞的17人班底,负责召集、组织、主持每次约会活动,借助于系列仪式化而落实各个环节。

【关键词】 乡规民约,儒家,乡村社会治理,风俗,《南赣乡约》

礼教衰,则风俗坏;风俗坏,则人心邪;人心邪,则世道乱,自古而然。《礼记·礼运》说,“圣人以礼示之,故天下、国家可得而正也”③。儒家一向强调修齐治平的工夫实践,其理想不仅是要让人成其为人,而且还要让社会成其为社会。为我们所孜孜以求的应该是一个有机的、生态的、有活力的社会,而不是一个满目疮痍、礼崩乐坏的社会。既要有政治、法治、武治,又要有德治、礼治、文治,这六治共同作用,交互融合,才能够真正赢得天下、国家,并对其进行改造和匡正。

费孝通在《乡土中国》一书中说:“如果我们能想象一个完全由传统所规定下的社会

---

① 本文部分内容已发表于《江南大学学报》2014年第6期。

② 作者简介:余治平,上海交通大学哲学系教授,博士生导师。

③ 陈戍国点校:《礼记·礼运》,长沙:岳麓书社,1989年,第368页。

生活,这社会可以说是没有政治的,有的只是教化。事实上固然并没有这种社会,但是乡土社会却是靠近这种标准的社会。"①古代中国,政权可以马不停蹄地换,甚至还可以一时真空,但社会却还能够维持得很友好,人伦秩序一天都不乱,靠的就是教化的力量。否则,就很难想象在战国、魏晋南北朝、五代十国那些没有统一政权的历史时期里,我们的祖先究竟是怎么活过来的。没有政治,老百姓可以照样生活,但没有教化却一天都难以维持下去。

一、德业相劝,过失相规

移风易俗,虽然可以由官方倡导,但也可以由民间自发,而且民间自发的力量似乎更有作用和效力。制定乡规民约,就是老百姓纯化社会风气、改善身边环境的一种自发行为。

在古代中国,"乡约"是邻里乡人互相劝勉共同遵守,以相互协助救济为目的的一种规则约定。通过乡民受约、自约和互约而保障乡土社会成员的共同生活和共同进步。大约在周代,底层社会就开始有制定"乡规民约"的习惯了。《周礼·地官·族师》曰:"五家为比,十家为联;五人为伍,十人为联;四闾为族,八闾为联:使之相保、相受,刑罚庆赏相及、相共,以受邦职,以役国事,以相葬埋。"②制定乡约的目的就在于让生活在一起的人们形成一个共同体,大家平时相互约束,相互规劝;遇到庆赏之喜事,大家相互分享;面对刑罚之危机,大家则一同承担,分解责任。

而中国最早的成文乡里自治规则,可能是北宋神宗熙宁九年,儒家知识分子吕大忠、吕大防、吕大钧、吕大临四兄弟在关中曾订有《蓝田吕氏乡约》,村民可以自愿入约,接受束缚。后来的《宋史·吕大防传》记曰:"尝为《乡约》曰:凡同约者,德业相劝,过失相规,礼俗相交,患难相恤。"③但"吕氏乡约"并没有推行多久,北宋就被金人所吞灭。南宋后,朱熹重新发现了这个乡约,并编写了《增损吕氏乡约》,使它再度声名鹊起。

大多数"乡约"都记载在族谱中,湖北来凤县《来凤卯峒向氏族谱》、四川省酉阳县后溪乡白氏《南阳族谱》等,族谱之前或之后记录一些乡规民约,便于更好地教育子孙后代与人为善、和睦乡邻,也有利于底层社会秩序的确立和稳定。

宋代官方对乡约组织采取的是一种不反对也不鼓励的态度,而到了明代,朝廷则大力提倡和推广乡约,《南赣乡约》便应运而生,影响也最广。④ 正德十三年十月,儒学家王守

---

① 费孝通:《乡土中国·长老政治》,北京:北京大学出版社,1998 年,第 66-67 页。

② 陈戍国点校:《周礼·地官·族师》,长沙:岳麓书社,1989 年,第 33-34 页。

③ 《宋史·卷三百四十·列传第九十九·吕大防传》,北京:中华书局,1985 年。

④ 洪武三十年,明太祖朱元璋"命户部令天下民,每乡里置木铎一,选年老或瞽者每月六次持铎徇于道路,曰:孝顺父母、尊敬长上,和睦乡里,教训子孙,各安生理,毋作非为",这就是著名的《六谕文》。次年,又颁布《教民榜文》。参见王有英:《清前期社会教化研究》,上海:上海人民出版社,2009 年,第 96 页。

仁亲撰《南赣乡约》,总十六款。

在这之前,驻守广西的王阳明,出于"剪除盗贼"的防务需要,也曾强制推行过所谓"十家牌法",或称"十家牌谕",颁布《十家牌法告谕父老子弟》,尽管其目的是"各家务要父慈子孝,兄爱弟敬,夫和妇随,长惠幼顺,小心以奉官法,勤谨以办国课,恭俭以守家业,谦和以处乡里,心要平恕,毋得轻意忿争,事要含忍,毋得辄兴词讼,见善互相劝勉,有恶互相惩戒,务兴礼让之风,以成敦厚之俗",但其方法、手段却难免"专制"嫌疑。

有两块小木牌子。一块是"十家牌式",牌子上写着"某县某坊"和 10 个人的"某人某籍",加上头、尾两人的签名画押。一块是"各家牌式",上面写着家中"男子几丁",每个男子的经营、职任、差役、生业、技能等情况。按照要求,这两个牌子"十家轮日收掌,每日酉牌时分,持牌到各家",然后还得"照粉牌查审",仔细检查各家人口,"某家今夜少某人,往某处,干某事,某日当回",少一个人,得说明去向;"某家今夜多某人,是某姓名,从某处来,干某事",多一个人,得交代来历。"务要审问的确,乃通报各家知会",互相监督,互相揭发,如果"事有可疑,即行报官。如或隐蔽,事发,十家同罪"。① 如有案发,又确系隐瞒,则株连十家,官府则惩治不殆,一并担责。对乡村普通百姓实行军事化管理,在战争期间可以理解,而在和平年代则一定会极大地钳制人身自由,不值得提倡。推行不久,连王阳明自己都不得不承认"本院所行十家牌谕,近来访得各处官吏类多视为虚文,不肯着实奉行查考,据法即当究治"。②

"十家牌法"置民于敌,防范心太盛,用意太急,难免强制、逼迫之嫌疑,似乎单纯在为官方统治服务,容易导致天怒人怨。而相比之下,王阳明后来在江西所倡导的《南赣乡约》则呈现出去官方化、去军事化的倾向,更符合百姓日常生活的基本要求,因而民间自治的色彩也更浓厚。对于乡村风气养成和社会治理而言,"十家牌法"倒像是法家所为,铁腕高压,刑罚严厉;而"南赣乡约"则回归了儒家,通过礼乐教化,而美政美俗。

二、《南赣乡约》之条款、要求

现转录《南赣乡约》之全文如下:

---

① 王阳明:《十家牌法告谕各府父老子弟》,见吴光、钱明、董平、姚延福编校:《王阳明全集 · 卷十六》,上海:上海古籍出版社,1992 年,第 528 - 530 页。

② 王阳明:《申谕十家牌法》,见吴光、钱明、董平、姚延福编校:《王阳明全集 · 卷十七》,上海:上海古籍出版社,1992 年,第 608 页。

咨尔民，昔人有言："蓬生麻中，不扶而直；白沙在泥，不染而黑。"民俗之善恶，岂不由于积习使然哉！

往者新民盖常弃其宗族，畔其乡里，四出而为暴，岂独其性之异，其人之罪哉？亦由我有司治之无道，教之无方。尔父老子弟所以训诲戒饬于家庭者不早，薰陶渐染于里闬者无素，诱掖奖劝之不行，连属叶和之无具，又或愤怨相激，狡伪相残，故遂使之靡然日流于恶，则我有司与尔父老子弟皆宜分受其责。

呜呼！往者不可及，来者犹可追。故今特为乡约，以协和尔民，自今凡尔同约之民，皆宜孝尔父母，敬尔兄长，教训尔子孙，和顺尔乡里，死丧相助，患难相恤，善相劝勉，恶相告戒，息讼罢争，讲信修睦，务为良善之民，共成仁厚之俗。

呜呼！人虽至愚，责人则明；虽有聪明，责己则昏。尔等父老子弟毋念新民之旧恶而不与其善，彼一念而善，即善人矣；毋自恃为良民而不修其身，尔一念而恶，即恶人矣；人之善恶，由于一念之间，尔等慎思吾言，毋忽！

一、同约中推年高、有德、为众所敬服者一人为约长，二人为约副，又推公直、果断者四人为约正，通达、明察者四人为约史，精健、廉干者四人为知约，礼仪习熟者二人为约赞。

置文簿三扇：其一扇备写同约姓名，及日逐出入所为，知约司之；其二扇一书彰善，一书纠过，约长司之。

二、同约之人每一会，人出银三分，送知约，具饮食，毋大奢，取免饥渴而已。

三、会期以月之望，若有疾病、事故、不及赴者，许先期遣人告知约；无故不赴者，以过恶书，仍罚银一两公用。

四、立约所于道里均平之处，择寺观宽大者为之。

五、彰善者，其辞显而决；纠过者，其辞隐而婉，亦忠厚之道也。如有人不弟，毋直曰"不弟"，但云"闻某于事兄敬长之礼，颇有未尽；某未敢以为信，姑案之以俟"；凡纠过恶，皆例此。若有难改之恶，且勿纠，使无所容，或激而遂肆其恶矣。约、长、副等，须先期阴与之言，使当自首，众共诱掖奖劝之，以兴其善念，姑使书之，使其可改；若不能改，然后纠而书之；又不能改，然后白之官；又不能改，同约之人执送之官，明正其罪；势不能执，戮力协谋官府请兵灭之。

六、通约之人，凡有危疑难处之事，皆须约长会同约之人与之裁处区画，必当于理济于事而后已；不得坐视推托，陷入于恶，罪坐约长、约正诸人。

七、寄庄人户，多于纳粮、当差之时，躲回原籍，往往负累同甲；今后约长等劝令及期完纳应承，如蹈前弊，告官惩治，削去寄庄。

八、本地大户，异境客商，放债收息，合依常例，毋得磊算；或有贫、难、不能偿者，亦宜以理量宽；有等不仁之徒，辄便捉锁磊取，挟写田地，致令穷民无告，去而为之盗。今后有此告，诸约长等与之明白，偿不及数者，劝令宽舍；取已过数者，力与追还；如或恃强不听，率同约之人鸣之官司。

九、亲族乡邻，往往有因小忿投贼复仇，残害良善，酿成大患；今后一应门殴不平之事，鸣之约长等公论是非；或约长闻之，即与晓谕解释；敢有仍前妄为者，率诸同约呈官诛殄。

十、军民人等若有阳为良善，阴通贼情，贩买牛马，走传消息，归利一己，殃及万民者，约长等率同约诸人指实劝戒，不悛，呈官究治。

十一、吏书、义民、总甲、里老、百长、弓兵、机快人等若揽差下乡，索求赍发者，约长率同呈官追究。

十二、各寨居民，昔被新民之害，诚不忍言；但今既许其自新，所占田产，已令退还，毋得再怀前仇，致扰地方，约长等常宜晓谕，令各守本分，有不听者，呈官治罪。

十三、投招新民，因尔一念之善，贷尔之罪；当痛自克责，改过自新，勤耕勤织，平买平卖，思同良民，无以前日名目，甘心下流，自取灭绝；约长等各宜时时提撕晓谕，如踵前非者，呈官征治。

十四、男、女长成，各宜及时嫁、娶。往往女家责聘礼不充，男家责嫁妆不丰，遂致愆期。约长等其各省谕诸人，自今其称家之有无，随时婚嫁。

十五、父、母丧葬，衣衾棺椁，但尽诚孝，称家有无而行；此外或大作佛事，或盛设宴乐，倾家费财，俱于死者无益；约长等其各省谕约内之人，一遵礼制；有仍蹈前非者，即与纠恶簿内书以不孝。

十六、当会前一日，知约预于约所洒扫张具于堂，设告谕牌及香案南向。当会日，同约毕至，约赞鸣鼓三，众皆诣香案前序立，北面跪听约正读告谕毕。

约长合众扬言曰：

“自今以后，凡我同约之人，只奉戒谕，齐心合德，同归于善；若有二三其心，阳善阴恶者，神明诛殛。”

众皆曰：“若有二三其心，阳善阴恶者，神明诛殛。”皆再拜，兴，以次出会所，分东、西立。

约正读《乡约》毕，大声曰：“凡我同盟，务遵《乡约》。”

众皆曰:“是。”乃东、西交拜。兴,各以次就位,少者各酌酒于长者三行。知约起,设彰善位于堂上,南向置笔砚,陈彰善簿。约赞鸣鼓三,众皆起。

约赞唱:“请举善!”

众曰:“是在约史。”

约史出,就彰善位,扬言曰:“某有某善,某能改某过,请书之,以为同约劝。”

约正遍质于众曰:“如何?”

众曰:“约史举甚当!”

约正乃揖善者,进彰善位,东、西立。

约史复谓众曰:“某所举止是,请各举所知!”

众有所知即举,无则曰:“约史所举是矣!”

约长、副、正皆出,就彰善位。约史书簿毕。

约长举杯,扬言曰:“某能为某善,某能改某过,是能修其身也;某能使某族人为某善,改某过,是能齐其家也;使人人若此,风俗焉有不厚?凡我同约,当取以为法!”遂属于其善者。

善者亦酌酒,酬约长曰:“此岂足为善,乃劳长者过奖,某诚惶怍,敢不益加砥砺,期无负长者之教。”皆饮毕,再拜会约长。

约长答拜,兴,各就位。

知约撤彰善之席,酒复三行,知约起,设纠过位于阶下,北向置笔砚,陈纠过簿。约赞鸣鼓三,众皆起。约赞唱:“请纠过!”众曰:“是在约史。”

约史就纠过位,扬言曰:“闻某有某过,未敢以为然,姑书之,以俟后图,如何?”

约正遍质于众曰:“如何?”

众皆曰:“约史必有见。”

约正乃揖过者出,就纠过位,北向立。

约史复遍谓众曰:“某所闻止是,请各言所闻!”

众有闻即言,无则曰:“约史所闻是矣!”

于是,约长、副、正皆出纠过位,东西立。约史书簿毕。

约长谓过者曰:“虽然姑无行罚,惟速改!”

过者跪请曰:“某敢不服罪!”自起酌酒,跪而饮曰:“敢不速改,重为长者忧!”

约正、副、史皆曰:“某等不能早劝谕,使子陷于此,亦安得无罪!”皆酌,自罚。

过者复跪,而请曰:“某既知罪,长者又自以为罚,某敢不即就戮,若许其得以自改，则请长者无饮，某之幸也！”趋后，酌酒自罚。

约正、副咸曰：“子能勇于受责如此，是能迁于善也，某等亦可免于罪矣！”乃释爵。

过者再拜，约长揖之，兴，各就位。知约撤纠过席。

酒复二行，遂饭。

饭毕，约赞起，鸣鼓三，唱：“申戒！”众起。

约正中堂立，扬言曰：“呜呼！凡我同约之人，明听申戒，人孰无善，亦孰无恶；为善虽人不知，积之既久，自然善积而不可掩；为恶若不知改，积之既久，必至恶积而不可赦。今有善而为人所彰，固可喜；苟遂以为善而自恃，将日入于恶矣！有恶而为人所纠，固可愧；苟能悔其恶而自改，将日进于善矣！然则今日之善者，未可自恃以为善；而今日之恶者，亦岂遂终于恶哉？凡我同约之人，盍共勉之！”

众重曰：“敢不勉。”乃出席，以次东、西序立，交拜，兴，遂退。①

三、做“良善之民”，造“仁厚之俗”

在这篇《南赣乡约》中，王阳明首先承认“民俗之善恶”都以为“积习使然”，社会风气的好与坏，直接关系到民俗的善与恶。一段时期以来，有一些山民“弃其宗族”“畔其乡里”“四出而为暴”，不只是他们“其性之异”，野蛮成性，地方政府也有责任，地方官员也难咎其罪。底层社会是需要政府花心思、花精力去认真经营的，该治的治，该教的教。如果政府“治之无道”“教之无方”，早晚都要出事。所以，一个地方治理不好，当地的父母官和本乡本土的“父老子弟”都应该“分受其责”。

儒家强调“和为贵”，制定乡约的目的无非是“协和尔民”，只有老百姓和谐了，国家的真正和谐也就不远了。儒家一直以来的理想，不只是必须把个人治理好，兼修身心，使人成其为人，成圣成贤，成为君子；更为重要的是还得把社会治理好，美政美俗，改善世道，使我们的社会成为一个秩序社会、文明社会。

凡是签订了这份《乡约》的民众，即“同约之民”，都应该“孝尔父母”“敬尔兄长”“教训尔子孙”“和顺尔乡里”，孝敬和顺，应当首先从亲人做起，从身边人做起。你怎样对待家里的人，就会怎样对待外面的人。一个对自己的父母都不孝的人，一个对自己的兄长都

---

① 王阳明：《南赣乡约》，见吴光、钱明、董平、姚延福编校：《王阳明全集 · 卷十七》，上海：上海古籍出版社，1992 年，第 599 – 604 页。征引时，标点、分段有改动，序号为引者所加。

不敬的人,一个对自己的儿孙都不教诲的人,一个经常跟自己的邻居吵架斗气的人,是不能称为好人的。

邻里之间,就应该"死丧相助,患难相恤",发现善的事情,就相互劝勉,共同趋赴;遇到恶的事情,就相互告诫,尽量避免祸害。"息讼罢争,讲信修睦",才能友好相处。做人要做"良善之民",大家携起手来共同为乡间社会营造出一个"仁厚之俗"。君王治理天下,州官主政一方,教化风气、仁厚民俗都是其当然之责,推卸不掉。

对"同约之人",进行"彰善""纠过"是《乡约》的两个最基本的功能和要求。表彰好人好事,言辞应该明显而坚定,大张旗鼓,积极宣传。而纠正有过错的人和事,言辞则应该隐晦而委婉,不能太张扬,不宜扩张声势,毕竟不是什么好人好事。

四、乡约的会期、会费与组织结构

凡是参加签约的乡民,都称为"同约之人",其数量或多或少,可以三四十户、五六十户,也可以一二百户。其范围一般都以自然居住在一起的家族庄园、相邻村落为基础,也会适当吸附周边散户、小村人等。一户一人,大多以男丁户主为代表。

会期:每月十五一会。条件成熟的乡村则可以朔、望两会。

会费:每会交银钱 3 两;缺席者,一律记以"过恶",并罚银 1 两,充公之用。作为一种民间组织,如果会员都不交钱,说散也就散了,没有义务也就没有责任。让大家都交点钱,也算一种责任,这样,人们就会产生认同的感觉和权利的要求。

约所:"均平之处",或"寺观宽大者"。赣南是丘陵地带,开阔的空间不多,找一块敞亮的地方,可以降低乡民往来的交通难度,因而提高乡约集会的参与率。

乡约核心成员的产生渠道是:乡民推举。他们一般都是德高望重、有一定威信、有办事能力、有稳定可靠的经济基础的人,或族中长辈,或举人秀才,或私塾先生,或告老还乡的达官士子。值得注意的是,推举不同于选举。乡约核心成员并不是一人一票选出来的,那样的话,可以拉票,容易舞弊,而是乡亲邻里坐到一起"合议"产生出来的人选,大家觉得合适就行,不讲票数多少。

组织人事结构:

约长,1 人。基本要求是"年高、有德、为众所敬服者"。其岗位职责大致为:彰善,纠过,训话,举杯等。约长所做的都是面子上的事情,一般在约会的标志性环节才出场露面。

约副,2 人。"年高、有德、为众所敬服者。"协助约长处理约会事务,当约长因故缺席约会时,则全权代理,履行其职责。

约正,4 人。基本要求是“公直、果断者”。这 4 人是乡约活动的具体执行层。其岗位职责大致为:读告谕、乡约,询问、质疑善恶人事于众人。类似于检察官、监察官,负责向乡民检举、取证、查验善、恶之事的虚实。

约史,4 人。基本要求是“通达、明察者”。这 4 人也是乡约活动的具体执行层,但他们偏重于记事,其岗位职责大致为:举善、恶之人事,书彰善、纠过簿。

知约,4 人。基本要求是“精健、廉干者”。这 4 人也是约会的具体执行者,必须干一些琐碎的活。其岗位职责一般为:写同约姓名、记出入所为于文簿;置笔砚,陈彰善、纠过簿;“洒扫张具于堂”,“设告谕牌及香案南向”;设、撤“彰善位”“纠过位”。

约赞,2 人。其岗位职责大致为:“礼仪习熟”、鸣鼓。类似于今天的司仪。

从约长、约副、约正,到约史、知约、约赞,这 17 人的班底,负责召集、组织、主持每次约会活动,落实各个环节。不能忘记的是,这个群体也是底层社会的骨干和精英,明清以来,他们在很大程度上一直掌握着乡间事务的话语权、决断权,是广大农民阶级的引导者和领头羊,对稳定帝国的乡村发挥过积极而重要的作用,其影响力肯定远超出了“同约之人”的范围。

五、循循善诱,治病救人

对待极少数恶人、坏人,《乡约》的做法可谓仁至义尽,循循善诱,步步导引,宽大为怀,最能体现儒门劝善匡过、治病救人的教化工夫。

如果遇到具有“难改之恶”的人,理当逐步劝其改过自新,具体方法是:

第一步,“且勿纠”,“使无所容”,“或激而遂肆其恶”,所实施的是欲擒故纵法,让其充分暴露出缺点和过错,以便于手术治疗。

第二步,安排不同的人,如“约长、副等”,先跟当事人沟通,话往好里说,争取其“自首”,让他自己承认错,然后,大家再一起引导他、规劝他,激发他内心的善念,努力让他写出悔过书,改正错误。

第三步,如果当事人还不能悔改,大家就可以明确告诉他错在哪里,一起帮助他纠正过失,并且“书之”,让他写下保证书,要求以后不再犯浑。

第四步,如果当事人仍然不能改,在这种情况下,大家就不再留有情面,而可以“白之官”,即直接向官府告发了。

第五步,假如他还是改不了,那就让所有“同约之人”一起,“执送之官”,把他抓起来直接送到官府去,让官府“明正其罪”。

第六步，也是最后一步，如果当事人“势不能执”，即力气大或掌握凶器、势力庞大之类的，大家一下子很难制服他，干脆就“戮力协谋官府请兵灭之”，跟官府合作，搬来兵将，通力将其歼灭。

这里，对于那些犯了“难改之恶”的人，为什么不果断绳之以法，铁腕处理，而是不断给机会让其重新做人呢？乡里乡亲的，都生活在同一块土地上，低头不见抬头见，谁要是真有个好歹，大家都得跟着连坐，大家的日子都不好过，大家也都不光彩，所以还不如努力把他往好处引，他能改到哪步算哪步，尽量以正面教育为主，而不宜寡恩绝情，强硬惩治。这样的人即使伏法、服刑后，回到乡里，大家还得在一起相处，还得相互走动，相互打交道。与亲缘关系一样，地缘关系基本上也是无法拒绝的。所以，乡约应当以晓谕、劝告、正面教育为主，不到万不得已，一般都不会把那些屡教不改的人“呈官追究”“呈官治罪”“呈官诛殄”。乡约挡不住了，才送交官府，绳之以法。

我们应该注意到，对于那些犯了“难改之恶”的人，《乡约》所使用的处理方法是，因势利导，级级宽容，逐步亮出底线，在自发为乡村建构起稳定和谐的秩序的同时，也自觉地为政府排忧解难，主动为朝廷拦水拦沙拦石子。因而，在拯救了许多当事人的人生家庭的幸福生活的同时，也化解了底层社会的许多矛盾和冲突，因而能够在官府与百姓之间、在法律惩治与教化规劝之间，发挥了一种舒缓与润滑的作用，能够有效避免官与民、高层与底层二元结构一般很容易导致的直接对冲。这其中，以“约长”为首的一帮士绅、乡贤是功不可没的，这个群体出生于农民阶层却又能够通过知识的力量而超越于农民阶层，他们决断村庄里的大小事情，对农民生活产生实质性的影响。① “通约之人，凡有危疑难处之事，皆须约长会同约之人与之裁处区画，必当于理济于事而后已”，普通农民遇到生产生活上的问题，都会请教于他们，他们主动承担起为邻里排忧解难的责任，并且还能够自我加压，“不得坐视推托，陷人于恶”，没有这个群体，中国古代的底层社会早就坍塌了，而绝不可能维持这么长久。

六、因礼式而敬畏、而神圣

乡规民约，在起源上虽然只是一种局限于乡土群体之内的人为约定，但也具有一种不

① 中国古代没有西方那种等级森严的奴隶制，底层人群并不需要借助于自由、民主的制度而获得自己的权利，更多地则依赖于社会精英阶层出于公义和良心的和谐治理。长期以来，士绅、乡贤一直充当着底层社会精英的角色。任何一个统治集团如果要通过仇富、掠富、杀富的手段而刻意消灭生活在农村的士绅、乡贤阶层，只剩下官府与百姓的二元对立，甩掉了中间的一块缓冲带，因而导致底层百姓有冤没处告、有怨没处申、有苦没处说，只能冲着官府去，则显然都是一种不明智之举。

可肆意诋毁和侵凌的神圣性质。会约的前一日,“知约”必须预先到“约所”堂上,打扫卫生,把立约所用的器具都擦干净,面朝南摆设“告谕牌”“香案”。会约的当天,人都到齐了,先由“约赞”鸣鼓三次,大家依次站立在香案之前,面朝北,跪下来聆听“约正”宣读“告谕”。然后,再由“约长”带领所有立约人齐声宣誓:“自今以后,凡我同约之人,只奉戒谕,齐心合德,同归于善;若有二三其心,阳善阴恶者,神明诛殛。”

乡规民约显然不是什么正规的国家法律,最多也只是一种在村野局部范围内获得相对认可的习惯法,但它却能够通过一套类似于宗教的礼仪形式而获得一种权威性和严肃性,只允许“齐心合德,同归于善”,不允许“有二三其心”,否则,那些“阳善阴恶”的人,就必然遭到“神明”的“诛殛”,一旦违反这个被大家所共同认可的乡约,就会受到来自神灵的严厉惩罚,谁都别存侥幸心理。所以,由一群“泥腿子”乡下人所捣鼓出来的乡约,原来竟也如此值得敬畏。

把“彰善位”设在约所的“堂上”,显然是对行善之人的尊重,对善行善德的高扬。而把“纠过位”安排在“阶下”,则是对行恶之人的贬抑,对恶行恶品的鄙夷。一高一低,一尊一贱,善恶之分别,非常明显。彰善,“南向置笔砚”,是以善为主,邪不压正,善终归是要胜恶的;纠过,“北向置笔砚”,似乎注定要败在善行善德的面前。

至于“约史”书写“彰善簿”“纠过簿”的环节,其意图则是让善行善德和恶行恶事都一一记录在案,以便于人们从中或找到榜样,或引以为戒。有善举、做好事的人,将在“彰善簿”上扬名,世代传颂。而犯了错、行有过、做了坏事的人,也会在“纠过簿”上留下一笔,恶名昭著,想抹都抹不去。“约史”向众人举善、举恶,要人们“所知即举”,则类似于法庭的当庭举证,把善恶暴露在众目睽睽之下,进而使善不得蔽,恶无所藏。

在彰善、纠过之前,“约赞”三次鸣鼓,众人肃然起立;“约史”书写“彰善簿”“纠过簿”的过程,“约长”举杯,并大声表彰善行;彰善席上,行善之人酌酒、饮酒并拜会“约长”,“约长”答拜;纠过席上,犯错之人跪请、酌酒、跪而饮,等等。这些都非常真切地构成了一套完整而系统的礼仪形式。这一套具有人类学考察价值的礼仪形式,看似繁琐复杂,甚至没多大的作用,但如果人们一直照这么做下去,所获得的最大效果就是,让人知道做善事终归是好的,作恶,甚至犯一点点小错,太丢人现眼了,面子上的成本太大了,不值得,于是,至少在内心里决心:再也不敢做坏事了。

最后是“约正”站在中堂所发表的一番劝勉感言,要求所有“同约之人”都能够分清善恶,“明听申戒”,以好人为榜样,以坏事为警戒,“人孰无善,亦孰无恶”,凡人在本性上都能善能恶,这就更加凸显出风俗教化、日常修持的重要性了。“为善虽人不知,积之既久,自然善积而不可掩;为恶若不知改,积之既久,必至恶积而不可赦。”从人的行为结果上看,无论是善还是恶,都有一个漫长的积累过程,积善之久,终归会被人们表彰和鼓励,积恶日深,最终也难免罪责惩处。王阳明强调:“吾辈今日用功,只是要为善之心真切。此心真切,见善即迁,有过即改,方是真切工夫。”①彰善、纠过之后,谁的工夫都不能减,修德之路远矣。

现在“有善而为人所彰,固可喜;苟遂以为善而自恃,将日入于恶矣!有恶而为人所纠,固可愧;苟能悔其恶而自改,将日进于善矣!”今天受到表彰的行善之人应该再接再厉,继续努力,但如果沾沾自喜,固步自封,有恃无恐,那么也会有损进德,而堕落为恶。今天受到纠正的有恶之人,如果能够及时悔改,重新做人,逐步积累,也会使自己的行为更趋近于完美。“今日之善者,未可自恃以为善;而今日之恶者,亦岂遂终于恶哉”,可见,善与恶从来就是相对的。善被表彰、过被纠正,都只是德性养成的一个环节,需要不断累积。② 这些都是“凡我同约之人”所应当“共勉”的。

七、结语

君王治国,不仅要美政,还应该美俗。传统儒家知识分子对自身也有在朝则能善政、在野则能美俗的要求。《荀子·儒效》说:“儒者在本朝,则美政;在下位,则美俗”③,教化风俗,淳厚农人是士绅、乡贤阶层的一项最基本功能。汉哀帝的时候,甚至还设立过一个叫作“美俗使”的官职,《汉书·何并传》:“诩至,拜为美俗使者”④,颜师古《注》引文颖曰:“宣美风化使者”,就是专门负责治理民间风化的。但传统社会里,大部分儒家知识分子参与乡村治理,淳美地方习俗,都是一种自觉行为,不要钱,甚至还得倒贴许多家产。王阳明的《南赣乡约》在当时行之有效,“嘉靖间,部檄天下,举行乡约,大抵增损王文成公之教”,朝廷在全国范围内大肆推广王阳明的教化美俗之法。《南赣乡约》与《吕氏乡约》相比,前者是民众自发,属于自治;后者则是政府督促,属于官治。在明代,具有劝导、规范和

---

① 张怀承注译:《传习录·卷上·薛侃录》,长沙:岳麓书社,2004 年,第 83 - 84 页。

② 在儒学工夫论上,阳明之学虽不乏禅宗当下顿悟方法之痕迹,但也十分重视旷日持久的修行积累。《传习录》中,王阳明曾明确指出:“区区格、致、诚、正之说,是就学者本心、日用事为间,体究践履,实地用功,是多少次第、多少积累在,正与空虚顿悟之说相反。”引文见张怀承注译:《传习录·卷中·答顾东桥书》,长沙:岳麓书社,2004 年,第 125 页。

③ 《荀子·儒效》,见杨柳桥:《荀子诂译》,济南:齐鲁书社,1985 年,第 153 页。

④ 班固:《汉书·卷七十七·何并传》,见陈焕良、曾宪礼标点:《汉书》下册,长沙:岳麓书社,1994 年,第 1417 页。

进德特点的"乡约",通过一个月举行一次的讲解活动,①儒家教化与人伦道德更加深入人心。乡约组织与具有组织性、实效性的"保甲""社仓",具有教育职能的"社学"一起,形成一套完整的乡村治理系统,对底层社会的秩序建构和巩固发挥着不可替代的积极作用。

Village Rules and Political Aesthetics, Good Customs: Rural Governance in Confucian Courtesy Dimension

YU Zhiping

【**Abstract**】 According to Confucius ideal, Confucian not only pursue to make people be virtue man, but also to let the community be its good society. In ancient China, regime changed successively, even sometimes throne was vacant, but relying on power of moralization, the society could still keep a good morality order without any mess. This must owe to Confucian good society ruling, special village ruling. As a great Confucian in Ming dynasty, Wang Yangming mobilized the power of society underlying elite, and made the local rules and regulations for a village-ship, in which man praises the goodness and punishes the evil. According to regulation of the version, so called *the Village Conventions of Nan Gan*, which located South Jiangxi Prov. China, and through many rites, they could enable people to be "good people", thus creating "benevolent customs".

【**Keywords**】 Confucian, Village Rules, the Confucian Customs of Rural Governance, *the Village Conventions of Nan Gan*, Benevolent Customs

---

① 至清初,讲乡约的频率则演变为一月两次,朔日、望日各举行一次。清帝大多非常重视乡村治理,康熙九年颁布《上谕十六条》,即"敦孝弟以重人伦,笃宗族以昭雍睦,和乡党以息争讼,重农桑以足衣食,尚节俭以惜财用,隆学校以端士习,黜异端以崇正学,讲法律以儆愚顽,明礼让以厚风俗,务本业以定民志,训子弟以禁非为,息诬告以全良善,诫窝逃以免株连,完钱粮以省催科,联保甲以弭盗贼,解仇忿以重身命"。雍正即位后,又对《上谕十六条》加以诠释和发挥,御制《圣谕广训》,洋洋万言,全国实施,被今人称为"清朝的圣经,为郡县学训练士子的标准,教化全国人民的法典"。雍正七年,皇帝下诏对各省、府、州、县、大乡、大村、边疆地区及人口稠密地区的乡约组织与执行情况进行一次全面检查和整顿,其后,乡约设立的范围更加广泛。参见王有英:《清前期社会教化研究》,上海:上海人民出版社,2009 年,第 85、97 - 98 页。

阳明后学的道德信念与伦理实践

朱　承①

【摘要】 阳明后学如同许多儒家思想派别一样,秉持一定的道德信念来从事社会伦理实践,以期落实儒家学者的伦理和家国关怀。在王阳明心学的主导下,阳明后学的道德信念主要体现在对于王阳明个人的信念、对于良知的信念以及对于"万物一体""三代之治"的信念等方面;而他们的伦理实践,主要表现在讲学和乡村社会教化活动中。阳明后学的道德信念与伦理实践,依旧是传统儒家式的信念与教化活动,在新的时代里,既需要对这一传统予以重视,也需要重新反思其缺憾。

【关键词】 阳明后学,道德信念,伦理实践

在深厚的儒家传统里,思想家们总是念及世间,对于现实的政治秩序、伦理生活充满忧患意识,希望有一种思想能够彻底地解释并改造社会生活。阳明后学同其学派创始人王阳明一样,遵循着儒家传统,积极入世,胸怀救世的热忱,激荡思想,奔走呼告,期望他们所坚持的理想信念、学术思想以及他们所从事的讲学和社会教化活动能够影响政治与伦理,进而实现理想的秩序。自王阳明创教以来,其门人和后学秉持心学精神,或延伸心学的哲学思考,或解释和宣传王阳明思想,或将心学精神贯彻到社会生活中去,从不同的角度、层次、领域发挥着王阳明的思想。在"化治世为治心"②这一伦理政治的总体思路激发下,阳明后学真诚地相信人的内在良知可以转化为救世、治世的根本性力量,在良知的主导下,人们凭借着自己的道德理性、道德意志、道德情感以及在现实生活中的道德行动,可以实现万物一体的理想秩序,可以重新回到三代社会的理想政治。为此,他们积极地从事讲学活动、教化活动以及政治活动,以最大的热情传播良知之学,改变士风和社会风俗,期望通过启发广大群众特别是乡村社会的下层群众,最大限度地发挥自己的良知来从事家庭、家族和乡村的道德建设,建设一个高举心体和良知旗帜的"道德理想国"。可以说,对

---

① 作者简介:朱承,哲学博士,现为上海大学哲学系教授、华东师范大学中国现代思想文化研究所兼职研究员,主要从事中国哲学的教学与研究。

② 这一说法是对王阳明政治哲学思想总体思路的一个概括,具体参见朱承:《治心与治世——王阳明哲学的政治向度》,上海:上海人民出版社,2008 年。

王阳明以及良知、万物一体和三代之治持有坚定的信念，并不断落实讲学和教化的伦理实践，构成了阳明后学思想和行动的主要特质。

一、对王阳明的信念

王阳明作为王朝官吏，立下不世之功；作为儒家思想家，历百死千难，创立良知学；作为学派创始人，学生、门人众多，为政、为学、为教都取得了引人瞩目的成就，凭着巨大的个人魅力赢得了后学的膜拜。阳明后学被王阳明神奇经历所倾倒，为他的造道精神所折服，为他的挑战朱学的勇气所震撼，故而往往表现出崇拜态度来对待王阳明。他们言必称王阳明，行必推广、落实王阳明之学，在中晚明社会掀起一场以王阳明为旗帜的思想运动。

由于有着明确的学派意识，阳明后学对于王阳明及其学说持有坚定的信念，既是对王阳明心学思想的服膺，也是对王阳明本人的一种信仰与追随。他们极力树立王阳明在儒学史上的权威地位，如王畿认为王阳明的良知学直接接续孔颜，是儒门最为正宗者，王畿曾说："子既为儒，还须祖述尧周，效法孔颜，共究良知宗旨，以笃父子，以严君臣，以亲万民，普济天下，绍隆千圣之正传。"[①]这里显然可以看出，"绍隆千圣之正传"的题中必有之义是要"共究良知宗旨"，王畿的言下之意在于王阳明就是孔颜之后最为正宗的儒者，故而他说，"颜子没而圣学亡，举世寥寥，高者蔽于见解，卑者溺于奢欲，反复相寻，盖千百年于兹矣。自阳明先师倡发良知之旨，以觉天下，千载不传之秘，始有所续"。[②] 王畿跳过孟子、朱子等大儒，直接将王阳明接续到孔子、颜回，以此强调阳明心学是儒家正统，说明了王畿炽热的护教情感，也表明他对王阳明本人历史地位的明确阐扬。判教意识、争夺正宗地位历来是中国文化传统的一个重要内容，儒释道概莫能外。他们往往将后世某一学术派别直接接续原初创教者的思想，以此来强调其门派的正宗性、合法性地位，这是传统中常见的做法，宋明理学主要代表人物的传记里，都有将他们接续到先秦孔孟的类似言语，如周敦颐、二程、朱熹等。王畿等人对王阳明的维护，也是这一传统的延续。

再如聂豹，在王阳明生前，聂豹并未以师事之，但他服膺阳明之教，热切地追随王阳明，在王阳明逝世以后，还非常认真地继续拜其为师，并以阳明学说为宗旨而论学。《明儒学案》上说，"阳明既殁，先生时官苏州，曰：'昔之未称门生者，冀再见耳，今不可得矣。'于是设位，北面再拜，始称门生。以钱绪山为证，刻两书于石，以识之"。[③] 老师已经去世，而

---

① 〔明〕王畿：《答五台陆子问》，吴震编校整理：《王畿集》卷六，南京：凤凰出版社，2007 年，第 149 页。

② 〔明〕王畿：《陆五台赠言》，吴震编校整理：《王畿集》卷十六，南京：凤凰出版社，2007 年，第 445 页。

③ 〔清〕黄宗羲：《江右王门学案二》，沈芝盈点校：《明儒学案》卷十七，北京：中华书局，1985 年，第 372 页。

学生以他人见证并勒石以记的方式来拜师，在中国思想史上并不多见。聂豹在王阳明去世以后，在钱德洪的见证下正式成为阳明门人，而归入阳明后学的序列中，这足以说明聂豹对于王阳明个人的坚定信念，并以实际行动落实这个信念。

在阳明后学的文献中，对于王阳明个人所表达的崇敬之情，十分多见，甚至有将王阳明"神化"的诸多做法①。阳明后学对于王阳明的信念，既体现了儒家"尊师重道"的传统，也表现了他们以权威化、神圣化的方法来建立对王阳明的信念，并在此信念的基础上进一步推广他的学说和思想。在儒家思想传统中，道德信念的落实往往需要以人格化的方式进行，对于儒家道德原则的信念，往往是与对尧舜禹汤、文武周公、孔孟先圣等人格崇拜并列在一起的。正是在这个意义上，阳明后学在各种场合极力展现对于王阳明本人的崇敬和信念，这既是他们个人情感的表达，也是为了建立和强化王阳明所主张的心学思想的合理性，扩大心学思想、良知观念的传播效果。当然，对学派宗师过于崇拜，也会导致后学被束缚在宗师的框架下，在思想的继续创新上有所不足。

二、对良知的信念

王阳明所强调的良知之学，使得阳明后学诸子发现了内在于人心中的道德力量，进而对这种内在的道德力量产生了坚定的信念。当人们孜孜于追求外在天理的时候，王阳明宣称伦理原则不在对象物那里，而在自己的内心，是人的内心给予了对象物以意义，而不是相反。困惑于当时士人追逐文辞、知行脱节的社会风气，阳明后学人物豁然觉察到造成这些"假道学"、虚假学风文风、口是心非现象的原因，正是在于人们盲目地追逐外在事理，驰求多端而遗忘了道德行动的源头恰恰在自己的内心良知，而不是外在的利益、功名。一旦实现了从天理到良知的外内翻转，阳明后学便坚定地相信只有良知所代表的内在道德理性、意志和情感才能真正地实现现实的道德行动，没有内在力量的支撑和决定，所有的"道德行动"都不过是一种剧场的假象，是道德的表演，而不是真正发自内心的道德行动。道德表演因为具有可模仿性，故而人们完全可以通过道德表演实现自己利益的最大化，而社会就在全民道德表演中一步一步走向衰落，乃至不治。只有人们真正地按照自己的道德理性、意志和情感来安排行动，也就是按照良知行事，实现知行合一，社会上的道德表演才会逐渐减少，而发自内心的真正道德行动才会增加。正是认识到王阳明良知学的苦心孤诣之所在，阳明后学在感性信仰王阳明的基础上，又形成了对他提出的"良知"学

① 参见钱明：《中晚明社会对王阳明的造神运动》，《杭州师范大学学报》（社会科学版），2009 年第 3 期。

说的坚定信念。

王畿曾用近乎宗教性的词语来指称良知，他认为："大抵我师良知两字，万劫不坏之元神，范围三教大总持。良知是性之灵体，一切命宗作用只是收摄此件，令其坚固，弗使漏泄消散了，便是长生久视之道。"①王畿将良知作为一切之总持，又说，"师门宗旨，良知两字，是照妖大圆镜，真所谓赤日当空，魍魉潜消者也"。② "元神""总持""灵体""长生久视""照妖大圆镜"等，从王畿描述良知的用词上来看，他把良知放到了信仰崇拜的位置上。王畿推崇良知有其对阳明学狂热信仰和宣传的色彩于其中，但从某种意义上讲，也表现了他对良知观念超越道德层面的其他功效十分自信。王畿认为，"良知"先于经验而存在，具有本体性的至高地位，是圣门唯一之路，"予惟良知两字，是千圣从入之门，自初学至于成德，只此一路，惟有生熟不同，更无别路可走"。③ 所以在王畿看来，"良知"在生活中具有极其崇高的价值："阳明先师良知两字，乃是范围三教之宗，是即所谓历劫不坏先天之元神。"④在儒家的立场来看，"先天元神"似已是"六合之外"了，这在一定意义上超越了儒家在此岸世界讨论问题的传统。由此足见，王畿对王阳明学说的发挥，充斥着一种浓厚的宗教情怀，达到了宗教信仰的境地，具有一定的非理性色彩于其中。⑤

欧阳德也认为良知是人世各类事务的枢纽，"致良知"能够解决所有的社会问题，他说："良知致，而天地之道立，人之能事毕矣。艺文宦业，莫非良知之用。"⑥在这里，良知作为一种人皆有之的伦理准则，能够让人们知所是非，人如果能时时明确良知之所在，就能恰当地安排自己的言语与行动，也能保证社会秩序的合理。良知既可以促进人在日常生活中修养自身，往内能端正人的意志、情感，向外能控制人的言语行动；良知也可以落实在公共政治生活中，保证人们在交往中遵守儒家的伦理规范，从而实现"纲常伦理、礼乐刑政之达"的实际功效。如所周知，在阳明学那里，良知的作用几乎是无所不能的，王阳明就曾说："良知是造化的精灵。这些精灵，生天生地，成鬼成帝，皆从此出，真是与物无对。"⑦对良知怀有坚定的信念，对于良知在实际生活中的作用深信不疑，这是阳明后学共同的

① 〔明〕王畿：《与魏水洲》，吴震编校整理：《王畿集》卷九，南京：凤凰出版社，2007年，第202页。

② 〔明〕王畿：《与陆平泉》，吴震编校整理：《王畿集》卷九，南京：凤凰出版社，2007年，第222页。

③ 〔明〕王畿：《桐川会约》，吴震编校整理：《王畿集》卷二，南京：凤凰出版社，2007年，第53页。

④ 〔明〕王畿：《与潘笠江》，吴震编校整理：《王畿集》卷九，南京：凤凰出版社，2007年，第215页。

⑤ 对此，杨国荣在《王学通论》中曾指出，王畿"把先天之知加以凝固化、绝对化，并无条件地（抽象地）夸大其作用……内在地蕴含着非理性主义的契机"。杨国荣：《王学通论》，上海：华东师范大学出版社，2009年，第90页。

⑥ 〔明〕欧阳德：《英山县重修儒学记》，陈永革编校整理：《欧阳德集》卷八，南京：凤凰出版社，2007年，第257页。

⑦ 〔明〕王阳明：《传习录》下，吴光、钱明、董平、姚延福编校：《王阳明全集》卷三，上海：上海古籍出版社，2011年，第119页。

特质。

邹守益把良知作为儒家“礼教”的根源，从而提高良知在儒家思想中的地位，他提出：“良知之教，操规矩以出方圆也。而摹方效圆者，将复哄然以禅疑之。呜呼，爱亲敬长，吾良知也。亲亲长长，以达天下，将非致吾之良知乎？恻隐羞恶，吾良知也，扩而充之，以保四海，将非致吾之良知乎？孰为礼，孰为非礼，吾良知也，非礼勿视听言动，而天下归仁，将非致吾之良知乎？”①邹守益明确提出了“礼”与“非礼”的界限就在于人们是否依照良知而行动，按照礼的要求所表现的“勿视、勿听、勿言、勿动”，其根本原因正是人们“致良知”的表现，因此，“礼”与良知实为一体，良知是内在根据，“礼”是外在表现。在邹守益看来，“礼仪”中所确定的规矩，不是人为设置的，而是先天“良知”的外在化体现，是“良知”“至善”的具体化、现实化，因而人们如果“致良知”、以“戒惧”之心应对世事，在日常行为中的表现就是遵守礼乐的规矩，遵守礼乐规矩和“致良知”是一致的。这里不难看出，邹守益较好地遵守了阳明学派万法皆归宗于良知的基本主张。聂豹把“良知”作为疗救社会病的良方，“圣门教人如医之用药，是也。良知是之轩岐肘后之方，何病不知，何病不能医？”②聂豹对良知怀有一种信念式的坚持，同样用狂热的宗教情绪把良知作为医治社会百病的良方。

阳明后学诸子对良知的高度自信，最重要的思想史意义在于给予人们一种信念。阳明后学对良知的信心近乎一种信仰，他们将良知作为道德行动的根源，他们相信道德理性、道德意志、道德情感的力量，认为只要坚守良知、确立良善的道德意志和道德情感，并将这些意志和情感通过个体运用到社会上去，每个个体都按照良知塑造自己，在公共生活中各致良知，那么社会政治生活也就会走向良善。对“良知”的信念，说到底是一种对于人类道德和自身意志力量的信念。

三、对万物一体与三代之治的信念

深受王阳明的影响，在阳明后学心目中，合乎道德的社会生活建立在“万物一体”的秩序观上，其具体的、可参照的历史形态是“三代之治”。“万物一体”是宋明以来儒家观看世界的一种视角，自张载、程颢以来，儒家用一种物我同体的视角来进一步诠释先秦儒家的仁爱之心。换句话来说，什么是仁爱之心以及仁爱之心如何呈现出来？那就是将他人、外物都看作是与自己有着血缘宗法之关系、休戚与共之关联的存在者。墨子式的将父

① 〔明〕邹守益：《九华山阳明书院记》，董平编校整理：《邹守益集》卷六，南京：凤凰出版社，2007 年，第 322－323 页。

② 〔明〕聂豹：《答戴伯常》，吴可为编校整理：《聂豹集》卷十，南京：凤凰出版社，2007 年，第 339 页。

兄与路人同等对待固然不符合儒家的情怀，但是反过来，如果以父兄之情对待原不与自己相关的路人，那么这种宽广胸怀则是儒家倡导的。正是在这个意义上，王阳明提出“大人者，以天地万物为一体”的思想，并被其后学不断弘扬。

在阳明后学中，王畿是热衷于宣扬“万物一体”思想的重要人物之一。他曾说：“吾儒之学原与物同体，非止为自了汉。”①王畿认为，儒家的追求不是个体心性的满足，不是为了实现个人的精神世界，而是要实现理想的秩序，所以王畿提出君子之学的理想应该是“以政为学，以无欲为基，以天地万物一体为己任”。② 王畿把王阳明提出的“万物一体”作为使命，他说：“是故君子之治也，视天下犹一家也，视天下之人犹一人之身也，视天下之心犹一心也。”③良好的治理，应该是怀有一体之心，将天下的祸福、他人的苦乐都当作与自己休戚相关的事情，“己所不欲，勿施于人”，同时，要用平等之心对待他人，不能怀着区别心、分别心来进行治理。王畿还说：“天地万物，一体相通，生生之机，自不容已。一切毁誉利害之来，莫非动忍增益，以求尽吾一体之实事，随其力之所及，在家仁家，在国仁国，在天下仁天下。”④天地之间的所有人与物，都与自己是一体相通的，人处其中，尽力实现自己力所能及的职分，做好自己分内事，就是做好天下事，天下与个人实现了一种联通。

王艮也经常用“万物一体”来表达自己济世利民、心怀天下的情怀和志向。王阳明将“万物一体”作为一种理想的秩序以及为实现此秩序的一种拯救精神，而王艮则直接将万物一体和其自身的社会责任联系在一起，将“万物一体”的理想具体化为自己的个人抱负，这比阳明学说更加具体化了，也更多了一份狂者气息。为了表现这种狂热的救世情怀，王艮专门著有《鳅鳝赋》一文，文中提到：“吾与同类并育于天地之间，得非若鳅鳝之同育于此缸乎？吾闻大丈夫以天地万物为一体，为天地立心，为生民立命，几不在兹乎？”⑤在这篇短文中，王艮用寓言的方式表达了他所主张的“万物一体”的政治理想和人生志向。王艮以道人与鳅自况，一方面表现了要像鳅一样，将“天地万物为一体”的自然本能进化为意识自觉，从自救到救人，展现了儒家的成己、成物的道德情怀；另一方面，道人的出现就是将这种自然现象、生活场景上升到思想和理论层面，从而影响更多的人投入自救、救人和成己、成物的社会改造运动中。可见，王艮从“万物一体”的理想出发，演化出一种救世情结。王艮所“救”之世的理想状态，具体表现应该如何？在他心目中，理想

① 〔明〕王畿：《与陶念庵》，吴震编校整理：《王畿集》卷九，南京：凤凰出版社，2007 年，第 224 页。

② 〔明〕王畿：《贺中丞新源江公武功告成序》，吴震编校整理：《王畿集》卷十三，南京：凤凰出版社，2007 年，第 368 页。

③ 〔明〕王畿：《起俗肤言后序》，吴震编校整理：《王畿集》卷十三，南京：凤凰出版社，2007 年，第 358 页。

④ 〔明〕王畿：《王瑶湖文集序》，吴震编校整理：《王畿集》卷十三，南京：凤凰出版社，2007 年，第 351 页。

⑤ 〔明〕王艮：《鳅鳝赋》，《明儒王心斋先生遗集》卷四，清袁承业刻本，第 10 页。

的秩序是有着现实载体的，“三代之治”就是这一理想秩序的载体。在《王道论》中，王艮提出了一系列政治设想，最终的目的也是为了改变现实的政治、实现“三代之治”，他认为：“古者田有定制，民有定业，均节不忒而上下有经，故民志一而风俗淳，众皆归农，而冗食游民无所容于世……先德行而后文艺，明伦之教也。又为比闾族党州乡之法以联属之，使之相亲、相睦、相爱、相劝，以同归于善。夫养之有道而民生遂，而教之有方而民行兴……而三代之治可几矣。”①王艮认为“三代之治”有两个显著特点，一是使民有所养，一是使民有所教。“有所养”依靠的是农耕、均田，“有所教”依靠的是德行为先、六艺为末，用仁义之道来教化人心，使得社会上道德统一、风俗端正，这就是“三代之治”之所以值得向往的理由。

他人不是地狱，而是与自己同命运、共呼吸的存在物，甚至对禽兽、草木、瓦石所蕴含的不忍之心都是“万物一体”情怀的体现，更何况那些和我们同类的人。在这种观看世界方式的主导下，“万物一体”就变成了一种存在者之间的秩序关系。圣人与我、我与他人、他人与他人之间，都是一体同心，人人比屋可封，一人不安就是己不安，一人困顿就是己困顿，每个人都是命运共同体里的一员。同时，由于每个个体的良知都是相同的，差别仅仅在于不同的人意识到自己良知的程度以及在现实生活落实良知的能力不一样，既然良知人人固在，每个人成为圣人的可能性是一样的，那么人就在本质上具有平等性。“万物一体”的秩序观与“人人皆有良知”的伦理观相结合，便产生了一种具有现代性意义的平等意识。当然，阳明后学完全不可能将这种平等意识在权利义务的层面上表达出来，只是强调在成为圣人的可能性上是平等的。这与他们在历史观上不能突破“往后看的乌托邦”情结，情况是相一致的。就像文艺复兴和工业革命之前的西方人认为社会发展的尽头是世界的终结和末日审判而没有形成“历史进步”的观念一样，阳明后学的时代，儒家学者所能想象的最好时代不是在未来，而是在遥远的古代，上古的“三代之治”代表了最为理想的政治。为此，阳明后学不断重复描述“三代之治”的美好蓝图，并借助“三代之治”批评当时的政治，强调“三代之治”的道德合目的性以及治理上的合理性。他们宣称，他们所有的理论和现实努力都是要“挽复三代之治”，而不是要新创一个其他形式的美好社会。

对“万物一体”的信念，体现了阳明后学对王阳明勾画的理想秩序深信不疑，这是儒家“大同”理想的深化和发展；而对“三代之治”的信念，则说明了阳明后学无法超越他们

① 〔明〕王艮：《王道论》，《明儒王心斋先生遗集》卷二，清袁承业刻本，第18页。

的时代,依旧局限在儒家“往后看的乌托邦”的传统中。阳明后学虽然对王阳明的革新精神予以反复称道,但从本质上来说,他们的信念依旧是儒家式的,没有在实质层面的理想社会的构想上有所突破。

四、讲学的伦理实践

为了实现“万物一体”的理想秩序以及“三代之治”的社会,除了在理论上继续深化王阳明的良知学之外,阳明后学还积极地从事讲学和社会教化活动,落实儒者力所能及的政治担当①。

中晚明王阳明学派的讲学或会讲活动,自王阳明在世时就开始了,在王阳明身后,他的弟子和后学更加将这一学术传播活动大为推广。通过讲学,他们以阳明心学的思想激发人们关注自己的道德理性、道德信念与道德情感,从而意识到个体自己就承担着道德责任和道德使命,无论地位高低、身份贵贱,都能迈向圣人之域。阳明后学正是怀有这样的意识和动机,才努力地进行讲学活动。正是在这个意义上,讲学就不仅仅是学术活动,更是一种劝善、推行良知之学的伦理实践。

基于对阳明心学的信念,阳明后学诸子怀着极大的热情组织讲会、开办书院,四处宣讲和推广良知学,最大限度地鼓动人们信仰良知学并按照良知过一种符合儒家道德的生活。如王畿到八十岁还来往于大江南北,热心讲学,他说:“区区八十老翁,于世界便有恁放不下?惟师门一脉如线之传,未得一二法器出头担荷,未能忘情,切切求友于四方者,意实在此。”②王畿认为,“人生惟此一事,六阳从地起,师道立则善人多。挽回世教,叙正人伦,无急于此”。③ 可见,王畿的讲学活动就是一种“挽回世教”的伦理活动。王畿的这一做法和看法具有一定的代表性。在阳明后学中,除王畿外,欧阳德、邹守益、聂豹、王艮等人都热心以“讲学”来落实他们的伦理关怀。欧阳德讲学曾声动天下,黄宗羲在《明儒学案》里提到:“先生以讲学为事。当是时,士咸知诵‘致良知’之说,而称南野门人者半天下。癸丑甲寅间,京师灵济宫之会,先生与徐少湖、聂双江、程松溪为主盟,学徒云集至千人,其盛为数百年所未有。”④在黄宗羲看来,“讲学”成了欧阳德的主业,而且形成了“数百

① 吴震教授认为,“如果说阳明学在社会实践方面主要表现为一种思想教化运动,那么我们必须注意到阳明学的讲学活动”。吴震:《阳明后学研究》,上海:上海人民出版社,2003年,第445页。在一定意义上说,讲学活动也是阳明学派社会教化的主要方式。

② 〔明〕王畿:《与沈宗颜》,吴震编校整理:《王畿集》卷十二,南京:凤凰出版社,2007年,第329-330页。

③ 〔明〕王畿:《与萧来凤》,吴震编校整理:《王畿集》卷十二,南京:凤凰出版社,2007年,第327页。

④ 〔清〕黄宗羲:《江右王门学案二》,沈芝盈点校:《明儒学案》卷十七,北京:中华书局,1985年,第360页。

年”未有的盛况。又如邹守益也曾经在江西推行讲学活动,“阳明夫子生平德业著于江右为盛,讲学之风亦莫盛于江右,而尤盛于吉之安成,盖因东廓诸君子以身为教,人之信从者众”。[①] 在处理繁杂行政事务的同时,聂豹尤其注重文教事业以教民化俗,据宋仪望记述的《双江聂先生行状》上记载:“先生往守苏州,至则首兴学校,正风俗,问民疾苦,禁革赌博,裁抑豪猾,吴人旧以豪纵自喜,初不甚便,其后乃帖然安之。苏为东南首郡,旧称难治,先生处之裕如。日群诸学士于学道书院,相与切磋。”[②]王艮在王阳明去世以后,回到家乡泰州讲学不辍,“开门授徒,远近皆至。同门开会讲者,必请先生主席”。[③] 王艮在其家乡积极开展讲学活动,试图以道德教化参与社会建设。王艮讲学的直接后果就是形成了一个以其本人为宗主的泰州学派,这一学派在晚明社会和思想界影响巨大,参与者多为没有官职的社会平民。王艮及泰州学派的主要成员在民间讲学,向普通人宣讲他们所理解的儒家之道以及阳明心学,期望以讲会的形式进行宣讲、鼓动,让人们重视道德生活、推动乡村伦理建设,从而达到改造社会的理想。

阳明后学的讲学活动影响甚大,导致后来明世宗嘉靖皇帝不得不下令对此有所禁止,《万历野获编中》记载:“书院之设,昉于宋之金山、徂莱及白鹿洞,本朝旧无额设明例。自武宗朝王新建以良知之学行于江浙两广间,而罗念庵、唐荆川诸公继之,于是东南景附,书院顿盛。虽世宗力禁,而终不能止。”[④]王阳明心学的流传是伴随着书院和讲学活动的兴起而开展的,这甚至得到最高统治者的关注并下令禁止,说明阳明后学的讲学活动影响是十分巨大的。

从历史来看,阳明后学的讲学活动,以传播阳明学为主要内容,推行良知教化活动,希望通过讲学活动来影响士人的心理,激发他们的道德理性、情感和意志,从而向更广范围的民众拓展,实现阳明学的伦理意图。换言之,阳明后学的讲学活动,不仅仅是一种教育活动,更是一种伦理实践,他们的根本目的是在“挽回世教”。因此,通过讲学所传递的不是知识,而是期望通过讲学激发人们内在的良知,也就是激发人们内在的道德信念,从而自觉做一个有道德、能够“行道”的人。从阳明学的视野来看,大力讲习良知之学,就会让人们明确自己所承担的道德义务与道德责任,知道圣人不在人而在“我”,树立“满大街都是圣人”的意识,在日常生活中践履自己的道德良知,人人如此,社会就能实现“三代之

① 〔明〕王畿:《漫语赠韩天叙分教安成》,吴震编校整理:《王畿集》卷一六,南京:凤凰出版社,2007年,第467页。

② 〔明〕宋仪望:《双江聂公行状》,吴可为编校整理:《聂豹集》附录,南京:凤凰出版社,2007年,第642页。

③ 〔清〕黄宗羲:《泰州学案一》,沈芝盈点校:《明儒学案》卷三十二,北京:中华书局,1985年,第710页。

④ 〔明〕沈德符:《万历野获编》卷二十四,北京:中华书局,1959年,第608页。

治”的理想局面。正是在这个意义上，讲学活动就成了“觉民行道”的伦理实践，在阳明学的实现环节中具有重要的意义。

五、社会教化的伦理实践

除了讲学，阳明后学的伦理实践还体现在广泛的乡村社会教化活动上。在期望出现尧舜那样的君主推行儒家之道的理想一时不能实现的情况下，阳明后学把目光投向了民间社会。虽居江湖之远，但他们一样可以通过切实的乡村道德建设来落实政治关怀、实现政治理想。他们参与家谱、族谱的编订，参与乡约、民规的制定，参与乡村的劝善运动，参与民间社会的礼教推行，利用多种形式在下层群众的日常生活中将儒家的道德规则、心学的思维方式、礼教的仪节条目变成生活现实，促成民间社会改善道德风尚、形成良好秩序。虽然我们很难描述阳明后学的社会教化运动取得了多大的实际成效，但是他们“觉民行道”的伦理建设路径还是具有深刻的启发意义，这就是，重视民众的自我拯救要比期待救世主的出现显得更加现实。

比如邹守益，他就非常热情地参与到“以礼化俗”的乡村伦理活动中。他主张努力通过切实的行动来践行礼治精神，针对当时士人所表现出来的空谈倾向，邹守益提出，“近来同志讲学，亦觉得话头太高，莫若从事亲从兄、和族睦乡句句步步着实做工夫”。① 对邹守益而言，在工夫践履领域里用力最多的则是乡村的礼治建设，他说道：“乡村者，天下之积也。使一乡一村皆趋善而避恶，则天下皆善人矣。”②邹守益通过讲学、支持江南各家族修撰家谱、制定乡约族规等具体活动，通过儒家教化活动参与到乡村的礼治建设中，实现其社会伦理理想。邹守益曾多次为人撰写族谱的序跋，并行成一套对于家谱与礼教关系的论点。在邹守益看来，家谱、族谱是仁孝之道的体现，更是礼教在宗族生活中的重要表现形式，他曾多次表述家谱对于生活的重要性，认为家谱、族谱是从时间和空间上都具有普遍性意义的载体，他说道：“谱也者，普也，所以普其仁孝之道，周流贯彻而无弗用焉者也。普以言者，谱所及也。普以行者，则非谱之所及也。”③邹守益将“谱”解释成为普遍性之“普”，其目的在于强调尊尊亲亲的仁孝之道具有普遍性的意义，因此，虽然是一家一姓之谱，记录和承载的却是具有普遍性的礼义原则。这些礼义原则，包含了父子之亲、长幼之序、男女之别，涵括了家族内部的权力关系、等级秩序，是家族内权力分配的见证，在时间

---

① 〔明〕邹守益：《简刘内重》之三，董平编校整理：《邹守益集》卷一三，南京：凤凰出版社，2007 年，第 663 页。

② 〔明〕邹守益：《立里社乡历及乡约》，董平编校整理：《邹守益集》卷一七，南京：凤凰出版社，2007 年，第 791 页。

③ 〔明〕邹守益：《族谱后序》，董平编校整理：《邹守益集》卷二，南京：凤凰出版社，2007 年，第 41 页。

上也具有普遍性意义，应该永远保存下去，永续流传，并以此保证和维系家族内部的秩序。邹守益认为，家谱族谱的存在，既能使人们“慎终追远”，保持家族的连续性，又能够让人们“患难相恤”，实现家族内部的团结，而这些都大大有利于乡村生活秩序。在邹守益看来，家谱、族谱对于社会生活的作用，主要在于明谱系以明礼而定秩序，从而实现尊祖睦族的效果。儒家的尊尊、亲亲之原则，以及日常生活中的父慈子孝、兄友弟恭、夫义妻正、姑惠妇顺等家庭伦理规范，都可以由于家谱的存在而得到强化。由此，邹守益特别重视家谱、族谱的修纂，借助家谱、族谱来落实儒家的道德教化、从事伦理实践。除了家谱、族谱之外，邹守益还多次参与《家约》《祠堂规》等家族礼仪文件的制定，落实儒家的礼治精神，通过自己的身体力行参与到乡村社会礼仪秩序的维护中去。

再如聂豹，他认为士大夫与社会风俗的状况直接关联，提出士人在民间教化中负有不可推卸的社会责任，强调知识分子阶层是民间教化的主要担当者，士大夫应该积极从事教化的伦理实践，他说：“明德以亲民者，乡大夫之责也。大夫士者，乡人之心也。心者，神几而诚应，明吾孝友之德，以亲吾之父兄，明吾睦姻任恤之德，以亲吾之乡党宗族，使人之父兄，人之乡党宗族，无一而不在吾亲睦之中，则乡约今日之言，谓非井田之意乎？若夫明罚昭赏，使书示之言有所赖以行之无斁者，则有非乡大夫士所能责也。”[①]士大夫是传统乡村社会的核心，他们既是社会价值观的传递者和引导者，也是国家权力与民间社会的纽带，在一定意义上还是民间是非的裁断者或者乡人的模范和榜样。正是在这个意义上，如上所引，聂豹强调士大夫是乡村社会治理、教化中的引导性决定性力量，并呼吁广大士大夫参与到社会教化活动中去。

王艮及泰州学派也积极从事在民间的伦理实践。泰州学派是指王艮及其门人组成的一个学术共同体，是阳明学派的分支。泰州学派的形成，某种意义上就是王艮进行社会教化的一个结果。其主要成员除王艮之外，有徐樾、王襞、颜钧、何心隐、管志道、罗汝芳、周汝登、李贽等。泰州学派的成员多是民间人士，如王艮、王襞、颜钧、何心隐都是从未出仕；罗汝芳、李贽虽曾出仕，但后来都主动致仕、归于山林；《明儒学案》里记载的朱恕、韩贞、夏廷美等人则分别为樵夫、陶匠和田夫。泰州学派的大部分成员，无官无职但却热衷心学、胸怀天下。泰州学派成员从身份上较少具有公共职责，但是他们却热心从事公共事务和公共讲学活动，把社会教化作为自己的伦理使命。另外，在泰州学派中，心学思想的传播与传承完全超离了士大夫阶层，而走向民间与田野，过市井启发愚蒙，脱离官方教育体

---

① 〔明〕聂豹：《永丰乡约后序》，吴可为编校整理：《聂豹集》卷三，南京：凤凰出版社，2007 年，第 52 页。

系进行社会教化活动，略带一种“狂热”的宗教救世情绪，在中晚明民间社会形成了一种独特的社会现象。

阳明后学在民间进行的社会教化活动，立足于乡村社会，关注民间社会生活对伦理秩序的需求，将儒家伦理的抽象原则与社会生活的现实结合起来，在儒学发展史上，从理论上进一步明确了乡村社会生活对于国家天下的意义以及士大夫在民间教化中的职责。同时，他们以自己的切实行动投入具体的伦理教化和劝善活动中去，发动了一批人加入他们的队伍，更影响到他们足迹所至的广大乡村社会的伦理生活。

六、余论

以道德信念和伦理教化为主要特质的阳明后学是王阳明心学的延续，王阳明心学难以走出儒家道德政治的传统，存在着过度依赖内在意志和情感而忽略制度建设以及偏向于主观体验忽视对象意义等缺陷，这一点，在阳明后学那里一样存在。而且，在很多方面，阳明后学放大了王阳明心学上存在的问题。对于学派宗主王阳明的迷信，虽可以理解成为一种信念，但同时也是一种束缚，他们不断树立王阳明的权威的同时，也陷入了王阳明权威的束缚，故而不能突破师说而别开生面。而对于良知的信念，也凸显了阳明后学迷信于人的道德力量，忽视了人性中追求自我欲望的因素，因而不能提出约束人的欲望的制度性存在物，来弥补道德约束的不足之处。在政治制度的设计上，阳明后学也依然走不出传统儒家“三代之治”的观念，提不出一种新的政治模式和治理蓝图。在讲学和社会教化的伦理实践活动中，虽然表现出了儒家知识分子的政治关怀和公共担当，但是也过分夸大了儒者的社会作用，把社会的完善、政治的治理完全寄托在某一思想流派成员的教化上，期望以略显空洞的说教来改变社会风气，显然是不具备现实性的。持有这样的想法，从社会伦理建设的角度来看，只能显示他们的“天真”和“迂阔”，当然，这样是儒家学者求道、行道的某种真诚表现。

良好社会的建设既需要共同体成员坚守对于某种价值的信念，也需要启发共同体成员平等地广泛参与。阳明后学对于良知的信念，对于道德政治的执迷，对于教化社会的狂热，值得后人致以遥远的敬意和同情的理解。进入现代社会以来，人们的生产生活方式发生了革命性的变革，由之而产生的伦理文化模式也发生了剧变。在社会治理中，人们更加相信法治和技术治理，而不是传统的道德政治；对理想社会的期待，也从“三代之治”走向了更为多元的广阔的模式；对于圣贤君主的信念，也被对于人民自身的信念所取代；而儒家研习者也由于社会分工的扩大化，从传统士大夫变成以现代职业、阶层所区分的社会成员，他们的政治关怀、社会担当有了新的表现形式，而不仅仅是“得君行道”和“觉民行道”的“师儒”。因此，在现代社会生活中，我们在学习和利用王阳明以及阳明后学的思想资源的同时，更要为其注入现代性的因素，构建新的文化模式，在自己的存在和活动过程中，为新的时代提供更加有意义的伦理思考。

Moral Conviction and Ethical Practice of Post-Yang Ming

ZHU Cheng

【Abstract】 Like other Confucianism schools, Post-Yang Ming works on social ethical practice which adheres to moral conviction, it aims to practice Confucian scholars' ethical and social concern. With the direction of School of Mind, moral conviction of post-Yang Ming is mainly the faith to Wang YangMing, Conscience, and the theories of All Things Are Integrated and Three Generations Rule, while their ethical practice is to give lectures and edify others in the village. The moral conviction and ethical practice of Post-Yang Ming is still in the Confucianism mode, and in the new era, it is necessary to pay attention to this tradition and reflect some of its imperfect.

【Keywords】 Post-Yang Ming, Moral Conviction, Ethical Practice

儒家思想与世界永续发展

[中国台湾]孙　震

编者按：

2018 年 5 月，香港中文大学举办“世界经济发展与儒家思想的现代使命”为主题的两岸三地对谈会，出席对谈会的中国台湾学者是原台湾大学校长、经济系名誉教授、台湾经济研究学术基金会董事长孙震先生，大陆学者是同济大学的陈家琪教授。征得两位先生的允诺，本卷《伦理学术》刊登他们的精彩发言，以期引起对本论题的关注和讨论。

一、技术进步与经济成长

一个国家的经济发展，基本上是技术进步的结果。人力增加虽然可合总产值增加，但在一定技术水准下，由于边际报酬递减的作用，其边际产量会减少，直到减少为零，这时纵然人力再增加，总产值也不会增加。如果劳动增加，生产和所得就增加，世界上还会有穷人和贫穷的国家吗？每人使用的资本增加虽然可使劳动生产力提高，同样数量的人力所有生产的总产值增加，但同样受到边际报酬递减作用的限制，其边际产量最后下降为零，这时再增加资本也不会使劳动生产力提高。

偶发一次性的技术进步使劳动生产力提高，总产值增加，人均产值与人均所得随之增加。然而人均所得增加使生产改善，生活水准提高，根据马尔萨斯（Thomas R. Malthus，1766—1834）人口论的说法，人口就会增加，使人均所得重回原来的水准。

直到 18 世纪下半叶工业革命在英国发生，技术进步在资本主义制度支持下，获得持续性，劳动生产力不断提高，总产值不断增加，抵消增加的人口，才有人均产值和人均所得持续不断增加的现象。

传统社会与现代社会

我们如果将 18 世纪下半叶工业革命以前的社会称为传统社会，工业革命以后的社会称为现代社会，传统社会短时期虽然可能有总产值增加、人口增加和人均产值与所得增加的现象，但就长期观察，则只见总产值和人口增加，不见人均产值和人均所得增加，进入现代社会才看到总产值、人口、人均产值与所得的持续增加。晚近法国著名经济学家皮凯提

(Thomas Piketty)在他的《21 世纪资本论》(*Capital in the 21st Century*,2014)中,为此一传统与现代的划分提出显著的统计数据。①

从经济发展的观点看,传统社会属于传统停滞时代(traditional stagnation epoch),现代社会属于现代成长时代(modern growth epoch),所谓停滞是指缺少持续的技术进步,而非技术完全停滞不变。由于缺少持续的技术进步,总产值的增加被人口增加抵消,所以人均产值和人均所得长期中不变;这也是为什么经济成长不能只看总产值的成长率,必须看劳动生产力和人均产值或人均所得的成长率。成长一词译自英文 grow 或 growth,是生物学上的概念,反映经济成长理论观察与分析的内容,虽然是劳动生产力与人均产值或人均所得的变化,但其背后尚涉及复杂的社会与文化变化。犹如一切动物和植物的生长,不只是长大和长高,还有内部复杂的变化。20 世纪初,英国新古典经济学大师马夏尔(Alfred Marshall, 1842—1924)在他的《经济学原理》(*Principles of Economics*)第 8 版序文中说:

> 经济学者的圣地是经济生物学(economic biology),而非经济动力学(economic dynamics)。但生物学的概念比机械学的概念更复杂……②

二、儒家伦理及其社会支援体系

孔子(551B.C.—479B.C.)是我国春秋(770B.C.—476B.C.)后期的思想家、教育家和政治家。他所处的时代虽有技术进步,使农业生产力提高,生产同样数量粮食所需的人力减少,因此工商业兴起,并产生一个被称为士的知识阶级,以其知识与才能为政府与社会提供服务,然而由于技术进步分散于数百年间,故仍属传统停滞时代。传统停滞时代看不到人均所得的持续成长,全民的福祉来自社会的和谐与安定。

孔子的核心思想是一套伦理优先的价值观。他鼓励弟子进德修业,实践伦理,成就完美的人格,然后献身社会,促进社会的和谐与安定,让一定技术水准下的总产值达到最大,人民可以过幸福的日子。

> 子路问君子。子曰:"修己以敬。"曰:"如斯而已乎?"
>
> 曰:"修己以安人。"曰:"如斯而已乎?"曰:"修己以安百姓;修己以安百姓,尧舜

① 孙震:《走出世界经济的困局——儒家伦理的现代经济使命》,《中国文化》,2017 年春季号。

② 马夏尔的这本名著初版于 1890 年问世,第 8 版也是最后一版出版于 1920 年。

其犹病诸!”《论语 · 宪问》

“修己以敬”是以虔诚认真的态度精进自己的品德与才识,砥砺完美的人格。“修己以安人”和“修己以安百姓”是自己的品德和才识完备了以后去帮助别人,帮助全天下的人,让他们过安定幸福的生活。让全天下的人过好日子是一项艰巨的工作,所以孔子说古之明君尧舜也有做不到的地方。

什么是伦理? 伦理是人与人之间应维持的适当关系,这种关系产生于人的同情与关爱之心。伦理的实践是道德,所以伦理、道德二词常可交换使用,伦理就是道德,道德无非伦理。道德表现在行为之中为品德,具有品德之人是君子。

17 世纪英国的哲学家霍布斯(Thomas Hobbes, 1588—1679)认为,伦理是人经由自然理性(natural reason)而产生的一些共同原则,他称之为自然法则(natural laws)。洪荒时期没有道德的节制,也没有法律的约束,人与人各为自己的复兴而争,彼此为敌,虽然每个人都有最大的自由可以为所欲为,然而每个人都随时面临重大危机,提心吊胆过日子。在这种危机四伏的自然状态(the state of nature)下,所有具有理性的人都会愿意接受若干共同的原则,各自节制自己的行为。虽然每个人的自由都会受到若干节制,然而一般而言,每个人都会得到更大的自由。社会因此得到和谐与安定,使生产力提高,生活富裕,也丰富了生命的意义。霍布斯所谓经由“自然理性”产生的“自然法则”或“自然律”就是伦理。

霍布期的伦理从人性自利出发。他认为自利是行为的驱动力;不过自利有其限制,没有限制的自利不符合个人的利益。所以霍布斯主张的自利可称为开明的自利(enlightened self-interest)。①

如果伦理出于爱心也就是人的利他之心,则伦理是人性固有价值(intrinsic value),也是人生追求的终极目的(ultimate end)。如果伦理出于人性的自利,纵然是开明的自利,则当利益不存在甚至成为不利时,伦理也难以受到尊重。这正是中国传统文化和西方现代文化最根本的不同之处。

孔子说:

> 道之以政,齐之以刑,民免而无耻;道之以德,齐之以礼,有耻且有格。(《论语 · 为政》)

① David Stewart, *Business Ethics*, McGraw-Hill, 1996, pp.6 – 10.

以政令宣导，以法律整肃，人民为了免于刑戮而遵从政令，但也可能违背原则，丧失廉耻之心。以道德引导，以礼制约束，则人民维持了人格的尊严，也知道辨别是非，明白做人的正途。

在我国传统文化中，伦理是责任和义务的承担，并非权利和利益的争取，然而长期中所有人的权利和利益，都会得到合理的平衡。如果由于社会制度的扭曲，以致人民的权利和利益长期失去平衡，社会的和谐与安定也就难以维持，所以伦理需要社会制度的支持。

儒家伦理的特殊主义与一般主义

儒家伦理以家庭为中心，由近而远，向外扩充，及于识与不识的社会大众。南宋的大儒朱熹（1130—1200）更扩充到宇宙万物。朱子说：“仁者以天地万物为一休，莫非己也。”①

> 子曰：“弟子入则孝，出则弟，谨而信，泛爱众，而亲仁；行有余力，则以学文。”（《论语·学而》）

《论语》这一章说的是年轻人在家应孝顺父母，出外应尊敬兄长，行为应谨慎，说话要负责任，对所有的人都要有爱心，要亲近品德高尚之人；这些都做到了，如果仍有余力，再去学习文章才艺之学。

孔子这段话有两点重要的意义。第一，伦理重于才识，实践伦理行有余力再去学习才艺。第二，伦理是有层次的，我们所有的人都要有爱心，也有一些基本的义务，就是我们的行为要谨慎，说了话要算数，不可造成对人的伤害，但对家人亲友则有更多的义务。这就像英国哲学家亚当·史密斯（Adam Smith，1723—1790）的伦理观有“审慎的美德”（the virtue of prudence）、“公平的美德”（the virtue of justice）和“仁慈的美德”（the virtue of benevolence）。审慎是照顾好自己的利益，公平是不伤害别人的利益，仁慈是增加别人的利益。公平是绝对的义务，必需要求；仁慈不是绝对的义务，只能期待。

《论语》另外一章：

> 有子曰：“其为人也孝弟，而好犯上者，鲜矣；不好犯上而好作乱者，未之有也。君子务本，本立而道生。孝弟也者，其为仁之本与？”（《论语·学而》）

① 孙震：《中华多元文化的冲突与融合》，《中国文化》，2017 年秋季号。

有子就是有若,孔子弟子,少孔子 13 岁,是孔子弟子中比较年长的一代。他的这段话谈到儒家伦理的特殊部分和一般部分。特殊部分是家人,一般部分是众人,也可以说是儒家伦理的特殊主义(particularism)和一般主义(universalism)。家人除了生物意义的自然亲情之外,还有社会结构、家庭组织所产生的恩义、情义和各种互惠的关系。家庭是社会的基础,而照顾家人是伦理的基本义务,古今中外全世界都一样。这和我们对一般众人的爱心和关怀是不一样的。一个孝顺父母、尊敬兄长的人,很少会忤逆长官和长辈,一个不会忤逆长官和长辈的人,怎么会造反作乱呢?所以有子觉得孝弟虽然是家人之爱,但也是一切爱心也就是仁的根本。

关于伦理的特殊主义和一般主义,孟子有一段话说得好:

> 杨氏为我,是无君也;墨氏兼爱,是无父也;无父无君,是禽兽也。(《孟子·滕文公篇》)

杨朱只关心和照顾自己的利益,是没有国家和社会观念,墨翟兼爱天下,是没有家庭观念;一个没有国家、社会观念和没有家庭观念的人就像禽兽一样。

说到仁,仁是儒家思想最核心的元素,也可以说是核心中的核心。但是仁的概念非常复杂,弟子每次问仁,孔子都给予不同的答复。

> 樊迟问仁。子曰:“爱人。”(《论语·颜渊》)

仁最单纯、最一般化的意义就是爱人。

> 子曰:“仁远乎哉?我欲仁,斯仁至矣。”(《论语·述而》)

仁离我们很远吗?只要心里想到仁,仁就到了。

> 子张问仁。子曰:“能行五者于天为仁矣。”请问之。曰:“恭、宽、信、敏、惠。恭则不侮,宽则得众,信则人任焉,敏则有功,惠则足以使人。”(《论语·阳货》)

子张是孔子弟子。子张问怎么样才能做到仁,或者实现仁。孔子的答复是仁的实践需要一些辅助的条件，就是恭、宽、信、敏、惠。恭是尊敬，对人谦恭有礼，别人就不会对我们冒犯；宽是宽大厚道，对人宽厚才能能得到众人的爱戴；信是负责任，说了话算数，负责任，说到做到，别人才会相信我们，交付我们任务；敏是做事勤快，敏捷勤快才能成就事功；惠是给人好处，予人恩惠，人家才会听我们指使。

仁从起心动念，到见诸实践，到产生效果，有不同程度之仁和不同范围之仁。仁的充分实现需要很多主观和客观的条件。然而基本上就是成就他人的利益。所以管仲的为人虽然有不少瑕疵，但是因为辅佐齐桓公维护天下的和平与安定，不使人民的生命财产遭受损失，所以孔子称许其仁。①

> 子贡曰："如有博施于民而能济众，何如？可谓仁乎？"子曰："何事于仁？必也圣乎。尧舜其犹病诸。"（《论语·雍也》）

一个人对人民如果有广大的恩惠，让广大的群众得到利益，则不但做到仁，而且进入圣的境界了。

礼的社会功能

关于仁的客观条件，任何社会、任何时代，伦理的实践都不能只诉诸个人的美德，还需要有健全的社会制度，奖善惩恶，引导与约束社会分子的行为。这个伦理的社会诱因制度或支持体系，在孔子时代就是礼。

伦理和礼之间的关系，《论语》中有一段很好的比喻：

> 子夏问曰："巧笑倩兮，美目盼兮，素以为绚兮。何谓也？"
>
> 子曰："绘事后素。"曰："礼后乎？"子曰："起予者商也，始可与言诗已矣。"（《论语·八佾》）

子夏问孔子："俊俏的笑靥动人心弦，明亮的眼睛如波光流转，洁净的素颜绽放出灿烂的光彩。《诗》里面的这一段话是什么意思呢？"孔子说："就像绘画一样，先要有素底，然后添加颜色。"子夏立刻省悟说："那么礼是在后的吗？"孔子听了很高兴。孔子说："启发我的人是商呀！现在开始可以和你谈《诗》了。"子夏一语道破伦理和礼的关系，这一层孔

① 《论语·宪问篇》，第 17 章、18 章。

子以前可能尚未想到，所以才会说“起予者商也”。这样的学生怎不令老师欣慰赞赏呢！礼在什么之后？在仁之后，在伦理之后。

子曰：“人而不仁如礼何？人而不仁如乐何？”（《论语·八佾》）

礼既然是社会制度，所以必须随社会变迁改变。司马迁说：

洋洋美德乎！宰制万物，役使群众，岂人力也哉？余至大行礼官，观三代损益，乃知缘人情而制礼，依人性而作仪，其所由来尚矣。（《史记·礼书》）

简单地说，礼就是社会纪律。司马光说：

天子之职莫大于礼，礼莫大于分，分莫大于名。何谓礼？纪纲是也。何谓分？君臣是也。何谓名？公、侯、卿、大夫是也。夫以四海之广，兆民之众，受制于一人，虽有绝伦之力，高世之智，莫不奔走而服役者，岂非以礼为之纪纲哉？是故天子统三公，三公率诸侯，诸侯制卿大夫，卿大夫治士庶人。贵以临贱，贱以承贵。上之使下，犹心腹之连手足，根本之制支叶；下之事上，犹手足之卫心腹，支叶之庇本根。然后能上下相保而国家治安。故曰天子之职莫大于礼也。（《资治通鉴·周纪》）

司马光说的是周初封建王朝的体制，社会结构简单，由天子发号施令，分配资源，维持天下的和谐与安定。到了东周春秋时期，天子的权威式微，齐桓公、晋文公等国力强大的诸侯，也就是所谓五霸，出而代行天子的职权，维护天下的秩序与和平。

孔子说：

天下有道，则礼乐征伐自天子出；天下无道，则礼乐征伐自诸侯出。自诸侯出，盖十世希不失矣；自大夫出，五世希不失矣；陪臣执国命，三世希不失矣。天下有道，则政不在大夫。天下有道，则庶人不议。（《论语·季氏》）

天下的政治制度如果健全，则礼乐征伐等国之大事由天子执掌；天下的政治制度如果不健全，则礼乐征伐等大事由诸侯执掌。国之大事如果由诸侯执掌，很少经过 10 个世代

(generation)仍不丧失政权的。进入战国时期(475B.C.—221B.C.)群雄并起,互相攻伐,天下大乱。东汉的大儒郑玄说:

> 五霸之末,上无天子,下无方伯,善者谁赏,恶者谁罚,纪纲绝矣!(《诗谱序》)

“方伯”是一方诸侯之长,说的就是“五霸”。

汉初重建礼制,司马迁说:

> 人道经纬万端,规矩无所不贯。诱进以仁义,束缚以刑罚。故德厚者位尊,禄重者宠荣,所以总一海内而整齐万民也。(《史记·礼书》)

人的思想和行为受各种因素的影响,非常复杂,然而不论多么复杂都有一定规矩贯穿其中。社会以仁义加以诱导,以刑罚加以束缚。让品德好的人得到高贵的地位,俸禄多的人得到尊崇和荣耀。这样的安排就是为了综合海内所有的资源,聚集个别人民的努力,达到社会全体的目的,也就是增进全民的福祉。司马迁简单的几句话,道尽一个安定与进步的基本原则,说是设计一种社会诱因制度,引导社会上每个人尽力追求自己的目标,结果达到社会安定与进步的目的。司马迁将仁义道德置于功名利禄之前,正是将孔子的思想加以发挥。

广义的礼包括仪式、规矩和制度三部分。仪式是用以彰显伦理的形式;规矩是伦理的分际,让社会分子各自扮演好自己的社会角色;而规矩有赖制度的支持。孔子说:

> 丘闻之,民以所由生,礼为大。非礼无以节事天地之神也。非礼无以辨君臣、上下、长幼之位也。非礼无以别男女、父子、兄弟之亲,昏姻疏数之交也。君子以此之为尊敬然。(《礼记·哀公问》)

人民能不能安居乐业好好过日子,礼的关系很大。礼告诉我们如何以适当的礼仪祭拜天地之神,礼帮助我们辨识君臣、上下、长幼的地位,礼帮助我们分别夫妻、父子、兄弟之间的亲情,以及婚姻关系、亲朋好友、亲疏远近之间的交谊。君子因此对礼非常重视。这是孔子周游列国晚年回到鲁国,鲁哀公问礼,孔子对他的回答。君臣、上下、长幼、夫妻、兄弟、婚姻、疏数都是司马光所说的“分”,社会分子明辨伦理的分际,各自扮演好自己的社会角色,就是国治民安的基础。这就是伦理和礼的重大社会功能。所以齐景公向孔子请教治国之道,孔子告诉他“君君、臣臣、父父、子子”,齐景公听了说:“善哉!信如君不君,臣不臣,父不父,子不子,虽有粟,吾得而食诸?”(《论语・颜渊》)如果大家都不安其分,天下大乱,虽然有粮食,还有我吃的吗?

三、现代成长时代的经济、社会与人际关系

18 世纪后半叶,英国工业革命带领世界经济进入现代成长时代。技术持续进步使劳动生产力不断提高,社会总产值不断增加。总产值的增加率超过人口的增加率,使人均产值和人均所得不断增加。因此现代成长时代,全民的福祉不仅来自社会的和谐和安定,也来自经济成长、人均所得增加;所得大于消费产生储蓄,储蓄累积而为财富。人性追求所得与财富的自得之心受到鼓励。现代经济之父亚当・史密斯说,自利既然是人性不可改变的部分,明智的做法就是利用私人诱因(personal incentive),建立一个更富有的社会。

史密斯说,一个产业的产值,就是这个产业在使用的物品和材料上增加的价值,一个国家的总产值,就是这个国家所有产业增加的价值之和。生产就是创造价值,严格说是创造经济价值,因为人生还有其他重要的价值,例如社会价值和伦理价值。

个人为了追求自己的利益从事生产,创造价值,从中收取一部分作为自己的利润。他的生产力愈高,创造的价值愈大,则对社会总产值的贡献愈多,他的利润也愈高。史密斯说,每个人追求自己的利益,冥冥中如有一双看不见的手在带领,达成社会全体的利益。个人的利益和社会全体的利益一致,因此追求自利得到道德上的正当性。而现代成长社会重视经济成长以及所得与财富的增加,致使经济价值超越伦理价值,成为现代和传统主要的不同。

不过史密斯不担心追求自利会造成伤害。他说人的自利之心虽然强烈,但是常受“理性、原则和良心”(reason,principle,conscience)的约束。他并认为市场上竞争会使个人追求自利受到节制,因此每个人只需追求自己的利益,不必担心别人的利益受到侵害。史密斯说:

> 我们得到晚餐,不是由于屠宰商、酿酒者和面包师傅的仁慈,而是由于他们认为对他们有利。我们要诉诸他们之所好,而不是他们的恩惠。永远不要告诉他们我们多么需要,只告诉他们对他们有多少好处。①

① Adam Smith, *An Inquiry into the Native and Causes of the Wealth of Nations*, the Liberty Classics edition ,Indianapolis, Indiana,1981,pp.26 – 27.

这不是消费者在市场上常用的技巧吗?

经济成长与都市化

现代成长时代技术不断进步,使劳动生产力不断提高,生产同样数量农产品所需要的人力减少,人口从农村流向都市,形成都市化(urbanization)。多余人力支持工商业、各种专业与服务业发展,使产业结构改变,社会结构改变,人际关系随之改变。世界银行2003年的《世界发展报告》中有下面一段话:

> 过去150年最重要的社会经济与文化变化,就是从闭塞、排外、守旧的农村社会,转变为开放、包容、创新的城市社会。①

这段话有一段重要脚注:

> 人口从农村移居城市经历四个阶段,即不同背景的人一起来到城市之初的"成形期"(forming),他们的观念彼此冲突的风暴期(storming),这些观念不断演进渐为众人接受的规范期(norming),以及建设行为代替破坏行为的成就期(performing)。经过这四个阶段的演进,使城市成为多元价值汇集、共同发展出包容性文化的中心所在,顺应不同的观念与看法,为各个不同次级社群,提供专业挥洒与创新的空间。②

技术持续进步使生产力不断提高,人均所得不断增加,人民脱离贫穷,从物欲满足中得享尘世的快乐(world pleasure),进而超越物质,追求更多自主和自由。现代成长使人生态度从消极默从转变为积极进取,从集体主义转变为个人主义,从曲己从人,达成群体的任务,转变为伸张自我,追求个人的目的。社会秩序日愈不容易维持,因此自我节制与社会对伦理的要求,也更加重要。

人口随工作移动,传统的大家庭消失,只有夫妻、子女,甚至无子女的小家庭兴起。教育平等,妇女受教育的机会增加,工作能力提高,进入职场,追求自己的理想。所得增加,生活水平提高,生育减少,健康改善,青春永驻,寿命延长,白首偕老的婚姻日愈不容易维持。离婚增加,再婚甚至多次婚姻渐为社会接受,成为常见的现象。传统的家庭功能式

---

① The World Bank, *World Development Report*, *2003-Sustainable in a Dynamic World*, the World Bank, Washinton, DC, 2003, pp.5 - 6.

② 同上书,p.199.

微，日愈失去教育子女，传递文化，分享资源，失业救济与保障老年生活的社会功能。家族、亲戚与乡里的关系趋于淡薄，朋友、职场与一般的社会关系日愈重要。

文明愈发达，亲情愈疏远

亚当·史密斯认为，除了自己，我们最关心的是自己的家人，包括父母、子女、兄弟和姐妹，不过关心的程度不同。我们对子女的关心胜过对父母的关心；我们对子女疼爱的无微不至，也不是对父母的尊敬和感激可比的。这是人的天性使然。自然的情势是，幼儿来到世上以后的生存全赖父母照顾，但父母的生存并非全靠子女。在自然眼中，儿童比老人更重要，也更引起人们的关心。事实亦应如此，因为未来一切要靠儿童，很少要靠老人。我们和兄弟姐妹之间的关系是基于早期共同生活所建立起来的情谊。我们和兄弟姐妹的子女以及堂、表亲兄弟姐妹的关系更远了一层。

史密斯认为，父子兄弟之间的亲情，只是习惯性的同情或感应，由于同住在一个屋檐下而产生，如子女远离、兄弟分散，情感亦随之淡薄。史密斯不相信自然或血缘的亲情，他认为这只有在戏剧中才出现。

史密斯说，在法规制度不足以周全保护人民安全和利益的农牧社会，同一家族的人倾向于聚居一处，以建立对外的共同防御。他们互相依靠，彼此的交往多于和其他族群的交往。同一族群的成员，不论多么疏远，也主张一定的关系，希望获得与众不同的对待。进入现代商业社会，法规制度周全，足以保护所有人的利益，同一家族的人随了利之所在与兴之所至散诸四方。用不了多久，彼此不仅失去关怀，也不记得原属同一来源及其祖先之间的关系。史密斯说，文明愈发达，家族的关系愈疏远。苏格兰文明的程度已经很发达，但亲情在英格兰比在苏格兰疏远。①

四、世界经济发展走向难以持续的边缘

现代经济成长为世人带来前所未有的富裕。然而个人追求财富，国家追求经济成长，贪得无厌，一步一步走向难以持续的边缘。

1970 年代世界最关心的问题是资源耗竭。这个问题由于科技进步，使资源使用的效率提高，新资源出现，暂时获得缓解。不过世界经济快速成长，人口持续增加，地球数十亿年贮积的各种矿藏终将一一枯竭，使未来发展难以为继。

---

① Adam Smith, *The Theory of Moral Sentiment*, Penguin Books, 2009 (originally 1759), pp.258 – 265.

1980 年代世界最关心的问题是地球暖化。经济成长、人口增加使世界经济活动不断扩大,大量燃烧化石能源,释放温室气体,使大气中二氧化碳(CO_2)的含量增加,地球气温上升。过去 80 万年大气中的 CO_2 含量约为 200—300ppm,目前已超过 400ppm,使地球均温较工业革命之初上升 1.2℃。预计 2036 年 CO_2 的含量将达到 450ppm,使气温较工业革命之初上升 2℃。依此发展,21 世纪末气温将上升 4.8℃,北极冰溶,海平面上升,若干陆地沦为泽国,气候异常,生态系统失序,大量物种灭绝,人类面临生存危机。

节约资源耗用与缓和地球暖化面临的一个重大问题,是世界各国进入现代成长时代的先后不同,人均所得有很大的差距,世界必须继续成长才能使低所得国家人民脱贫。2000 年 9 月联合国大会通过千禧年发展目标(Millennium Development Goals, MDGs),主要目标就是在 1990—2015 年期间,将世界赤贫人口占总人口之比减少一半。根据世界银行的统计,赤贫人口占总人口之比 1990 年为 43.1%,2010 年减至 20.6%,已超前 5 年达到目标。① 2015 年 MDGs 成功结束,9 月联合国大会通过 2015—2030 年可持续发展目标(Sustainable Development Goals, SDGs),主要目标为结束贫穷与饥饿、阻止气候变化、保护海洋与照顾地球等,以达到可持续之发展。所谓"可持续之发展",亦称"永续发展",根据 1987 年世界环境与发展委员会的定义,是指"满足现在的需要所需要的经济进步,不伤害到未来世代满足他们的需要之能力"。

2015 年 12 月世界气候高峰会议在巴黎举行,195 国派代表参加,147 国元首亲自出席,187 国提出减碳计划,12 月 12 日达成"巴黎协议",将气候目标定为不超过 2℃,并朝 1.5℃努力。不过,现提计划纵然都能实现,也只能控制在 3℃。2016 年特朗普(Donald Trump)就任美国总统后退出"巴黎协议",更使世界减碳努力的成果难以乐观。

世界的富国必须继续成长,才能使穷国成长,减少贫穷;而富国内部亦有贫穷人口,需要成长,使其所得与收入增加。世界经济势必扩张,即使停止扩张,现在大气中累积的 CO_2 仍将对地球气温持续发生作用。世人的心态正如我们所常说:"不到黄河不死心,不见棺材不流泪。"只怕到时候一切悔之晚矣。

现代经济成长是技术持续进步使劳动生产力不断提高,导致人均所得不断增加的长期供给面现象(a long-run supply side phenomenon)。需要面的政策:采取扩张性的货币政策,增加货币供给,或扩张性的财政政策,增加政府支出,或减少税收使人民的可支配所得

① The World Bank, *World Development Indicators 2013*, Washington, D.C., p.31.赤贫(extremely poor)的标准是每人每日消费在 2005 年 1.25 美元以下,2 美元以下为贫穷(poor)。

(disposable income)增加,使经济成长率提高。然而一旦到达充分就业(full employment)的水准,社会的总产值不可能再增加,则只会引起物价膨胀,或对外贸易差额恶化,致使扩张性的需要面政策失去作用。

短期需要面政策的流弊

所谓"需要管理理论"或"需要调配理论"(demand management theory),原为凯恩斯(John M.Keynes)为说明 1930 年代初期世界经济萧条(depression)所提出的理论。根据此一理论,政府在经济衰退(recession)时可采取扩张性的货币政策或财政政策,扩大社会的总需要以达到充分就业。由于货币是否会产生希望的效果,尚须看企业界的投资意愿,所以他特别倾向采取财政政策。然而此一为经济循环,即隐含很多弊端,犹如饮鸩止渴。

1970 年代的自由化(liberalization)让很多国家减少数量管制,降低进口关税,使国际之间的贸易货畅其流。1980 年代中国和印度两个人口大国相继开放,继而苏联瓦解,东欧共产体制崩溃,纷纷加入世界市场,世界经济进入全面全球化(globalization)时代。全面全球化之下,任何国家的商品价格如上涨,其他国家的商品会源源而来,如水之趋下,使上涨的物价受到抑制。因此 1980 年代以来,世界之物价膨胀率,也就是一般所说的通货膨胀率(inflation rate)下降,环绕其下降趋势波动的幅度亦缩小。

商品价格膨胀率降低鼓励了各国中央银行放宽货币供给。货币数量增加而物价不上涨,使利率下降,资产价值上升。过多的货币注入资产市场,追逐资产增值的利益,推升资产价格。资产价格上涨产生资本利得(capitalgain)吸引更多资金,使资产价格更涨。

资产包括房地产和金融资产,金融资产包括股票和债券,而房地产证券化亦可成为金融资产。1990 年代以来的金融制度松绑(deregulation),金融机构之种种创新,包括证券化、多种证券重包装产生之复杂性结构型金融产品(complex structured finance products)、各种衍生性商品(derivatives)、金融保险制度,推波助澜,造成世界投资"基金"之热潮,终于导致 2008—2009 年之世界金融危机。

世界金融危机后,美国、日本与欧盟纷采量化宽松(quantitative easing,QE)政策,大量购入债券,放出货币,使货币数量增加更多,名目利率(nominal rate of interest)下降到零点。真实利率(real rate of interest)成为负值。泛滥的资金越来越多地注入资产市场,追逐利润而不创造价值,推高资产市场。丰厚的收入吸引大量优秀人才进入金融部门,运用金融科技(fintegh)、大数据(big data)、人工智能(AI),穷尽资产市场之利益,将资产之市值推至历史高峰,让世人屏息以待,等待下一波金融危机来临。

技术进步,机器代替劳动,使人力的需要减少。全球化便利已开发国家的资金和技术注入新兴市场国家(emerging market economies),而新兴国家的产业发展取代一部分已开发国家的就业。这些因素都使国民所得(national income)中资产所得的份额增加,薪资所得的份额减少,也使低端人力的薪资降低,致使所得分配不均恶化。资产价格上涨进一步加深所得与财富分配不均恶化的程度,因为资产主要集中于富人之手,很少为穷人所有。贫富不均的程度日趋恶化,动摇社会稳定的基础。

全球化便利了资金在国际的流动,让很多国家外债增加。已开发国家对外举债用于投资与消费,以补充自有储蓄之不足。新兴经济体引进外国直接投资(foreign direct investment FDI)与证券投资(portfolio investment)以促进经济成长。各国政府降低租税以鼓励国内投资,增加支出以提高社会福利与增加公共建设,使预算赤字增加。而低利率鼓动了各国公私部门大量借钱。

需要面政策无助于经济的长期成长。如今世界各国大致都已债台高筑,很少有财政政策发挥的空间。过去货币数量增加接近充分就业后引起物价上涨,使货币当局知所节制。如今世界经济生态改变,货币数量增加,物价不上涨,限制因素转移至资产市场。在此过程中,资产价格上涨,社会财富虚增,贫富差距扩大,公私部门负债累积。目前美国联准会(Fed)正为升息政策小心翼翼,深恐利率上升使资产市场崩陷,不升息则未来货币政策难以为继,进退维谷。

五、儒家思想与世界永续发展

现代成长社会鼓励个人追求自利以促进社会全体的利益。经济不断成长,人均所得不断增加,所得剩余成为储蓄,储蓄累积而为财富。所得与财富不断增加,民生富裕,人民追求的价值也超越物质享受,转为个人自主、自由与自我实现。随着经济不断成长,个人自我意志伸张,对权利和自由的主张也日愈强烈。然而无限制的自由冲撞社会秩序,并不能使每个人得到更多自由。个人必须知所节制,社会制度必须适时调整,让众人为求达到自己目的的努力,达到社会全体的目的。这个制度就是前文所说的社会诱因制度,也就是孔子时代的礼。

我们只要将前引司马迁在《史记·礼书》中所说的话稍加整理和引申,就会得到一个完整的社会诱因制度,如下图。

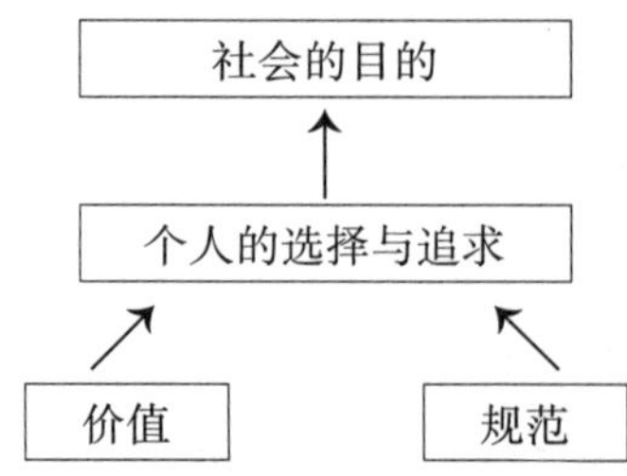

社会的目的是什么？社会的目的就是社会全体人民的福祉，也就是人民的最大幸福。这在传统停滞时代就是社会的和谐与安定，而在现代成长时代必须加上经济进步（economic progress）。经济进步可以用经济成长衡量，不过进步比成长的内涵更丰富：经济成长只是产值的增加，经济进步则包含质量的增进。

社会的成就是社会分子每个人选择与努力的结果，而个人的行为与选择则受价值的引导和规范的约束。所谓价值（values）是指人生追求的终极目的（ultmate ends），包括伦理价值、经济价值与社会价值。伦理价值是对个人品格完善的追求，经济价值包括所得与财富，社会价值包括社会地位和名声。经济价值和社会价值可称为世俗价值。我国的儒家思想产生于传统停滞时代，社会追求的目的是和谐与安定，所以重视伦理价值；现代西方的资本主义思想追求经济成长，所以重视经济价值。规范（norms）包括正式的（formal）法律规范与非正式的（informal）社会规范。一般的社会规范虽然不具备法律强制性，但对社会分子的行为仍有不同程度的影响，约束个人行为不逾越伦理的分际。实际上我们的日常行为受一般社会规范的节制更多于法律规范的节制。曾子曰："十目所视，十手所指，其严乎！"理想的社会希望法律规范备而不用。价值与规范需要有实施的机制（enforement mechanism），而实施的机制依附于各种社会组织（organization）之中。例如经济价值和社会价值主要靠政府和企业提供，法律的制度靠司法机关实施。政府和企业如将品德作为提供经济价值与社会价值的前提条件，让"德厚"者"位尊""禄重"，自然有助于个人对伦理价值的重视。

传统时代我国重视伦理胜于财富，如果对财富有更多的重视，是否有利于技术的商品化，因而创造财富，引起技术的持续进步，是一个可以讨论的问题。不过现代社会重视财富胜于伦理，过分强调经济成长，致使经济发展陷入今日难以持续的困境，正有待传统的儒家思想加以解救。

第一，义必须在利的前面，伦理价值必须优先于经济价值

司马迁在《史记·孟子荀卿列传》中说：

余读孟子书，至梁惠王问何以利吾国，未尝不废书而叹也。曰：嗟乎！利诚乱之始也。夫子罕言利者，常防其原也。故曰："放于利而行，多怨。"自天子至于庶人，好利之弊何以异哉！

孔子罕言利，并不是因为利不重要，而是因为利在人的心目中已很重要了，不宜加以强调。"子罕言利与命与仁。"（《论语·子罕》）也不是说命和仁不重要，孔子只是说，人生还有比利更重要的价值。

子曰："富与贵是人之所欲也。不以其道，得之不处也。贫与贫贱是人之所恶也，不以其道，得之不去也。"（《论语·里仁》）

经济价值和社会价值都是人生追求的目的，如果取得的手段违背原则，以致失去伦理价值，则宁愿不要。人们都不喜欢贫穷和低贱，如果排除的手段违背原则，则宁愿安于贫穷和低贱，因为仍有伦理价值让我们可以心安理得过日子。

子曰："富而可求也，难执鞭之士吾亦为之。如不可求，从吾所好。"（《论语·述而》）

财富如果追求就可以得到，即使做一个世俗视为低贱、拿鞭子的差役，我也愿意去做。如果不是追求就可以得到，还是去做我喜欢的事吧。

子曰："饭疏食，饮水，曲肱而枕之，乐亦在其中矣。不义而富且贵，于我如浮云。"（《论语·述而》）

粗饭淡茶，弯起手臂当枕头，也可以乐在其中。以不正当的手段方能得到的财富和地位，在我心中就像天上的浮云一般。

不过重视伦理价值并不妨碍对经济价值的追求。义和利并非必然冲突，只有在不违背伦理的原则下追求财富，个人的利益才会和社会全体的利益一致，经济成长才不会让社会和环境受到伤害，世界经济发展才可以长期持续。

第二,人生应知所节制

传统时代技术停滞,资源匮乏,人民学习节制,"一粥一饭,当思来之不易;半丝半缕,恒念物力维艰"。现代成长扩大了资源的供应,也鼓舞了我们的贪婪之心,"人心不足蛇吞象"。曹操说:"人苦于不知足,既得陇,复望蜀。"然而资源的供应并非无穷,大自然也非无限。人的欲望受边际效用递减作用(low of diminishing marginal utility)的限制,永远得不到满足。真正的满足来自内心的充实和喜悦。无节制的自由破坏社会的秩序与和谐,不能让人的自由增加。真正的自由是限制中的自由。所以孔子"……五十而知天命,六十而耳顺,七十而从心所欲,不逾矩"。(《论语·为政》)"天命"是老天爷给我们的限制,不可逾越,"耳顺"是社会与世事给我们限制,必须顺应。

第三,人生应有所敬畏

> 孔子曰:"君子有三畏:畏天命,畏大人,畏圣人之言。小人不知天命而不畏也,狎大人,侮圣人之言。"(《论语·季氏》)

"天命"是客观现实对人生造成的限制。"大人"指长官或长辈,"畏大人"表示传统社会对权威和秩序的尊重。"圣人之言"是智慧的语言。在科技不断进步,经济不断成长的今天,社会的规范和秩序不断受到挑战。人生需要积极进取,然而社会需要典范让我们学习,人生也要有所敬畏,知所警惕,社会方能长久维持进步与和谐。

第四,政治人物应有君子的风范

当前民主政治的弊端,主要有以下几项,不同的国家有程度上的不同。(1)政治人物竞选公职时,批判时政,丑化竞争对手,提出理想化不切实际的政见,讨好选民也欺骗选民。当选后不能实现,事实上也无法做到。一次一次让选民对政客失去信任,对政府也失去尊敬。(2)民选的政治领袖,受到任期限制,倾向于从事短期可以看到成效的经济建设,较少提出长期宏远的计划,不利于国家的长期发展。对于经济问题,也倾向于采取短期政策,使问题延后发生,致使国家经济带病延年,是不负责任的做法。长期使用扩张性财政政策和货币政策,致使国债沉重、资金泛滥就是显著的例子。(3)民主政治的设计,是以地方选出的民意代表,组成国会,监督与节制全民选出来的政治领袖所领导的行政团队,也就是狭义的政府。代表地方利益的民意代表,为求取悦选民,强势问政,不利于政事的顺利推行。所以民主政治的政府往往有较低的行政效率。

我国传统的政治理想,是《礼记·礼运大同篇》所说的“选贤与能”,让贤者和有能力的人在位。

> 子曰:“文武之政,布在方策。其人存,则其政举;其人亡,则其政息。人道敏政,地道敏树。夫政也者,蒲庐也。故为政在人,取人以身,修身以道,修道以仁。”(《中庸》)

政治要靠贤能的人承担。贤能的人有利于政事的推动,犹如好的土壤有利于树木的生长;贤能在位,可使国家自然蓬勃发展。所以良好的政治要靠有贤能的人才,选贤能的人才要看他的人格,其中最重要的品质就是仁。然而令人感到遗憾的是,仁是现代民主政治中越来越难看到的品质。所以政治人物要有儒家君子的风范。“博施济众”①,“修己以安百姓”②,而不是追求自己的地位、权势与名声。

第五,企业经营必须加入儒家伦理的元素

在构成社会诱因制度的“组织”中,政府、司法、教育和企业都是重要的部门。传统停滞时代工商业不发达,社会结构简单,政府掌握的资源最多,功名利禄,富贵荣华,主要由政府支配,因此社会诱因制度主要由政府主宰,政府也是最有能力提升伦理价值的组织。

今日民主时代的政府掌握的资源相对稀少,选举制度又不免产生邪恶的政客,失去道德高度,难为全民的表率。清明的司法有赖良好的教育;不幸现代教育重知识、轻伦理,日愈丧失培养品德的功能。

现代社会工商业是最大的组织,拥有社会上最多的资源。70%以上的人力在工商业就业,在工商业追求理想,成就事功,实现自我。而企业的永续经营建立在仁、义、忠、信的伦理基础之上。企业注入儒家伦理的元素方能永续发展;二者互相发扬,方能促进社会的和谐与进步。

(2018年4月12日香港华夏青年文化总会、香港教师会、香港教育评议会等主办演讲:《世界经济发展与儒家思想的现代使命》,5月2日整理完稿。)

---

① 子贡曰:“如有博施于民,而能济众,何如?可谓仁乎?”子曰:“何事于仁?必也圣乎!尧舜其犹病诸。”(《论语·雍也》)

② 子路问君子。子曰:“修己以敬。”曰:“如斯而已乎?”曰:“修己以安人。”曰:“如斯而已乎?”曰:“修己以安百姓,尧舜其犹病诸!”(《论语·宪问》)

儒学在新时代的转型问题

——在"世界经济发展与儒家思想的现代使命"对谈会上的发言

陈家琪

刚才听了孙震校长的演讲,很受启发。我准备谈四个问题。

第一,关于儒学,我的基本态度是:首先相信"儒虽旧学,其命维新"。中国的传统文化是有其持续不断的发展动力的,只要有中国人在,只要使用中文表达,只要我们依旧保持着这样的生活习惯和生活方式,说中文,写方块字,那么用这样的语言文字和生活方式构筑而成并能体现出这种构筑动力的文化就活着;其次,"世界经济发展与儒家思想的现代使命"是一个很有意义的话题。整个世界范围内的学术活动都在想重新从古代人那里寻找到应付当下这个时代的智慧。文化意义上的保守主义,甚至复古主义已经成为"显学"。既然我们的博士生们可以写有关柏拉图、亚里士多德的博士论文,而且也不乏创见,那么我们为什么就不能重新理解孔子及其儒学呢? 但这里有一个问题:孔子和儒学不一定是一回事。我出的一本关于"马克思及其主义"的书中就曾经提出,马克思与所谓的"马克思主义"并不是一回事。马克思如果活在今天,也一定会说"我不是一个马克思主义者"(其实,马克思晚年就已经说过,他不是"马克思主义者")。这也适用于对孔子的学说以及所谓的"儒学""国学""中国传统文化"等概念的理解。孙校长说,自董仲舒提出"罢黜百家,独尊儒术"以来,就歪曲了孔子的学说,因为孔子的学说是"道"而不是"术",这对我们很有启发。余英时先生也在一个地方说过,有对现实不满、始终反抗着的孔子,也有努力维护统治秩序的孔子,就看你要的是孔子的哪一面了。这大概也就是"道"与"术"有所不同的一个方面。当然,如何理解"道"与"术"这两个概念又是另一个问题了,而且可能是更重要的问题。

问题的提出到底说明了什么呢? 说明我们必须重新理解"进步"这一概念。"进步"是一个有关如何理解历史或者时间的概念,属于纯粹形而上学领域里的问题。科学技术毫无疑问是有进步的,这里的"进步"只相对于能更快捷、迅速地实现人的实用性的目的而言。那么人性、道德呢? 这里要讨论的恰恰是如何理解人的目的。这又涉及自由意志、欲望、想象等方面的问题。正因为都与形而上学领域里的问题有关,所以就不好说了。随着对"进步"这一概念的重新思考,我们也就不再相信今人一定比古人聪明。就对人性、本能、教育、管理等方面的理解而言，古人也许比我们看得更透彻，更具有直接性的特点；或者说，我们可以在古人那里获得更有启发性的理解。

第二，我有三个问题要说出来与大家讨论一下，这三个问题在逻辑上是连贯的：（1）中国到底怎么了，或者说世界到底怎么了，使得我们想要从古老的孔子学说那里寻找救治的智慧？（2）这种古老智慧还有用吗？能解决我们在经济发展中所面临的问题吗？（3）中国大陆与中国台湾、与中国香港到底有何不同？儒学普遍适用吗？当然，当我们说西方时，也应想到美国与欧洲、东欧与西欧，还有北欧等国的不同。到底中国的问题或西方的问题指的是哪里的什么问题或教训？

问题出在哪里？一般而论，也就是我们已经讨论过很久的“现代性”问题。我们大陆有时更喜欢用“现代化”，实际上也就是想把问题限制在工业、农业等生产领域的现代化、高度技术化，也就是前面所说的技术或手段上的“进步”上；不想涉及政治体制、价值观念等方面的“现代性”问题。汉娜·阿伦特说现代性导致三个方面的问题：超验的不可能、权威的丧失和传统的断裂。这是《阿伦特政治思想再释》中告诉我们的；同时，这本书也告诉我们，阿伦特一直在两面作战，既是一位反现代主义者，同时也是一位现代主义的支持者。这就要求我们必须在“现代性”内部做出区分，并在不同的位置上划出战线（该书第一章）。与此相关的就是对极权主义的认识。概括而言，极权主义就是相信“一切皆有可能”，于是企图通过改变人性来取消人性；企图把人等同于一个自然存在物，取消“他们的个性与他们开启行动和思想的能力”。极权主义的出现是现代性的产物。

当我们今天谈论儒家学说时，到底在什么意义上是针对着极权主义而言的，在什么意义上又是一般而论地谈论超验的不可能、权威的丧失和传统的断裂？这是我作为一个大陆学者所必须思考的问题。现在许多人谈论西方的民主制度，觉得“民意独大、民权独大”，于是出现混乱。也许中国台湾的情况有点类似。我 2017 年 10 月访问中国台湾，通过在高雄的访谈、看电视也体会到了这一点。我觉得中国台湾地区的民主制度有点类似于当年德国一战后出现的魏玛共和国，在风雨飘摇中期望有强人出现。无论是国民党还是民进党，都希望能出现一个真正英明、杰出的人物。但正如孙校长所言，你怎么能保证所出现的那个“强人”不是希特勒？中国香港想为自己找到安身立命，也就是能维持住现状的一条路径。但任何想争取“维持”的立场都可能表现为极端，结果招致相反的结果。儒学的真正实体性的（与土地、人口等因素有关）承担者应该是大陆；而大陆的儒学又是最值得怀疑的。我所谓的怀疑，指的就是对儒学到底是“道”还是“术”的怀疑上。就大陆、中国台湾、中国香港三地而言，弘扬传统文化，仅仅把儒学当成一种学问来看是一回事,想通过儒学的弘扬来解决世界经济发展到今天所面临的问题,特别是两岸三地所面临的问题是另一回事。我相信,现实中的具体问题都不是理论研究所能解决的;理论的引导又取决于领导者对现实问题的清醒认识。所以中国的统治者历来就有“儒表法里”之说,读书人则是“儒表道里”;儒家学说只是“表”,几乎从来就没有被当真对待过。

第三,孙校长区分开经济发展的停滞时期与快速发展两个时期,而且强调这种区分主要着眼于个人所得的不同。经济停滞时期,也许国家的收入也在增加,但由于人口的增长和战乱、扩张的需要,个人所得并未增长。经济快速发展就指的是个人所得的增长。这是一种自由主义的或称之为个人主义的哲学观念。我也拥护这种观点。但这仅仅强调的是经济领域里的问题。孙校长是经济学家,这是他的专业。如果我们不仅仅只讨论经济状态,而是从社会形态的角度来看中国历史,除了古人所说的“乱世、小康、太平”的三世说外,还有另一种三世说,比如龚自珍、魏源等,就认为有“乱世、治世、衰世”之分。其中特别引人注意的就是“治世”与“衰世”在表面上看起来几乎是一样的,因为都不是“乱世”。不同的就在于“衰世”指的是文化已经丧失了根本的活力,这当然与思想、言论的不自由有关,表现上就是价值系统的崩溃,用古人的话来说,就是礼崩乐坏,是非不分。这与现代性,特别是极权主义的“一切皆有可能”有关,因为充满了不确定性,所以也就丧失了安全感。最主要的是人与人之间丧失了基本的信任。在这种情况下,孙校长强调孔子对“信”(民无信不立)的确立,这在理论上当然是对的。但对于今天的我们而言,问题已不在古人(包括孔子)有哪些论述值得我们注意,而在于我们必须认清中国古代社会的秩序原则与今天的秩序原则之不同。古代,我认为一切立足于“等级制”,等级保证了秩序的稳定。就如《中庸》中所说的:仁,人也,亲亲为大;义,宜也,尊贤为大。一个“亲亲”(小共同体的血缘秩序原则),一个“尊贤”(小共同体的秩序等级原则),有了这两条,伦理秩序就可以代替政治秩序,社会就可以不乱。这是古代儒家学说的秩序原则。现代社会成了大共同体。弗朗西斯·福山先生在《政治秩序的起源》中说,中国自秦汉以来就成为人类历史上第一个中央集权的大共同体,也就是后来的民族国家的榜样。而“亲亲”和“尊贤”已经显然不行了,靠谱的只能是法治,也就是宪法的确立,以法为大,以法为尊。记得秦晖教授曾在一个地方说过,“五四运动”只反“小共同体”(家庭),不反“大共同体”(国家);所以批儒,因为儒家就讲的是“小共同体”的秩序原则。在中国香港,我感受到他们的法治观念强于大陆,这大约又与英国人当年留下的传统有关。具体的原因和不足的地方就不说了,但就儒家学说而言,在个人的思想与行动、法治的观念与制定上的欠缺显然是无法适应现代社会的经济发展的,无论怎么解释都无法适应。当然,这并不影响我们必须认真讨论我们的儒家文化。

第四,我想表达自己的两点希望,这就是:其一,两岸三地都应该寻找到一种可在理论上清晰表达的历史秩序,我们必须有一种在普遍性下又体现差异性的历史表述,能把历史的故事讲清楚;其二,应该讨论一下历史到底有没有周期率的问题。前不久我与中国香港洪永远先生一起参观了上海川沙的黄炎培故居。黄炎培先生当年在延安问毛泽东,我们能否走出治乱循环的周期率。说明中国的几千年历史,确实有一种类似于"周期率"的东西。我近来看到一位美国历史学家说美国的历史也有周期率,基本上是80多年一个周期,从独立战争到南北战争,再到第二次世界大战,差不多都是80多年,那么从二战结束到现在,又接近80年了,美国似乎又到了一个转折点。那么我们呢?如果我们能在历史周期率的大背景下讨论儒学的历史使命,也许会更有意义。

最后,我来表达一下我对当下中国为什么会出现"儒学"或"国学"热的思考。我认为有四个方面的问题可供参考:其一,就是想通过"儒学"来提升国民的道德素养。官员利用手中的权力搞贪腐,下面的、本来被认为最淳朴的农民也开始用各种手段坑害他人,进入一个"互害"的循环模式,这在以前都是不可思议的。加上人与人的基本信任感的丧失,真可谓"礼崩乐坏,天下无道"了,所以就想起了传统的儒家学说。其二,就是我在上面说过的,想在古人那里寻找智慧。趋古或复古成为世界性的思潮。但任何"古"都具有两面性。西方的"两希",古希腊有城邦民主、广场辩论,但民主制度也处死了苏格拉底;中世纪的希伯来—基督教传统,有政教合一时的宗教裁判所,也有宗教改革后的平等、博爱、宽容、慈悲和对个体的人的自由意志的肯定。中国的儒家,既有以"道"制约"官"甚至"帝"的一面,也有把"道"变成"术",辅佐统治,专门制约人心,使人变得越来越虚伪的一面。就看谁来选择,怎么选择了。其三,就是想找到"马克思主义中国化"的新途径,使马克思主义能够与中国传统文化更好地结合起来。至于能不能,是个太复杂的问题,此处不再展开。其四,也就是最后,在我看来也是最为根本或最为重要的,就是想通过文化认同来确立文化自信,再通过文化自信来凝聚人心。这里面涉及一个重要的哲学问题,就是"文化认同"也就是"自我认同";而"自我认同"又是现代性中的一个核心问题,因为现代技术的发展正在使人的自我认同变得越来越空虚,在时空的急速变换中,我们几乎已经无法断定"我就是我"了。"自我认同"需要反省意识,或者说,对一个没有自我意识的人来说,也就谈不上自我认同。自我意识是什么呢?黑格尔在《精神现象学》中说,意识作为一种空洞抽象的存在,一定要有具体的、特殊的内容,这就是对自身的欲望、对自己的生命的意识。按照意向性的学说,意识是一定有其对象的,但这个对象是外向的,还是自我反思的,二者并不一样。这里面涉及一个是不是把“外”,或外物视为工具的问题。要自我反思,前提又得是把自己视为一个单个的人的存在。所以一个作为个体的人的存在,一个个体的人的自由意志,这两点是我们的传统文化中基本没有涉及的问题,而对于文化认同与自我认同来说又是绕不过去的问题。当我们还绝口不讲人的自我意识,不讲人格、尊严,以及这一意义上的人与人的平等时,我们怎么可能在反省中、在流逝中,努力获取某种意义上的认同感?如果我们的一切都是出于实用的目的,都是为了解决当下的政治问题或伦理问题,那这本身也就只能引导着人们把一切都转化为工具性的使用价值。好了,这就是我的发言。谢谢大家。

妇道与贞德

——早期中国女性伦理道德建构

吴龙灿[①]

【摘要】 先秦两汉的女性伦理建构,是早期中国伦理建构的重要内容,也与其他人伦道德建构密切关联。西周之前的女性伦理内涵,主要源于性禁忌,具体表现为“同姓不婚”,禁止同姓乱伦和同族异性侵渎,后来逐渐发展为“男女有别”的伦理道德形式。春秋战国时期,孔子“六经”整理诠释和先秦诸子思想发明,把妇道作为整个伦理体系的重要一部分从不同角度加以深刻阐释,逐渐形成与规范礼制中婚姻制度和爵位财产继承制度相适应的贞节女德观念。汉代初期朝野放浪无耻,促使汉王朝加快伦理道德规范建设,将董仲舒总结和论证的“三纲五常”体系上升到全社会通行的人伦道德规范,东汉《白虎通义》再加以系统化解释和发挥,其中贞德作为妇道的核心内涵而完成制度性建构。汉代的政治教化也以正面鼓励的形式全面支持和推行贞德。

【关键词】 妇道,贞德,女性伦理,三从四德

先秦两汉的女性伦理建构,是早期中国伦理建构的重要内容,也与其他人伦道德建构密切关联。《诗经·关雎》中的“窈窕淑女,君子好逑”,把女性理想人格“淑女”与男性理想人格“君子”加以对应匹配。《论语·阳货》中孔子那句引起聚讼纷纷的话“唯女子与小人难养也”,近人较为恰切地解释为“像小人一样的那种女性很难相处”,如若其然,女性也分“像君子一样”和“小人一样”两种,“淑女”也就是“像君子一样”的理想女性的人格化表述。无论“君子”还是“淑女”,其伦理道德内涵却是有一个历史建构的过程。妇道和贞德,便是女性理想人格的核心内涵,其历史性建构经过漫长的演变过程,直到东汉才真正完成制度化建构和社会化实践。

一、远古女性伦理的萌芽

西周之前的伦理道德观念,可以通过有关原始禁忌、宗教崇拜和生活理念去推测。原

---

① 作者简介:吴龙灿,哲学博士,温州大学人文学院教授,硕士研究生导师,主要研究中国哲学、历史文献学、伦理学和政治哲学。

始禁忌即所谓原始社会中人的“部落习惯法”,是人类在文明社会之前漫长进化岁月中逐渐通过生活经验总结形成的个人自我规范和部落中普遍认可的原始思维。卡西尔曾对原始禁忌有精彩论述:

> 禁忌体系尽管有其一切明显的缺点,但却是人类迄今发现的唯一的社会约束和义务的体系。它是整个社会秩序的基石。社会体系中没有哪个方面不是靠特殊的禁忌来调节和管理的。①
>
> 个人还没有成为讨论的课题,人的感情、思想、活动,并不是从他自身出发的,而是被一种外在的力量印在他身上的。部落的每一个成员对部落习惯法的无意识服从,很长时间来被看成是构成研究原始秩序人们遵守法则之基础的基本公理。②

“性禁忌”是最早产生的原始禁忌之一。在中国先民的原始思维中,性禁忌表现为“同姓不婚”。“男女同姓,其生不蕃。”(《左传·襄公二十三年》)“同姓不昏,恐不殖也。”(《国语·晋语四》)这一禁忌,一方面是从生理上对自身后代繁衍的影响来考虑,这是通过经验总结归纳出的遗传学规律。另一方面,是从家族和政治伦理角度去考虑家族或部落的生存发展,从而严格禁止同姓婚:

> 异姓则异德,异德则异类。异类虽近,男女相及,以生民也。同姓则同德,同德则同心,同心则同志。同志虽远,男女不相及,畏黩敬也。黩则生怨,怨乱毓灾,灾毓灭姓。是故娶妻避其同姓,畏乱灾也。(《国语·晋语四》)
>
> 夫昏礼,万世之始也,娶于异姓,所以附远厚别也。(《礼记·郊特牲》)

同姓相及不仅于家族繁衍不利,而且会亵渎神灵导致灭姓毁宗的严厉惩罚。故“同姓不婚”的性禁忌,是为了个人、家族、宗族和部落的繁衍昌盛而禁止同姓乱伦和同族异性侵渎,后来逐渐发展为“男女有别”的伦理道德形式。

战国时代,诸侯国兼并战争加剧,富国强兵成为第一要务,各国奖励耕战的变法活动提高了农业耕作技术和军事谋略水平,而战争频仍导致社会动荡,宗法制度体系遭到破坏,原有的道德观念已经不足以规范人伦德行,官守之学流落民间导致思想学术繁荣,诸

---

① 卡西尔:《人论》,甘阳译,上海:上海译文出版社,1995年,第138页。
② 同上书,第115页。

子百家争鸣中提出了更高的伦理道德规范以期收拾人心。

具体而言,西周以来对维系社会秩序曾经起着重要作用的宗族结构和伦理道德观念,在战国时代在多方面予以分化和解构,因而演变为需要新的伦理道德规范的社会结构形式。就社会生产领域而言,铁制工具和牛耕技术的普及使用,都江堰、郑国渠等水利工程的修建,在生产条件上促进了农业生产发展。各国奖励耕战的变法活动,打破了原来的土地所有制关系和宗法制度,发生在战国早期的秦国商鞅变法是典型的例子。

商鞅变法,改帝王之制,除井田,民得卖买。富者田连阡陌,贫者无立锥之地。(《汉书·食货志》)

令民为什伍,而相牧司连坐。不告奸者腰斩,告奸者与斩敌首同赏,匿奸者与降敌同罚。民有二男以上不分异者,倍其赋。有军功者,各以率受上爵;为私斗者,各以轻重被刑大小。僇力本业,耕织致粟帛多者复其身。事末利及怠而贫者,举以为收孥。宗室非有军功论,不得为属籍。明尊卑爵秩等级,各以差次名田宅,臣妾衣服以家次。有功者显荣,无功者虽富无所芬华。(《史记·商君列传》)

在商鞅变法后的秦国,不再实行"井田制",实行授田制,土地自由买卖,生产者由奴隶变为隶农,土地私有,转变为小生产制,小规模个体家庭大量出现。通过耕种丰收和战功来改变身份和获得爵禄,世卿世禄宗法体制彻底瓦解。

另外,郡县制度的迅速发展也使宗法制日益解体。郡县制在春秋中叶已经开始实行。"郑伯肉袒牵牛以逆,曰:'……使改事君,夷于九县,君之惠也……'"(《左传·宣公十二年》)原先卿大夫的采邑世代相袭,而郡县的长官、县大夫则是君主以功绩或贤能选任,可以经常更换。战国时郡县设立更加普遍。秦商鞅变法,"而令民父子兄弟同室内息者为禁。而集小乡邑聚为县,置令、丞,凡三十一县。为田开阡陌封疆,而赋税平"。(《史记·商君列传》)"昌国君乐毅为燕昭王合五国之兵而攻齐,下七十余城,尽郡县之以属燕。"(《战国策·燕策二》)到秦统一天下,"分天下以为三十六郡,郡置守、尉、监"。(《史记·秦本纪》)郡县长官或大夫掌握原封国之君的经济和军事权力。"大臣之禄虽大,不得借威城市,党与虽众,不得臣士卒。"(《韩非子·爱臣》)郡县制的发展使战国时期的政治格局地缘主导化,削弱和淡化了以血缘关系为纽带的宗族生活,产生了新的社会伦理关系和道德规范需要。

战国时期,人们对社会伦理关系和伦理道德的选择和整理更为完整清晰,基本奠定了后世所见的伦理道德观念的规模。

> 父子有亲、君臣有义、夫妇有别、长幼有序、朋友有信。(《孟子·滕文公上》)
>
> 为人君者,中正而无私;为人臣者,忠信而不党。为人父者,慈惠以教;为人子者,孝悌以肃。为人兄者,宽裕以诲;为人弟者,比顺以敬。为人夫者,敦蒙以固;为人妻者,劝勉以贞。(《管子·五辅》)
>
> 七教:父子、兄弟、夫妇、君臣、长幼、朋友、宾客。(《礼记·王制》)

孟子提出的五伦,与《王制》的"七教"相比少了"兄弟"和"宾客"两伦,与汉代三纲六纪相比,"三纲者何?谓君臣、父子、夫妇也。六纪者,谓诸父、兄弟、族人、诸舅、师长、朋友也",(《白虎通义·纲纪》)"诸父、兄弟、族人、诸舅、师长"这五纪均以"长幼"一伦概括。故可以说战国时主要社会伦理关系大体已备。而战国时代虽无"三纲"说法,但强调"君臣、父子、夫妇"三伦重要性的"三纲"观念也已经出现:

> 内则父子,外则君臣,人之大伦也。(《孟子·公孙丑上》)
>
> 男女居室,人之大伦也。(《孟子·万章上》)
>
> 若夫君臣之义,父子之亲,夫妇之别,则日切磋而不舍也。(《荀子·天论》)
>
> 臣事君,子事父,妻事夫,三者顺则天下治,三者逆则天下乱,此天下之常道也。(《韩非子·忠孝》)
>
> 凡为治必先定分:君臣、父子、夫妇。君臣、父子、夫妇六者当位,则下不逾节而上不苟为矣,少不悍辟而长不简慢矣。(《吕氏春秋·处方》)

孟子强调"君臣、父子、夫妇"为"人之大伦",荀子亦然。韩非子和《吕氏春秋》则强化三纲的伦常作用,甚至提高到天下治乱的关键、"天下之常道"这样的高度,使之成为政治制度的伦理道德基础。

战国时代接续孔子的伦理道德体系构建,对繁复的伦理道德德目的选择和归纳,逐渐简约为关键性的德目组合。

> 天下之达道五,所以行之者三。曰:君臣也,父子也,夫妇也,昆弟也,朋友之交也。五者,天下之达道也。知、仁、勇三者,天下之达德也。(《礼记·中庸》)

何谓四维？一曰礼，二曰义，三曰廉，四曰耻。礼不逾节，义不自进，廉不蔽恶，耻不从枉。故不逾节，则上位安。不自进，则民无巧诈。不蔽恶，则行自全。不从枉，则邪事不生。(《管子·牧民》)

由是观之，无恻隐之心，非人也；无羞恶之心，非人也；无辞让之心，非人也；无是非之心，非人也。恻隐之心，仁之端也；羞恶之心，义之端也；辞让之心，礼之端也；是非之心，智之端也。人之有是四端也，犹其有四体也。(《孟子·公孙丑上》)

《中庸》提出的五伦，除了“兄弟”一伦在孟子那里是“长幼”一伦，其他的四伦与孟子五伦一致，作为五伦之道德规范的“知、仁、勇”则承自孔子：“知者不惑，仁者不忧，勇者不惧。”(《论语·子罕》)与其政治哲学洞见“仓廪实，则知礼节。衣食足，则知荣辱”相匹配，《管子》提出的政治伦理规范“四维”具有很强的现实针对性。孟子的“仁、义、礼、智”“四端之心”，规定人类的道德类特性，为后来董仲舒的“仁、义、礼、智、信”“五常”之道德规范奠定了基础。根据出土文献，子思和孟子还有“五行”之说，传为子思之作的《郭店楚简·五行》所提出的“仁、义、礼、智、圣”五德，尤其是《马王堆·五行》后半部分似为孟子解释五行的“五行说”，加上荀子的批评佐证：“略法先王而不知其统，犹然而材剧志大，闻见杂博。案往旧造说，谓之五行，甚僻违而无类，幽隐而无说，闭约而无解。案饰其辞而只敬之曰：此真先君子之言也。子思唱之，孟轲和之。”(《荀子·非十二子》)可以说“五行之德”和“四端之心”是思孟学派一脉相承的伦理道德学说。

二、先秦妇道伦理的建立

夫妇一伦，在战国时期被视为三大最重要的社会伦理关系之一，甚至被认为比父子、君臣两伦更为根本的社会基础和伦理规范。

有天地然后有万物，有万物然后有男女，有男女然后有夫妇，有夫妇然后有父子，有父子然后有君臣，有君臣然后有上下，有上下然后礼义有所错。夫妇之道不可以不久也，故受之以《恒》。(《周易·序卦》)

昏礼者，将合二姓之好，上以事宗庙，而下以继后世也，故君子重之。是以昏礼纳采，问名，纳吉，纳征，请期，皆主人筵几于庙，而拜迎于门外，入，揖让而升，听命于庙，所以敬慎重正昏礼也。父亲醮子，而命之迎，男先于女也。子承命以迎，主人筵几于庙，而拜迎于门外。婿执雁入揖让升堂，再拜奠雁，盖亲受之于父母也。降，出御妇

> 车，而婿受绥，御轮三周，先俟于门外，妇至，婿揖妇以入，共牢而食，合卺而酳，所以合体同尊卑以亲之也。敬慎重正而后亲之，礼之大体，而所以成男女之别，而立夫妇之义也。男女有别，而后夫妇有义；夫妇有义，而后父子有亲；父子有亲，而后君臣有正。故曰："昏礼者，礼之本也。"夫礼始于冠，本于昏，重于丧祭，尊于朝聘，和于乡射，此礼之大体也。(《礼记·昏义》)

夫妇是人伦的开始，以夫妇为核心的婚姻关系衍生出父子、君臣及其他社会伦理关系，故古代非常重视婚礼和婚姻关系。除了"饮食男女，人之大欲存焉"(《礼记·礼运》)的性欲和自身繁衍的需要，婚姻关系承载着祭祀先祖、传续宗族、联姻不同家族的使命，是古代社会生活的基础。所以把婚礼(昏礼)看作是"礼之本"，整个婚礼程序繁多，敬慎隆重，每一个环节都有特殊的仪式象征意义和伦理道德含义。因而婚姻道德观念是社会伦理观念中的重要组成部分，与古代整个社会伦理道德状况息息相关。

中国上古社会婚姻观念曾经比较自由开放，随着社会经济的变化和家庭结构的调整，逐渐形成比较稳定规范的婚姻道德观念。殷周时期，男女交往和结合比较自由，互相大胆表达情爱，自由地择偶结合。西周时代，统治者还为男女提供相会场所，允许"私奔"，鼓励自由恋爱结合，责罚适婚而无故不结婚者。

> 媒氏掌万民之判。凡男女自成名以上，皆书年月日名焉。令男三十而娶，女二十而嫁。凡娶判妻入子者，皆书之。仲春之月，令会男女，于是时也，奔者不禁。若无故而不用令者，罚之。司男女之无夫家者而会之，凡嫁子娶妻，入币纯帛，无过五两。(《周礼·地官》)
>
> 燕之有祖，当齐之社稷，宋至桑林，楚之有云梦也，此男女之属观也。(《墨子·明鬼上》)

《墨子》所说的"男女之属观"盖为西周婚姻制度之遗留，春秋时期的婚姻观念已经对男女婚姻方式有所限制和规范。首先，社会舆论和婚姻观念不支持男女私自会面和"奔"，婚姻必须通过"媒"的方式结合。作于春秋初期的《诗经》三首诗中的诗句，均认为"媒"是婚姻的必要前提："匪我愆期，子无良媒。将子无怒，秋以为期。"(《诗经·氓》)"取妻如之何？匪媒不得。"(《诗经·南山》)"取妻如何？匪媒不得。"(《诗经·伐柯》)其次，婚姻礼仪的程序有严格的规定，仪式繁琐，八个环节之后的庙见举行之后，新娘才被男方家庭合法地接纳为正式成员。婚姻的形式除了正常的聘娶婚,还有媵妾婚和烝报婚等形式。第三,春秋时代对再婚比较宽容。“人尽夫也,父一而已,胡可比也。”(《左传·桓公十五年》)改嫁的例子在春秋时代很多且社会舆论并无非议。“声伯之母不聘,穆姜曰:‘吾不以妾为姒。’生声伯而出之,嫁于齐管于奚,生二子而寡,以归声伯。声伯以其外弟为大夫,而嫁其外妹于施孝叔。郄犨来聘,求妇于声伯。声伯夺施氏妇以与之。妇人曰:‘鸟兽犹不失俪,子将若何?’曰:‘吾不能死亡。’妇人遂行。生二子于郄氏。郄氏亡,晋人归之施氏。”(《左传·成公十一年》)声伯之母被出改嫁,声伯之妹嫁施孝叔后又被迫改嫁给却犨,却犨死后又改嫁施孝叔,社会舆论并无责难,当事人皆不以为耻。

春秋时代婚姻伦理道德和贞节观念还比较淡泊,但有所萌芽。比较说明问题的是,“烝”(父死后继娶生母之外庶母)、“报”(兄长或叔叔死后继娶寡嫂或寡婶为妻)、“因”(孙娶祖母)的合法婚姻形式和“通”“淫”的不合乎礼的各种男女性关系,在后世属于乱伦行为,在春秋时代却大量存在,《左传》中记载这样的事例很多。“齐桓公好妇人,妻姑姐妹,而国中多淫于骨肉。”(《新语·无为》)但春秋时代也已经有贞节观念的萌芽:

> 楚子如息,以食入享,遂灭息。以息妫归,生堵敖及成王焉。未言。楚子问之,对曰:“吾一妇人,而事二夫,纵弗能死,其又奚言?”(《左传·庄公十四年》)
>
> 伯姬之舍失火,左右曰:“夫人少辟火乎?”伯姬曰:“妇人之义,傅母不在,宵不下堂。”左右又曰:“夫人少辟火乎?”伯姬曰:“妇人之义,傅母不在,宵不下堂。”遂逮乎火而死。妇人以贞为行者也,伯姬之妇道尽矣!详其事,贤伯姬也。(《春秋谷梁传·襄公三十年》)
>
> 王将嫁季芈,季芈辞曰:“所以为女子,远丈夫也。钟建负我矣。”以妻钟建,以为乐尹。(《左传·定公五年》)

息妫为一女事二夫感到羞耻,以至沉默寡言。伯姬嫁宋共公,七年后共公死,伯姬守寡三十多年,在一次火灾中坚守妇礼而死,受到时人高度评价,认为是行贞德和尽妇道。楚昭王定公四年遇袭而逃,“钟建负季芈以从”(《左传·定公四年》),楚昭王妹妹季芈被钟建背过而非钟建莫嫁。这几个事例可见春秋时代已经对女性提出了包括贞节在内的婚姻道德要求。

到了战国时代,人们进一步强化婚姻关系规范,“男女之别”成为社会普遍观念。“男女不杂坐”(《礼记·曲礼上》),“嫂不抚叔,叔不抚嫂”(《礼运杂记》),“男女授受不亲”

(《孟子·离娄上》),都是战国时代明男女之别以防止淫乱的普及化礼义观念。另外,战国时更加重视明媒正娶的婚姻正当性:

妇人之求夫家也,必用媒,而后家事成。……求夫家而不用媒,则丑耻而人不信也。故曰:“自媒之女,丑而不信。”(《管子·形势解》)

丈夫生而愿为之有室,女子生而愿为之有家。父母之心,人皆有之。不待父母之命、媒妁之言,钻穴隙相窥,踰墙相从,则父母国人皆贱之。(《孟子·滕文公下》)

闵王之遇杀,其子法章变姓名。为莒太史家庸夫。太史敫女奇法章之状貌,以为非常人,怜而常窃衣食之,与私焉。莒中及齐亡臣相聚,求闵王子,欲立之。法章乃自言于莒。共立法章为襄王。襄王立,以太史氏女为王后,生子建。太史敫曰:“女无谋而嫁者,非吾种也,污吾世矣。”终身不睹。(《战国策·齐策六》)

没有“父母之命”“媒妁之言”的婚姻,则“丑耻而人不信”“国人皆贱之”“污吾世”,在战国时代已经普遍被认为是一件非常可耻的事情。

战国时代,男尊女卑观念流行,而且对婚姻中的女性提出了“从夫”“贞节”等道德要求。“夫,至尊也”“夫者,妻之天也”(《仪礼·丧服传》),强调婚姻中的男尊女卑观念。“妇人,从人者也;幼从父兄,嫁从夫,夫死从子。夫也者,夫也。夫也者,以知帅人者也。”(《礼记·郊特牲》)“三从”观念已经接近后世的“夫为妻纲”观念了。“忠臣不事二君,贞女不更二夫。”(《史记·田单列传》)“妇人贞吉,从一而终也。”(《周易·恒·象传》)“贞节”妇德观念已经明确完整地提出并为社会倡导。

三、董仲舒“三纲五常”伦理体系中的贞德建构

汉初贵族道德败坏,导致社会民风放浪无耻,社会道德教化问题摆在统治者面前。西汉中期之前,夫妇关系比较随意,盛行改嫁之风,贞节观念淡薄。这首先表现为王室贵族的荒淫现象。“汉惠帝后张氏,乃帝姊鲁元公主之女,则帝之女甥也。吕后欲为重亲,遂以配帝,立为皇后,是以甥为妻也。”①赵翼考证汉初诸王荒淫情况:

燕王刘定国与父康王姬奸,生一子,又夺弟妻为姬,并与子女三人奸,事发自杀。

① 赵翼著,王树民校证:《廿二史札记校证》,北京:中华书局,1984年,第61页。

> 衡山王孝与父侍婢奸。赵太子丹与同产姊及王后宫乱，为江充所告。梁王立，与姑园子奸。江都王建，父易王薨，未葬，即召易王美人淖姬等与奸，又与女弟征臣奸。建又欲令人与禽兽交而生子，令宫人裸而据地，与羝羊及狗交。齐王终古使所爱奴与妾八子（妾号）即诸御婢奸，或使白昼裸伏，与犬马交接，终古临视之。广陵王胥子宝，与胥姬左修奸，事发弃市。（皆见《汉》《史》各本传）此汉诸王荒乱之故事也。推原其始，总由于分封太早，无师友辅导之益，以至如此。①

这样的禽兽行在初汉贵族中甚多，上行下效，民风放浪就不奇怪了。“武帝姐馆陶公主寡居，宠董偃十余年。……以帝女私幸之人，天子闻之，不以为怪，亲王大臣，且为上书乞封，其时宫廷淫逸之习，固已毫无忌讳。”②《汉书·东方朔传》：“自董偃后，公主贵人多踰礼制。盖上行下效，势所必然也。”《汉书刘向传》：“向睹俗弥奢淫。而赵、卫之属起微贱，逾礼制。”一方面是自王室至百姓疏于教化，以至“俗弥奢淫”，另一方面汉承秦弊，制度伦理规范和社会道德观念无所依据。“曩之为秦者，今转而为汉矣。然其遗风余俗，犹尚未改。今世以侈靡相竞，而上亡制度，弃礼谊，捐廉耻，日甚，可谓月异而岁不同矣。逐利不耳，虑非顾行也，今其甚者杀父兄矣。”（《汉书·贾谊传》）汉初这些制度伦理问题都是事关夫妇、父子、兄弟、长幼、男女之别等人伦关系规范的礼义道德问题。

汉初诸帝在制度伦理建设和道德教化政策上多少有些作为。汉高祖在建国二年曾下诏：“举民五十以上，有修行，能帅众为善者，置以为三老，乡一人。择乡三老一人为县三老，与县令丞尉以相事教。复勿徭戍。以十月赐酒肉。”（《汉书·高帝纪》），汉文帝起不断有昭书尊养“三老”，形成制度。汉惠帝四年诏曰：“举民孝悌力田者复其身。”（《汉书·惠帝纪》）首创以免除徭役激励子弟孝悌。文帝时养老免算赋制度：“陛下即位，礼高年，九十者一子不事，八十者二算不事。”（《汉书·贾邹枚路传》）文帝十二年颁发诏令：“遣谒者劳赐三老、孝者帛，人五匹，悌者、力田二匹，廉吏二百石以上率百石者三匹。”（《汉书·文帝纪》）汉初颜芝献《孝经》，汉文帝时增列“传记博士”，将《孝经》与《论语》《孟子》《尔雅》等一起列入经学范围。汉初朝廷强调“孝治”，宣称“以孝治天下”，自惠帝起，帝王谥号皆有“孝”字，如“孝惠帝”“孝文帝”“孝景帝”等。以上这些都是正面的表彰和教化。还有从法律上惩处伦理道德上的败行。“教人不孝，次不孝之律。不孝者弃市。弃市之次，黥为城旦舂。”这是不孝入律定罪。“复兄弟、孝（季）父柏（伯）父之妻、御婢，皆黥为城

① 赵翼著，王树民校证：《廿二史札记校证》，北京：中华书局，1984年，第62页。
② 同上书，第61－62页。

旦舂，复男弟兄子、孝（季）父柏（伯）父子之妻、御婢，皆完为城旦。”这是对先秦烝、报（复）婚的否定，汉代前期乱伦现象比较严重，尤其是卑奸尊的情况是严重破坏人伦纲常关系的行为，汉律处以死刑。“同产相与奸，若娶以为妻，及所娶皆弃市。其强与奸，除所强。”禁止“同产”（有血缘关系的兄弟姊妹）通奸或血缘内婚。

> 今临政而愿治七十余岁矣，不如退而更化；更化则可善治，善治则灾害日去，福禄日来。《诗》云：“宜民宜人，受禄于人。”为政而宜于民者，固当受禄于天。夫仁、谊、礼、知、信五常之道，王者所当修饬也；五者修饬，故受天之䄙，而享鬼神之灵，德施于方外，延及群生也。（《汉书·董仲舒传》）

改制更化的内在道德精神，即为“仁、谊、礼、知、信五常之道”。董仲舒把五行与五官、五常相配，使之成为建立在宇宙论之上的常道：“东方者木，农之本，司农尚仁……南方者火也，本朝，司马尚智……中央者土，君官也，司营尚信……西方者金，大理，司徒也，司徒尚义……北方者水，执法，司寇也，司寇尚礼……”（《春秋繁露·五行相生》）“五常”之道是对先秦儒家道德精神继承和凝聚，经过董仲舒的总结、倡导和论证，成为汉代及其后世的制度伦理和人伦道德的基本原则。

先秦儒家的德目很多，董仲舒用“五常”提纲挈领地去概括儒家道德精神，其继承性是明显的。孟子的“仁、义、礼、智”四端，加上“朋友有信”，则成“五常”，孔子及其弟子也经常论述到“五常”中的各个德目及其相互之间的联系。贾谊首次把仁义礼智信合称：“人有仁义礼智信之行。”（《新书·六术》）从这些论述中可见，五常之道与人伦关系紧密相连，“仁”是所有社会人伦关系的总原则，“义”（谊）是君臣关系和社会秩序适宜安排的原则，“礼”是君使臣以及长幼之规则，“智”为判断人伦言行是非善恶的实践智慧，信是处理朋友关系的德性。职此之故，“五常”也经常被说成“五伦”“五纪”，实则五常乃社会人伦之基本道德原则，孟子概括的“父子有亲，君臣有义，夫妇有别，长幼有序，朋友有信”五伦，其基本伦理道德精神，正是董仲舒概括的“五常”之道。“性有善端，动之爱父母，善于禽兽，则谓之善，此孟子之善。循三纲五纪，通八端之理，忠信而博爱，敦厚而好礼，乃可谓善，此圣人之善也。”（《深察名号》）“三纲”是五伦中的前三伦及其关系，“五纪”可以指包括“三纲”在内的五伦，也可以指“三纲”之外的五种人伦关系，犹如《白虎通义》中的“三纲”之外的“六纪”。“八端”，一般是指孟子四端“仁、义、礼、智”，加上“忠、孝、贞、信”这类人伦道德具体原则，总之“八端”之说，就与“五常”一样，也是三纲、五伦、五纪、六纪这些人伦关系处理的道德原则。

董仲舒首次提出“三纲”，虽然没有像《礼纬·含文嘉》明确说“君为臣纲，父为子纲，夫为妻纲”，但把在先秦已经形成的“三纲”观念论证确立为制度伦理最高原则。

秦末法家那里，“三纲”观念已经成型：“臣事君，子事父，妻事夫，三者顺则天下治，三者逆则天下乱。此天下之常道也，明王贤臣而弗易也。”（《韩非子·忠孝》）

继承先秦的“三纲”观念，董仲舒运用他的宇宙论来论证其神圣性和正当性：

> 天地者，万物之本，先祖之所出也，广大无极，其德昭明，历年众多，永永无疆。天出至明，众知类也，其伏无不照也；地出至晦，星日为明不敢暗，君臣、父子、夫妇之道取之此。（《春秋繁露·观德》）

董仲舒把“君臣、父子、夫妇之道”作为对“天地之道”的模仿取法。其具体原理，是“阴阳之道”。首先是“凡物必有合”“合各相阴阳”，落实到夫妻、父子、君臣三大伦关系上，是“妻者，夫之合，子者，父之合，臣者，君之合”，三大伦都是相互对应匹配的。其次是阴阳相兼，在三大伦上表现为“夫兼于妻，妻兼于夫，父兼于子，子兼于父，君兼于臣，臣兼于君”。第三，三伦都对应着阴阳及其特性，即“阴阳无所独行，其始也不得专起，其终也不得分功，有所兼之义”，根据“阴兼功于阳，地兼功于天”的原理，推导出“臣兼功于君，子兼功于父，妻兼功于夫”。第四，天意好仁不好恶，阳主阴辅，德主刑辅，故“天为君而覆露之，地为臣而持载之，阳为夫而生之，阴为妇而助之，春为父而生之，夏为子而养之”，天地、阴阳、春夏之道，都是天道的各方面表现，君臣、夫妇、父子作为“王道之三纲”，都是取之于天道，在社会生活中，君、夫、父为主导地位，臣、妇、子为辅助地位。最后，就如天道“贵阳而贱阴”“阳尊阴卑”，“丈夫虽贱皆为阳，妇人虽贵皆为阴”（《春秋繁露·阳尊阴卑》），三大伦也存在这君尊臣卑、夫尊妇卑、父尊子卑的关系。

“贞”作为妇德，在汉初道德危机中显得尤其宝贵。《说文解字》：“贞，卜问也。”《释名·释言语》：“贞，定也，精定不动惑也。”《易传·系辞下》：“吉凶者，贞胜者也。”韩康伯注：“贞者，正也，一也。”《荀子·子道》：“故子从父，奚子孝？臣从君，奚臣贞？审所以从之之谓孝，之谓贞也。”可见“贞”逐渐从“卜问”引申到正、一、坚定不移、忠诚之义，但“贞”在做“忠”“孝”解时还不是盲从，而是“审所以从之”。“贞女不事二夫”（《史记·田单列传》）这样的先秦观念把“贞”转化为妇德。董仲舒认为“贞”不仅是值得赞扬表彰的妇德，“观乎宋伯姬，知贞妇之信”（《春秋繁露·王道》），而且夫妇是生化之本，若妇无贞德,将导致天灾。"严公二十年'夏,齐大灾'。刘向以为齐桓好色,听女口,以妾为妻,适庶数更,故致大灾。桓公不寤,及死,适庶分争,九月不得葬。《公羊传》曰,大灾,疫也。董仲舒以为,鲁夫人淫于齐,齐桓姊妹不嫁者七人。国君,民之父母;夫妇,生化之本。本伤则末夭,故天灾所予也。"(《汉书 · 五行志》)可见董仲舒非常重视夫妇之道,视之为人类繁衍生息的根本,在汉初道德危机背景下,"贞"尤其是需要大力提倡的妇德。

四、《白虎通义》的贞德系统化论述

在董仲舒把"三纲五常"论证为取法于天的制度伦理常道后,汉代忠实地将其贯彻到制度伦理和道德教化之中,在东汉章帝时又通过《白虎通义》得到系统化的阐释和法典化的尊奉。《白虎通义》中也分别以"三纲六纪"和"性情"两节阐释"三纲五常",其意在继承和光大董仲舒的政治制度伦理思想,为汉王朝有效统治和社会秩序治理服务,故一方面可借以阐述董仲舒的"三纲五常"的制度伦理逻辑结构,另一方面可以从中发现汉代中期"三纲五常"观念的演变趋势。

董仲舒的"三纲",在《白虎通义》中演绎为"三纲六纪",而"五常"是处理这些人伦关系的道德原则,从而将制度人伦从根本性的"君臣、父子、夫妇"三大伦及其伦理原则扩展到当时伦常社会的各种人际伦理关系之中:

> 三纲者,何谓也?谓君臣、父子、夫妇也。六纪者,谓诸父、兄弟、族人、诸舅、师长、朋友也。故《含文嘉》曰:"君为臣纲,父为子纲,夫为妻纲。"又曰:"敬诸父兄,六纪道行,诸舅有义,族人有序,昆弟有亲,师长有尊,朋友有旧。"何为纲纪者?纲者张也,纪者理也。大者为纲,小者为纪,所以张理上下,整齐人道也。人皆怀五常之性,有亲爱之心,是以纲纪为化,若罗网之有纪纲而万目张也。"(《白虎通义 · 三纲六纪》)

纲是提网的总绳子,纪是散丝的头绪。《说文解字》:"纲,维纮绳也""纪,别丝也"。《尚书 · 盘庚》:"若网在纲,有条而不紊。"《墨子 · 尚同上》:"譬若丝缕之有纪,网罟之有纲。"《吕氏春秋 · 用民》:"一引其纲,万目皆张。""纲纪"形象地比喻说明社会人伦关系的秩序条理及其处理原则,抓好了"纲纪",社会秩序治理("张理上下,整齐人道")即能纲举目张、条不紊地和谐运行。而贯穿于三纲六纪之中的道德原则,是"五常之性":

五性者何？谓仁、义、礼、智、信也。仁者，不忍也，施生爱人也；义者，宜也，断决得中也；礼者，履也，履道成文也；智者，知也，独见前闻，不惑于事，见微者也；信者，诚也，专一不移也。故人生而应八卦之体，得五气以为常，仁、义、礼、智、信是也。”(《白虎通义·性情》)

或问：“仁、义、礼、智、信之用？”曰：“仁，宅也。义，路也。礼，服也。智，烛也。信，符也。处宅，由路，正服，明烛、执符，君子不动，动斯得矣。”(《法言·修身》)

五常之德通过三纲六纪，规范公私领域一切人伦关系，从而使个人“行己有耻”，而以伦理道德作为社会政治治理的基础。

“三纲五常”作为社会人伦秩序及其道德规范，既有董仲舒所论证过的宇宙论根据，也有其内在逻辑条理：

君臣，父子，夫妇，六人也，所以称三纲何？一阴一阳谓之道。阳得阴而成，阴得阳而序，刚柔相配，故六人为三纲。三纲法天、地、人，六纪法六合。君臣法天，取象日月屈信归功天也。父子法地，取象五行转相生也。夫妇法人，取象人合阴阳有施化端也。六纪者为三纲之纪者也。师长，君臣之纪也，以其皆成己也；诸父、兄弟，父子之纪也，以其有亲恩连也；诸舅、朋友，夫妇之纪也，以其皆有同志为纪助也。(《白虎通义·三纲六纪》)

《白虎通义》照着董仲舒的宇宙论模式，把“三纲”分别与“天、地、人”相配相证，又在“三纲”增加“六纪”来完善社会人伦秩序。“六合”即“四方上下左右”，谓“六纪法六合”，比喻四方上下左右辅佑中央的核心大伦“三纲”。“族人”没有具体归类到“三纲”的某伦之纪，陈立认为“不及族人，以宗族皆亲恩所连而推故也”①。“师长”作为“君臣之纪”，“诸父、兄弟”作为“父子之纪”，“诸舅、朋友”作为“夫妇之纪”，各种扩展的人际关系成为完成“三纲”的辅助人伦关系。宋均注《礼纬》云：“师者，所以教人为君者也。长者，所以教人为长者也。”②师长是当世尊崇的德高望重的王者之师和贤德长者，能够教导和辅助君臣成其为君臣，使得君仁臣忠。荀子曾“君”“师”并提：“无君子则天地不理，礼义无统，上无君师，下无父子，夫是之谓至乱。君臣、父子、兄弟、夫妇，始则终，终则始，与天地同

---

① 〔清〕陈立撰，吴则虞点校：《白虎通疏证》，北京：中华书局，1994 年，第 375 页。
② 同上。

理，与万世同久，夫是之谓大本。”（《荀子·王制》）“礼有三本：天地者，生之本也；先祖者，类之本也；君师者，治之本也。无天地恶生？无先祖恶出？无君师恶治？三者偏亡焉，无安人。故礼上事天，下事地，尊先祖而隆君师，是礼之三本也。”（《荀子礼论》）荀子之“君师”作为礼之本，乃为“化性起伪”“隆礼重法”的圣王，在一定意义上是师长和君臣的合称，可与此处相印证。“诸父、兄弟”是“父子”一伦的延伸，以“孝悌”连接“亲恩”，容易理解。《白虎通义》通过训诂的办法解释“诸旧”：“谓之舅姑者何？舅者，旧也；姑者，故也。旧、故之者，老人之称也。谓之姊妹何？姊者，咨也；妹者，末也。谓之兄弟何？兄者，况也；况父法也；弟者，悌也，心顺行笃也。称夫之父母谓之舅姑何？尊如父而非父者，舅也；亲如母而非母者，姑也。故称夫之父母为舅姑也。”（《白虎通义·三纲六纪》）“舅姑”称“夫之父母”，《尔雅·释亲》云“妻之父为外舅”①，“诸舅”是“皆由母之党而及”②，即“夫妇”一轮延伸的各种人际关系统称，故引为“夫妇之纪”。将“朋友”一纪引为“夫妇之纪”，与后文“皆有同志为纪助”联系，《礼记》有“同志为友”③一说，盖指夫妇为“同志”而相友互助。

董仲舒所提倡之“信”，已经转移到“三纲”伦理规范之中，为汉代“三纲”的强化提供了观念转化。“明主贤君，必于其信”（《春秋繁露·立元神》），以“信”为君德，有英明守信之义。“为人臣者，比地贵信”（《春秋繁露·离合根》），“号为大夫者，宜厚其忠信，敦其礼义，使善大于匹夫之义，足以化也”（《深察名号》），臣德为“信”“忠信”，忠、信互通。“委身致命，事无专制，所以为忠也；竭愚写情，不饰其过，所以为信也”（《春秋繁露·天地之行》），更是把臣对君殚精竭虑、不饰其过的忠诚作为“信”的内涵。“人之受命于天也，取仁于天而仁也，是故人之受命天之尊，父兄子弟之亲，有忠信慈惠之心，有礼义廉让之行，有是非逆顺之治，文理灿然而厚，知广大有而博，唯人道为可以参天。”（《春秋繁露·王道通三》）这里的“信”，是与“父兄子弟”对应的，即含“孝悌”之意。“观乎宋伯姬，知贞妇之信”（《春秋繁露·王道》），则把保持“贞节”和拘守礼制的行为称为“信”。“信者，诚也，专一不移也。”（《白虎通义·情性》）在西汉中期之后，“信”已经是贯穿和加强三纲之伦理规范“忠”“孝”“贞”之中的道德观念。以“信”加强“孝”，有汉一代“以孝治天下”。以“信”加强“忠”“贞”，则“忠”“贞”不二。“信”的这种转换，淡化了民间任侠风气，却强化了“三纲”的伦理最高原则地位。

---

① 〔清〕陈立撰，吴则虞点校：《白虎通疏证》，北京：中华书局，1994年，第375页。
② 同上。
③ 同上。

忠、孝、贞分别是“三纲”中臣、子、妇一方分别对君、父、夫一方的道德规范，在汉代得到了深入的理论阐发和社会实践，为后世伦理道德规范体系奠定了基础。

《白虎通义》按照“君为臣纲、父为子纲，夫为妻纲”的礼纬说法进一步发挥董仲舒的“三纲”思想，强调臣、子、妻一方对君、父、夫一方的服事、顺从、奉命，难免有强调单向道德义务的倾向：

君臣者，何谓也？君，群也，下之所归心；臣者，繵坚也，属志自坚固。《春秋传》曰：“君处此，臣请归也。”父子者，何谓也？父者，矩也，以法度教子；子者，孳孳无已也。故《孝经》曰：“父有争子，则身不陷于不义。”夫妇者，何谓也？夫者，扶也，以道扶接也；妇者，服也，以礼屈服。《昏礼》曰：“夫亲脱妇之缨。”《传》曰：“夫妇判合也。”（《白虎通义·三纲五常》）

按照《白虎通义》的阐释，君是臣下归心之称，臣是顺从忠诚之义，“君之威命所加，莫敢不从”（《白虎通义·瑞贽》）。父是子女言传身教的规矩法度，子女应该循规蹈矩按照父亲的教导成长，子女是接续宗法、繁衍后代、维护和传承家族优良传统和尊严的延续者。夫当家作主，扶持家庭，妇服家事，守礼从夫，“女者如也，从如人也。在家从父夫，既嫁从夫，夫没从子也”（《白虎通义·嫁娶》），若非夫犯“乱之大者”的几种特殊情况，则有从一而终的义务：“夫有恶行，妻不得去者，地无去天之义也。夫虽有恶，不得去也。故《礼·郊特牲》曰：‘一与之齐，终身不改。’悖逆人伦，杀妻父母，废绝纲纪，乱之大者，义绝乃得去也。”（《白虎通义·嫁娶》）这种“忠、孝、贞”单向伦理道德义务在《白虎通义》的成书年代东汉中期已经发展成型。

虽然观念中的“忠、孝、贞”单向道德义务已经成型，但是以董仲舒的阐发为基调的君臣、父子、夫妇三大人伦关系之间道德义务在有汉一代基本上还仍然像先秦主流那样提倡双向施行：

人受命于天，有善善恶恶之性，可养而不可改，可豫而不可去，若形体之可肥臞而不可得革也。是故虽有至贤，能为君亲含容其恶，不能为君亲令无恶。书曰：“厥辟去厥只。”事亲亦然，皆忠孝之极也，非至贤安能如是。父不父则子不子，君不君则臣不臣耳。（《春秋繁露·玉杯》）

父慈母爱室家之中，子乃孝顺。……故父不父则子不子，君不君则臣不臣。(《汉书 · 武五子传》)

诸侯所以考黜何？王者所以勉贤抑恶，重民之至也。……王者所不臣者三，何也？谓二王之后，妻之父母，夷狄也。……王者有不臣者五，谓祭尸、受授之师，将帅用兵、三老、五更。……王者臣有不名者五：先王老臣不名。……盛德之士不名，尊贤也。……诸父、诸兄不名。诸父、诸兄者，亲与己父、兄有敌体之义也。《诗》云：“王曰叔父。”《春秋传》曰：“王礼者何？无长之称也。不名盛德之士者，不可屈爵禄也。”故《韩诗内传》曰：“师臣者帝，交友受臣者王，臣臣者爵，鲁臣者亡不行。”(《白虎通义伦 · 考黜》)

上述材料可见，只有君仁，臣才能尽忠，只有父慈，子才能尽孝。君主应该礼遇大臣，其对大臣的尊重程度关系国家兴亡。君主应当“勉贤抑恶，重民之至”。在许多情况下，为了尊贤和除恶，甚至不能以君臣之礼的规格对待大臣和夷狄，有“所不臣者三”“有不臣者五”“所不名者五”，在制度伦理上体现“尊尊、亲亲、贤贤”的原则。“是故仁义制度之数，尽取之天，天为君而覆露之，地为臣而持载之，阳为夫而生之，阴为妇而助之，春为父而生之，夏为子而养之，秋为死而棺之，冬为痛而丧之，王道之三纲，可求于天。”(《基义》)三纲之道，和德主刑辅的德治正义原则一样，皆取法天地阴阳四时之道，是一种主导与辅助的兼功关系，相互不可分离，共同发生作用，不可单向偏颇。

五、余论

在汉代有两本提倡以“贞”为核心的妇德书盛行，忠实传承和概括了董仲舒和《白虎通义》的妇道和贞德思想。一本是西汉刘向编的《列女传》，表彰自古以来的仁贤贞行妇女言行事迹，分母仪传、贤明传、仁智传、贞顺传、节义传、辩通传和孽嬖传等七卷。在贤明传中宋鲍女宗以“贞顺”释“贞”德：“妇人一醮不改，夫死不嫁，执麻枲，治丝茧，织纴组紃，以供衣服，以事夫室，澈漠酒醴，羞馈食以事舅姑。以专一为贞，以善从为顺。贞顺，妇人之至行也。岂以专夫室之爱为善哉！”(《列女传 · 宋鲍女宗传》)另一本是东汉班固之妹班昭所写的《女诫》，本来是班家教导妇德的私家教材，包括卑弱、夫妇、敬慎、妇行、专心、曲从和叔妹七章，结果被争相传抄，盛行于世。班昭认为，妇事夫如地之于天，阴之于阳，要敬顺柔弱，从一而终，“《礼》，夫有再娶之义，妇无二适之文，故曰：夫者，天也。天固不可逃，夫固不可离也”(《女诫》)。其中有阐释《周礼 · 天官 · 九嫔》“九嫔掌妇学之法，以九教御：妇德、妇言、妇容、妇功”之中妇女四德的内容：“贞静清闲，行己有耻，是为妇德；

不瞎说霸道，择辞而言，适时而止，是为妇言；穿戴齐整，身不垢辱，是为妇容；专心纺织，不苟言笑，烹调美食，款待嘉宾，是为妇工。”(《女诫》)“四德”一般与“三从”并提。“妇人无爵何？阴卑无外事，是以有‘三从’之义：未嫁从父，既嫁从夫，夫死从子。”(《白虎通义·爵》)“三从四德”，作为“贞”或“贞节”之妇德内涵，构成“三纲五常”的重要内容之一。

夫妇在宗法关系为中心的礼制中是更为根源的一伦，汉代主要通过褒奖贞妇来推行妇女贞节观念。“盖夫妇正则父子亲，人伦定矣。”(《汉书·平帝纪》)历史证明，夫妇关系作为人伦之始，关系到家庭的稳定，更关系到治国安邦，故“贞节”观念，是“忠孝”观念的必要前提和必然后果。汉初男女关系混乱的道德危机使得对夫妇一伦严格道德规范迫在眉睫。自西汉宣帝开始，皇帝经常对妇女贞节行为进行褒赏。如宣帝神爵四年赐“贞妇顺女帛”(《汉书·宣帝纪》)，平帝元始元年“复贞妇，乡一人”(《汉书·平帝纪》)，安帝原初六年赐“贞妇有节义十斛，甄表门闾，旌显厥行”等。地方官员也对本地贞节妇女大力褒奖，表彰方式有定谥、立碑、作颂、画像、赐帛等。谢姬从夫而死，“县以表郡，郡言州，州上尚书。天子咨嗟，下诏书‘每大赦，赐家帛四匹，谷二石’”(《华阳国志·广汉士女》)。极力褒奖贞节妇女，使得贞节观念为全国普遍接受，边远的蜀国也是“忠臣孝子，烈士贞女，不胜咏述”(《华阳国志·蜀志》)。汉代刘向的《列女传》、班昭的《女诫》、荀爽的《女诫》、蔡邕的《女诫》和《女训》等妇德教科书应运而生，尤其是前两者成为后世女德教育的范本，对“贞节”观念的普及和深入人心起到重要的作用。西汉还在贞节观念倡导时期，社会风俗依然“俗弥奢淫”，随着政府对贞妇褒奖力度增大，东汉女子坚守贞节者增多，而且得到社会舆论的推崇和赞誉。东汉乐羊子之妻拒暴自刎，太守礼葬并号“贞义”(《后汉书·列女传》)；姚氏姊妹拒辱自溺，“郡县图像府庭”(《华阳国志·蜀郡士女》)；“(安帝)永初中，广汉、汉中羌反，虐及巴郡。有马妙祈妻义、王元愦妻姬，赵蔓君妻华，夙丧夫，执共姜之节，守一醮之礼，号曰三贞。遭乱兵，迫匿，惧见拘辱，三人同时自沉于西汉水而没死。”(《华阳国志·巴志》)《华阳国志》记载了很多这样的东汉贞妇烈女事迹，甚至为了逃避夭人逼迫改嫁而断发、割耳甚至自杀的，可见东汉时期坚守贞节成为妇女自觉行为，据统计，文献记载的节烈妇女西汉有 2 人，东汉有 54 人①，寡居守节、遇暴殉节已成为一种社会上下普遍推崇、心存敬意的高尚行为。但是汉代只是通过诏令和地方政府褒奖贞节妇女，并没有通过法律强制妇女坚守贞节，即便是贞节观念成为风尚的东汉时期，女性离异改嫁、寡居再嫁现象也一直存在。

---

① 参见刘增贵：《汉代婚姻制度》，台北：华世出版社，1980 年，第 27 页。

Women Virtue and Zhen Virtue: Moral Constructing of Women Ethics in Early China

WU Longcan

【Abstract】 Moral constructing of Women ethics in Pro-Qin and two Han dynasties was important content of moral constructing of ethics in early China. It was also closely related to other moral constructing of ethics. Before Western-Zhou, its connotation came from sex taboo, which expressed that marriage between people bearing the same surname was forbidden and forbid and prohibition of incest and heterosexual abuse by the same surname. Then it gradually developed to be the form of ethics and moral difference between man and woman. In the Spring and Autumn period and the Warring States period, Confucius and other thinkers all regarded women virtue as an important part and form chastity or virginity related to marriage system and the system of succession of title and property. In the early Han dynasty, moral level was very low in the court and the commonalty, and the ruler had to reconstruct ethical and moral norm. They took the three cardinal guides and the five constant virtues as specified in the feudal ethical codeas prevailing moral norms for all people, which was summarized and demonstrated by Dong Zhongshu, when it was systematically explained and exerted in *Bai Hu Tong Yi* in the eastern Han dynasty, Zhen-virtue had been Institutionally constructed as the core connotation of the way of women. The political education of Han dynasty also fully supported and promoted Zhen-virtue in the form of positive encouragement.

【Keywords】 Women Virtue, Zhen Virtue, Women Ethics, the Three Obediences and the Four Virtues

【比较伦理研究】

“王弼解老”的分析话语与伦理学的形而上学基础

[中国澳门]周柏乔①

【摘要】本文首先讨论了“道”与“无为”的关系,以说明老子为其伦理学提出了什么样的形而上学基础。然后讨论王弼的名、谓理论所提供的分析方法是怎样引导我们去阐述老子的形而上学,让我们在解老时,不必因为习惯了科学的表述方式而觉得《道德经》玄妙难解;又让我们看到分析哲学怎样为哲学的核心部分作出贡献。

【关键词】老子,无为而无不为,上德,下德,道法自然,王弼,名、谓理论

一、导论

分析哲学在逻辑经验论昌盛的时期,曾经出现过反形而上学的浪潮,尽管声势浩大,但很快便退却了。这是由于分析哲学家在改造其基础理论的过程中②,认识到分析哲学要有一个形而上学的论述,方才说得清楚数学、科学和伦理学等各方面的哲学问题该怎样回答。就以数学为例,罗素和卡纳普等人在反形而上学的日子里,从不作二想,深信数学的研究对象仅仅是一些形式或结构,不是真实的存在。关乎它们的陈述,都是分析性的命题,其命题值不受经验所左右,这个讲法在数学与经验之间画上了一道难以逾越的鸿沟。那么,两者之间究竟如何关联起来便成为棘手的问题,不易解答。

这里,蒯因有个想法虽说让人感到懊恼了好一阵子,却值得一再研习。他认为问题之所以变得棘手,原因在于逻辑经验论者奉行两个经验主义的教条。第一个教条认定命题分为分析性和综合性两种,前者没有经验内容,单凭其命题意义即可确定其命题值;至于后者,还要参考我们的经验,才可决出其命题值。第二个教条认定所有命题都有其独立意

① 作者简介:周柏乔,山西大学科学技术哲学中心协作教授、港专社会科学研究中心副主任。

② 分析哲学的基础理论多集中于逻辑哲学和语言哲学,主要有意义论、真理论、命名论和摹状词理论等。

义,称为命题意义。两个教条若被废除,所谓命题意义的独立性和命题分类便不再那么重要了。至少在理解命题这个过程中不再是那么重要。这些可被理解的命题相互牵连,形成一个个有系统的理论。这样的理论可用于理解世界和预测未来。只要有关的理论可按照(经验)世界里找到的新证据而修改,便能够维持其认知和预测的可靠性。有时候,为了维护理论的可靠性,人们会不惜修改理论中既有的数学或科学命题,这样做会得到蒯因的支持。在他看来,命题一旦离开理论,便变得无所表述。而理论中的命题则互相依存,只要其中的一个命题让经验决出其命题值,其他命题的值,包括分析性命题的值,都在不同程度上经受着经验的考验。所以说,数学由分析性命题来表述不意味着纯粹的数学与经验无关。彼此之间的鸿沟不难逾越。

蒯因的观点也为"数学(所研究的)对象是什么"这个老问题提出了新的答案。蒯因认为数学与其他科学一样,所描述的对象是什么要通过解释力最强的理论才说得清楚;一般而言,理论的解释力愈强,便愈可靠。鉴于集合论可用于表述各式的数学,概括范围比其他数学理论为广,可视为解释力最强,从而成为最可靠的数学理论。因此,蒯因认为数学所表述的实际上是关于各式集合或由之而构成的模型,可视之为真实的存在。在没有教条的日子里,数学命题和物理学命题都有可能因为各自所属的理论需要改良而被修改。如果我们按照可靠的物理学理论而得知电子的存在,便没有理由不按照可靠的数学理论而确认集合的存在,这是个形而上学的观点。离开这个观点,便说明不了蒯因这一派的分析哲学所探讨的意义论和真理论,也就借助不了这些理论来说明数学与科学之间的关系。如果是这样,纯粹的数学与经验之间有何关系便难以说得清楚。由此可见,蒯因改造分析哲学所带来的形而上学观点,强化了分析哲学在数学和科学哲学方面的贡献,让分析哲学变得更有价值。得悉这个情况之后,我们也许会更想知道分析哲学是否能够进一步发展;也就是说,想知道分析哲学的意义论和真理论为数学和科学哲学提供服务之余,能否有别的理论为伦理学的问题提供更为清晰的答案?本文讨论"王弼解老",为的是要解答这个问题,办法是先说明老子的形而上学与其伦理学的关系,再说明王弼的名、谓理论与老子的形而上学的关系,然后看看这个名、谓理论能否通过老子的形而上学为其伦理学提供服务,让分析哲学发挥更大的作用。

二、形而上学与伦理学的关系

老子《道德经》中所谈论的"有"与"无"是形而上学的概念;而"无为"与"有为"之别则是伦理学的课题,解读老子就在于提出一个哲学观点,说明上述的形而上学概念和这些伦理学课题是怎样关联起来的,让我们在这个关联中看到人的处境。

怎样的哲学观点才有助于认识老子形而上学与其伦理学的关系呢?让我们拿沙特和老子的说法来对比一下,会有进一步的理解。认识沙特的学者们都知道,这位哲学大师通过对“无”的深入剖释来说明人在怎样的处境下得以发挥自己的能力,成就道德。[①] 在他看来,道德哲学离不开形而上学,原因在于他认为人要作为一个真实或者忠于自己的存在,才有道德可言。所以一方面需要形而上学来说明怎样的存在是真实的,另一方面则需要伦理学来说明人的哪些做法体现了存在的真实性,从而成就道德。在他看来,“无”所代表的就是一种不受任何(世俗)约束而终能成就道德的基础,其实在性当不受质疑,有德者对此不可无知,这可说是“圣人体无”的沙特版。沙特认为,一般人因为囿于自欺或劣质信念(bad faith)而无法意识到自己有可能在成就自我中认识“无”正是人原来的形而上学状态,于是没有认识到人有可能从这个状态中奋起而成就道德。这就是沙特学说的大概。那么,一个人如果道德既成,就不必再去理会这是“无为”还是“有为”的结果,这个结论道家是不会同意的。因此,王弼解读老子,说明形而上学与伦理学的关系,当有别于沙特所提出的说法。那么,王弼是怎样看待这两者的关系的呢?这要从他痛批时弊的思想根源说起。

学术界有个标准的评述,指王弼从老子那里发展出“崇本息末”说[②],以“无”为贵,并凭此而奠定了正始玄学,取代两汉的经学,这的确是学术史上的一件大事。不过,王弼首要对付的并不是经学,而是援引经学来支撑的名教,说得准确一点,他所反对的是那变了质的名教,以及因着名教变质而演化出来的名法。名教依托于经学所宣扬的儒教,而名法则依托于法家所标榜的刑律。批判名教与名法,批的是众人诟病的时弊。而批儒批法,为的是要揭露时弊的思想根源,以便寻找补偏救弊的良方。

王弼身受名教与名法的钳制,看尽虚伪与狠毒,认定时人思想备受扭曲,形成各种缺憾。一方面是“未知圣之不圣”[③],听惯了或者说惯了仁义道德,就算知道了自己祸心已起,也若无其事,甚至发展到自欺欺人的地步,继续吹嘘已堕落了的儒、法之道,即那虚假的名教与名法。另一方面则惯于唯名利而是图,致使“六亲相疑”[④],“父子兄弟怀情失

---

① Sarte, J. *Being and Nothingness*, “Chapter one: The Problem of Nothingness”, trans. Hazel E. Barns, New York: Washington Square Press, 1984, pp. 3 – 70.

② 王弼:《老子指略辑佚》,王弼注,楼宇烈校释:《老子道德经注》,北京:中华书局,2011 年,第 203 页。

③ 同上书,第 206 页。

④ 同上书,第 203 页。

实"①,仍毫不介怀。在王弼看来,一个人走到这一步无疑是彻底摒弃了老子所倡导的"无为";而摒弃的手法也算巧妙,那就是不让别人知道贪婪的"有为之念"仍在作祟,装模作样,做到貌似"无为"。然而,真正的"无为"则在意于"无不为",也就是说,在"有所为"之时,便马上警惕自己不能有贪婪的"有为之念",务求做到"为而不恃,功成而弗居"②,这种忘却私我的"无不为"正是"无为而无不为"的典范。谁要是假装不为功名利禄,都往往会因为无法忘却私我而原形毕露。其实,"无为"不靠假装而有,只要抑制虚假的名教与名法,便能做到无为。王弼顺着这个道理提出了"崇本息末"说,并视之为端正思想与行为的道德原则。他所说的"本"就是"无为之道",即"素朴之道";所指的"末"就是"儒家的礼节"和"法家的刑律",这都是"有为之道"。在他看来,只要内心坚持素朴之道,不为外在之礼节与刑律所驱使,便能够本着"崇本息末"的原则,亲近"无为"而疏远"有为"。我们注意到老子谈"道",目的在于说明一般人所追求的"有所为",要转化为"无不为",才是真正的作为,其价值是"有为"无法比拟的。在他看来,圣人之所以能够做到"无不为",完全在于奉行了"无为"之道,即老子所说的"道"。讨论"道"属于形而上学,而讨论"无为"则属于伦理学,这两个部分是怎样关联起来的?这的确是解老的一个重要问题,让我们先从老子怎样说明"道"谈起。

《道德经》第四十章说:"反者道之动,弱者道之用。天下万物生于有,有生于无。"这里让我们认识以下三个要点:(1)"道"之用因"道"之动而有。(2)"道"之动只能是事物向着反面发展的动。"有生于无"是为一例。(3)"道"之用则在于事物从弱转为强,那么"道"之用必从柔弱开始。我们在接纳上述三点之余,却难免于疑惑:"有生于无"是"道"之动,这个容易理解。不过,万物生于"有"是"有生于有",这是否为"道"之动就不好说。这个问题涉及老子所说的"自然"。

《道德经》第六十四章说:"合抱之木,生于毫末;九层之台,起于累土;千里之行,始于足下。"这些都是最自然不过的事情,为什么"民之从事,常于几成而败之"?也许他们从一开始便错误地看待这些事情,造成错误的原因往往在于想到事成之后有难得之货,于是出现了迫不及待的心态,更进而揠苗助长,结果把事情搞砸了。避免这种错误要立定心肠,坚持"欲不欲,不贵难得之货,学不学,复众人之所过,以辅万物之自然,而不敢为"③。也就是说,一件普普通通的事情是否能够得以自然而然地有始有终,起码要看处事者是否

① 王弼:《老子指略辑佚》,王弼注,楼宇烈校释:《老子道德经注》,北京:中华书局,2011 年,第 205－206 页。

② 《道德经》第二章。以下脚注凡说明《道德经》引文出处,只标明章节,略去书名。

③ 第六十四章。

能够不受私欲摆布,又看他是否学懂了处事时掌握好分寸,并愿意凭此以消除多余的念想与“有为”的做法,让万物不受无端的约束而得其自然。如此处世就是老子所说的“为无为”。此举让万物各适其适,在彼此并作中保其自然,呈现了各有所为的殷实景象,这就是老子所说的“无不为”。这里,让我们看到一切都转弱为强,是“道”之为用的结果,也让我们推想到“道”在动中,而这个动是“有生于无”的动。那么,紧随而至的问题便是“道之动”有停下来的时候吗?也就是问:有失“道”之时吗?解答这个问题有助于说明“有生于有”是否也为“道之动以为用”的结果。

值得注意的是老子以“道”为“上德”,其下为“下德”,“下德”依次包括了仁、义和礼。他说过“失道而后德”①,此“德”即为“下德”。在“道”动以为用之时,“下德”也不赖,据王弼说,大家仍然看到“……物无所尚,志无所营。各任其贞事,用其诚,则仁德厚焉,行义正焉,礼敬清焉”。② 意思是说,在“道”未失之时,仁、义和礼都体现了正面的价值;不过,失“道”却意味着“弃其所载,舍其所生……仁则尚焉,义则竞焉,礼则争焉”。③ 可见“下德”要依附于“上德”,才有正面的意义,“下德”本身没有自主的德性。有鉴于“上德”与“下德”之别在于前者崇尚“无为”,后者则致力于“有为”。我们可以进一步推想,老子崇尚“上德”,原意在于力主“无为”,不在于唾弃下德,其“绝圣智”的目的也不在于唾弃仁义和礼节。只要我们明白失“道”也自然,便明白没有所谓抛弃不抛弃。我们也要知道,不能寄望人可以“为无为”而不懈,在松懈之时难免失信于人,改而行有为之政,一时之间为礼节与刑律所驱使。这样做不至于与“道”决绝,未尝不可接受。其实,“道”不拒人④。若在“道”失而有仁义之时,“道”仍不拒人;那么,等到有一天为政者回过头来取信于人,“功成事遂”⑤,百姓把他那过去“有为”的事功视为“无为”之治,便是自然之事。老子说:“百姓皆谓我自然。”⑥此句含义丰富,指出化“有为”为“无为”正好是“道法自然”的例证⑦。情况好比“下德”有着“上德”依托之时,也能发挥正面的作用,便说“下德”之德与“上德”之“德”无甚差异。因此,若“上德”宗于自然,“下德”也当义不后人。在“失道而后德”之时,的确需要我们主动回归于“道”,化“有为”为“无为”,才可以说“下德”之德同于“上德”之“德”。这里,我们主动为之,向“道”而动,所开展的就是老子所说的“人法地,地法

---

① 第三十八章。
② 王弼注第三十八章,第99页。
③ 同上。
④ 参考第六十二章。其中所说的“人之不善,何弃之有?”,当有“道不拒人”之意。
⑤ 第十七章。
⑥ 同上。
⑦ 第二十五章。

天,天法道,道法自然"的历程①。在这个过程中,人所取法的"地道"与"天道",其实就是那取法于自然的"道"。"道"之所以自然,完全在于它"为无为"。实践者若以自然为宗,即拒绝自囿于"有为"之事,便可以迈出向"道"而行的步伐,化"有为"为"无为",让"下德"之德实现其正面的意义。为政者从"下德"出发,若懂得顺应万物并作而辅助之,自会抑制多余的欲望与计算,所成之"德"当比美"上德",所作所为也迹近于"天道"之"无为"。那么,为政者所遵循的法地与法天的历程,虽说是"有生于有",却与"有生于无"一样,成就了"道之动而为用"的结果,同具永恒的意义。如此结果,绝不是有为而得,为政者所效法的正是"道"之"无为",所以说,向"道"而动的历程当是依"道"而效法自然的历程。"道之动"的另一个方面则从"道"出发,指向万物,其历程一如老子所说:"道生之,德蓄之,物形之,势成之。"②关于这个历程,他是有所体会的。第一,他认为"万物莫不遵道而贵德"。第二,万物遵"道"贵"德"是自然而然之事,并非强加于万物的规限,所以他说:"道之生,德之贵,夫莫之命而常自然。"如是看来,"遵道而贵德"若非有为而得,便是"自然"之事。那么,"有生于无"也可以说是个"道法自然"的例证,因为这个"道之为用"的历程无为而成,所实现的"遵道而贵德"更非"有为"之事。说"道法自然",其意在于指出"道"宗"无为"。由此而得知,关于"道"的形而上学论述,为的是要支撑"无为"的伦理学论述。

综上所说,当可推出结论如下:"道法自然"是所有"可能"之事与理的典范。不论是化"有为"为"无为",还是生养万物,都因着"道法自然"而成为可能。有鉴于此,王弼一方面提出"崇本息末"说,其大意在于附和"下德依托于上德"方才有正面价值的主张,认为我们不应该本末倒置,让"下德"凌驾"上德"。另一方面又提出"举末崇本"说③,其意在于辅助"崇本息末"说,提醒我们即使在自囿于"下德"之时,也能够主动向"道"而动,实行化"有为"为"无为",让"下德"之德发挥积极的作用,而迫近于"上德"之德。

"王弼解老"进一步说明了老子所说的"道",是怎样和"无为而无不为"的主旨关联起来,让我们看到老子思想是怎样看待形而上学与伦理学的关系。不过,在理解过两者的关系之后,新的疑惑马上到来,王弼说:"欲言无邪,而物由以成。欲言有邪?而不见其形。"④他的意思是说,无论是"以道为有"或是"以道为无",都有对的地方,又有不对的地

① 第二十五章。
② 第五十一章。
③ 王弼注第三十八章,第 99 页。
④ 第十四章。

方,使人感到左右为难,即使找到了合适的形而上学来支撑伦理学,却没有找到合适的方法把这个形而上学说得透彻,需要救兵相助。他所请的救兵正是名、谓理论,而这个理论是十足的分析哲学。在王弼的点拨下,我们看到形而上学与分析哲学的关系。

三、形而上学与分析哲学的关系

王弼的名、谓理论来自春秋战国时期的名家,主张"凡名生于形,未有形生于名者也。故有此名必有此形"①。照这样说,万物都为有形之物,此中包括摸不着的数学和社会科学的研究对象②。要做到各有其名,原则上可行。可是,谈到物由以成是什么之时,便马上发现我们不会找到可用的名字来标记它,因为它不只是无形的,它其实是"无"本身。谁要让大家知道他所讨论的是哪个无名的对象,借助于命名是无济于事的,须要变个套路。王弼提出名、谓理论时作出了提示:"名也者,定彼者也。称也者,从谓者也。名生乎彼,称出乎我。故涉之乎无物而不由,则称之曰道;求之乎无妙而不出,则谓之曰玄。妙出乎玄,众由乎道。故'生而不有,为而不恃,长而不宰',有德而无主,玄之德也。'玄',谓之深者也;'道',称之大者也。"③这里的大意是说,命名不成,便称谓之。也就是说,人们既然知道万物的来源不可名,便不妨称之为"道",以显示其生养万物之伟大。鉴于"称之不能既"④,即称谓未能全面,唯有尽量从多个侧面去称谓之,以改进我们对它的理解。于是又称万物之源为"玄",这样称谓之也算理所当然。因为我们在想到万物怎样而得以化成之时,往往会感觉到这个问题至为奥妙,不好解答,因而不得不承认万物之源之所以成为一切之源的道理是那么深远,难以摸透,堪称"玄"。等到人们都感受得到伟大和深远之时,纵使万物之源是无名的,也妨碍不了人们继续摸索,不断加深认识那个无名的对象,使它成为可谈论的对象。这样做会有两全其美的效果。一方面在谈论中不为万物之源命名,便不必视之为有形;另一方面又在谈论中给出更多彼此认可的称谓,也就不必否定其真实性,被迫视之为空洞的"无"。就是这样,我们在增添彼此认可的称谓的过程中,逐渐认识到大家比以前更为了解万物之源是什么。原来问的是道是有还是无,现在把焦点放在该怎样称谓那曾经被误名为"道"的无名对象。这样,我们便可以通过评述相关的称谓

---

① 王弼:《老子指略辑佚》,王弼注,楼宇烈校释:《老子道德经注》,北京:中华书局,2011年,第206页。

② 数学的研究对象有集合,也有数目。我们说不出其形状,也不能直接经验之,而是通过有关的数学理论去理解它们。不过,若按照蒯因的说法,有关的数学理论可能和经验科学理论一起应付经验证据的诘难而需要修订。如果是这样,集合和数目可视为王弼所指的有形之物。

③ 王弼:《老子指略辑佚》,王弼注,楼宇烈校释:《老子道德经注》,北京:中华书局,2011年,第205页。

④ 同上书,第203页。

是否可接受而深入了解万物之源。名、谓的理论提供了转化问题的途径，方便我们研究老子的要旨，作出了方法论上的贡献，是为“王弼解老”的一个亮点。

从王弼的理论出发，“道”“玄”“深”“大”“微”，以及“远”，都是那个无名对象的称谓之词，而且不止这些。他以“道”为正确的称谓，因为它让人联想到万物之源那种无物不出的境况，即可感受其伟大。而“玄”则让人有深远的感觉，教人明白“有生于无”大别于其他有形之物的变化过程。用今天的讲法，“有生于无”的变化既不是从因到果的事物或行为的变化，其结果也不是统计出来的概率可描述的对象，而是“不知其所以然”的变化。那么，我们怎样对待这个“不知其所以然”的认知状态才可以认识那个无名对象有多深远？让我们看看老子给出了什么启示。

老子在《道德经》第一章第一段即说：“道可道，非常道，名可名，非常名。”其大意可理解为“能被命名的，不会是道”。那么，该怎样理解这个“道”呢？第二段说：“无名，天地之始。有名，万物之母。”也就是说，在无名无形之际，这个对象是“有生于无”的那个“无”，是“道之动”的起点，即天地之始；在有名有形的国度里，同是这个对象，却成为万物的典范。万物之所以并作而不相违，靠的是这个对象示范了“长之、育之”的母性。除此之外，这样的母性又坚持了“生而不恃，为而不有”的德性，绝不自为主宰。故此，万物以之为典范，是自然而然，不是因为母性权威而促成的，这正好体现了那无名的对象所奉行的是“雌道”。关乎这个道理，王弼形象地说：“雌应而不唱，因而不为。”①看来这个对象与万物的关系是双向的。在无名无形之时，这个对象向着万物；在有名有形之时则反过来，是万物向着这个“道”。如果是这样，我们便可从两个相反的角度去认识这个无名的对象。第一章第三段说的大概就是这个情况：“故常无，欲以观其妙；常有，欲以观其徼。”所谓妙，说的就是“有生于无”，我们解释不了为何如此，所以觉得妙。至于徼，说的则是万物自行反过来向着无名的对象，这个方向所体现的是回归。我们采用“有、无”“始、母”和“妙、徼”等一对对称谓词，为的是想从相应的两个方向去称谓我们所理解的无名对象。这个做法招来了一些不同的解读。其中的一种解读认为“有无相生、始母相应、妙徼相随”等喻义的说法可取代我们所熟识的科学，以至形而上学的解释。于是主张道家思想出于“自然”，不靠学理之名而立。在感到“有生于无”奥妙难解之时，便认为“不求甚解”是对待“深远”的正确态度。不过，这个解读容易误解老子，以为他反对学理的解说，有反科学和反形而上学的倾向。王弼没有这些解读，他认为一对对的称谓，尽管没有把万物之源可名

① 第十章，第25页。

化，仍有助于把它变成可谈论的对象。王弼的这个看法是否合理，要看分析哲学与形而上学是如何关系起来。

让我们先看看弗雷格开启其端的那个分析哲学传统，把焦点放在“指称”和“指示”这两个语义概念，便会发现分析哲学所认可的语言，为其最基本的描述语句提供了主语和谓语。由这两个词语构成的语句形如“Fa”或“Rab”，其中的“a”和“b”是主语，指称个体，所以又名为“个体名词”；而“F”或“R”则是谓语，它们的作用在于指示事物的性质或关系。举个例子，设“a”指称亚里士多德，“b”指称柏拉图，“F”代表“……是古典逻辑学之父”，指示着一个性质，而“R”则代表“……的老师是……”，指示着一个关系。那么，“Fa”所说的便是“亚里士多德是古典逻辑学之父”，“Rab”则说“亚里士多德的老师是柏拉图”。分析哲学家所谈论的两个语义概念，都在这个认可的语言中得到应用。

关于“指称”和“指示”，我们仍要进一步探讨。已知“a = a”在认可的语言中是个合法语句。其中的“a”为个体名词。那么，能否抽掉左边的“a”而得出“…… = a”，并视之为语句函数？举个例子吧！如果“……是亚里士多德”是个语句函数，我们当视之为谓语，意思是说，它指示着某性质。在这个情况下，如果我们不明白当中的性质有何内容，便不能说已经知道“亚里士多德是亚里士多德”的真值。可是，即使我们不知道亚里士多德是谁，仍知道“亚里士多德是亚里士多德”是个真句。他的性情怎样？他的作风如何？都不是我们认识这个语句并视之为真的依据。我们只知道亚里士多德就是他本人，这便足以让我们知道“亚里士多德是亚里士多德”是个真句，这样的句子，形如“a = a”，称为同一性语句。如果“b”为个体名词，“b = b”便是个同一性语句。由此可知，同一性语句的逻辑结构为“x = x”；也就是说，所有个体都是自身同一的。用弗雷格的讲法，那就是“对于任何一个个体 x 来说，它是自身同一的”，用今天的表述方法，以“(x)”为全称量词，以“(x = x)”代表自身同一，便得出同一性语句的句型“(x)(x = x)”。这个表述法以个体名词为量化的对象。如果我们说性质 F 和 G 是同一的，我们便说“(x)(Fx ≡ Gx)”，意思是说，对于任何个体而言，只要它具备了 F 这个性质，它便具备了 G 这个性质，反之亦然。我们不采用同一性语句来表述“性质相同”的状况，意味着我们不承认“性质”为可个体化的实体，于是拒绝把指示词量化。恪守此(表述法的)语言所说明的对象之中有个体，也有性质，谈论它们有两种方式，第一种以个体为实体，其指称词可量化。第二种不以性质为实体，其指称词不予量化。一阶谓语逻辑正好反映了这两种表述方式的逻辑结构。这样的逻辑被称为外延逻辑，它有别于内涵逻辑。

“(x)(Fx ≡ Gx)”正是一阶谓语逻辑的合法表述式，它不同于二阶或以上的谓语逻辑的表述式,其量化词所适用的指称词所指称的对象只限于个体,性质(或关系)所需的指示词没有成为量化的对象。这样,说明 G 和 F 两种性质是同一的,就不应使用同一性语句,唯有使用“(x)(Fx≡Gx)”这样的式子去表述两种性质的外延是等同的,以便借用等同的外延说明两种性质的同一性。假定有数物具备了 F 性质,却没有 G 性质;另外有其他数物有 G 性质却没有 F 性质;那么,相应于 F 和 G 的外延便不等同,因此便有理由不同意 F 和 G 为同一的性质;不过,两种性质即使外延等同,却未必同一,例如“……有心脏的生物”和“……有肾器官的生物”两个谓语虽然指示着两种性质,两者的外延却是等同的,凡是有心脏的生物都是有肾器官的生物,反之亦然。这个情况继续困扰我们的日子可能不会太长,将来的科技也许能够救活一个发展不了肾器官的胎儿,那么,“……有心脏的生物”和“……有肾器官的生物”两个谓语的外延便不再等同,从而恰当地指示两者并非同一种性质。我们接受外延逻辑,不理会上面所指的缺陷,只因为这样的表述方式足以满足科学语言的需要。

现在的问题是:表述一阶谓语逻辑的语言是否足以表述老子的形而上学?据王弼说,老子早已声明“道”不可名之,只能称谓之。借用弗雷格等人的说法,没有个体名词可用于指称“道”。而他们所惯用的指示词,虽然也称为谓语,却离不开(可测知)的个体而成为有意义的词项。也就是说,确定谓语“……有心脏的生物”的意义,要先看它的外延,即先要知道在谓语表述式的空档上补上哪些个体名词,才得出真句。至于王弼所用的称谓词“……是玄之又玄”,即使在其表述式的空档上补上名词,也得不出真句,因为他的称谓词仅仅适用于描述那个不可名之的东西,拒绝在空档上补上任何个体名词。如果我们坚守原来的语言观,认为谓语离开主语,便发挥不了指示作用,那么,我们便会得出结论说,表述一阶谓语逻辑的语言表述不了老子的学说。这个说法可能会成为老子反科学和反形而上学的理据。

不过,老子谈“道”即使不采用上述所说的那一种科学语言,也未必不恰当;他回避上述的那一种科学语言,不足以说明他反科学。我们的语言从来就让说话者在交谈中论述一些没有指称词的东西,如果我们研究一下这些例子,也许会明白我们是怎样达成共识,承认一些称谓词为大家所认可,在交谈中采用它们,可加深我们对于不予指称的东西的认识。我们在日常交谈中使用称谓词所摸索得到的方法或可移用于理解老子形而上学中的称谓词。

让我们从有形的东西谈起,据普特南说,地球上的水和孪生地球上的水,尽管外表相同,由于内部有差异,一个是 H_2O,另一个是 XYZ,所以不应该把它们视为同一种东西。这个态度容易理解。可是，他又指出“水”在地球上指称着 H_2O，在孪生地球上却指称着XYZ，这个变化就没有那么容易理解，需要说明一下。据说，从地球来到孪生地球的旅客，尽管没有察觉他所看到的水其实是XYZ，但他所惯用的个体名词，再不指称 H_2O 了，这是他所改变不了的事实。他所熟悉的指示词，例如“无色”“无味”和“液态”等，没有一个能够提示他，让他知道“水”的指称作用有变。也许身处孪生地球让他有所警觉，跟别人谈到水的时候，也不妨多加询问，看看两地的水是否有别。在洞悉实情之后，与孪生地球人交谈，一旦谈论到水便须要标明来源地，以免衍生误会。来源地的名称便成为论述时的指称标杆，帮助交谈者确定对方谈到的是什么水。

刚才动用“地球”和“孪生地球”等指称标杆帮助我们确认谈论的对象是什么，正是指称词“水”帮不了多少忙的时候，所以说，指称标杆有不可忽视之的时刻。除此之外，我们还会碰到其他的复杂情况。例如一件件的古董，表面上各有不同的形态，内部结构也各不相同。把它们总称为古董，也许因为它们都价值连城，而且是年代久远之物。但是，有很多的东西，例如从矿坑挖出来的钻石，即使价值连城，年代久远，也不算作古董。那么，我们是怎样去确认我们都在谈论古董呢？其中的一个简易方法是把古董视为一些认可的古董鉴定家公认为有价的货品。交谈者若同意，即可以拿古董鉴定家的态度作为标杆，为“古董”这个名词找到大家所认可的指称对象。我们都知道古董是有形之物，不过，其形多变，在指称问题上所制造的麻烦，实在不少，可能比无形之物差不了多少，好在有指称标杆相助。不过，这个标杆掺杂了个人的好恶，比较容易造成误解，不像上面所提到的地域性标杆那么稳定。虽然如此，我们对“古董”一词的理解，在社会上仍然备受尊重。例如那个乾隆御玺之所以被视为古董，主要在于“那个乾隆御玺”一词放在“……是古董鉴定家所确认的古董”的空位上而得出的句子一般人都视之为真。

以上的例子让我们知道标杆有助于解决指称的问题，至于指示的问题，是否有标杆相助？回答这个问题前先让我们想想自己的主观经验，如果要让别人谈论这些经验，当然先要让别人认识它。这里，认识他人的经验靠的是各种信息，例如得悉他人感到悲伤，往往是先得到相关的生理信息、言说信息以及环境信息。这些信息不会提供任何途径让我们看到悲伤本身，如果硬要借助这些信息去定明指称的对象，也许我们可以说这个人有丧父之痛，那个人有丧子之痛，至于丧父与丧子之痛是否为两种悲伤，却未必说得清楚。悲伤这个经验与无形的东西差不多，没必要找到它在哪里发生、为何而起，人们常说的那种莫名的悲伤也许就是这样。看来，“悲伤”不是个可指称的对象，认识“悲伤”不在于找到它的指称词，而在于想出一个方法去找到一个“称之在乎我”的称谓词。即使我们能够正确地说得出悲伤的人内心难受至极,说他欲哭无泪,可是,这些描述都无助于揭示"悲伤"指示着什么。之所以如此,因为一个人感到被羞辱,也可能会内心难受,也可能会欲哭无泪。如果我们善用标杆,就不会那么容易把"悲伤"误作"羞愧",这个说法可用马致远之《天净沙》为证,其词如下:

> 枯藤老树昏鸦,小桥流水人家,古道西风瘦马。夕阳西下,断肠人在天涯。

这里,"断肠人在天涯"一句,按字面义,当可粗略地理解为作者身处远方,除此以外,此句对于作者的心情还是有所指示的,靠的是一个称谓语,那就是"断肠人在天涯"中的"断肠"与"天涯",它不必依附于其他的指称词才可被理解。我们可以试一试用王弼的口吻把情况说出来,那就是:"称出乎我,故涉之乎浪迹远方而生悲思,则称之曰断肠于天涯。"至于"枯藤、老树、昏鸦、小桥、流水、人家、古道、西风",以及"瘦马",全都是标杆,不管是树,还是马,或是其他,都没有意思让他人感到羞愧,所以不应把"断肠人在天涯"理解为那种因漂泊远方而感到羞愧的心情。这些标杆在夕阳西下的环境下统一起来,营造了肃杀的氛围,使读者认识到"断肠于天涯"的指示作用涉及那浪迹的愁苦与身处异乡的悲情,让我们更好地认识词人所要说的是什么。

尽管"悲伤"存在于有形有名的国度里,我们依然可以撇开指称的作用不理,只顾借助于指示标杆把称谓词的指示作用定下来,让大家透过指示的作用加深认识什么是"悲伤"。这个做法若移用于解老,能让我们凭着相关的标杆去确认所谈论的正是老子所说的"道"吗?

解答上述问题先要处理寻找指示标杆时所遇到的一些问题。第一个问题是这样的:老子是怎样通过批判世俗的理解来启导我们采用哪些角度去描述或称谓他所谈论的"道"?第二个问题则在于解答上士怎样把握住正确的方式去观察和描述"道"?第三个问题与《道德经》中所提到的诸如上善的水和百谷之王等事物有关。我们要弄清楚的是:这些事物是否有助于强化相关描述的可靠性?只要愈多的事物大家都认为能够提供上述的帮助,也就更可以肯定我们知道老子谈论什么,即是说,"道"渐渐地成为大家共同谈论的对象,可通过我们的称谓不断地加深对它的理解,而又不必把它可名化。我们如果要借助指示标杆去认识"道",寻得上述三个问题的答案是先决的条件。

让我们先讨论第一个问题。老子谈论"道",有的说法显得诡谲,《道德经》第四章先说"道"其用无穷,又说它藏着的内涵埋得很深,看上去很可能是万物之源,说它地位很高，错不到哪里；却偏偏肯定不了它是“谁之子”，即肯定不了它是否为至高无上者的直接承传者，可能使人怀疑它不如想象中那么高贵。不过，在老子看来，这样的疑惑反而促使我们更有信心地断定它是“象帝之先”。而第十四章中也有差不多的说法，先是说“道”不可视而得见，不可听而得闻；继而说它无状无象，连番描述听起来有点吓人，更使大家加深了茫无所知的感觉。老子就在疑团未解之时话锋一转，指出此道有纲有纪，历久不变。在我们看来，他需要说明他那诡秘十足的描述，是怎样引导大家认识“道”原来就是万事万理的依据？这不是容易做得到的一件事。《道德经》第七十章从圣人的观点出发，指出圣人说理处事，只要执道而为，便会变得易知易行，而大众就是觉得这个说法难以置信。之所以如此，老子认为责不在圣人，不要误会他“被褐怀玉”，是为了把学道的窍门隐瞒起来。老子相信明道之人之所以寥寥可数，真正的原因在于大多数人不明白“言有宗，事有君”的道理。

让我们先研究一下“言有宗，事有君”的“宗”和“君”是什么？《道德经》第七十三章谈到为何而勇敢才对的问题时，指出有两种勇敢，一种是勇于赴死，另一种则是勇于求生，两者相比，利害立见，十居其九的人舍死取生，其理至明；可是，两种勇敢都没有得到上天的认可，使我们大惑不解。在老子看来，我们若要释疑，就不要再执着于“为何而勇敢”的问题，改而把焦点放在“不争”之上，便有可能掌握“不争而善胜”的道理，让自己在认识什么是“道”的过程中迈进一步，知道“不争”远胜于“好勇”。尽管这个道理用上了诡谲之词，才说得明白，也不会因此而把我们全都难倒，至少智慧高的上士，仍然能够从老子的诡谲之词中领悟到“道”多一点的内涵。

《道德经》第四十一章说：“下士闻道，大笑之。”笑的大概是拿诡谲之词来描述“道”。在下士看来，什么“明道若昧，进道若退”等诡辞把人都说糊涂了[①]，哪能增长见识？至于上士们，则坚拒下士们的执迷，绝不追问勇以求死为何不比勇以求生为强，这是因为他们有了下士们所没有的“厚薄”观念[②]。根据上面提过的分析，老子主张“德”分上下，“上德”为“道”，“下德”由上而下分三等，依次为“仁”“义”和“礼”。原则上是“上德”先行，不得已才行其“下德”，而以“仁”为先，守不住“仁”的话才退守于“义”，若守不住“义”，便只好再退一步，把“礼”守住。可是，老子认为“礼”很不可靠，他说：“夫礼者，忠信之薄，而乱之首。[③]”下士之执迷就在于以“礼”为贵，认为以勇求死不合于“礼”之处比以勇求生为

① 第四十一章。

② 参考第三十八章。

③ 第三十八章。

多，主张奉行后者当予表扬，却忽略了表扬之举所带来的名利之争光靠“礼”是制约不了的，由此而衍生祸乱是意料中事。因此，老子对于下士的浅薄，不无感慨，他说这些“前识者”只懂“道之华”，即“道”之表象，而正是这般的浅陋见识使他们愚昧起来。“是以大丈夫处其厚，不居其薄①。”“大丈夫”指的就是上士，他们“处其厚”就是致力于“上德”，“不居其薄”就是拒绝计较“下德”该如何受到表扬，尤其不计较自己受到多少表扬。这样的上士看上去难免是一面懵然无知，老子以上士自述的口吻说：“俗人察察，我独闷闷……众人皆有以，而我顽似鄙，我独异于人，而贵食母。②”这里所说的“食母”是“生之本也”③，是“道”的别称。

老子根据下士之失，反衬上士的正确时，谈论过上士摆出一副“顽似鄙”的样子，指出这与不求表扬有关。情况与“被褐怀玉”一样，也与“不欲琭琭如玉”一样④，都存心于“不求见贤”⑤。老子视“不求见贤”为“上德”，因为圣人“功成而不处”，才做得到“不求见贤”。这是上士务本的本色，他们淡泊朴素，拒绝“贵末饰之华”⑥，“唯道是从”，为此而不惜“顽似鄙”，不惜“被褐怀玉”，他们这么谦卑，其言其事的确可为“言有宗，事有君”一语做脚注。也就是说，刚才所说的下士之失，指的是下士误把“下德”视为“上德”。老子把错误纠正过来，让我们知道“言有宗”的“宗”与“事有君”的“君”都是“上德”之德，老子又以“道”称谓之。“被褐怀玉”显然是以“上德”为宗的事，所以圣人为之。至于圣人之言，所讲究的是“言善信”。他所说的话，要得到别人的信任。那么，如果他说的话真的得到最大的信任，不善的人便会向他看齐，去其不善而不觉得为难，其间没有多少周折，可谓“善言无瑕谪”⑦。按老子的说法，最无“瑕谪”的是“行不言之教”。老子说“言有宗”时所提到的“宗”就是那“不言之教”所追求的“道”。谁要知道“道”是什么，便要先认识上士为何表现得那么谦卑。

老子说：“知者不言，言者不知。”⑧这里，“知而不言”被视为谦卑。之所以如此，因为所知的东西尽在不言中，却有价值。一个人没有因为炫耀不了而舍此价值，他便是谦卑的。而这样的东西肯定不是那可以称道或炫耀的“下德”。一般人认为走得愈远，所知便

---

① 第三十八章。
② 第二十章。
③ 王弼注第二十章，第 51 页。
④ 第三十九章。
⑤ 第七十七章。
⑥ 第二十章，第 51 页。
⑦ 第二十七章。
⑧ 第五十六章。

多，能说得出的礼数，可说是南北各异，变化多端，其中不乏有德之事。可称道之处，不一而足，不走走看，便不得而知。不过，这是“下德”的事，此外，还有上士所关注的“上德”。比之于“下德”，认识“上德”是另外的一回事。哪怕人们四处走动，增广见闻，也不会加深对“上德”的认识。重要的是面对各种变或不变的时候，要分辨得出哪些是“唯道是从”的变或不变，上士能辨之，却说不出能辨的道理来，而又珍惜之，这就让我们知道上士谦卑，何以至之，于是不再叩问上士怎样说，改而考究他们的认知方式，以及圣人的善行和善德；据此三者打探“上德”是什么，相信困难不大。

就以第五十八章为例，老子在这里说：“其政闷闷，其民淳淳；其政察察，其民缺缺。”这段文字指出了行“闷闷”之政使人民和睦淳厚，是善事；而行“察察”之政则为人民生活带来诸多不便，当是坏事；然而，老子却接着说：“祸兮福之所倚，福兮祸之所伏。”原来善事可变成恶事，坏事倒过来可变成好事。看来，我们有消解不了的无奈。在这个关节上，上士的认知方式马上起作用，他拒绝比较两种政策的高下，以便打破眼前的思考框框，去探索更为完美的政治，提出圣人为政，要奉行“方而不割，廉而不刿，直而不肆，光而不耀”的原则①，务求政通之余，不加害人民。在老子看来，这样的善行正好是“唯道是从”的结果，我们凭着这样的善行便可以按图索骥，去认识老子所说的“道”。

老子在第二十九章中有类似的说法，他说：“物或行或随；或歔或吹；或强或羸；或挫或隳。是以圣人去甚，去奢，去泰。”意思是说，事物时而逆转，时而顺变，因此，圣人替事物安排合适的发展时，不应操之失当，切忌有过分、铺张的作风和自满的心态。老子认为这是圣人之德，是契合于“道”的善德。认识“道”是什么可从认识善德开始。

看来，我们在经历了老子对世俗观点的批判，对其新的思考方式有所认识之后，找到了寻“道”的三个门径，即上士的认知方式、圣人的善行和他的善德。然而，不是所有的好人好事都有助于寻“道”，不是所有的认知方式都揭示“道”的真谛。我们要知道怎样区别上士与一般人的认知方式，并且从一堆的好人好事中挑出圣人的善德与善行，才有可能寻得老子所说的“道”。

让我们先谈善行。第三十五章说：“掌执大象，天下往。往而不害，安平太。乐与饵，过客止。道之出口，淡乎其无味，视之不足见，听之不足闻，用之不可既。”这里提到两种好事，一种是为了人们的一生而坚持下去的好事，这种事看起来很不起眼，但它所带来的好处，却受用不尽。另一种好事，例如高奏悦耳的音乐和供上可口的食物，它们都很有看头，

① 第五十八章。

但为的只是短暂停留的过客，这些好事仅是一时之快事，与圣人的善行有着天渊之别。按照老子的提示，识别善行，要看它的作用是否淡然而生，看它的作用是否能受用不尽。以上所说，不难理解，至于第六十五章所主张的"善政"是否为寻"道"的门径，还需要进一步论述。

第六十五章说："古之善为道者，非以明民，将以愚之。民之难治，以其智多。故以智治国，国之贼；不以智治国，国之福。知此两者亦稽式。常知稽式，是谓玄德。玄德深矣，远矣，与物反矣，然后乃至大顺。"这里虽然主张愚民是谋求国家福祉的好手段，却完全没有唾弃民智的意思。执此政者顶多是不鼓励和不帮助民众发展奇技巧艺，以免物欲泛滥；因为民众一旦以"乐与饵"为先，只顾追求"难得之货"，便往往忘却"五色令人目盲，五音令人耳聋"的祸害①。有鉴于此，执政者须要负起责任，提醒民众"多藏必厚亡"，这样才彰显"知足不辱，知止不殆，可以长久"的道理②。另外，他还要把执政重点放在维护基本的供养，而不在于提升官能的享受。也就是说，为政要"为腹不为目"③，这就是老子的政治原则，把它说白了，就是要求执政者"不以智治国"。而这么一说，便把道理说反了，即违反常识。老子以"正言若反"一语来描述这种表达方式。他认为既深且远的"道"，与近在眼前的奇技巧艺和一己之私心私见，相违甚远，若不采用"正言若反"的策略，便难以有效地反映两者的相违关系是何等的极端。在他看来，凡是善行，若能照顾好这个相违的关系，便有助于认识"道"。而照顾好这个相违的关系别无他法，唯有"去彼取此"④，即涤除财货五色之惑，破除一己之蔽而一心向着"上德"，这叫作返朴归真。那么，返朴归真便是善行的标志。

谈到这里，让我们做个小结，确认老子以返朴归真为善行之目标。从这点出发，再探索下去，便会发现，要做到返朴归真，按照老子的说法，靠的绝不是办好那甚有看头的好事，而是"以无事取天下"的那种"无事"⑤。也就是他所指的"无为而成"的事。而刚才所提到的那甚有看头的好事都是有为之事。"六亲不和"之后所出现的"孝慈"，以及"国家昏乱"而催生了"忠臣"，都是这种有为之事。我们都知道，"孝慈"护家，而"忠臣"卫国，都是好事。然而，这些好事却无助于清除不和与昏乱的根源。老子指出根源在于私欲，圣人行善就在于不让欲望发酵。首先，他不唯"精英主义"是尚，免除人民只为着高位而你

① 第十二章。
② 第四十三章。
③ 第十二章。
④ 第三十八章。
⑤ 第五十七章。

争我夺;其次不采取措施去保证奇珍异宝的高昂价格,使人民无心为贼。这样做,无非是不去制造撩起欲望的机会。在这种状况下,民心自然不乱,人民也就变得私心寂然,欲念无存了。纵使有人头脑灵活,想投机一下,也无从下手。施政而有此成绩,可说是印证了"为无为,则无不治"①的主张。我们说这是"无为"之事,原因在于此事是个不挑起欲望的事。我们说这是"无不治"之善政,原因在于投机分子未受制裁之前已自行作罢。看来,我们甚至可以说,圣人行政,是"善行无辙迹"的范例。首先,投机活动在禁制到来之前便自行收手。其次,圣人防止欲望发酵,不靠抑制的手段,他所要做的仅是"欲不欲"②,那是个他不加阻挠的欲望,驱使他"不贵难得之货",这样,他便知道"学不学,复众人之所过"。即认识到那些做得过分的事实在不值得我们去学习仿做;那么,剩下来要办好的事也不过是"辅万物之自然"③这是个无甚负累的活,不靠特别的能耐,也能够出成绩。他靠的只不过是保持清净,让自己"欲不欲"。只要做到"不欲以静"④,天下便能够"自定",即自然而定。所以说,圣人的善行,以自然为宗。凡有造作之举,都不是圣人的善行。

现在我们有了识别善行的三个标准。第一,善行关顾人的一生,不在于满足一时的需要,所以不带五色,我们只觉得它清淡而朴素,所产生的作用不会穷竭。第二,善行不为五色之惑所昧,也不为私念所蔽。一往无前只为返朴归真。第三,善行是"辅万物之自然"的行动,它不造作,是"无为而成"的事。这三个标准在撇除世俗误解之后变得清晰了,能否借用来识别圣人的善德?且看老子有何提示。

第四十九章说:"圣人无常心,以百姓心为心。善者,吾善之;不善者,吾亦善之;德善。"这段话指出圣人以"德"待人,不会厚此薄彼。论述其理据,可从老子的想法谈起。老子以"欲不欲"为"上德",能"欲不欲"的便是善者,否则便是不善者,圣人帮助不善者"欲不欲",不在于制止其欲望发酵,而在于帮助不善者学懂了那些做过了头的事没有学习和模仿的价值。而"辅万物之自然"才是真正价值之所在。不难想象,圣人之于善者,所抱的期望也不过如是,怪不得老子有"善者,吾善之;不善者,吾亦善之"的说法⑤。圣人按此期望躬行力践,所成之事正好是"善行无辙迹"的善行。我们刚说过,这种善行是"无为而成"的善事,躬行者善待不善者,因而无弃人。如此善德,暗通于"道",与"道"同为

---

① 第三章。
② 第六十四章。
③ 同上。
④ 第三十七章。
⑤ 第四十九章。

"不善人之所保"①,受用不尽。看来,善德与善行同宗于"道",认识善行,也就认识善德。

接下来要谈的是上士的认知方式。老子以"道"为不可见,却偏偏谈起"见素抱朴"来,其原意在于指出"见素抱朴",可让人眼界大开,认识为什么"绝圣弃智,民利百倍;绝仁弃义,民复孝慈;绝巧弃利,盗贼无有"②。也就是说,上士的认知方式如果正确,在知其然之外,还可以知其所以然,即懂得凭着素朴之"道",便能够为"绝仁弃义,民复孝慈"等主张说出个所以然来,与是否看得见"道"没有关系。而我们研究上士的认知方式,便不得不问:上士能否"见素抱朴"?为的是要看看他是否懂得什么是素朴的"道"。

就让我们从第五十六章开始,此章有言:"知者不言,言者不知。"这两句话提到两种人。一种是上士,他们尽去私欲,摒除一切外来滋扰,以保持其"塞其兑,闭其门"的认知状态,好让自己"见素抱朴",成为识"道"之人。他们不喜欢自夸,所以老子说,这是"知者不言"。另一种人则欲念未除,于是"开其兑"③,让外间诸多杂事纷至沓来,为感官所全摄。这些人之中,或有中士之流,虽无"上德",但依然坚守"下德",逞其聪明才智,遂民之欲,以取其心。在老子看来,这当是"以智治国"未出问题之时。然而,这些中士也许不知道,欲念萌生之后,此起彼伏,时而此欲,时而彼欲,永不消停,纷乱难止,"以智治国",非长久之计。相信老子谈到"言者不知",心目中就有那些鼓吹"以智治国"的人,大有不以为然的意思。此事在前面已经谈过了,另外,这些人又不知道去欲让上士为政时不怕自身受损,甚至不怕祸及其身,结果多是以不怕自己受到损害而终无损害,不怕祸及其身而以无祸过关。老子曾经多次说明这个情况。

例如第十三章这样说:"宠辱若惊,贵大患若身。何谓宠辱若惊?宠为下,得之若惊,失之若惊,是谓宠辱若惊。何谓贵大患若身?吾所以有大患者,为吾有身,及吾无身,吾有何患?故贵以身为天下,若可寄天下;爱以身为天下,若可托天下。"这一章的大意是说,得宠的时候便害怕失去它,到了失去它的时候又害怕不会再得到它,反过来,受辱的时候害怕屈辱难消,到了屈辱消除之后,又怕它再回来。看来,无论是哪一种欲念,我们一旦沾上了,便逃脱不了患得患失的困扰。至于我们的身体,所患的只在于得,而不在于失。为政者若能以身许国,惠泽天下万民,便是天下之福。反过来,为政者若自贵其身,抛弃万民,便会祸及天下,而且难免殃及其身。看来,上士不患自身之失,便有所得。不如此,所失便大。

① 第六十二章。
② 第十九章。
③ 第五十六章。

根据上面的解读，我们知道老子罗列了两种状况，其中的一种状况，人处其中会患得患失。另一种则会患得而不患失。依据老子的想法，上士会选取后者而抛却前者，这意味着他与物欲决绝，于华而不实的作风则冷待之，再加上他不怕祸及其身，那么，他显然是个人民可把天下托付之的圣人。这样的圣人之所以受到拥戴，在老子看来，主要在于他“处上而民不重，处前而民不害”①。圣人不惜自损其身，带头去欲，人民的负担也就轻多了，他带头冷待华而不实的作风，人民也就少受其害。圣人因此而得到拥戴，说明了他不惜自损而终免于受损，个中道理值得参透。在这里，我们看到圣人因去欲去华而受损，显然是以民为先，以自身的考虑为后，就好像老子所说的一样，“欲先民，必以身后之”。② 老子视之为“不争”的表现，圣人去欲去华而不争，便能够做到患得而不患失，实现“不争”的政治，达至刚才所引述过的那种水平——“处上而民不重，处前而民不害”。

怎样做才能落实“不争”的政治呢？老子告诫为政者说：“始制有名，名亦既有，夫亦将知止，知止所以不殆。”③大意是说，制定刑名律例，严明不可或缺，但也得要注意，严明有个限度，不照顾人民所能承受的限度，会出乱子。在老子看来，行政如能“知止”，便是“不争之政”。为政如果只怕个人地位不保，却不怕民众负担过重，便谈不上“知止”。上士选择了“患得而不患失”，便不担心个人的地位受威胁；因此，再没有其他的考虑值得拿来凌驾于民众的要求之上，所以能够做到以民为先。由此可知，没有准备好“患得而不患失”，就不会领悟“知止”的道理，也不会明白“不惜自损而终免于受损”是个怎样才说得通的道理。那么，上士凭着自己的选择，便能够认识这些道理吗？看来是不够的！

第九章说：“天地所以能长且久者，以其不自生，故能长生。是以圣人后其身而身先，外其身而身存。非以其无私邪，故能成其私。”这一章有两点值得注意。第一，天地善于持养，却全归于万物，没有一点留给自己，反而能够长生。第二，圣人以天地为榜样，抱着护养之心，全为民众，不为自己，反而能够取得个人的最大满足。从上述两点可推知，圣人要先认识“以其不自生，故能长生”的奥妙，才懂得以此为榜样，行“知止”之政。也就是说，圣人要有个方法去领悟这个奥妙，才有“知止”可谈！那么，这是个什么方法呢？

第十六章说：“万物并作，吾以观复。夫物芸芸，各复归其根。归根曰静，是曰复命。复命曰常，知常曰明。不知常，妄作凶。知常容。……”这一段文字的大意是说，老子凭着“观复”的方法，便能够越过众生万象，深入各物原初的状态而见“虚静”，认识“虚静”就在

① 第六十六章。
② 同上。
③ 第三十二章。

于认识它是万物之源,用他的话语来说,这就是“复命”。他认为有此认识便知道“常道”是什么,除此之外,他还特别指出来说,不认识“常道”会闯祸,认识“常道”,便懂得包容。如此说来,“观复”在于认识万物源于“常道”,而真正认识“常道”则在于认识它那包容的德性是怎样发挥它的作用。

老子是这样解说的,不管何物,都由“道生之”。因此,万物之于“常道”,自是必尊必敬。然而,这种尊敬之意不是逼迫出来的,而是自然而有的,所以老子说:“莫之命而常自然。”①我们在上面已经引述过。根据引文所说的情况,老子认为“道”生万物即功成身退,从不凌驾所造之物而一任自然。这么一来,什么的尊荣都与它无干,正好让它保有原来的朴实与渺小。再用老子的话来说,这便是“生而不有,为而不恃,长而不宰”的德性②,老子誉之为“玄德”。这个包容的德性之所以能够发挥作用,让“道”演绎“有生于无”,就是因为它没有偏离“以退为进”的方针,先是“致虚静,守静笃”③,然后从静极之中起动,经此先退后进,所得的便是“无之以为用”的“用”,它是受用不尽的。

何以受用不尽?老子拿个比喻来作答,他说:“天地之间,其犹橐龠乎?虚而不屈,动而愈出。”④意思是说,“道”在天地之间,就像风箱那样起作用。风箱有了中空的设计,内藏的袋囊便能够不断地在舒张之后压出风来。“道”和风箱都凭着“虚无”而不断起作用。老子认为“作用”因“虚无”而起,便会不绝如缕,这是因为“道”有了包容的德性,便乐意把自己当作有余之物来宰割,然后奉献给其他“有所不足”之物,它愈是把自己想得有余,便会加倍宰割自己,那就出现老子所说的情况,他说:“损之又损,以至于无为。无为而无不为。取天下常以无事。”⑤由于“道”不会因为不断受到宰割而消失,因此,它的奉献不会停止。其实,“道”本无为,所谓“奉献”,并非“有为”之事。一方面是“道”不会因为万物受惠而受损。“损道”其实就是“道”的本来面目,自然如此。另一方面则是万物不会因为受惠而“增益”,失去其本有之自然。老子以“损道”为“包容之道”,让他更好地说明“天之道,损有余而补不足。”⑥虽惠及万民,却无损其自然,是“损之而益”。至于人之道却刚好相反,喜欢“损不足以奉有余”,受惠者反而因此受累,结果是物失其自然,是为“益之而损”。上士看到“人之所恶,唯孤、寡、不谷,而王公以为称”。⑦ 也就知道一般人就是受

① 第五十一章。
② 同上。
③ 第十六章。
④ 第五章。
⑤ 第四十八章。
⑥ 第十七章。
⑦ 第四十二章。

不了卑下的待遇，碰上“益道”，便趋之若鹜，以为增益是福。这些人根本没有看清楚他们会因为“益之而损”，把自己坑了。那些王公比较清醒，知道增益是祸。上士施教，把“损之而益”和“益之而损”的道理都讲清楚之外，更应郑重其事，以“强梁不得好死”为例①，说明增益之祸，这就是认识“包容的德性”的价值所在。上士“观复”，知此价值为何，自然知道“天道”不贵增益而得的奢华，他可说是“见素抱朴”，因此也就明白“绝圣弃知，民利百倍”的道理与不贵增益而得的圣智有关。

刚才所说的都是为了讲明上士之所以能够“见素抱朴”，就在于他看得出“道”以卑下为贵，从不仗势，却迎来万物之归顺，这是难于理喻的。老子提出了一个途径，循此以解决理解上的困难。首先，他先说明何以见得“道”之卑下与渺小，然后说明何以见得“道”之尊贵和伟大。他说：“大道泛兮，其可左右。万物恃之而生而不辞，功成不名有。衣养万物而不为主，常无欲，可名于小；万物归焉而不为主，可名为大。以其终不自为大，故能成其大。”②他这么一说，让我们知道“道”没有居功居首的欲念，孑然一身，无名无利，可说是渺小而卑下。也让我们知道“道”虽有万物来归顺，却不会仗势而占据高位，可说是伟大。在交代过“渺小”和“伟大”的问题之后，老子便进一步，说明万物之所以来归顺，在于他秉承“无欲”，坚持“卑下”。卑下是否能招来？老子提出了一个形而上学的主张予以说明。

这个主张有三点。第一，一般人都能说得出工具、器物以至设施有什么用处，有的时候更能说得出它们凭着什么原理而发挥作用。例如车辘、埏埴之器以及居所之类都可以依据一些科学原理来解释它们有哪些作用。老子把这些解释归为一类，视之为关于“有”的解释。人们因为通过这些“有”而得“利”，所以老子称之为“有之以为利”的“利”③。第二，“道”生万物，不靠工具和器物之类所发挥的那种作用，才能成事。所以老子说：“道生一，一生二，二生三，三生万物。④”整个过程看不出有什么其他的东西提供助力。因此，说“道”单凭自力，使“有生于无”成为可能，不无道理。那么，“道”的这个自力是怎样发挥作用的呢？回答问题先要对这个自力有所认识。首先，要知道“道本无形”，致为虚静无为；如果它有什么作用，当是“无之以为用”。其次，要知道“弱者道之动”，也就是说，“道”之动从“弱”始，在上面已经提过了；如果它有什么作用，便是“柔弱胜刚强”⑤，这也可说是“无之以为用”的另一版本。第三，“有之以为利”与“无之以为用”不无关系。在老子看

① 第四十二章。
② 第三十四章。
③ 第十一章。
④ 第四十二章。
⑤ 第三十六章。

来，没有“无之以为用”，就不可能得出“有之以为利”。这个关系若被否决，“道”就不可能是万物之源了。所以说，正确地认识“道”，除了凭着“观复”，去认识“无之以为用”之外，还要认识“无之以为用”与“有之以为利”的关系。那么，老子是怎样说明这个关系的存在？这要看他的第三步。

第十一章说：“三十辐，共一毂，当其无，有车之用。埏埴以为器，当其无，有器之用。凿户牖以为室，当其无，有室之用。故有之以为利，无之以为用。”老子走到第三步，便列举了一些实物，再假定我们都认定这些实物已经印证了“有之以为利”的道理，然后通过这些实物的留空的设计，引导我们去认识“无之以为用”的道理。除此之外，还要让我们先想象一下，车辘像个圆饼，车辐之间没有虚间，然后再问：“它能发挥作用吗？”只要我们针对埏埴之器和居室等实物提出相同的问题，便会根据得来的答案做出结论说：如果“无之以为用”不成立，“有之以为利”便无从谈起。

老子之所以能够把“有”“无”的关系说清楚，又能够靠着车辘等实物作为标杆，引导我们去认识“道”是怎样发挥它的作用，主要在于依靠着这些实物的留空设计，把各个标杆的指示作用统一起来，以减少误导的机会，如此，我们就不容易误解老子所说的“道”了。

另外，老子又为“柔弱胜刚强”的作用提出了类似的解说，分别见于第九、六十六、七十六章，所动用的指示标杆包括了“柔弱的水”“万物草木”在生时那柔脆的个体，以至“百谷之王”的江海。它们都凭着自身那柔弱或乐于处下的特点而有所作为，成为“柔弱胜刚强”的范例，使我们想象得出“道”也以“无欲”而成就伟大。看来，我们真的离不开指示标杆去认识“道”，尤其是认识它那“无之以为用”的用。至此，我们回答了上士怎样把握正确的方式去说明“道”的问题，也说明了老子怎样因着指示标杆派上用场而使得“道”的描述变得更为可靠，从而证实了引进标杆一事让指示词变得更适用于谈论形而上学。

四、结论

至此，我们已弄清楚，分析哲学传统原来所认可的语言，若用于表述科学理论，所有可被指称之物都会成为理论所谈论的对象，除此之外，便没有其他可谈论的对象了。这样的语言不适用于表述老子的哲学，就以“道”这个称谓词为例，它只有指示作用，而这个作用从不依附于指称作用，没有可名化的可能，因此不可以视之为可谈论的对象。如果我们修改一下认可的语言，在保留个体名词原有的指称作用之余，让称谓词借助于指示标杆，找到要谈论的对象，就不必因为强化称谓词的指示作用而弱化了对科学的忠诚、对学理的尊重。

“王弼解老”,催生了名、谓理论。依据这个理论,我们只需要称谓词,便可以谈论过去难以表述得清楚的“道”。分析哲学传统有自己的名、谓理论,要吸纳王弼的理论不难,而且有其积极意义,那就是让分析哲学为形而上学提供合理的表述方式,让我们清楚地看到怎样的形而上学支撑了伦理学。也让我们看到分析哲学、形而上学和伦理学三者之间可能出现的融和关系,人们不必在科学与道德之间做出不得已的取舍。

Wangbi's Analytical Approach to the Exegesis of *Dao De Jing* and the Metaphysical Foundation of Ethics

ZHOU Baiqiao

【Abstract】 This article discusses first how the Metaphysics of *Dao* given by *Laozi* lays the ground for his Ethics that argues for *Wuwei* which is understood as doing nothing that goes against Nature or the natural courses that things take for self-fulfillment, and then discusses how *Wangbi* makes use of his Theory of Naming and Predication to analyze the Metaphysics of *Dao*. Such an analysis shows how a language of science, when extended, can be used equally well for talking about metaphysics as it has been in dealing with science. Where metaphysics and science are considered, none is inferior to the other. This is what we may conclude by reading Wangbi's exegesis of *Dao De Jing*.

【Keywords】 Laozi, Action through Inaction, Superior Virtue, Inferior Virtue, Dao Emulates Naturalness, Wangbi, Theory of Naming and Predication

从“仁义”的视角审视“正义”[①]

[中国台湾]黄丽娟[②]

【摘要】“仁义”是儒家哲学的核心价值思想,“正义”来自西方。本论文主要由“仁义”的视角审视正义,进而反省中国台湾的“转型正义”。儒家先哲的仁义主要是对在位官员言说的,以仁民爱物、博施济众为志向。政策以利民为出发点。西方的正义理论是儒家仁义精神的具体落实,康德主张每个人都应当被尊重,不应当被视为工具,罗尔斯以无知之幕、差异原则确立正义的判定原则,亚里士多德以目的及美德作为正义的标准,边沁认为能给最大多数人幸福的就是正义。

西方的正义理论原是仁义精神的具体落实,正义理论是为仁义服务的。西方有各种不同的正义理论,在讨论如何判定正义或非正义,好像没有绝对的正义,因此每一个正义的事件,从另外理论来看,可能是不义。正因为这样,正义可以变成政客的刀斧手。本文强调正义与仁义是一体的,如果正义离开仁义,正义就变成斗争的工具,故正义必须从仁义出发,才是真正的正义。

在进行“转型正义”时,主要应该帮助过去的受害者平反,并做补偿。但对于加害者的处理则更当审慎,建议以更宽容的态度待之。“转型正义”的目标应朝向国家社会的和谐为目标。如果“转型正义”是翻过去旧账,借着打击不义清除政敌,让社会弥漫惶惶不安氛围,这样的“转型正义”,仁者必不为。

【关键词】 仁义,正义,转型正义,儒学

一、前言

“仁义”是儒家哲学的核心价值思想,“正义”来自西方,目前中国台湾社会更是高举“转型正义”“翻转正义”。“仁义”“正义”都有“义”字,内涵自然有交叠相同的地方,但又不尽相同。

本文将以《论语》《孟子》为文本,核定仁义的精神内涵。也以迈可・桑德尔(Michael

① 本文发表于“2018年中国哲学在台湾”国际学术研讨会。

② 作者简介:黄丽娟,成功大学中文所博士,台中科技大学应用中文系副教授。

Sandel)的《一场思辨之旅》(*What's the Right Thing to Do*)当中对正义的讨论,作为主要的探讨依据,进而探讨中国台湾的"转型正义"。转型正义,目的可能是清算旧政府之不义,或是补偿旧政府时期的政治受害者,其目的在于使受压迫而分裂的社会得到和解,并确保过去侵犯人权的事件不再发生。①

然转型正义有没有可能成为清肃旧政府的政治借口?或者是复仇者所标举的旗号?反而给社会带来动荡不安。或者中国台湾的转型正义确实有其正当性,必须予以正视与面对?

本文拟首先比对仁义、正义的内涵与外延,接着探讨中国台湾转型正义的起由与经过,并尝试给转型正义做一评量。

二、儒家的仁义论

如前所述,儒家谈仁义,正义是近世来自西方的外来词,这两者有何异同?本文尝试做一比较,首先探讨儒家的仁义,能实践仁义就是君子。君子涵盖二义:(1)有品德的士子。(2)政治领导人。而从内圣外王的角度来看,君子涵盖二义,国家政治领导人必须是有品德的君子。所以孔子言仁谈义,其言说的对象很多时候都是指在位者该具备之德。参见孔子答樊迟问仁一文:

> 樊迟问"仁"。子曰:"爱人。"问知。子曰:"知人。"樊迟未达。子曰:"举直错诸枉,能使枉者直。"樊迟退,见子夏。曰:"乡也吾见于夫子而问知,子曰,'举直错诸枉,能使枉者直',何谓也?"子夏曰:"富哉言乎!舜有天下,选于众,举皋陶,不仁者远矣。汤有天下,选于众,举伊尹,不仁者远矣。"②

从孔子师生响应的内容来看,孔子回答仁者爱人,这是指一个仁者的在位者,就是要做一个能够爱人的领导人,这个爱人就是爱民。从领导人的角度来看,爱民就是要能够知人善任,举用贤良方正的人居高位,就能使不肖之徒调整自己,变得正直,或者使那些不肖之徒因为彼此调性不相同而自动远离。就像舜为天子时,从众人中选用贤者皋陶,商汤为天子时选用伊尹,那些不肖之徒就不见了。孔子举天子舜、汤为例来说明在位者当如何实践仁。所以孔子最初言仁,是针对为政领导人而言说的,而后来再逐渐将仁者爱人扩充成

---

① 参考《浅谈转型正义在台湾:实践与反思》,http://whogovernstw.org/2016/03/18/linpu2/.

② 〔宋〕朱熹:《论语·颜渊篇》,《四书集注》,第139页。

为普遍义，又：

> 子曰："唯仁者，能好人，能恶人。"

蒋伯潜解曰："'仁者'大公无私，故能好人，能恶人。不是仁人，则往往发于自己情感之私了。"①

由上来看，仁者摆在有仁德的为政者颇为适合，一个有仁德的为政者，选用人才不会依据个人的利害考虑，而能大公无私举用人才。不过仁者也可以普遍化为一般人，一般人处贫困则狗急跳墙，处富贵则骄慢横行，对人的好恶全凭主观，唯仁者心中有大爱，自能安分守道，不做伤害人之事。所以仁者有二义，狭义仁者指有仁德的政治领导人，广义乃不论其身份为何，泛指所有仁德的人。不过孔孟谈仁，很多时候还是针对统治者而言说的。杜伦就说："无论怎样，'仁'和'义'，或者说'仁义'都是治理者，君子、圣王、王者具有的道德质量。不过，我认为，儒学是作为'士大夫儒学'而产生的。"②

赵法生将儒学分类为"朝廷儒学""士大夫儒学"和"大众儒学"③，基本上，孔孟儒学内容涵盖这三个面向，杜伦则进一步认为原初的儒学是为"士大夫儒学"而产生的，也就是说儒学所关注的是治国、平天下。所以仁义之说很多地方都紧扣着统治者而言说的，但孔子也有对门人弟子而言说，所以仁义说也可以普及于一般大众。

（一）"仁"的意义

孔子谓仁者爱人，孟子也说同样的话："君子以仁存心，以礼存心。仁者爱人，有礼者敬人。"④孔孟先哲都说仁者爱人，怎样算是爱人？孔子曰：

> 夫仁者，己欲立而立人，己欲达而达人。能近取譬，可谓仁之方也已。⑤

根据姚中秋的诠释，仁者爱人，就是能够推己及人的人，他说："何以知人所欲立、所欲达者？……能近取譬，就是取我为譬，就近以己度人。人欲求什么，我不完全清楚；但我欲

---

① 蒋伯潜：《广解四书》，台北：东华书局，1986 年，第 34 页。

② 杜伦：《儒家的"仁义思想"与中国人的生活》，https://read01.com/2GG8O43.html#.W3raaOgzY2w.此文是 2017 年 6 月 17 日其在德国波恩华侨中文学校所做的演讲改写而成的。

③ 赵法生：《大众儒学的凤凰涅槃》，《中国青年报》，2017 年 5 月 19 日第 4 版。

④ 〔宋〕朱熹：《孟子・离娄下》，《四书集注》，第 298 页。

⑤ 〔宋〕朱熹：《论语・雍也篇》，《四书集注》，第 92 页。

求什么，我自然清楚；……我可以依我之欲推度他人之欲。”①爱人就是“能近取譬”的推己及人，积极义是己欲立而立人，己欲达而达人。而消极义就是恕道的己所不欲，勿施于人。见下文：

子贡问曰：“有一言而可以终身行之者乎?”子曰：“其恕乎！己所不欲，勿施于人。”②

仁的展现就是恕道，张居正诠解恕道就是推己及人，他说：“所谓恕者，以己度人……如不欲上之无礼于我，则亦不以此施之于下，不欲下之不忠于我，则亦不以此施之于上，斯则视人惟己。”③总之，爱人就是能够将心比心，推己及人，不愿发生在自己身上的事，就不要加诸他人，要视人如己。

一个人能够视人如己，将心比心，看到他人受苦受难，自然就会产生如孟子所言恻隐之心。孟子又将恻隐之心解为不忍人之心，也就是仁心，他说：“恻隐之心，仁也。”④详见下文：

所以谓人皆有不忍人之心者，今人乍见孺子将入于井，皆有怵惕恻隐之心。非所以内交于孺子之父母也，非所以要誉于乡党朋友也，非恶其声而然也……恻隐之心，仁之端也。⑤

蒋伯潜解：“今人忽见小孩子将入于井，都会引起惊惶恻隐之心；此乃纯粹由于内心的同情，并非由于外力，有所为而出此。”⑥总之，仁心，就是爱人之心、推己及人之心、恻隐之心，也有人更以现代话语解为同情心⑦。本文以为也可以用“同理心”，均是指同情共感之心。职是之故，仁是儒家精神的核心价值。

（二）“义”的意涵

孔子谓：“君子义以为上”，是说君子当以义作为行为的最高指标，见下文：

---

① 姚中秋：《论语大义浅说》（上），北京：中国友谊出版社，2016 年，第 209 页。
② 〔宋〕朱熹：《论语 · 卫灵公篇》，《四书集注》，第 166 页。
③ 〔明〕张居正：《论语别裁》，西安：陕西师范大学出版社，2007 年，第 246 页。
④ 〔宋〕朱熹：《孟子 · 告子上》，《四书集注》，第 328 页。
⑤ 〔宋〕朱熹：《孟子 · 公孙丑上》，《四书集注》，第 237 页。
⑥ 蒋伯潜：《广解四书》，台北：东华书局，1986 年，第 58 页。
⑦ 原文：“恻隐之心”即是同情心、怜爱心。见历史追学网 http://lishi.zhuixue.net/m/wenhua/25239.html.

子路曰："君子尚勇乎?"子曰："君子义以为上。君子有勇而无义为乱，小人有勇而无义为盗。"①

上则是说，勇敢要以义作为依凭。邢昺疏说："君子，指在位者"②，曾仕强、曾仕良也认为"这里的君子，指居上位的人"③。在位者行事不能凭个人好恶，须以义作为最高指导原则。张居正谓："盖义者事物之权衡，立身之主宰，是以君子尚之。义所当为，则必为，义所不当为则不为……使在位的君子徒知有勇，而无义以裁之，则必将倚其强梁，逆理犯分。"④李炳南也说："小人，即一般人民，如果有勇无义，他们虽然无力造成祸乱，但会作盗贼。"⑤所以，不管是君子或小民，义就是行为善恶的分界点，孔子又说："不义而富且贵，于我如浮云。"⑥

《里仁》篇孔子说："富与贵是人之所欲也，不以其道得之，不处也。"⑦富贵可求，但要合于义，才是求富贵的正道，这里义也是善恶是非的分界点。如此看来，义就是是非对错的分界点，义是对的、善的、好的，不义就是不对的、恶的事情。子曰："德之不修，学之不讲，闻义不能徙，不善不能改，是吾忧也。"⑧

"闻义不能徙"，王熙元解曰："徙，迁徙的意思，由甲地迁往乙地称为徙，因而由不义迁到义之所在也称为徙。"⑨他说："义：指道义所在。"这个道义就是指对的或应该做的事情。"闻义不能徙"整句可以做这样的解读："听到该做的事情却不能跟着去做。"⑩该做的事就是对的事，依此下列文献都可以同样解读：

见义不为，无勇也。⑪

蒋伯潜说："'见义不为'是当为而不为。"⑫所谓"当为"就是对的事情或应该做的事

① 〔宋〕朱熹：《论语 · 阳货篇》，《四书集注》，第 150 页。
② 参见王熙元：《论语通释》(下)，台北：学生书局，1981 年，第 1097 页。
③ 曾仕强、曾仕良：《论语的现代智慧》(下)，北京：北京时代华文书局，2015 年，第 650 页。
④ 〔明〕张居正：《论语别裁》，西安：陕西师范大学出版社，2007 年，第 281 页。
⑤ 李炳南：《论语讲要》，台中莲社，2003 年，第 361 页。
⑥ 〔宋〕朱熹：《论语 · 述而篇》，《四书集注》，第 97 页。
⑦ 〔宋〕朱熹：《论语 · 里仁篇》，《四书集注》，第 70 页。
⑧ 〔宋〕朱熹：《论语 · 述而篇》，《四书集注》，第 93 页。
⑨ 王熙元编著《论语通释》(下)，台北：学生书局，1981 年，第 332 页。
⑩ 傅佩荣：《论语解读》，新北：台湾立绪文化事业有限公司，2012 年，第 154 页。
⑪ 〔宋〕朱熹：《论语 · 为政篇》，《四书集注》，第 60 页。
⑫ 蒋伯潜：《广解四书》，台北：东华书局，1986 年，第 24 页。

情;他又说:"'义'就是应该做的事情。"[①]又:

子曰:"君子之于天下也,无适也,无莫也,义之于比。"[②]

张居正解读:"适,是必行的意思。莫,是必不行的意思。义,是事之宜,比字解做从字"[③],整则的意思是,君子对所有的人和事情,没有一定要怎样,也没有一定不可怎样,不会固执己见,一切唯义是从。

总之,义就是对错的准则。孟子曰:"义,人之正路也。"[④]朱子注:"义者,天理之所宜。"[⑤]义就是正路、是天理。然进一步追问,怎样算是正路?怎样才算符合天理?什么是对的?《论语》本身并没有明言,杨国荣谓:"义(道德原则)被规定为一种无条件的绝对命令:主体为有别无选择地服从义的规范,而不能做任何的功利计较。"[⑥]所谓"无条件的绝对命令"就是孟子所说的"自反而缩,虽千万人,吾往矣"[⑦]"富贵不能淫,贫贱不能移,威武不能屈"[⑧],服从内心绝对的命令。但是怎样才能成为内心的绝对命令呢?

《论语》中,有多处将"义、利"对立起来说。子曰:"君子喻于义,小人喻于利"[⑨]"见利思义"[⑩]"见得思义"。[⑪] 李炳南从义、利来区别君子与小人,他说:"君子但知公义,小人但知私利。小人所知之利,不只在钱财,一切有利于己者,皆必为之。"[⑫]义是集体的利益,利是私人一己之利。程伊川谓:"义与利,只是个公与私也。人皆知趋利而避害,圣人则更不论利害,惟看义当为与不当为。"[⑬]又:"义与利,只是个公与私也。"[⑭]

杨国荣谓:"此处之公与私,实质上也就是整体与个体。……义在某种意义上是群体之利的体现……与义相对的利则指个体之利,就此而言,义利关系确实可以视为群己关系

① 蒋伯潜:《广解四书》,台北:东华书局,1986年,第24页。
② 〔宋〕朱熹:《论语·里仁篇》,《四书集注》,第71页。
③ 〔明〕张居正:《论语别裁》,西安:陕西师范大学出版社,2007年,第48页。
④ 〔宋〕朱熹:《孟子·离娄章句上》,《四书集注》,第281页。
⑤ 〔宋〕朱熹:《四书集注》,台北:汉京文化事业有限公司,1987年,第73页。
⑥ 杨国荣:《善的历程——儒家价值体系的历史衍化及其现代转换》,上海:上海人民出版社,2006年,第291页。
⑦ 〔宋〕朱熹:《孟子·公孙丑上》,《四书集注》,第230页。
⑧ 〔宋〕朱熹:《孟子·滕文公下》,《四书集注》,第266页。
⑨ 〔宋〕朱熹:《论语·里仁篇》,《四书集注》,第73页。
⑩ 〔宋〕朱熹:《论语·宪问篇》,《四书集注》,第151页。
⑪ 〔宋〕朱熹:《论语·季氏篇》,《四书集注》,第173页。
⑫ 李炳南:《论语讲要》,台中莲社,2003年,第77页。
⑬ 〔宋〕程颢、程颐:《二程集》,台北:汉京文化事业有限公司,1983年,第176页。
⑭ 同上。

的具体展开。"[①]公利是义。依此来看,义是在公利与私利所做出的对立区隔,君子是仁者,仁者爱人,能够视人如己,面对公私冲突时,基于对他人与众人的大爱,内心的绝对命令会命令他必得以团体利益为优先考虑,这就是义;义就是在公利、私利冲突时,能牺牲一己之利,而成就集体之利,这就是孔子所说的:"志士仁人,无求生以害仁,有杀身以成仁。"[②]孟子所说的舍生取义[③]。所以义的源头就是仁,仁就是对他人与众人之关怀与爱,胸怀众人之大利,自能屏除私我之爱,有仁心必有义举,所以后人就仁义并称。

熊十力在《原儒》中谓:"仁道广爱,是人道之贞常也。故说仁是义之体,然物情与事变万殊,广爱不可以无权,故说义是仁之用,有仁方有义,仁失则义无从生,乱而已矣。"[④]仁义同体,没有分别,刘宝楠说:"士志仁义,大人之事备仁义"[⑤]"君子与人无有偏颇厚薄,惟仁义是亲也"[⑥],仁义都是合在一起说的。若强要做区分,如同熊十力所言,仁是义之体,义是仁之用,有仁方有义,若失仁则义无从生。若要强行分别,"仁"的意义比较倾向于爱人,"义"则比较倾向于道德的是非原则,孟子曰,"义,人之正路也"[⑦]。仁是"义"的道德根源,仁就是是非善恶的判断标准,义就是仁落实到具体行为中的正道。

杜伦谓:"'仁'体现了一种道德情感,'义'则表达了一种道德判断力""'仁'作为儒家思想的核心价值,'义'作为儒家行为最高原则,在今天仍然有意义。"[⑧]仁与义本质是一样的,只是其强调的面向略有区别,仁义很难严格划分。本文以为"仁""义"原先的言说对象是未来可能出仕的门人弟子及在位者的领导官员。后文详述之。

(三) 领导统治者的仁义

1. 孔子言仁

孔子言仁,孟子言仁义,仁就是仁义,仁义就是仁,仁强调仁心的部分,仁义,强调仁心义行,这几乎都是对着在位的统治者言说的,陈立夫说:"仁字最大的效用是治国平天下,

---

① 杨国荣:《善的历程——儒家价值体系的历史衍化及其现代转换》,上海:上海人民出版社,2006 年,第 291 页。

② 〔宋〕朱熹:《论语・卫灵公篇》,《四书集注》,第 163 页。

③ 原文:"鱼,我所欲也;熊掌,亦我所欲也,二者不可得兼,舍鱼而取熊掌者也。生,亦我所欲也;义,亦我所欲也,二者不可得兼,舍生而取义者也。生亦我所欲,所欲有甚于生者,故不为苟得也;死亦我所恶,所恶有甚于死者,故患有所不辟也。"出自《孟子・告子上》。

④ 曾春海:《中国哲学史纲》,台北:五南图书出版有限公司,2012 年,第 27 页。

⑤ 刘宝楠:《论语正义》,上海:上海书店,1992 年,第 78 页。

⑥ 同上书,第 79 页。

⑦ 〔宋〕朱熹:《孟子・离娄篇》,《四书集注》,第 281 页。

⑧ 杜伦:《儒家的"仁义思想"与中国人的生活》,https://read01.com/2GG8O43.html#.W3raaOgzY2w.此文是 2017 年 6 月 17 日其在德国波恩华侨中文学校所做的演讲改写而成的。

也是孔孟学说中之仁的最终目的。”[①]“孔孟学说以人为本,自修身齐家以治国平天下,几乎无一事可以违背仁义。”[②]

在位者的终极理想就是治国平天下,《论语》《孟子》中很多地方的仁义,明显都是对着在位者的官员而言说,详见如下:

> 子谓子产,“有君子之道四焉:其行己也恭,其事上也敬,其养民也惠,其使民也义。”[③]

孔子称颂子产是一个君子,子产为春秋时的贤相,是古代中国的一位杰出的政治家和外交家。“其使民也义”,杨伯峻解:“他役使人民合于道理”[④],此处的义,指官员在使用民间劳力时,必须合于义。怎样才算合于义?至少不能压榨、剥削民间的劳力,张居正谓:“子产之使民也,则辨上下之等,均彼此之利”[⑤],例如一项建设工程,要动用民力,必须对上面的官方与百姓双方都要有利,这才是使民以义,子产身为郑国宰相,能够“其养民也惠,其使民也义”,“仁以育民”[⑥],这是统治领导者的仁义。

> 子贡曰:“如有博施于民而能济众,何如?可谓仁乎?”子曰:“何事于仁!必也圣乎!尧舜其犹病诸!”[⑦]

孔子以尧舜为例,说明心中的仁者,是心中有对天下人的关怀和爱,所以己欲立而立人,己欲达而达人,以博施济众为其志业。在位者的“仁”就是要像尧舜一样嘉惠万民,利益苍生。又:

> 仲弓问“仁”。子曰:“出门如见大宾;使民如承大祭;己所不欲,勿施于人;在邦无怨,在家无怨。”[⑧]

---

① 陈立夫:《陈立夫先生孔孟学说论丛》,台北:文史哲出版社,2011 年,第 42 页。
② 同上书,第 43 页。
③ 〔宋〕朱熹:《论语・公冶长篇》,《四书集注》,第 79 页。
④ 杨伯峻:《论语译注》,台北:华正书局,1980 年,第 51 页。
⑤ 〔明〕张居正:《论语别裁》,西安:陕西师范大学出版社,2007 年,第 65 页。
⑥ 同上。
⑦ 〔宋〕朱熹:《论语・雍也篇》,《四书集注》,第 92 页。
⑧ 〔宋〕朱熹:《论语・颜渊篇》,《四书集注》,第 132 页。

在上则,仲弓与孔子所谈论的对象是指诸侯、卿大夫及其官员等该如何做一个仁者。在位者只要能做到出门好像要见贵客,衣冠端整,与人交接时,将每个人都奉为上宾一般的恭敬;使役人民好像承办大事,恭谨慎重,不敢轻易使唤;不管与人相处或是使役人民都要能够己所不欲,勿施于人,凡事站在他人或人民的立场思考,那么,“无论仕于诸侯的邦国,或仕于卿大夫的家,自然无怨恨他的人”①。这是孔子教导国家官员该如何行仁。又:

> 子张问仁于孔子。孔子曰:“能行五者于天下,为仁矣。”请问之。曰:“恭、宽、信、敏、惠。恭则不侮,宽则得众,信则人任焉,敏则有功,惠则足以使人。”②

孔子回答子张能做到恭、宽、信、敏、惠五德,就是一位仁者;而这五项都是在位官员之德,张居正说:“诚能恭以持己,则在下的人自然畏惮、尊仰而无敢侮慢矣。宽以容众,则在下的人自然心悦诚服而归服于我矣。言行一于诚信,则人都依靠着我而无所疑贰矣。行事勤敏快当,则所为无不成就而动必有功矣。恤人饥寒,悯人劳苦,而恩惠及人则感吾之恩者莫不尽心竭力,乐为我所用矣,又岂不足以使人乎?”③这则所言的“仁”就是统治者之仁。统治者爱民,因此任何行动自然要合乎公利之义,摆脱个人的利益,以对人民最有利的事作为定夺。故孔子言仁,到了孟子就仁义并言。

2. 孟子言仁义

如同前文所述,孔子强调在位统治者之仁,至于言“义”则与“利”对比参照,尚未仁义合说,直至孟子方将仁与义合一,《孟子序说》谓:“仲尼只说一个仁字,孟子开口便说仁义。”④《孟子》第一篇就是以仁义劝说梁惠王当舍利而行仁义。见下文:

> 孟子见梁惠王。王曰:“叟不远千里而来,亦将有以利吾国乎?”孟子对曰:“王何必曰利? 亦有仁义而已矣。王曰‘何以利吾国’? 大夫曰‘何以利吾家’? 士庶人曰‘何以利吾身’? 上下交征利而国危矣。万乘之国弑其君者,必千乘之家;千乘之国弑其君者,必百乘之家。万取千焉,千取百焉,不为不多矣。苟为后义而先

① 蒋伯潜:《广解四书》,台北:东华书局,1986 年,第 117 - 118 页。
② 〔宋〕朱熹:《论语·阳货篇》,《四书集注》,第 177 页。
③ 〔明〕张居正:《论语别裁》,西安:陕西师范大学出版社,2007 年,第 271 页。
④ 朱子:《孟子序说》,《四书集注》,台北:汉京文化事业有限公司,1987 年,第 199 页。

利，不夺不餍。未有仁而遗其亲者也，未有义而后其君者也。王亦曰仁义而已矣，何必曰利？”①

孟子在与梁惠王的对谈之中，出现了仁、义、利。梁惠王重利，希望孟子带来富国强兵之策②，孟子劝梁惠王，作为一个统治者当以仁义为重，而非以利为重。若以利为重，千乘之家的大夫必起野心而篡弒国君，例如“夷羿之弒夏后，是以千乘取万乘”③，而百乘之家的大夫必想夺取千乘之家，上下交征利④，互相夺权夺利，赵注云：“征，取也。从王至庶人，故云上下交争。各欲利其身，必至于篡弒，则国危亡矣。”⑤所以要提倡仁义，因为“未有仁而遗其亲者也，未有义而后其君者也。”

3. 统治者的仁义

（1） 为民父母

那么接着要问，统治者的仁心义行为何呢？作为一国、一城邑、一团体之统治者就是要“为民父母”⑥，抚育照养子民的生活，孟子曰：

庖有肥肉，厩有肥马，民有饥色，野有饿莩，此率兽而食人也。兽相食，且人恶之。为民父母，行政不免于率兽而食人。恶在其为民父母也？

上则是说，在位者自己生活极为优养，“庖有肥肉，厩有肥马”，而人民却有很多人陷入生活困境，“民有饥色，野有饿莩”，如果在位者罔顾民生疾苦，只求自身荣华，就没有资格做人民的父母。故孟子说：“养生丧死无憾，王道之始也”⑦，在位者的仁义就是要“老吾老，以及人之老；幼吾幼，以及人之幼”⑧。孟子他说：“焉有仁人在位，罔民而可为也？是故明君制民之产，必使仰足以事父母，俯足以畜妻子，乐岁终身饱，凶年免于死亡。”⑨一个

① 〔宋〕朱熹：《孟子 · 梁惠王篇上》，《四书集注》，第 202 页。

② 刘宝楠：“时秦用商君，富国强兵，惠王所以迁梁，故曰亦将有以利吾国，谓亦如商君之于秦，俾富国强兵也。”见氏著：《孟子正义》，北京：中华书局，2011 年，第 36 页。

③ 同上书，第 38 页。

④ 同上书，第 37 页：“自王取于大夫，大夫取于士庶人，为上征下，士庶人又取利于大夫，大夫取利于王，为下征上，是交征也。云交争者……上下交取，势则必争，故以争利解交征。”

⑤ 同上书，第 37 页。

⑥ 〔宋〕朱熹：《孟子 · 梁惠王篇上》，《四书集注》，第 205 页。

⑦ 同上书，第 203 页。

⑧ 同上书，第 209 页。

⑨ 同上书，第 211 页。

仁人的统治者，至少要让人民过着可以温饱、安居乐业的生活，能与人民同甘共苦，乐民之乐、忧民之忧①。如果统治者不关心民生疾苦，过着逸乐的享受生活，就不配做一个统治者，例如纣王"以酒为池，悬肉为林，使男女裸相逐其闲，为长夜之饮"，②所以孟子认为商纣不配做一国之君。③

（2）仁者——正其谊不谋其利④

谊，义也。一个仁人的统治者，不会为了攫取一己的权益，而让举国陷入动荡不安之中。在公与私、义与利之间，他会舍弃私利而以集体的利益福祉作为考虑。孟子举周太王古公亶父二让狄人的故事，说明太王的仁心义举，见下文：

> 昔者大王居邠，狄人侵之，去之岐山之下居焉。非择而取之，不得已也。⑤

上则说明，周太王迫于狄人侵扰，不得已迁移于岐山之下，实乃情势所逼。后文说明更详细：

> 滕文公问曰："滕，小国也。竭力以事大国，则不得免焉。如之何则可？"
>
> 孟子对曰："昔者大王居邠，狄人侵之。事之以皮币，不得免焉；事之以犬马，不得免焉；事之以珠玉，不得免焉。乃属其耆老而告之曰：'狄人之所欲者，吾土地也。吾闻之也：君子不以其所以养人者害人。二三子何患乎无君？我将去之。'去邠，踰梁山，邑于岐山之下居焉。邠人曰：'仁人也，不可失也。'从之者如归市。或曰：'世守也，非身之所能为也；效死勿去！'君请择于斯二者。"⑥

滕文公问孟子说：滕国是小国，虽然努力事奉大国，还是很难避免被大国并吞的危险。孟子就说周太王的故事：周太王部族原先居于邠地，狄人屡屡侵扰，太王先后奉献大量皮货、币帛，但不能阻止狄人来犯。进而进贡狗、马等狄人所爱的牲畜，狄人还是照常侵犯。

---

① 〔宋〕朱熹：《孟子 · 梁惠王篇上》，《四书集注》，第 216 页。原文："乐民之乐者，民亦乐其乐；忧民之忧者，民亦忧其忧。乐以天下，忧以天下，然而不王者，未之有也。"。

② ［日］泷川龟太郎：《史记 · 殷本纪第三》，《史记会注考证》，第 60 页。

③ 〔宋〕朱熹：《孟子 · 梁惠王篇下》，《四书集注》，第 221 页。原文："贼仁者谓之贼，贼义者谓之残，残贼之人谓之一夫。闻诛一夫纣矣，未闻弑君也。"

④ 《汉书 · 董仲舒传》："夫仁人者，正其谊不谋其利，明其道不计其功。"

⑤ 〔宋〕朱熹：《孟子 · 梁惠王篇下》，《四书集注》，第 224 页。

⑥ 同上书，第 225 页。

太王于是召集部族长老说:狄人侵犯的主要原因,是想要土地,一个仁人君子不应该为了保卫自己的土地连累人民受难,所以只要我离开,让土地给狄人,这样人民便平安无事了。周太王因为不想连累人民,所以不得已离开邠地,越过梁山,在岐山下落脚居处。邠地人感于周太王是个仁人,于是很多人跟着周太王迁居岐山。

这则故事,给大家很大的启示,平常人总是要极力守护自己的国土,尤其是祖先留下的国土,怎可轻易让给外人?一定要捍卫到底。而周太王不愿意百姓跟着自己而受难,于是选择将邠地让给狄人,自己另觅居处,其仁心让人感动。孟子暗示滕文公作为一个国家统治者首要就是爱人民,应以人民福祉为优先考虑,不能以维护自己的政权作为优先考虑;如果无法让人民过更好的生活,必要时要放弃自己在滕国的政权。话说回来,基本上这样的仁人统治者在现实中极少存在,也无法吸引统治者实行仁道。因为仁心,可能让人失去拥有,或者无法取得想要的政权,仁心不必然带来成功。"厚黑学"谈职场成功术有二:其一,脸皮要厚。其二,心要黑。这与仁背道而驰,所以仁心的人,在眼前的现实生活中,似乎要吃亏让人。对于君子来说,成功并不是人生的最高价值,"仁"才是最高价值,"富与贵,是人之所欲也;不以其道得之,不处也"。[①] 孔子说:"志士仁人,无求生以害仁,有杀身以成仁。"[②]仁者不会为了政权的利益而祸及无辜,"行一不义、杀一不辜而得天下,皆不为也"。对于儒者而言,对仕途的得失,不必太执着,必须要有"天下有道则见,无道则隐"[③]的淡然从容,《中庸》就说:"君子依乎中庸。遁世不见知而不悔:唯圣者能之。"[④]在位者之仁义,范仲淹说得最好:"予尝求古仁人之心……不以物喜,不以己悲……先天下之忧而忧,后天下之乐而乐矣!"仁人的在位者以人民福祉为最高考虑,把自己放在最后,此乃在位官员的仁义之行。

三、西方的正义论

正义一词来自西方的 justice,其与中国儒家的仁义,是一样的呢,还是有所分别?既然 justice 被翻成正义,与仁义用词很相近,这表示它们之间即使有差异,但多少也是有相同处。像墨子就说:"曰义者正也。何以知义之为正也?天下有义则治,无义则乱,我以此

① 〔宋〕朱熹:《论语·里仁篇》,《四书集注》,第 70 页。
② 〔宋〕朱熹:《论语·卫灵公篇》,《四书集注》,第 163 页。
③ 〔宋〕朱熹:《论语·泰伯篇》,《四书集注》,第 108 页。
④ 〔宋〕朱熹:《中庸·第十一章》,《四书集注》,第 22 页。

知义之为正也。"[①]墨子沿袭传统"仁义"一词[②]，以"正"为"义"。依此看来，仁义与正义意思是相同的，能给天下带来和平安乐的，就是仁义或正义。换句话说，正义当符合仁义。

然来自西方的 justice 被翻译为正义，而不是译成仁义，可见译者认为这两者应有一些区隔，感觉仁义重视由仁心显露出来的义行，这就是孟子所说的"居仁由义"[③]。而来自西方的正义，则重点在讨论怎样的政策规则对大家才是公平、公正的。而翻转正义、转型正义，往往是打击邪恶，平反不义之事。

这样看来，西方的"正义"与传统的"仁义"，却也不完全相同。从出发点的动机来看，仁义与正义都是一样的，都关注到每个生命个体。儒墨的仁义主要是统治者从仁心出发，以爱民、保民、安民作为君王之义务。但怎样的具体措施，才是对人民最好的？例如孟子主张：

> 王如施仁政于民，省刑罚，薄税敛，深耕易耨。壮者以暇日修其孝悌忠信，入以事其父兄，出以事其长上，可使制梃以挞秦楚之坚甲利兵矣。[④]

孟子认为施行仁政，就是要"省刑罚，薄税敛，深耕易耨"。但是这种仁政措施，是孟子个人的见解，可能是最好的，也有可能不是；这是很专业的问题，都需要进一步探讨。换句话说，统治者虽具有仁义的动机，是否具体的政策措施就一定符合仁义？在这点，儒家先哲并未深究，儒家重视的是统治者的仁义动机；至于西方的正义论，则很精辟地探讨符合哪些条件方是正义？本文将以迈可 · 桑德尔的《正义——一场思辨之旅》[⑤]作为探讨范围。

（一）亚里士多德正义论

西方的正义就是公平公正，由于社会资源有限，不可能满足每个人的需求，该如何分配方符合公平正义？亚里士多德认为要判定是否正义或不正义，要先问目的为何？要表扬的美德为何？以这两因素来作为公平正义的标准。见下文：

---

① 《墨子 · 天志下》。

② 《墨子 · 天志下》："若事上利天，中利鬼，下利人，三利而无所不利，是谓天德。故凡从事此者，圣知也，仁义也，忠惠也，慈孝也。"

③ 〔宋〕朱熹：《孟子 · 尽心上》，《四书集注》，第 359 页。

④ 〔宋〕朱熹：《孟子 · 梁惠王上》，《四书集注》，第 206 页。

⑤ 迈可 · 桑德尔（Michael J. Sandel）：《正义：一场思辨之旅》，台北：雅言文化出版股份有限公司，2011 年。

1. 正义要问目的。在决定谁有什么权利之前，要先把该种社会机制之目的(telos:又译成宗旨、本质)搞清楚。

2. 正义有荣誉性。要问某一功能之目的为何，至少有部分一定要问它所奖励的美德是什么。①

亚里士多德认为，"分配正义的所有理论都带有差别待遇。问题是哪种差别待遇才合乎正义。答案取决该活动的目的"。②

例一，"正义要问目的"以能符合目的的要求做正义的标准。迈可·桑德尔举雀儿·霍普伍德(Chery Hopwood)的案例做说明，"雀儿·霍普伍德家里并不富裕。单亲母亲带大，她从高中、小区二年制学院、加州州大沙加缅度分校一路都半工半读，申请全州最好，在全美也属一流的德州大学法学院"③，她的大学在校成绩与入学考试都很优异，结果她因为是白人而落榜了。而所有成绩与霍普伍德不相上下的少数族裔如非裔、墨裔，都被录取了。霍普伍德于是提告自己受到不公平待遇，终究败诉，理由是"德大法学院的使命之一，就是要促进德州法律界的族裔多元化"，因为非裔、墨裔占德州总人口的四成，但他们在德州法律界就业人口太少，所以德大法学院就设定少数族裔的录取比例要占15%。因此，虽然霍普伍德成绩不错，反而因白人身份没被录取，因为不符学校招生目的。以此来看，中国台湾目前关于建核四与废核四，吵嚷不休，在野的蓝营或国民党也只能痛责执政民进党建好核四却不用，还打包第二批燃料棒运往美国，浪费3000亿台币。除此之外，却也无可奈何，因为彼此设定的目的不同。国民党建核四的主要考虑是供应充足又便宜的电力给企业厂商，提升经济力。但民进党以安全、环保作为目的。如此一来，两党的目的不同，对核电自有不同做法，很难说谁才是对的一方，所以就有各自的支持者。不过要声明的是，目的必须合乎良善的美德与社会的需求，不是凭好恶而随意订定的。例如大学设立的目的不能是"发展性录取"，就是父母捐大笔钱给学校，他的子女即使分数未达标准也可以顺利申请入学;大学的目的应是为共善服务，是学术财与公民财的创造④。故目的要合乎美德。

例二，迈可·桑德尔提到美国紫心荣誉奖章，美国从1932年起，"凡是在战斗中被敌

① 迈可·桑德尔(Michael J. Sandel):《正义:一场思辨之旅》，台北:雅言文化出版股份有限公司，2011年，第209页。
② 同上书，第215页。
③ 同上书，第189页。
④ 同上书，第204－206页。

方打伤或打死的美国军人都可以获颁紫心勋章。这个勋章不只代表荣耀,还让受勋者在退伍军人医院中享有特别待遇"。[①] 但是迈可·桑德尔接着说:"美国攻打伊拉克与阿富汗之后,有愈来愈多的退伍军人被诊断出'创伤后压力症候群'(PTSD),并接受相关治疗。症状包括连夜噩梦、重度忧郁、自杀。"[②]而这种因参战而患上精神疾病的美国人高达30万人。如果依照平等原则,那么这30万人也有资格获颁紫心勋章,因为这些人长期饱受创伤与重度忧郁,也是为国牺牲,跟断手断脚一样值得表扬。但是"美国国防部请一个顾问团研究过后,于2009年宣布:紫心勋章依然还是只颁赠身体受创者"。[③] 为何? 支持这个标准的人认为,紫心勋章是表扬给具有武勇美德的战士,而因参战而导致心灵受伤的人,代表脆弱,不值得表扬。公平不公平要看它所要表扬的是什么美德来决定。同理,军公教退休年金、军公教的待遇及退休年金应是根据它在社会上的重要性来核定的,表彰其职务社会目的及美德,其理由不应是数额比年轻人薪俸多太多。

(二) 罗尔斯的正义论

罗尔斯说在订定社会契约时,每个人都有自己的立场,会以自己的利害做考虑,所以订出来的契约但求对自己有利,这样的契约就很难合乎正义。罗尔斯说:

> 身份各异的人人可能很难看法一致。不同的人青睐不同的原则。反映出形形色色的利益、信条、信仰、地位。有些人富,有些人穷,有些人有权有势,人脉好,其他人则不然。有些属于肤色、种族、宗教类上的少数,其他人则不是。大家可能妥协,但这妥协却可能反映出一部分人的谈判优势。没有理由认定这样产生的社会契约会符合正义。[④]

何谓正义? 就是参与订契约的人要跳脱自己的立场,这些人都要让自己归零,回到平等的初始状态,罗尔斯说正义就是"在平等的初始状况,大家会同意哪些原则?"[⑤]所谓平等的初始状态,就是每一个人都有可能变成不同立场的他人,"假设大家聚集起来选原则时,都还不知道自己将来在人海中会浮沉出什么结果。想象大家是在'无知之幕'之后做选择,大家在幕后暂时不知自己是谁。不知自己的阶级、性别、种族、肤色、政治见解、宗教

---

① 迈可·桑德尔(Michael J. Sandel):《正义:一场思辨之旅》,台北:雅言文化出版股份有限公司,2011年,第16页。
② 同上。
③ 同上书,第17页。
④ 同上书,第160页。
⑤ 同上书,第159-160页。

信仰,也不知道自己的优缺点、健康状况,是硕博士还是高中没毕业,来自融洽家庭或是破碎家庭。如果大家都对这些一无所知,就等于是在平等的初始状况做选择。既然没人具有谈判优势,这样讲好的原则就符合正义"。"无知之幕"就是你不知道你可能是哪一种人,这时你可能不会主张市场自由机制,任由富商无限上纲不必课重税、贫穷人不需社会救济,因为你有可能是贫穷阶级的人。又如在"无知之幕",你就会赞成种族平等,因为你有可能是有色人种。

"无知之幕"的原则其实就是孔子说的"己所不欲,勿施于人",从"无知之幕"会"衍生出两种正义原则。第一种会赋予全民人人平等的基本自由,如言论自由、宗教自由……第二种则是有关社会经济上的平等"。罗尔斯认为透过"无知之幕"导出的正义原则之一,就是社会经济的平等,我们为了免于沦为赤贫,一定希望缩减贫富的差距。依此来看,军公教原来的退休俸竟然比年轻人或劳工的薪俸高出许多,这似乎不符合公平正义。

原则上,正义要人人经济平等,然罗尔斯也提到差异原则,"例如允许医师薪酬比公交车司机高,这样搞不好可以改善社会最底层的生活"。[①] 迈可·桑德尔也说:"假设医生薪酬较高,能带给贫困农村更多更好的医疗照顾。这种薪酬差异就符合罗尔斯的原则。"[②]以此来看中国台湾的年金改革,就要看军公教人员对社会进步有多少帮助与影响来决定,以此来衡量年金的合理性;领过多造成社会不公,领过少无法吸引人才,社会进步困难。

(三) 康德的正义论

在传统儒学中,对仁义的看法与康德的正义论可以谋合。康德认为:"人不应被当作造福他人的工具,如此便是侵犯基本的自我拥有权"[③]"道德就是尊重人,就是把人视为目的"[④]"尊重人尊严,就是把人看成目的",[⑤]这与孔子说的志士仁人无求生以害仁,孟子说的行一不义、杀一不辜而得天下不为也,都是基于对人生命的尊重,没有一个人应该无缘无故被牺牲,只被当成他人的工具。我们可以说,儒家的仁义或康德的正义论是所有后来所有正义理论的基础,不管哪一种正义理论,都必须尊重基本人权,人权是普世价值。按照康德正义论的延伸,必然要求每个人都被公平对待,但是怎样才算公平?当有限社会资源无法满足每个人的需求时,如何分配才算正义?依照康德的义务论,似乎尚未处理到分

---

① 迈可·桑德尔(Michael J. Sandel):《正义:一场思辨之旅》,台北:雅言文化出版股份有限公司,2011 年,第 171 页。
② 同上书,第 172 页。
③ 同上书,第 117 页。
④ 同上书,第 119 页。
⑤ 同上书,第 125 页。

配正义的问题，所以还要进一步借助其他分配正义理论加以辅助。

（四）功利主义的正义论

功利主义代表人边沁（Jeremy Bentham）主张："道德的最高原则就是幸福的最大化，就是追求快乐扣除痛苦的最大总和。凡是能把功利最大化的，就是正确之举"[①]"功利最大化不仅是处世准则，也是立法准则。政府在斟酌立法与施政之际，应尽可能为社群全体带来最大幸福"。[②] 从统治者的立场来看，原则上尊重少数人的权益，但在少数人权益与多数人权益冲突时，必要时必须牺牲少数人权益，以多数人权益作为考虑，目前政府的政治决策都是如此运作的，不过为了谨慎起见，多数必须达到一定的门槛才能生效。但是迈可·桑德尔并不赞成功利主义的多数决定，他说这样会把正义和权利变成算计问题，而不是原则问题；多数人选择对自己有利的同样一件事，却不一定符合正义[③]。假设刚好投票的委员以某个阶级居多，就会通过对他们有利的政策，例如当年美国的白人议员多，就通过黑奴制。所以迈可·桑德尔又说："只靠功利最大化或保障选择自由，并不足以迈向正义社会。"[④]所以立法院透过多数决票通过的法案，可能不一定全部都符合正义，有时难免会涉及党派的权益，大党仗着人数多就很容易强行通过，而小党不服就引发纷争，甚至发生暴力冲突。

以上四种正义论，康德正义论与儒家仁义论相合，另三家可以将儒家仁义论具体落实下来；仁义可作为价值标准或原则，而西方的正义理论则落实为具体讨论，例如"拉拉队可不可以收残障队友？"等公平、公正的问题。

四、仁义与正义的悖离与交融

如上所言，目前现实政治上所标举的正义，基本上都离不开以上四种正义论的其中一种理论作为根据，西方正义论原本是儒家仁义论的进一步推展落实，可以弥补儒家仁义论的空疏，所以正义与仁义两者应是一体，曾昭旭说："如不能以仁心自由权衡而得宜（义，宜也），则亦不得称为义。"[⑤]所以正义一旦悖离仁义，就会异化扭曲，变成杀人的利器。分述如下：

（一）异化的正义——貌似正义的非正义

其一，论"转型正义"。"转型正义"或"翻转正义"，乃是对过去历史上不义事件予以

① 迈可·桑德尔（Michael J. Sandel）：《正义：一场思辨之旅》，台北：雅言文化出版股份有限公司，2011 年，第 42 页。
② 同上。
③ 同上书，第 290 页。
④ 同上。
⑤ 曾昭旭：《仁义》，中华百科全书：http://ap6.pccu.edu.tw/Encyclopedia/data.asp? id=35.

翻转平反，还原历史真相，并对受难者做补偿措施，以重申正义。例如中国台湾的228事件，自然要对无辜受害者平反，并对其家属极力补偿。不料却扩大为社会的冲突对立，因228事件变成外省人与本省人的族群对立，扰乱原本平静安宁的社会，这是借“转型正义”之名进行政治争斗。所谓“翻转正义”，变成平反了一些人，却伤害更多层面的人，此不符仁义精神，在位者的仁义，理应以爱来化解冲突，如南非黑人总统纳尔逊·罗利拉拉·曼德拉（Nelson Rolihlahla Mandela）致力于废除种族隔离制度，被判处“密谋推翻政府”等罪名，前后共服刑26年半，其中约有18年在有活地狱之称的罗本岛（Robben Island）做苦役，并且染上肺结核。这样受到极度政治迫害的人，在他当选总统后，他曾说过：“当我走出囚室，通往自由的大门时，我已经很清楚，自己若不能把悲伤与怨恨留在身后，那么我其实仍在狱中”，曼德拉坚信“让黑人和白人成为兄弟，南非才能繁荣发展”，曼德拉以爱与宽容来对待迫害的南非白人。① 转型正义为不义的历史事件平反，这原是正义；可是在平反过程中不考虑可能伤及另一群无辜的人，反而是借着正义打击敌方；平反动机不是真正基于正义，而是想为自己掠取政治利益，此非仁义之举。

其二，过去可能发生许多大大小小不胜数的不义事件，若要翻转正义，理应从对社会有正面效应的案子开始着办，依此厘定先后顺序。如果是选择性地办案，则对己方不利的事件不仅不办且极力掩护，专门选择对己方有利，对敌人不利的事件来办案，这是以正义为借口进行清算斗争。若从仁义心出发，翻转正义，应从对整个社会可能带来正面的效益做评估而进行。

其三，也有执行正义，故意选择在某个时间点，例如选在选举热战的时候，一一揭露对手过去不法行为，而这些事可能在数年前，或更早数十年前的罪行，到了选举时方才一一刨根究底。若是真正伸张正义，应该在知晓的时刻便伸张正义才对，而不是等到选举前那一刻才爆料，此乃别有居心。而且真正伸张正义，是为受冤者打抱不平，并非纠出某人不法行为，设计令其身败名裂。这已经很明显假借正义之名，击毁对手，非真正伸张正义。

（二） 正义必须以仁义为基

没有仁义，就没有真正的正义。以最近闹哄哄的年金改革为例。具审计部估算，军公教、劳保都已面临年金破产的问题。

以入不敷出来看，军人退休俸2011年、教育人员2014年、公务人员2015年，劳保人员2018年，这些退休年金先后开始入不敷出。以年金破产时程来看，军人年金2020年最先破产，其次是劳保年金2027年破产，接着是教育人员2030年、公务人员2031年年金先

---

① 释妙熙：《曼德拉——爱与宽容的力量》，《人间菩提味》，台北：香海文化事业有限公司，2016年，第35-38页。

后破产。从这个图表来看,依正常改革顺序应是:军、劳保、教、公。但是蔡政府从军公教少数人口(87 万人)先改革,将劳保放在最后,也没有错,因为劳保人数 1000 万,影响众人生计甚巨;有人说蔡政府从少数的军公教先改革,是为了考虑劳保人数众多影响选举的选票,是不是这样呢?就不得而知了。至少在行为上,正义是站得住脚的。然这真的是符合正义吗?因为年金破产并不等于政府破产。年金破产属实,但是否已动摇政府?

所以若从仁义出发,有爱民之心,首先应想办法如何将改革的冲击降到最低程度,就算年金需要改革,也不该溯及既往,违反信赖保护原则。因为目前已经是军公教人员的人,早已跟政府订好契约,很多人当初因为这份退休优渥条件,宁可放弃高薪,选择薪俸普通而退休优渥、终身保固的工作,退休金考虑是其人生规划的重要选项。如今政府背信毁约,扰乱其人生规划,此非仁义之举。或许民进党政府认为这些讨好军公教的不合理政策是国民党政府订定的,何来背信毁约?但这是军公教人员跟政府订立的契约,不是跟国民党订契约。

18%是因应当时的历史时空需求,这些人都已经是年迈老人,政府溯及既往说这些老人会吃垮国家,实在是有欠厚道,这些人都是在台湾经济困难时奉献一生,让他们颐养天年也是应该的。而政府不考虑这些人的处境,也不想办法申援,直接大刀阔斧地从这些老人下手,厌弃这些老人成为国家经济负担,这不是改革魄力,这是不仁不义。

根据网络上的消息,"年金不改革未来 30 年政府要付 1.62 兆",30 年 1.62 兆换算一年需付 540 亿元,这确实是沉重的负担,但真是无法补救吗?必须要到溯及既往的地步吗?法律本不能溯及既往,今所以必须溯及既往乃是若不如此,政府将面临破产危机;但政府却说我们的经济是 20 年来最好,年金破产并不等于政府经济破产。

从政府的预算花费来看,核四封存花费 2849 亿元(到第二次封存据闻已达 3000 亿元),还拟花费 500 亿元改版新台币去蒋公铜像。如果以上数字属实,显然政府应该有足够经济能力支持年金破产的问题,而且政府还能扩充编制,编列许多职缺,照道理说,政府如果困穷,应该要精简人力预算才是。

从以上政府的经费分配来看,政府应有余力支持退休军公教人员的薪俸,并不急于到溯及既往的地步;溯及既往,可以将年金破产之事,立即止血,但却严重伤害退休的军公教人员,不见蔡政府有任何补救措施之举,仅单纯就年金破产论事,进行年金改革并溯及既往;这是摆明了不想支助年金破产之事;是不为也,非不能也。职是之故,让人感觉蔡政府视退休军公教人员如寇雠、如草芥,这种转型正义看似符合正义,却缺乏父母官之仁心。是不是真正的正义,就见仁见智了。

（三）如何判定正义悖离仁义？

正义与仁义原是一体的，然如上所言，正义也有可能悖离仁义，当正义一旦离开仁义的本怀，正义就会成为杀人的刀斧手。如何分判正义已经悖离仁义了呢？董仲舒的分判法，可以作为参考。他说："仁之法在爱人，不在爱我。义之法在正我，不在正人。我不自正，虽能正人，弗予为义。"①这意思是说，仁义一体，两者的区隔是，仁心是以爱心对待他人，义是以道义准则来要求自己；若以正义去丈量他人，称不上是正义。其实以正义去责求他人，很容易变成道德杀人，造成社会不安，正义成为刀斧手，政治上的恶斗就是这样产生的，董仲舒曰："反以仁自裕，而以义设人。诡其处而逆其理，鲜不乱矣。"②仁本是对待他人，义是要求自我，董仲舒谓这两者位置若倒反，以仁来爱自己，以义要求他人，悖逆自然之理，很少不导致混乱。接着董仲舒举史事说明似义而非义之例："昔者楚灵王讨陈蔡之贼，齐桓公执袁涛涂之罪，非不能正人也，然而《春秋》弗予，不得为义者，我不正也。阖庐能正楚蔡之难矣，而《春秋》夺之义辞，以其身不正也。趋而利也。"③这是说楚灵王诛讨陈蔡的乱臣贼子④，齐桓公治袁涛涂诈欺之罪⑤，吴王阖闾帮蔡国驱赶楚国的侵扰⑥，这表面看起来都是正义之举，但《春秋》并不认可其正义，因为楚灵王、齐桓公、吴王阖闾都是通过篡弑而自立为王，自身不正，何以正人？而且他们的真正目的是在图利自己，所以称不上是真正的正义。所以执行正义最后目的若是使自己从中获利，这不是正义，林安梧谓："现代性的社会中，人们是通过一套欲望之力的理性法则去建构，而这个法则又挂搭在很多很美妙的口号之上，包括自由、民主、人权、法治等等。我当然赞成这些美好的概念，但当诸多权力挂搭在这些话语上时，这些话语就不能够依其名而如其实，反而常常是有其名而无其实，甚至因为对'名'的追求而导致更严重的'实'的毁损。"⑦有了权力欲望的介入，正义往往成为攫取权力的利器，借以铲除对手，图利自己，自然非仁非义。

正义何以会悖离仁义，变成刀斧手？最大原因是仇恨，因为历史上受冤受辱的深仇大恨，而高张正义的旗鼓征讨，借着讨回正义而进行报复，像伍子胥掘墓鞭尸即是一例，伍子胥原是楚人，因楚平王听信小人谗言杀了伍子胥父兄，伍子胥逃亡流离至吴，得吴

① 仲舒：《春秋繁露》仁义法第二十九。王知常，朱永嘉：《新译春秋繁露》，台北：三民书局，2007 年，第 679 页。
② 同上。
③ 同上书，第 685－686 页。
④ 同上书，第 687 页。
⑤ 同上。
⑥ 同上。
⑦ 林安梧：《从"文明的冲突"到"文明的对话"》，《南方周末》，2018 年 2 月 22 日。

王阖闾重用,后吴伐楚,楚平王已逝,伍子胥"乃掘楚平王墓,出其尸,鞭之三百,然后已"①。

其次,居于某种企图心或野心,像前述楚灵王、齐桓公、吴王阖闾主持正义背后的目的都是想图利自己,或是想要扳倒对方,于是挖出对方曾经犯法的证据,迫使对方不战而败。这算不上真正的伸张正义,伸张正义应当是基于义愤而主持公道,不是针对某一个人,而是就事论事。

以上都高举正义旗帜,进行政治报复或以正义之名铲除异己,充满政治算计,此仁人志士绝不愿为之事。孔子有曰:"父为子隐,子为父隐,直在其中矣"②,此其父偷羊,身为儿子不忍告发,这是父子亲情。虽然社会关系比父子关系宽疏许多,但是一个有仁心的人,何忍以正义之名,让他人身败?除非对方行径有可能继续祸害社会,必须大义灭亲,此另当别论。否则动则以正义之名击垮他人,但对自己同党的过失或罪行,则百般包庇,以不同标准对待自己人与异己,正义不过是被利用的工具,实称不上仁义。

五、结论

本论文主要由"仁义"的视角审视正义,进而反省中国台湾的"转型正义"。儒家先哲的仁义主要是对在位官员言说的,孔子言仁、孟子言仁义,必以尧舜仁民爱物、博施济众为例,所有政策以利民为上。西方的正义理论原是仁义精神的具体落实,正义理论是为仁义服务的。所以正义与仁义是一体的。

政治上的正义,原本是对事件的政策措施之是非对错做一评断,然而很难办到每一个事件的措施都符合正义,总是会犯下错误。这时面对曾经的不义事件,就必须以仁义之心对待。怎样是仁义之心?当然不是纵容姑息,但不妨参考功利主义的正义论,以最大多数人的利益作为权衡标准,或者至少不是从个人的恩怨或政党的利害作为出发点,去揭发不义,而引起社会更大的波澜。如果正义离开仁义,正义就变成斗争的工具,故正义必须从仁义出发,才是真正的正义。

西方有各种不同的正义理论,如何判定正义或非正义?没有绝对的正义,被认为正义的事件,从另外理论来看,可能是不义。例如军公教年金改革主要是根据分配正义,贫富均等的理论,军公教人员的退休年金比年轻人薪俸高出许多,显然不均等。然而根据康德

① [日]泷川龟太郎:《史记会注考证》,第 60 页。
② 〔宋〕朱熹:《论语 · 子路篇》,《四书集注》,第 146 页。

正义论，每个人的权益都该被尊重，依此军公教人员就不应该被溯及既往，成为被牺牲的一群。再说，根据罗尔斯的差异原则，合理的军公教退休年金的计算应依其对社会的贡献及重要性来决定，应探讨的是军公教年金所得是否高过合理所得，而非比年轻人高出许多，制造世代对立；至于贫富所得差距太悬殊，也不是只拿军公教年金与年轻人薪俸相比，其他行业或政府部门的薪资所得及退休俸都比军公教人员高出许多，中国台湾的贫富悬殊在商业界更是不乏所见，劳资双方的不对等，所以政府若要改革贫富不均，不应只选择少数军公教人员下手，而应有计划地做全面性改革；这种选择性的正义，透过打压异己来利己，非仁义之行。再说，一个仁义的政府，处理国家重大事务时，若依据功利主义的效益论，应先对社会做全面的评估，以对社会最有利的事作为考虑，年金改革固然拉平贫富悬殊，但是变成均贫，不是均富，结果经济更显萧条。举着正义之旗步步进逼异党，虽然理上站得住脚，终究缺乏仁者气度。

在进行转型正义时，主要应该是帮助过去的受害者平反，并做补偿。但对于加害者的处理则更当审慎，如果加害者的贻害仍在持续发酵扩大，那么自当力阻；如果当年的加害者已逝或者仍在世，但已停止迫害行为，建议以更宽容的态度待之，适度惩处，朝向国家社会的和谐为目标，这样可能更符合仁义精神。如果转型正义是翻过去旧账，借着打击不义，让社会弥漫惶惶不安氛围，树立更多的对立，这样的转型正义充满政治算计，缺乏包容心，仁者必不为。

Examining Justice from the Perspective of Renyi

HUANG Lijuan

【Abstract】 Renyi (benevolence and righteousness) is the core value thought of Confucian philosophy. The word "justice" comes from the West. This thesis mainly examines justice from the perspective of Renyi. To reflect on Taiwan's "transformation justice". The benevolence and righteousness of Confucian is mainly to the officials. Policy to benefit the people as the starting point. This thesis thinks that the theory of justice from the West is the concrete implementation of Renyi. The theory of justice serves the Renyi . There are different theories of justice in the West. There seems to be no absolute justice. Every just event, from another theory, may be unjust. Because of this, justice can become a murder excuse for politicians. This paper emphasizes that justice cannot leave Renyi. If justice leaves benevolence, justice becomes a tool of struggle. Therefore, justice must proceed from Renyi (benevolence and justice) , and it is true justice.

In implementing transformational justice. The main thing should be to help the victims of the past to do justice and make compensation. For the injure, they treat them with tolerance. The goal of transformational justice is to make society more fair and harmonious. If transformational justice is to turn over the old account. Use the pretext of cracking down on injustice to remove political enemies. Such a transformational justice, the benevolent will not do it.

【**Keywords**】Renyi (Benevolence and Righteousness) , Justice, Transformational Justice, Confucianism

《庄子·天道》中的"仁义"与"兼爱"：伦理学的概念抑或帝王师的谋略？

[中国澳门]李庭绵①

【摘要】《庄子》一书中的"兼爱"与"仁义"究竟是何意义？它是墨家和儒家的伦理学概念吗？本文的考察表明，《庄子·天道》中以"兼爱"释"仁义"之论，不适合以我们今日建构起来的儒家与墨家"伦理学"概念来理解，更适合将其放在中国古代政治谋略语境中来诠释。以此方式释解的优点在于，它既适合于《庄子》一书自身构成的文本语义，同时也可与其他古代文献的相关词语的语用学意义相贯通。

【关键词】 兼爱，仁义，《庄子·天道》，策士谋略，儒墨王者师

引言：从理性规范谈《庄子》的道德相对论或怀疑论

与其他先秦诸子相比，《庄子》在中西比较哲学研究中格外受到瞩目。一方面，《庄子》这本书的独特魅力在于它在语言上的飘忽难解与在内容上的多元纷杂。② 另一方面，《庄子》经常被中哲学者用来挑战西方哲学传统中的理性规范(norm of rationality)。所谓的"理性规范"指的是人类具有一种思维倾向(或者说是限制)，亦即，在正常心智状态下会趋向于拥有一致(consistent)的思想，而且很难理解不一致的思想。③ 在中西比较哲学研究中，《庄子》经常被用来挑战理性规范说，并被用来论证中国哲学有其自身特殊的思维模式。④ 然而，这样的理论并不是建立在认知实验之上，而是依赖于对《庄子》特定的诠释。换言之，"中国有独特的思维方式"的理论，先预设了某些把《庄子》读得很不一致的

---

① 作者简介：李庭绵，澳门大学哲学与宗教学研究专任助理教授。

② 参见 Burton Watson 给予 *Experimental essays on Chuang-tzu* 一书的序言。Mair，Victor H.，ed. *Experimental essays on Chuang-tzu*. Vol. 29. University of Hawaii Press，1983.

③ 理性规范不表示人不会有不一致的思想，而是不一致的思想是理性的暂时失灵，而非理性的缺乏。另外，日常语言中的"言行不一"与哲学术语中的"不一致"并不相同。"言行不一"指的是两个不同层面上的东西的不一致：所说的话与所做的事是两个不同层面的东西。但作为哲学上的"不一致"是指同一个层面上的东西的无法共存。例如，一个人同时相信 p 与¬p，这是同属信念层面上的不一致。

④ 有的人或许会说中国思维接受"矛盾"。但"矛盾"一词本有歧义，paradoxical 与 contradictory 都可被翻译作"矛盾的"，但实际上理性规范不能接受 contradiction，却可以接受 paradox。

诠释,却没有解释为何我们要接受这样的诠释。同时,它也忽略了理性规范的一个基本面向,亦即,即使我们在《庄子》书中读到不一致的思想,也必然是因为我们已经先掌握到当中的某种一致性。毕竟,所谓的不一致是在一致性中才会体现出来的。所以,以《庄子》来挑战"理性规范"的比较哲学家,还是必须解释他们所预设的不一致的《庄子》诠释,是否还是建立在对某种宽泛的一致性的掌握之上。① 当我们试图去反思这点便会发现,事实上,大多数的《庄子》诠释者都很努力地尝试解消不一致。例如,有人主张《庄子》在某些篇章表达知识论上的怀疑论却又在其他篇章表示人类具有客观知识。若这个诠释正确的话,确实就有思想不一致的情况。但实际上,多数学者并不接受这种不一致的诠释,并试图去消解这种"不一致"的情况。像是把《庄子》知识论上的怀疑论诠释为"诊疗式的怀疑论"(therapeutic scepticism),并主张《庄子》并不是真的认为知识不可能,只是希望透过暂时搁置思虑,从而对原先视为理所当然的认识进行叩问,来引起人们对知识的反思。② 也有很多人索性强调《庄子》非一时一地一人之作。既然是不同作者写的作品,自然就没有不一致的问题。因为所谓的"不一致"是指同一个人在同一个思考层面上的矛盾;不同人有不同思想,这并不算是不一致。

除了知识论式的解读外,《庄子》的伦理学诠释也面对同样的议题。本文试图以《庄子·天道》篇使用的"仁义"与"兼爱"为个案,处理《庄子》在伦理学上的表面矛盾。如许多前辈学者已经注意到的,《庄子》似乎在伦理学上采取一种相对主义或怀疑论的立场,但《庄子》同时也对于他人进行严厉的道德批判。③ 这看似是一种思想上的不一致。笔者试图透过对读《庄子》与先秦两汉历史与兵学文献来解释这个现象,尝试指出,庄子所批评的"仁义"并非今日所理解的儒家伦理学的"仁义"概念,而或许是兵书中所称的"仁义"

---

① 细部讨论,见于拙作。Ting-mien Lee, "Does Classical Chinese Philosophy Reveal Alternative Rationalities?" 收录在 Hung, Tzu-Wei & Lane, Timothy Joseph eds., *Rationality: Constraints and Contexts*, pp. 195 – 211. Elsevier (2016)。有人也许会引用文献学的证据来支持不一致的读法,但实际上,文献学在推理上恰恰是最依赖于对于整体古代汉语使用与思想文化的一致性的掌握。理由是,我们需要先掌握整体一致性特征,才能发现有不同时代的话语或思想痕迹。这就是为何尽管学者都认为先秦子书大抵皆非一时一地一人之作,但都未必敢于轻易论断一本先秦文本在内容上"不一致"。能够让我们安心地接受不一致的诠释的情况,恰恰都是有独立的外部证据。例如《墨子》一书的核心篇章明显分为上、中、下三篇。有其分篇结构作为独立证据,使我们较能接受把《墨子》读成多元思想。同样的道理,《庄子》的内、外、杂篇的区分,让我们更敢于挑战一致的或融贯的(coherent)诠释。相比之下,即使我们都知道《吕氏春秋》乃吕氏门下诸位门客共同协作的产物,我们也不敢轻易论证它是思想不一致的作品;因为协作者也会有一种集体理性(collective rationality)。所以,吊诡的是,恰好在理性规范的作用下,当代比较哲学家反而更勇于以《庄子》来挑战理性规范说。

② 例如 Van Norden, Bryan W. "Competing Interpretations of the Inner Chapters of the 'Zhuangzi'." *Philosophy East and West*, 1996, pp. 247 – 268.

③ 例如,关锋:《庄子哲学批判》,《庄子哲学讨论集》,北京:中华书局,1962 年,第 1 – 60 页。

策略。文章分为四个部分。第一部分介绍《庄子》在道德哲学上的表面不一致;第二部分运用《史记》的材料来论证《庄子》批评的对象并非伦理学家,而是善于搬弄道德词语粉饰其政治斗争的意图,并为主上出谋划策、诛除异己的国师(庄子称他们为“儒墨者师”);第三部分进行《孟子》与《六韬》等作品的跨文本分析,解释“仁义”与“兼爱”作为兵学术语有何语意与战略内涵;最后一部分则是从兵书的语用学语义来诠释《庄子·天道》篇,论证《庄子》并不主张道德相对主义或怀疑论,其所使用的道德词汇,都是在隐射国师的政治意图与其斗争谋略。

一、关于《庄子》之道德相对论与怀疑论诠释的挑战

许多学者认为《庄子》所持的是一种伦理学上的怀疑论或相对主义立场。例如,有人主张《庄子》怀疑是非的道德判断,认为这种判断是建立在可疑的基础上(即“成心”)。并且,由于是非判断是经由使用语言来传达,但语言与其内容的关系并不是固定的,而是相对且因人而异的,所以,道德判断能否成立会是个问题。① 这一诠释大体是建立在对《庄子·齐物论》的理解,尤其是对于这段话的解读:

> 夫随其成心而师之,谁独且无师乎?奚必知代而心自取者有之?愚者与有焉。未成乎心而有是非,是今日适越而昔至也。是以无有为有。无有为有,虽有神禹,且不能知,吾独且奈何哉!夫言非吹也。言者有言,其所言者特未定也。果有言邪?其未尝有言邪?其以为异于鷇音,亦有辩乎,其无辩乎?道恶乎隐而有真伪?言恶乎隐而有是非?道恶乎往而不存?言恶乎存而不可?道隐于小成,言隐于荣华。故有儒、墨之是非,以是其所非,而非其所是。②

这段对儒墨之争的批评经常被用来支持《庄子》的道德怀疑论或相对主义的诠释。不少学者接受了这样的诠释,并试图解释《庄子》在这里所想到的儒墨伦理学之争具体是什么。很多人想到的是,儒墨在伦理学上最大的分歧正体现于《孟子》对墨家“兼爱”的批评。亦即,尽管儒墨都追求“仁义”的价值,但是《孟子》认为墨氏之“兼爱”,“是邪说诬民,充塞仁义”。因为《孟子》对墨家“兼爱”的严厉批评,以及《墨子》核心篇章确实有《兼

---

① 例如 Raphals, Lisa. “Skeptical Strategies in the ‘Zhuangzi’ and ‘Theaetetus’.” *Philosophy East and West* 44.3, 1994, pp. 501 – 526。

② 庄子逐字索引:2/4/9 – 14(凡所引用先秦文本有刘殿爵编辑之逐字索引者,皆从之)。

爱》上、中、下篇，不少人主张儒墨在伦理价值上的关键差异正在于墨家以“兼爱”的价值来阐释“仁义”。这看起来，恰好可以印证许多学者对《庄子·齐物论》的诠释，亦即，《庄子》从语言相对论推导出道德怀疑论。换言之，《庄子》是认为孰是孰非的道德判断是建立在个人的心，并用个人的用语表述出来，因此，任何从自己立场出发的道德判断之争，都是无法调和排解的。

笔者同意上述对于《齐物论》诠释的合理性，但希望指出一些同样引人注意的现象。如引言所提到的，出于一种理性规范的限制，我们作为诠释者不免倾向于接受，并且较难证成(justify)一个读出明显不一致内容的诠释。从《庄子·齐物论》读出来的伦理学上的怀疑论或相对论，固然能在该篇内自圆其说，却必须面对《庄子》其他篇章的挑战。最明显的一点是，整部《庄子》似乎只有《齐物论》对于儒墨有特别“心平气和”的“局外人”式的评论，其他篇章对于儒墨道德操守的批评可以说是措辞极为尖锐，例如：

> 天下脊脊大乱，罪在撄人心。故贤者伏处大山嵁岩之下，而万乘之君忧栗乎庙堂之上。今世殊死者相枕也，桁杨者相推也，刑戮者相望也，而儒、墨乃始离跂攘臂乎桎梏之间。意！甚矣哉！其无愧而不知耻也甚矣！①

如果我们把《庄子》简单地理解为一种道德的相对主义或对道德判断的怀疑论，就很难解释这样的思想为何还会对儒墨进行强烈的道德批判，骂他们是“无愧而不知耻”的人。毕竟，强烈的道德批判必然预设了一些最普通的道德判断，因此，与伦理学上的相对论与怀疑论是不一致的。对一个道德怀疑论者而言，最理想的做法似乎是保持静默，而非站在另一个道德基点去严厉斥责他人的道德瑕疵。

上述的不一致是文本内的不一致(intratextual inconsistence)。除了文本内的不一致之外，我们还发现跨文本的不一致(inter-textual inconsistence)，也就是我们所掌握的整个古代思想图像中的矛盾。很多学者引用《孟子》对墨家或墨子的批评来解释《庄子》所谈论的儒墨之辩，尤其经常被引述阐发的是《孟子》的这段名言：“杨氏为我，是无君也；墨氏兼爱，是无父也。无父无君，是禽兽也。”以“兼爱”作为儒墨分歧的观点，也出现在《庄子》书中。例如《庄子·盗跖》说：“儒者伪辞，墨者兼爱，五纪六位将有别乎。”然而，很少人关注的是，《庄子·天道》却说了这样的话：“孔子曰：‘中心物恺，兼爱无私，此仁义之情也’。”

---

① 庄子逐字索引：11/27/8－13。

这似乎表示，对于孔子而言，仁义的实质内涵就是“兼爱无私”。如此一来，儒墨的分歧在《庄子》书中具体为何，又变得晦涩难明了。本文试图对这一特殊现象提供一个可能的解释。解释的第一步将是澄清《庄子》的“儒墨”概念。

二、儒墨：善于操作伦理价值与道德语言的策士

为了解读《庄子》在伦理学上的立场，笔者一直思考能否从古代语言社群的概念或语词的语用学含义来厘清这个表面的矛盾。换言之，就是不把《庄子・齐物论》的“儒墨”读成“儒与墨”或把《庄子・天道》的“兼爱”当成是特定哲学派别的伦理学概念（或是一个固定的伦理学上的技术复合词），而是假定“儒墨”以及“爱”“兼爱”“泛爱”与“爱人”等或许在古代某些语言社群中有特殊的语用学内涵（pragmatics）。这个进路其实就是回归语言使用（language use）的语用学语义。例如，当我们想要理解“知识”一词有何意义时，我们并不是去查字典或阅读知识论的教科书，而是看某些语言社群是如何使用这个词汇。采取这个进路后，随之而来的问题便是，我们该如何划定《庄子》的语言社群。关于这个问题，我们也许很难提供确切的答案，但不表示我们毫无线索。其中一个线索是“儒墨”、《孟子》《六韬》《庄子》与《史记》之间微妙的联系。

（一）搬弄伦理价值的策士：汉代帝王师的“儒墨”

要理解《庄子》对于“儒墨”近乎谩骂的恶评，或许可以从汉代文献的语言使用说起。汉代文献有许多论述都可以追溯到《庄子》，甚至有些汉代论述必须透过阅读《庄子》才能理解。反过来，基于这一语言与思想的延续性，面对《庄子》难解的地方，我们也许也可以借助汉代文献来解决。《庄子》对于“儒墨”的评论便是其中一个例子。

笔者曾在他文论证，司马迁所使用的“儒墨”一词，指的恐怕不是我们今日所认为的儒家与墨家，而是继承《庄子》的用法把“儒墨”当作贬义词来使用。① 作为贬义词的“儒墨”，其意涵（connotations）以今日的白话来说就是“满口仁义道德的虚伪小人”“替主子干脏活还把话说得很好听的人”。并且，使用这个贬义词的时候，使用者不只对他所说的“儒墨”带有道德鄙视与批判的态度，还同时带有一种等着看其下场的心态。例如，我们在《史记》中读到司马迁暗示公孙弘行为虚伪，并描绘他与主父偃如何用人伦、孝道等道德说辞来罗织罪状或制定办法替汉武帝除掉地方政治势力与其潜在政敌。因而，司马迁

① “When ‘*Ru-Mo*’ may not be ‘Confucians and Mohists’ — The Meaning of ‘*Ru-Mo*’ and Early Intellectual Taxonomy,” *Oriens Extremus*, 53, 2014, pp. 111 - 138.

在他记述公孙弘生平的《平津侯主父列传》中，语带讥讽地说汉武帝偏爱公孙弘这种人才：

> 公孙弘行义虽修，然亦遇时。汉兴八十余年矣，上方乡文学，招俊乂，以广儒墨，弘为举首。主父偃当路，诸公皆誉之，及名败身诛，士争言其恶。悲夫！①

这段话用今日白话来说大概是："哎呀，我也觉得公孙弘这个人的行为颇有道德楷模的风范，但他也是运气好，遇到重用儒墨的汉武帝。整个朝中儒墨表现最好的就属公孙弘，然后就是主父偃了。他们得志的时候，众人争相追捧。等到失势了，众人争相踩踏。真是可怜啊！"

笔者之所以认为司马迁这段话有嘲讽的意味，是因为《史记》记述主父偃仗着自己得宠行为蛮横、专断收贿的事迹，甚至还隐射他因私怨同时为了讨好武帝而指控齐王淫佚行僻，迫使齐王自杀，最终使得齐国被废除。这事自然是符合汉武帝独揽大权的心意。主父偃也曾经以弘扬孝道为由，替武帝谋划了"推恩令"，以此削弱地方诸侯的势力。然而，以道德的名义逼死齐王与协助武帝铲除地方势力后，自然也会被政敌伺机以道德的理由状告他逼死齐王，破坏中央与地方的和谐关系。这时，作为儒墨之首的公孙弘便趁机进言道："齐王自杀无后，国除为郡，入汉，主父偃本首恶，陛下不诛主父偃，无以谢天下。"这话有双层含义。其一是，作为皇帝的武帝应当怜悯齐王无后，严惩迫使齐王自杀的人，以示天下其仁爱之心。其二是，假使汉武帝不诛杀主父偃，就相当于承认他默许主父偃，协助他废除齐国收并其领地。在公孙弘的"提点"之下，汉武帝"遂族主父偃"。

主父偃最终被同为儒墨的公孙弘铲除的事件，也似乎能解释《庄子 · 齐物论》的"故有儒墨之是非，以是其所非，而非其所是"。传统认为这段话讲的是儒家与墨家各自有自己的道德主张，然后以自己的道德判断来否定对方的道德判断。这个读法虽然符合直觉，但也因此导出价值相对论的诠释，从而使得《庄子》在思想上变得不一致。但若把《庄子 · 齐物论》这段理解成是想表达"儒墨这类人的是非，就是没有是非"，在语法上也读的通。意思就是，儒墨这些人言行不一，其所是、所非不过是按照对自己有利的方向决定。他们可以用"道德"作为理由杀人，也可以再反过头来用"道德"作为理由指控以道德杀人。这就是"以是其所非，而非其所是"（用肯定自己所否定的，来否定自己所肯定的）。

① 〔汉〕司马迁：《史记》，北京：中华书局，1969 年，第 2963 页。

主父偃对其他诸侯王做的事，与公孙弘对主父偃做的事，何尝不是一种“以是其所非，而非其所是”。

司马迁对主父偃事件的描述与评价，也呼应《庄子·徐无鬼》说的：“名若儒墨而凶矣”。[①]《庄子·徐无鬼》反复批评以矫言伪行来树立道德名声，并取得政治资本的人。因为，即使像儒墨那种人成功取得了名利地位，最终也会给自己招致祸害。也因此司马迁屡屡惊叹像公孙弘如此阴狠的人，最后居然得以善终；其《平津侯主父列传》连续说了“竟以丞相终”与“竟以善终于相位”以表达其诧异。这或许也正是司马迁朝讽公孙弘为儒墨之首的原因。公孙弘内心清楚，在他替汉武帝除掉淮南王等人之后，自己也免不了落得主父偃的下场。所以他替武帝做完这些“脏活”后就赶紧告病请假暂避风头。另一个侧面证据是司马迁在《史记·儒林传》关于董仲舒的叙述。根据司马迁的记载，董仲舒在经学造诣上比公孙弘还要好，为当世之大儒。但他也因此被主父偃与公孙弘相继陷害。曾师从董仲舒的司马迁自然不会承认公孙弘为“儒墨”之首，所以他说公孙弘是“儒墨”之首。这里的“儒墨”的用字格外讲究，且别有深意。从《史记》对于汉代的“儒墨”（尤其是公孙弘）的描述来看，司马迁所说的“儒墨”基本是指那些善于搬弄道德语言，妆点粉饰用于诛除异己的政治手段的帝王师。而从司马迁对于先秦诸子的论述观之，其“儒墨”一词的贬义用法，屡次呼应《庄子》对于儒墨的批评。

（二）操弄伦理价值的策士：战国欲为王者师的“儒墨”

接着要处理的问题是，司马迁认为汉代“儒墨”代表人物是公孙弘，那《庄子》的作者认为的“儒墨”是谁呢？我们似乎也有一些侧面证据指向《庄子》所认定的“儒墨”代表可能是仿效《六韬》中的太公的孟子。由于篇幅有限，笔者暂且只谈论《庄子》与《史记》里的两条线索。

第一条线索是司马迁关于先秦诸子的描述。司马迁在谈论先秦诸子时，并没有采用司马谈的“六家”划分方式立传。如不少古代学者早已指出，《史记》中只有两个关于先秦诸子的列传，即《老子韩非列传》与《孟子荀卿列传》。前者有老子、庄子、申不害与韩非；后者则提到孟子、驺衍、淳于髡、慎到、环渊、接子、田骈、驺奭、荀卿、墨子等人。如果按照我们今日习惯的学派分类法，《老子韩非列传》或许可以被视作道、法列传，但《孟子荀卿列传》就几乎囊括各家了。换言之，司马迁没有采行我们今日所认识的六家或九流十家的学派划分方式来谈先秦诸子，而是有他自己的区分标准。笔者曾在他文中论证，司马迁的

① 庄子逐字索引：24/71/1。

区分标准恐怕是：把儒墨的批评者与潜在批评者放一传，而把儒墨与可能“被儒墨”的人放另一传。我们可以见到，整部《史记》一共用了八次“儒墨”。除了有两次是引用他人的话之外，六次是司马迁自己的话。而这六次当中，有三次谈的是汉代的儒墨（公孙弘与主父偃），剩下的三次都与庄子和孟子有关。① 司马迁在《老子韩非列传》中意味深长地说，庄子写的文章“皆空语无事实”，“然善属书离辞，指事类情，用剽剥儒墨，虽当世宿学不能自解免也”。言下之意是，庄子的写作目的是要讽刺抨击儒墨这种人，但他却从不指名道姓，也不提具体事件，所以，很多人都免不了“儒墨”的嫌疑。凡是在国君面前大谈“仁义”与“仁政”的，都有可能被视为是满口仁义的“儒墨者师”（庄子语）。所以，司马迁就把那些有嫌疑的人都放到了《孟子荀卿列传》，当中包含了孟子。根据《孟子》一书，孟子不只意图成为“王者师”（孟子自己的用语），还积极游说国君借由行“仁义”与“仁政”来笼络他国民心、攻打他国以“王天下”（在兵书叫作“取天下”。“霸诸侯”表示还没有成功推翻天子，充其量只是诸侯长，所以孟子比较鄙视“霸道”而对“王天下”的大业比较感兴趣）。司马迁很可能怀疑庄子批评的儒墨包含孟子，所以他特别提到孟子与庄子时代相同，还刻意帮孟子辩解。他说：

> 笔武王以仁义伐纣而王，伯夷饿不食周粟；卫灵公问陈，而孔子不答；梁惠王谋欲攻赵，孟轲称大王去邠。此岂有意阿世俗苟合而已哉！

司马迁这些话暗示他自己觉得孟子看起来不太像公孙弘那样的曲学阿世之徒。在《太史公自序》中，司马迁又再替孟子辩护，说他是“猎儒墨之遗文，明礼义之统纪，绝惠王利端”。司马迁的看法是，孟子只是语言文字上看起来像是儒墨写的文章，但他真实的用意是要明礼义以绝利端。当然，我们也不能排除司马迁这里也是在模仿庄子的反讽笔法，期待读者能掌握到“孟子就是儒墨”的弦外之音。当然，这已经是另外一个议题了。笔者想表达的是，从《史记》的“微言”来看，至少我们有理由猜想，司马迁怀疑庄子认为孟子是个儒墨。

第二条线索就回到《庄子》本身来看。《庄子·徐无鬼》不只说“名若儒墨而凶矣”，还批评那些游说国君的策士们总是“横说之则以《诗》《书》《礼》《乐》，从说之则以金板六弢”。② 学者大致主张这里所说的“金板六弢”即是《六韬》。这或许就能解释为何《庄子》

---

① 细节见拙作“When ‘*Ru-Mo*’ may not be ‘Confucians and Mohists’ — The Meaning of ‘*Ru-Mo*’ and Early Intellectual Taxonomy,” *Oriens Extremus*, 53, 2014, pp. 111 – 138.

② 庄子逐字索引：24/68/6 – 7。

在批评儒墨提倡仁义时,总是谴责他们带来更多的战争。因为《六韬》确实是使用大量的"仁义"等道德词语来描述战争前置作业的策略。例如收买民心、策反与统战工作等。这或许能解释为何《庄子》的作者认为儒墨倡导仁义是扰乱天下安宁的无耻之徒。如同后来仿效《庄子》用语的《史记》一样,《庄子》所说的"儒墨"很可能是指擅长用道德词汇粉饰政治与军事斗争的国师。不过,需要探讨的问题是,庄子可能认为"横说之则以《诗》《书》《礼》《乐》,从说之则以金板六弢"的儒墨者师包含孟子吗?答案似乎是肯定的。一方面,《庄子》有些言论看起来似乎是针对《孟子》说的。例如:《庄子·齐物论》的"仁义之端,是非之涂,樊然淆乱,吾恶能知其辩"!① 用字遣词像是针对《孟子》说的仁义等四端与是非之心等。还有《庄子》书中著名的庖丁解牛的故事,似乎也是在嘲讽孟子的"君子远庖厨"之说。多数人只注意孟子在这故事中鼓励齐国国君行仁术,将爱牛之心推广到对百姓身上,但却比较少留意,孟子并没否定"该杀的还是要杀"。孟子提供的建议是国君需要展现其不忍之心。这建议固然可以理解为是期待一位统治者能对百姓施展仁心,但也未必不能被理解为是建议统治者不要脏了自己的手,脏活万万不能自己亲自操刀。后者看似更贴近"君子远庖厨"的字面意涵。况且,《孟子》还记录孟子鼓励齐国攻伐"水深火热"的燕国以行"仁政",就是他所说的以"不忍人之心行不忍人之政"。② 简言之,在《庄子》与《史记》之中,我们都能找到一些线索,指向《庄子》认为孟子是个儒墨,也就是如《六韬》中的太公一样使用道德语言来修饰或是指称某些政治与军事斗争策略。

三、儒墨策略术语中的"仁义"与"爱"

值得一提的是,被《庄子》视为儒墨最喜欢引述的作品《六韬》,其在《汉书·艺文志》中恰好就被放在儒家类,与《孟子》同属。而最少使用道德词语谈论战略的《孙子兵法》是归于道家,与《老子》同类。《孟子》与《六韬》同属一类的情况,或许能解释两书之间在语言与思想上的共鸣,以及说明它们二者在古代可能被看作性质相近的文本。过去已有不少学者把《孙子兵法》与同属道家类的《老子》对读。却很少人把《六韬》与其他儒家文本对照并读。③ 既然,《庄子》与《史记》都暗示孟子、《六韬》、儒墨类策士之间有联系,或许,

---

① 庄子逐字索引:2/6/15。

② Lee, Ting-mien. "'Benevolence-Righteousness' as Strategic Terminology: Reading Mengzi's 'Ren-Yi' through Strategic Manuals." *Dao* 16.1, 2017, pp. 15 – 34.

③ 这或许是出于文献学的谨慎,怀疑《六韬》为伪作。但自银雀山汉墓发掘后,学者开始倾向接受《六韬》的真实性。参见吴九龙:《银雀山汉简齐国法律考析》,《史学集刊》,1984 年第 4 期;仝晰纲:《〈六韬〉的成书及其思想蕴涵》,《学术月刊》,2000 年第 7 期;许荻:《略谈临沂银雀山汉墓出土的古代兵书残简》,《文物》,1974 年第 2 期等。

我们也该试着把《孟子》与《六韬》对着读读看。这个对读的工作,笔者已在另一篇拙作中有所讨论。该文以"仁义"为例,论证《孟子》与《六韬》在内容能互相印证与解读。以下会提供一些事例与论证。①

(一)"仁义"作为策略术语的内涵

笔者曾指出,《六韬》与其他惯于使用道德词语的策士所说的"仁义",具备两个语意内容。其一,他们的"仁义"经常是"利"的委婉说法,亦即,行仁义或行仁政指的是"利天下"或施惠于他人之意。这个意义的"仁义",经常是用来指涉某些统战、策反或笼络民心的策略;其二,"仁义"除了有"利"的意义外,还有"怜悯"与"不滥杀"之意。"仁"的本意原来就包含"怜悯"之意,但在战略实践上,这个意义的"仁"有两个方面的功能,亦即,安抚民心与威吓敌国人民。其具体做法是攻入一国时务必"杀得少"或"不杀弱者",并宣告"罪在一人",以此来向敌国的百姓与士兵传递这个信息:只要你们不抵抗,只有你们上面那位"罪人"会被杀,所以,请你们不用担心也不必做无谓的牺牲。

"行仁义"或"行仁政"所带有的"利"与"不滥杀"的两个战略内涵,在《孟子》中多有阐发。这点体现在《孟子》中许多非常有名的对话。例如后世津津乐道的"义利之辩",其原文是:"王何必曰'利'?亦有'仁义'而已矣。"②这话若与《六韬》等兵书文献对读,就会变成:"陛下您何必用'利'这样的字眼呢?您想要的东西也可以用'仁义'来表达,而且只需要用'仁义'来说就可以了。"至于"仁义"作为"怜悯"与"不滥杀"的策略,在《孟子》中也有很多类似的表述。除了"君子远庖厨"外,还有"不嗜杀人者能一之"与"闻诛一夫纣矣,未闻弑君也"。③ 这些话当然能读成是单纯表达一种政治伦理学的观点。笔者也不否定伦理学的读法。但我们也不能否认,如司马迁所说的,孟子这些话终究还是"猎儒墨之遗文",也因此被庄子读成满口仁义道德的"儒墨者师"(虽然孟子或许偏好自称"王者师")也不足为奇。即便孟子是出于真诚的仁义之心说出这些话,我们都无法否认他有被误解的可能,而且他也确实很难避嫌,因为他说这些话的脉络经常都与对话者的政治企图与野心有关。而孟子的某些计策,也确实涉及战争。例如他曾隐晦地鼓励齐国发兵攻打燕国,但没料到齐王的军队到了燕国时没有"行仁政",也就是没有做到"诛一夫"就好。后来其他国家便以此为由,要集结攻打齐国,孟子非但没有谴责齐王的残暴,他还为齐王

---

① Lee, Ting-mien. "'Benevolence-Righteousness' as Strategic Terminology: Reading Mengzi's 'Ren-Yi' through Strategic Manuals." *Dao* 16.1, 2017, pp. 15 – 34.

② 孟子逐字索引:1.1/1/5。

③ 同上,2.8/11/15 – 16。

提供策略评语与建议：

> 今燕虐其民，王往而征之。民以为将拯己于水火之中也，箪食壶浆，以迎王师。若杀其父兄，系累其子弟，毁其宗庙，迁其重器，如之何其可也？天下固畏齐之强也。今又倍地而不行仁政，是动天下之兵也。王速出令，反其旄倪，止其重器，谋于燕众，置君而后去之，则犹可及止也。①

孟子先是评论齐军的失误。他说，燕国的人民本来日子就过得水深火热，原来是很期盼齐国的军队来拯救他们。但没想到，齐国的军队一到竟是烧杀抢掠。孟子说，这样的做法是“倍地而不行仁政”。这说法与《六韬》战略论述相当接近：

> 无燔人积聚，无坏人宫室，冢树社丛勿伐，降者勿杀，得而勿戮，示之以仁义，施之以厚德，令其士民曰：“罪在一人。”如此，则天下和服。②

所以，基于这种高度的相似性，我们似乎有理由相信孟子在这里也是在做战略分析，而不是在谈伦理学问题。因为孟子也没有对齐国提出道德谴责，相反的，他还接着跟齐王谈论解除危机战略。他为齐王构想的计策是战略考量高于道德考量。他给的建议是：把抢来的东西还回去，然后“置君而后去”。这个计策并不是道歉、赔偿且无条件撤军。而是先在燕国立好新君再离开。这也是今日国际上常见的争夺势力的标准流程，亦即，遵循不伤平民的原则攻打他国，但不占领，而是扶植一个有利于己方的新政权。这种做法在中国古代儒墨兵学传统中，叫作“行仁政”或“行仁义”。

需要澄清的是，尽管笔者同意《庄子》对《孟子》的读法，但笔者也认同司马迁的观点，并不认为推广“行仁义”的战略应该得到严厉的道德批评。这种“行仁义”无论在古代还是今日，都是相对文明且符合人性的战争。所以，“伪善”或许还是有其道德贡献的。虽然我们也不能否认，如果人类能放弃权力欲望，能不发动任何战争，人类也就不需要伪善的“好处”。但反过来说，倘使我们无法阻止战争，而且很可能是被攻打的对象，我们也会期待敌军至少在意道德名誉，不至于穷凶极恶、赶尽杀绝。生活在有底线的社会，始终好过生活在无底线的丛林。回到战国时代，孟子就算是儒墨，也未必是恶人或小人。

---

① 孟子逐字索引：2.11/12/4－8。

② 徐培根：《太公六韬今注今译》，台北：商务印书馆，1977 年，第 170 页。

（二）“爱”作为策略术语的内涵

大体来说，“爱”在古代兵书中都被视为有价值的策略，而且意涵大致与“仁”或“仁义”相通。如被《汉志》归于“六艺”的《司马法》有这样一段话：

古者，以仁为本以义治之之谓正。正不获意则权。权出于战，不出于中人，是故：杀人安人，杀之可也；攻其国爱其民，攻之可也；以战止战，虽战可也。①

这里的“以仁为本以义治之”的内容包含了“爱其民”。在《六韬》中也有以“爱人”释“仁”的例子，如“仁则爱人”。②《孟子》中也有“仁者爱人”一语。③ 既然在这些兵书中都有以“爱”来解释“仁”或“仁义”的例子，我们也自然能推想，“爱”在这些作品中应当也有“利”与“不滥杀”的内涵。这个推测确实也有些证据。例如《六韬 · 国务》中有这样的对话：

文王问太公曰：“愿闻为国之大务，欲使主尊人安，为之奈何？”

太公曰：“爱民而已。”

文王曰：“爱民奈何？”

太公曰：“利而勿害，成而勿败，生而勿杀，与而勿夺，乐而勿苦，喜而勿怒。”

文王曰：“敢请释其故。”

太公曰：“民不失务，则利之；农不失时，则成之；省刑罚，则生之；薄赋敛，则与之；俭宫室、台榭，则乐之；吏清不苛扰，则喜之；民失其务，则害之；农失其时，则败之；无罪而罚，则杀之；重赋敛，则夺之；多营宫室、台榭以疲民力，则苦之；吏浊苛扰，则怒之。故善为国者，驭民如父母之爱子，如兄之爱弟。见其饥寒则为之忧，见其劳苦则为之悲。赏罚如加于身，赋敛如取己物。此爱民之道也。”④

读者或许已经注意到，太公对于“爱民”政策的描述与《孟子》的“仁政”颇有相似之处，即孟子所谓“省刑罚，薄税敛，深耕易耨”。⑤ 并且，孟子的“仁政”的目的与兵书一致，

① 刘仲平：《司马法今注今译》，台北：商务印书馆，1967 年，第 3 页。

② 徐培根：《太公六韬今注今译》，台北：商务印书馆，1977 年，第 110 页。

③ 孟子逐字索引：8.28/43/32。

④ 徐培根：《太公六韬今注今译》，台北：商务印书馆，1977 年，第 52 页。

⑤ 孟子逐字索引：1.5/2/28。

是为了让人民愿意为其国君赴战场杀敌。他对梁惠王说,若行仁政的话,就可使人民“制梃以挞秦楚之坚甲利兵”,又“君行仁政,斯民亲其上、死其长矣”。我们在此可以看见,《孟子》所说的“行仁政”的策略与《六韬》说相近,唯独《六韬》把它叫作“爱民”。而这里的爱民的具体内涵就是“利而勿害”“生而勿杀”。简言之,在《六韬》之类的兵书里,“爱”与“仁”的内涵相近,皆有“利之”与“生之”或“不杀”之意。类似的说法也见于《司马法》,其曰“不违时,不历民病,所以爱吾民也。不加丧,不因凶,所以爱夫其民也;冬夏不兴师,所以兼爱民也”。①《司马法》在这里还用了“兼爱民”的表述。既然“爱”民的做法是利之,目的在于使其为上杀敌,自然也会把这样的策略用于士卒之上。如《吴子》建议,遇到优秀的士兵就应该“爱而贵之”②,也就是给他利禄与爵位。

四、关于《庄子·天道》篇的以“兼爱”释“仁义”

以上对于兵学中的道德词汇与策略内涵之关系的考察显示,兵书(尤其是《六韬》)与《孟子》皆重视“仁”,两者“行仁义”与“行仁政”的策略内涵皆是施予恩惠与不滥杀。而“爱”字在兵书中经常与“仁”字互释,意涵相通,也常被使用来阐释或指称“行仁政”的策略。在这个考察结论下,我们再来审视《庄子·天道》篇的这段对话,也许就能解消不一致的疑虑:

> 老聃曰:“请问何谓仁义?”孔子曰:“中心物恺,兼爱无私,此仁义之情也。”
>
> 老聃曰:“意!几乎后言!夫兼爱,不亦迂乎!无私焉,乃私也。夫子若欲使天下无失其牧乎?则天地固有常矣,日月固有明矣,星辰固有列矣,禽兽固有群矣,树木固有立矣。夫子亦放德而行,循道而趋,已至矣,又何偈偈乎揭仁义,若击鼓而求亡子焉?意!夫子乱人之性也!”③

在这段对话中,孔子用“兼爱无私”来解释何谓“仁义”。这个段落有四个地方格外耐人寻味。第一,孔子用“兼爱无私”来解释“仁义”。第二,老子批评孔子的话说得太浮华,认为“兼爱”这话说得太迂阔,而“无私”说得太虚伪。第三,老子反问孔子所以提倡“仁义”与“兼爱无私”的理由是否是“欲使天下无失其牧”。他还说假使是如此,“则天地固有

① 刘仲平:《司马法今注今译》,台北:商务印书馆,1967年,第7页。
② 傅绍杰:《吴子今注今译》,台北:商务印书馆,1985年,第74页。
③ 庄子逐字索引:13/36/14-18。

常矣，日月固有明矣，星辰固有列矣，禽兽固有群矣，树木固有立矣”。其四，老子描述完天地自然之现象后又批评孔子的“仁义”是“乱人之性”，并且用了一个令人费解的类比，“若击鼓而求亡子”。

这四个地方引发了几个问题，那就是，为何孔子要用“兼爱无私”解释“仁义”？为何老子认为用“兼爱无私”来解释“仁义”是迂阔虚伪之词？为何老子要反问孔子提倡“兼爱无私”与“仁义”的目的是否是不想天下失其牧？以及，为何敲着鼓寻找不见的孩子是扰乱人性？以及，这几个观点究竟要如何读在一起？

这些问题如果从兵学术语来看，或许就变得清晰易解。如上文所述，《庄子》批评的对象是搬弄道德语言作为战略术语的策士。此类策士最常使用的术语就是“仁义”，其语义与“爱”相通，其策略实质经常是“利天下”或“利民”，也就是广施利益以笼络人民、士兵与敌国臣民。所以在这个意义上，确实可以用“兼爱”与“无私”来解释“仁义”。但是，这违背一般人对于这些道德词语的认识，所以老子批评孔子的话扭捏迂回。同时，这种“兼爱”的目的终究还是为了让人民心甘情愿赴死沙场，替其国君开疆拓域。所以老子批评“无私”的话说得太虚伪了，因为其实质目的还是私利。所以，老子才反问孔子“难道你是担心天下没有共主吗”，接着用描述天地之常与禽兽分群来暗指，“如果真的担心天下没有共主，就应该不要再鼓吹军事斗争之术”；毕竟，诸国都有国君，天子也如日月一样还在上面。这话显示，这里被批评的孔子很可能是欲为王者师的儒墨。其特征如孟子一样，亦即，四处游说诸侯国君，并为之出谋划策来“王天下”，也就是取代周天子。《六韬》就更明显了，其内容基本上都是围绕着太公指导文王与武王如何颠覆商朝。如此，我们也就能明白为何老子最后用“敲着鼓寻找孩子”做类比，并认为这是扰乱人性。击鼓是军事作战的讯号，用以指挥进军。“求亡子”这个类比见于《尉缭子》，其曰“求敌若求亡子，击敌若救溺人”。① 意思是，猎杀敌人要像找自己不见的孩子一样焦急，像拯救溺水的人一样迫切。相信看到这里，读者已经想到《孟子》的“彼陷溺其民，王往而征之，夫谁与王敌”。这话也是用“溺水之人”来做类比，意思是去攻打不善待自己人民的国家，就如同去拯救溺水的人，彼国人民自然不会抵抗，这就是“仁者无敌”。② 值得注意的是，《孟子》同时也有这段话“今夫天下之人牧，未有不嗜杀人者也，如有不嗜杀人者，则天下之民皆引领而望之矣”。或许，《庄子》刻意安排老子反问孔子“夫子若欲使天下无失其牧乎”，是想借此隐射《孟子》。因此，老子最后的批评是：鼓吹各国“行仁义”，让人民上战场奋力杀敌，这种“兼

---

① 刘仲平：《尉缭子今注今译》，台北：商务印书馆，1984 年，第 70 页。

② 孟子逐字索引：1.5/3/1－2。

爱”并不符合人性，自然也不会是替天下寻其牧的道路。

五、结论

本文透过分析“仁义”等道德词汇在战略脉络中如何被用作策略术语，以及作为策略术语的“仁义”有何语义内涵，来释读《庄子》书中的“爱”与“仁义”的关系。笔者先是借助《史记》的记载，指出《庄子》批评的对象是儒墨，而所谓的“儒墨”指的是虚伪的、善于搬弄道德语言粉饰军事或政治斗争的策士。并且，《庄子》认为《孟子》与《六韬》所用的就是这类策士的语言。借由把《六韬》《孟子》与其他兵学文献对照分析，不仅能读通《庄子·天道》篇中孔子以“兼爱无私”释“仁义”的论述与老子“击鼓而求亡子”的讥讽，还能解释为何《庄子》经常把“爱”“仁义”等概念与战争放在同一个脉络谈论，并解释为何《庄子》与《孟子》《六韬》文本之间有微妙的互文性与在词语使用上的共鸣。这或许也是迈向古代诸子学整全图像的一个初步尝试。

"Ren Yi" and "Jian Ai" in the "Tiandao" Chapter of *Zhuangzi*: Ethical Terminology or Strategic Jargon?

Ting-mien LEE

【Abstract】 This paper examines the meaning of the terms "ren yi" and "jian ai" employed in the "Tiandao" chapter of *Zhuangzi*. These terms may not, this paper suggests, stand for the ethical notions of benevolence, righteousness, and inclusive care in Confucian or Mohist moral philosophy; instead, the way these terms are used in the *Zhuangzi* chapter resonates more closely with classical discourses of power-struggle strategy. As this paper illustrates, the strategic reading of the connotations of these terms can make sense of the "Tiandao" chapter, explain how the chapter coheres with other chapters of *Zhuangzi*, and contextualize the way these terms are used in a wide textual web.

【Keywords】 Benevolence-Righteousness, Confucianism, Mohism, *Zhuangzi*, Strategic Adviser

【描述伦理学】

后习俗家庭：反抗、想象抑或重构

——《小偷家族》影评沙龙

夏 莹 何青翰（整理）

编者按：

2018年10月18日下午两点半，清华大学人文学院第二期“学衡沙龙”活动在新斋324举行。本次沙龙围绕电影《小偷家族》中的伦理问题而展开讨论，由清华大学哲学系夏莹教授主持和引言，北京大学中文系博士生王雨童，北京大学社会学系硕士生林斯澄，清华大学哲学系博士生叶雯德、博士生何青翰、硕士生修新羽五位同学与谈。

一、反抗抑或逃逸？

夏莹：

这几个月的电影市场都很乏味，但我认为《小偷家族》蕴含着很大的讨论空间，大家注定会从多维视角切入这部影片。日本这个国家给我们的启示确实很不一样，作为拥有相似文化背景的东方国家，其所经历的“现代化”过程大大缩短了我们两个国家之间的距离。因此，日本电影中所包含的现代性批判方式也注定以某种方式切中我们的要害。就今天我们即将要谈到的这部《小偷家族》而言，从电影命名来看，首先，“偷”隐含着对所有权的批判。我们观察到这部电影里的主要角色所呈现的“偷”的方式，和我们常识里所憎恶的那种“偷”有些不一样：因为他们偷窃的东西是非常具体的日常生活用品。“偷”的目的不是为了积累财富，而是为了维持日常用度。这种“偷”恢复了商品本身的实用属性，由此构成了对于现代经济交换的一种特有批判，正如日语片名中的“偷”（万引き家族）一词，含有“从商店中搬运出来”的意思，也即英文所翻译的 shoplifters，它包含着比我们汉语中的“偷”更为丰富的内涵。由此，该电影让我们观察到一种对资本社会强烈拒斥的方式和态度，即作为小偷家族的这样一群人的存在，尤其是“伦理存在”的方式。

其次，片名中的“家族”对应的也是一个特殊的日语词汇，意指“非血缘家族”，而非“家庭”。电影中的家族成员是靠非血缘关系勾连起来的，他们只是为了社会性而相聚在一起。有些人说这是泛爱主义，即爱将他们连接起一个“家”的“聚集形式”，但在我看来，聚集他们的并非完全是“爱”，也是普世的“恨”——每个角色都有独特的伤痕记忆。这是一种很强烈的反现代、反资本式的情绪表达，我从中读出的关键信息，就是拒斥，对我们所熟悉的现代资本主义生活方式的拒斥，对“现代家庭伦理”——爱与法律契约——虚幻表达的拒斥。在此基础上，寻找新的可能性，而不是虚假的情感安慰。但是我还是得说明一下，从是枝裕和本人的立场来看，这部电影究竟是否真的表达了我所希冀的那种对现代性的批判力度和方向，尚可商榷。

王雨童：

夏老师讲得很好，给了大家一个很基础的视域：是枝裕和绝对没有肤浅到给大家讲一个暖心的小故事。我个人的习惯是先分析电影的结构，再把握中间的脉络。我将影片分为了四个部分：“求生”“取暖”“破碎”和“新生”。影片前四十分钟是第一部分，主要在讲一家人如何在冬日艰难地维持日常生活，这一部分叙事多用各种生活细节来堆积，而少有线索明晰的情节。此时，观众在一个相当放松的状态下进入了是枝裕和的电影。第二部分“取暖”则描述一家人不仅在生活上相互依赖，也在情感上相互支撑。这一部分结束于一家五口去海边度假的优美场景。影片在此达到高潮，虽然一家人是非血缘关系，但却在互相支撑中获得了类似于血缘家庭的情感上的慰藉。然而，电影以如此快地节奏来到情感最高点，那么说明随后的发展要么是将情绪继续向上推动，要么就是急转直下。

我们要特别注意，海滩度假之后，很快就发生了一个关键的情节：“奶奶”的死亡。“奶奶”的死亡是家庭破碎的开始，影片用了约三十分钟来讲述这一部分。“奶奶”死亡之后，“父母”因发现了她藏起来的退休金而欢欣跳跃，镜头反打到了翔太不可思议的表情。而翔太偷东西被抓后，在对一家人的审判过程中，种种温情的表象被彻底撕开：“姐姐”知道了原来“奶奶”知道自己的父母在哪儿，翔太知道了一家人原本想丢下被抓的他逃跑——到此为止，观众可能感到三观碎裂，发现影片之前营造的其乐融融的“家庭”状态，竟然如此脆弱。

但是枝裕和的宝贵在于，这部电影并未停步于“破碎”，最后二十分钟左右的“新生”部分展现了一些仍然留在原地的温情。电影给出了一些片段，讲述“家庭”中的每个角色虽然有了新的生活，但却各自保有对小偷家族的怀念。电影结尾的镜头非常动人：友里哼唱着在小偷家族里学来的歌曲，站在凳子上往外望，这个特写中，友里可能看到了小偷家族里的“亲人”，或也可能期待着“亲人”的到来。这样的结局使一个本来已经闭合的叙事得到敞开，让我们拥有重新追问的可能。

正如夏老师引言所云，这个电影的一大问题在于，是枝裕和对这一复杂的、新式的家庭关系持怎样的态度？我认为，我们能够从其影像风格上找到一些答案。是枝裕和的镜头很克制，很少移动且视角很低，借用小津安二郎“榻榻米镜头”的说法，是枝裕和的镜头或可被称为“壁橱镜头”。他的镜头与被摄体之间夹杂了生活中的很多静物，如电影开篇一家人一起吃饭的时候，镜头中有火锅等零碎的生活物件。是枝裕和取消“摄影机特权”，只是如实记录生活中发生的事情，而这也意味着其对情感的控制和不做任何价值评判的态度选择。在拍摄《无人知晓》的时候，是枝裕和曾说，比起批判而言，更重要的工作是了解“母亲”为什么那么做。他的家庭电影并不会构想一个非常美好的家庭状态，而是描述家庭真正的样子。并且，是枝裕和不只是在拍家庭，而同样是在拍社会，他具有相当高的敏感性，在家庭的实在内涵不断崩解之时，“家庭”的能指却不断被填充进各种内容。是枝裕和所要展现的，并非是对家庭的召唤，而是对家庭真实的想象和批判。在《小偷家族》中，是枝裕和对爱、血缘、金钱等想象叙事都进行了质疑和批判，但他批判的是把它们本质化的地方，而不是认为它们一无是处，这其实是是枝裕和很有分寸感的地方。

最后我要提一个问题，是枝裕和为什么会被当作治愈系的导演？难道《小偷家族》和《龙猫》是同一类的电影吗？在日本，“治愈”代表着某种稳定的视觉审美准则：镜头足够满，节奏足够舒缓，情节和人物关系比较简单，有一个美好结局，让观众感觉被疗救，困难一定要得到想象性的解决。是枝裕和的作品似乎符合这些标准，但若稍微深究一点，就会发现，是枝裕和在关键之处与“治愈系”十分不同：他不提供想象性解决，也没有疏解之道，而是将生活特有的残酷逻辑以一种尤为平和的方式展示出来。我推测，“治愈”的判定，源自观众对影片本身相当有选择性的接受。豆瓣影评观众的评价大多集中在注入“我真的很感动”“奶奶很感人”等，在我看来，这些评价者应该拥有共通的社会背景：在大城市、受过一定教育的青年人，承受着城市生活中严峻的生存和竞争压力，让他们对“家庭”这个不可更改、看似温暖的共同体产生了皈依之心。

叶雯德：

我就是来一刀刺破这个温暖的幻想的。（众笑）

我并不期待任何安慰或者疏解。我认为这部电影引发的大众观感更值得探讨。我先表明一个态度:是枝裕和明显没有把情感联结当成自己影片的主题,这是抱以善心的观众自己添加进去的印象。电影的重点不在于情感联结以及情感是否真诚的问题,而在于解读电影的意识形态前提。什么意思呢?我先来总结一下现有的几种解读思路,毫无疑问,都存在着"意识形态观影方法"的问题,情感、家庭、善良,其实跟《小偷家族》所呈现的残酷内容本来就不具有特别强的关联。我觉得那些对这部影片产生情感投射的人,当然很多是暗含着反资本主义的心理倾向的,认为影片塑造的"偷"是对资本主义的反叛。

夏莹:

我就是你说的那种人咯。(众笑)

叶雯德:

我的意思是说,反过来讲,那些不反对资本运作逻辑的人,肯定会认为电影中的底层角色本来就是被社会淘汰的对象,整个家庭最后被警察拆散,纯属活该。所以我会进一步去追问这两种情感投射的政治前提:虽然立场与态度相反,但两者共享着一个类似的政治前提,那就是:资本主义引起的贫穷是不可能被随随便便取消掉的。事实上,"社会总体无法逃逸"的主张,渗透在今天的反资本主义运动当中。进一步讲,是枝裕和其实是在表现"逃逸",而不是"反抗"。不同于日本的前辈导演,像小林正树这些更为激进的人,他们作品描写的都不是逃逸,是坚定的反抗。比较来看,是枝裕和以现象学方法呈现社会的深层矛盾性,让我们发现,从来没有一种内含于社会本身的超越力量。这个问题不是是枝裕和本人的困境,而是在当代社会普遍发生着的困境。于是,剩下的只是无力的关爱和无力的逃离,这就是我本人对是枝裕和的整体感受。

二、一封存在主义的情书

修新羽:

我自己是写小说的,看这个电影的过程,很像自己在寻找一个写作的线索。我先从自己在微信朋友圈中看到的观影感受谈起。我周围的亲人、同学、同事,对这部电影的评价主要是两种:一类人喜欢得不得了,一类人则觉得影片琐碎沉闷、根本看不下去。我感觉这种带有矛盾的现象应该归因于现代人看待电影的一种观念:电影是当今社会的"教堂",观众坐在荧幕前,接受电影的洗礼,而这要求人们一起坐在影院中,体验电影中的感情。所以,要么你能满足我的特殊需求,那么你就一钱不值。没有中间地带。

是枝裕和让我最喜欢、也最感兴趣的一点，恰恰就是他的影片很巧妙地展现了两个世界的碰撞：一边是一个不能偷东西的、被各种关系捆绑着的世界，一边则是一个更自由的世界。在电影后半段，是枝裕和让这两个世界发生碰撞、燃烧，然后归于平静。

作为一个写小说的人，我当然要强调人物和生活的复杂性，或者说，我天然地喜欢这种不协调，就像康拉德的写作里的那种晦涩："远处海面被一堆乌云遮住了，通向天际的宁静的河道在乌云密布的天空下阴沉沉地流动着——似乎流入那无边无际的黑暗的心中。"坚硬的框架被抛弃之后，我们可能会从痛苦的体验里拾回生活的理由。比如影片结尾"爸爸"与翔太的对话："爸爸"承认一家人想要抛弃他逃走，翔太则说自己是故意被抓的。我发现大家对这段情节的解读各不相同，有人认为翔太想要报复"父亲"，有人认为这是两不相欠。不同的人可能会选择不同却都合理的解读方式，而选择什么方式理解电影，也是在选择什么方式解读自己的生活与世界。

林斯澄：

好，既然已经有了左翼的叙事还有文学的感受，那就让我带领大家返回"家庭"，从社会学角度来谈谈是枝裕和。

首先，我要对现代家庭观念做一个"知识考古"。是枝裕和的电影，敲碎了我们原有的、完美的理想家庭观念。今天人们理解家庭的方式，无论多么怀旧，仍然是从现代性延伸出来的一个想象。这种想象源于以工业化为主题的维多利亚时代的家庭观。具体而言，那个时期家庭的日常内容，包括家庭中的儿童一定要跟父母外出旅游、晚辈与父母的完全区隔等，开始显露出与古典时代的极大差异。维多利亚时代的家庭原初模型在今天依然流传着，这是现代国家和社会的胎记。但是，这种普泛的家庭认知实际上既和现在的情况并不完全一致，也掩盖了传统家庭的可能性，它们也指向一种社会关系的可能性——比如中国宋代以后出现的义子收养等。对这些，今天的我们可能难以理解了。事实上，直到今天，我还是可以举出许多被我们排斥在所谓"常识"之外的许多可能性：比如链式移民，比如有义子、仆人加入的拟血缘家庭，或者日本更为传统的家臣制度、学徒制度下的女婿入赘等。

因此，我特别喜欢的是，是枝裕和突破了对家庭的狭隘理解。我觉得，是枝裕和之前的作品，如《比海更深》等，探索的是模范型家庭破碎的一面，乍一看呈现的是丧偶、丧子——都不是正常的家庭——但某种意义上，这种家庭才是现代家庭的常态。所谓的模范型家庭，是由血缘关系而建构起来的，电影中的人物有血缘关系的给定，各种各样的付出与亏欠、反抗和口角，呈现了原生家庭的形态。然而，《小偷家族》的实验性在于，原生家庭的必要条件都被消解了，也即给定的血缘关系被消解掉了。问题是，如果没有命定的血缘关系，家庭的形态还有没有顽强存在的可能？如果回避掉了血亲的问题，“小偷家庭”展现的是利益和情感的交融，以及带来的强烈的不稳定感，就像他们在海边，手牵手的五个人组成的一只漂在现代性海洋上的小舟。

《小偷家族》从一开始就排除命定的事物，观众在电影的前半部分，完全不了解这些人的过往。而随着人物的过往被逐一剥洗出来，观众在影片最后似乎得到了一个虚弱困乏的真相——原来这只是一个失败者抱团取暖的故事。但是，揭示真相并不重要，因为片中的人物并不活在给定的、过去的记忆中，而是活在家族的“绽出”的存在之中。他们一辈子就是那个瞬间，而在是枝裕和之前的电影中，你会觉得各种合影都是一种时间的变迁，比如《步履不停》中那条扫墓的盘山路，永远都会有人去走，去延续那种漫长的人生时间，比如《比海更深》团屋的章鱼滑梯和小路“绽出感”，在此我们可以换个词，比如换成“一念”，当然我们可以用“一念”来形容，这种“一念”似乎超出他之前影片中零零碎碎的家长里短，欠债亏欠，人情冷暖，比如小男孩纵身跳下的一念，比如本想送回小女孩却听到打骂声的一念！这里的一念感特别有意思，似乎是自我选择，但是某种意义上也是“命定”地去完成自然的道德成长。我希望大家更关注电影人物那种“一念的决定”，就像亚伯拉罕在摩利亚山上的抉择，现代人有着另一种关乎命运的自我选择。在这一意义上，《小偷家族》是一封是枝裕和以存在主义的名义写给现代“家庭”的情书。

夏莹：

林斯澄还是眼力不错的，相比是枝裕和之前的电影，《小偷家族》把连续性时间观处理成了片段性的理解。“绽出”的说法虽然有合理性，但或许不如用本雅明的“意象”一词更加贴切，每一个意象，都意味着过去、现在、将来所构筑的时间性的空间化呈现。换言之，在每一个意象当中，我们都可以顿然发现这一意象的“前世今生”，并最终带来一种命运性的转折，即林斯澄所谓的“一念的决定”。

林斯澄：

我再补充一下，是枝裕和毕竟有着很强烈的日本特色。我不同意叶雯德的观点，没有什么“逃逸”，电影讲的就是“合谋”。以《三块广告牌》讲述的西方家庭故事为例，其中可以看到西方对家庭和个体的理解，母亲为了寻凶而对抗整个地方社会。《三块广告牌》的结尾，没有任何形式的和解，也没有真相，母亲踏上了寻凶的漫长道路。在某种意义上，西方人使用“抵抗”的方式来理解家庭、个人与社会的关系。中国电影则强调和解，而作为地道日本文人的是枝裕和的这部作品，既不是反抗，也不是和解，我觉得在根本意义上，这是“合谋”：合谋一个虚假的“家庭”给真实的国家看，把所有的存在之物都重新编入一场互相承认的对话。这里的“合谋”，并非完全消极的、解构的，也不是治愈性的，而是有着积极的建构意义，有前述的存在主义的绽出。排除“给定感”是在电影一开始就体现出来的。我们对他们个人的过去完全不了解，虽然后来真相被一步步揭示出来，但是最终我们发现，这种揭示根本不重要，因为他们并不活在他们“给定”的过去，而是活在另一重生活中：比如小男孩最后叫“爸爸”，比如小女孩最后望向天台之外。

夏莹：

我明白林斯澄的用心，但我还是觉得叶雯德提出的“逃逸”和林斯澄提出的“合谋”，实际上有相近之处。的确，“小偷家族”可能也是资本逻辑链条中的一环。关键问题还是在于，这部电影到底是反资本的，还是以某种方式对抗了资本？其逃逸方式，可能类似德勒兹的资本自我的解域与结域化的无限延宕，最有力的反抗还是逻辑内部的反抗。因此，无论是“逃逸”还是“合谋”，都包含着一种解构现代性的可能性。

三、若有若无的儒家“游魂”？

何青翰：

存在主义能不能拯救我们？

我没有想到诸君谈了这么久，却没有谈到真正横亘在电影之中的一道巨大的阴影。我个人认为，在是枝裕和的镜头面前，那个隐藏着的最核心的对话者，仍然是以“人伦”关系为其根本的东亚儒家伦理。这部电影的内容特别丰富，几乎在每个人物身上都能找到一个不同的观察路径，从而到达风景各异的目的地。因此，在有些线索里，电影的确暗示了反抗与逃逸的可能性，但是从完整的故事脉络来看，最激动人心的部分，仍然是由我们认定的早已消亡的儒家伦理所造成的冲击、回应。由于地缘的亲近，日本的人文世界在许多层面上是由古典儒家伦理塑成的。而正如《周易・序卦传》中认为：“有天地然后有万物，有万物然后有男女，有男女然后有夫妇，有夫妇然后有父子，有父子然后有君臣，有君臣然后有上下，有上下然后礼仪有所错。”儒家伦理的重要表征是代际关系的延续，“天地”所代表的自然与“君臣”所代表的政治，或者说礼教，中间都必须通过“父子”的关系得以衔接。所以在古典时代，每个人都能在一个自然与政治相嵌合的世界里，以“人伦”的形式找到自己的身份归属，获得一条清晰的“来龙去脉”。林斯澄所讲的，是枝裕和所要清除的“命定”“给定”，其实就是这种自然与政治通过人伦所实现的“嵌合”。这自然是一个不得不接受的事实，无论是东亚还是西方世界，“自然”的神圣性已经解体了，“君主制”也在权力逻辑中被剔除了。就像麦金太尔所讲的，现代社会已经无法再建立具有普遍有效性和合理性的行为规则。那么林斯澄接下来的意思是什么呢？既然过往的伦理生活已经成为废墟了，那我们就在这个废墟上捡一些残砖断瓦，发挥想象力，建造一些奇形怪状的建筑，说不定也能在孤独的世界里遮风避雨。他觉得这个观念就是《小偷家族》，或者说是是枝裕和向来的主张，值得钦佩。我不这样认为，我觉得是枝裕和的电影叙事之所以这么具有冲击力，尤其是在作为儒教发源地的中国，引起了这么多的回声，恰恰是他捕捉到了一个仍然发生着强烈作用的儒家“游魂”，这个“游魂”通过看似疏离的、契约式的合作，内化到电影人物的深层动机之中，并且在电影故事的每一个关键节点上扮演着“扳道工”的角色。

林斯澄：

愿闻其详，我倒要看看你有什么“起死回生”的本事。（众笑）

何青翰：

诚然，是枝裕和其实是个心很硬的人，他击破了很多那种我们所熟悉的温情脉脉的家庭生活的观念，比如血亲关系并不构成家庭的神圣性，比如家人关系背后所缠绕的资本依赖。但是大家也要注意到，电影中家庭崩溃的起点是“家族”中的老人的去世，却不能得到正常的、礼节性的安葬，只能以很隐秘的方式埋在地下：这实际上就是在废弃代际关系，或者说悖逆了“慎终追远”的传统伦理。事实上，儒家文化之于世俗生活的宗教意义即在于：每个人只要完成其相应的伦理责任，即可以将其文化生命融入祖先的序列，从而超越时间以获得不朽。当然，这种悖逆也可以看成资本社会把底层贫民逼入了“动物”的状态，不过是枝裕和明显是在强调，“小偷家族”的伦理扮演，在根本上是不能延续伦理的。是枝裕和在另一个剧情安排里，做了更多的暗示，那就是柴田翔太与柴田治这对“父子”，从来没有达成真正的双方承认。因此，这场家庭实验的失败，正是因为每个人想要获得的伦理身份最后都幻灭了。另外，我要补充一句，斯澄讲的道德的自然成长，似乎有不少《爱弥儿》的味道，但其结局如何，我想卢梭已经给了我们答案。

叶雯德：

所谓的儒家伦理真的有那么强烈的特殊性吗？或者说，是枝裕和是在刻意地呈现儒家伦理吗？我认为《小偷家族》表现的东西是具有普遍性的，卓别林的《寻子遇仙记》也讲述了类似的父子关系。显而易见，《小偷家族》表现的并不是东亚传统与现代社会碰撞出来的伦理问题。其实吧，儒家伦理在日本没有那么弱势，也并没有遭到瓦解，比如日本资本家的家族体系就全部是姻亲关系。

王雨童：

我也不同意青翰兄的意见。电影中"家"的组建不是伦理上的选择，而在某种程度上是被暴力规训之后的选择，是一种权宜之计。住在一起、假装是一个"家庭"，只是一种权宜之计，因为如果不生活在"家"中，就很快会被收编，比如被送去收容所等。在现代社会中，为了让自己少受到伤害，组建"小偷家族"反倒是一种较好的选择。

叶雯德：

我赞成王雨童的观点。我自己从一开始就不会从"家"的观点出发看这部电影。如果认为这部电影中原本已有儒家伦理的遗留，那它的意义何在？它不会让影片中的人物过得更有尊严、更有钱，也不会让他们重新回到社会，而"爸爸""妈妈"的称呼也根本不会让他们有什么伦理行为。对于家庭而言，血缘和伦常固然重要，但最重要的还是经济关系，小偷家族里的人越多越好，这就是个经济生产的问题。

修新羽：

对"奶奶"没有葬礼的情节，这可能源自战后日本的丧葬文化，很多人会把亲人埋藏在园子里，以表示对亲人的亲近。

何青翰：

我们不要一提到儒家就好像会引发原教旨主义的危险，古典社会的解体是一个不争的事实。我在这里想要论证的，并不是一个幕后的"僭主"，而是一种与我们的身心性命仍然有着深刻关联的生活方式。由于东亚儒教的"入世"精神，使得这种生活方式有着特别强韧的适应性，不同于西方宗教需要断绝世俗、经验而自保的那种适应性。就像《中庸》里面讲的："君子之道，造端乎夫妇；及其至也，察乎天地。"实际上，我特别想要问雯德一个问题，我们当然不能忽视资本逻辑对于整个现代社会的渗透，这是现代人所要面对的一个宿命。但是，如果你仅仅用"利用"关系，而且还必须是资本市场的利用关系，解释这个"小偷"共同体，我就不懂了，为什么是枝裕和不把电影名称从"万引き家族"改成"小偷集团""小偷公司"？还有，为什么这个以偷窃为核心纽带的共同体，要加入儿童，硬生生地构成一个有许多行动不便的三代同堂？说得更具体一点，为什么柴田治千方百计地想让小男孩叫他一声“爸爸”？我个人觉得现代社会的技术崛起，给予了我们太多经验上的错觉，仿佛我们真的可以在亲属关系中来去自如，身无牵挂。这一点我倒是愿意借林斯澄和雯德的说法做一个总结：《小偷家族》最肤浅的一层外壳是资本社会尤其是资本集团所涂抹的虚假温情，这种温情被马克思的铁锤给敲碎了。一切坚固的事物都灰飞烟灭了，每一个底层民众在本质上都被纳入资本生产的环节之中，或者内化为冷酷的资本载体；敲碎了这层外壳，我们看到的并不是解放，而是林斯澄所揭示的，作为现代人的我们对于“存在”的渴求，这种渴求溢出了资本利用的场域，表达着一个“人”对于更高的生活意义的无可化解的疑惑，哪怕仅仅是支离破碎的“一念”。而我要指出，在资本逻辑与存在主义之下，是枝裕和要给我们显现出来的，就是那个与我们的内心世界纠缠在一起的儒家游魂。我们扪心自问一句，剥去知识和技术所伪造的安全感，我们凭什么安身立命？我们有什么权力要求多数民众和知识分子一样抛弃宗教、家族，赤裸裸地直面伦理生活的荒芜？

王雨童：

青翰讲得颇有启发。我们围绕电影的种种评论恰恰说明了是枝裕和的成功。模糊、复杂，甚至愤怒，这些可能是作者想要达到的“交流”效果。但需要注意的是，是枝裕和并没有明显的批判立场。然而，光指责他不够激进并没有什么用，因为观众的心理已经发生了改变，人们不会像在六七十年代那样，在社会普遍的激进氛围下，接受这种反抗性的影片了，这也可能是整个左翼的困难所在——我们是否可以在承认失败之后反抗失败？

夏莹：

今天我们的讨论看似包含着诸多对立，比如《小偷家族》的存在究竟是对资本社会的反抗，还是逃逸，抑或根本就是一种和解？又比如，《小偷家族》所反射出的“家庭”这一观念的合法性。即家庭究竟是一个资本社会的想象性关系，抑或是儒家伦理所构筑的固有生活模型？

在第一个问题的对峙中，资本作为我们共同需要认真反思、对抗的一方其实构成了各种立场存在的必要前提，换言之，我们都认为这样一部电影在以某种方式探寻一种与资本逻辑进行对话的方式，由于《小偷家族》故事的复杂性，这种对话显得极为暧昧，而就资本的属性而言，我仍坚持一种相对彻底的态度来对待这个“家族”在这一社会中存在的意义，即一个非血缘的关联性本身就隐喻着资本对于传统血缘关系的打破，而偷盗的生活方式又是与对所有权的破除有密切关系。换言之，若要破除资本的延续，就一定要破除所有权——不是在经济关系上破除，而是在观念上破除。不仅要恢复使用价值，而且要破除价值本身,这可能是未来真正的反所有权的观念。但是,电影有个细节十分讽刺:那个发现并包容了友里的偷窃行为的杂货店老爷爷后来死掉了——这似乎暗示着,在资本社会中如果对此抱以同情态度,就只有灭亡的结局。这是一个现代社会中苦苦挣扎的我们(是枝裕和是我们的一员)对于走出这一困境所持有的悲观态度。

而第二个问题所关涉到的实际上是现代资本社会与儒家伦理关系能否共生,抑或以何种方式共生的问题。我们的讨论实际上表达了两种不同的观点,即一方认为"小偷家族"就是儒家理论彻底败落的标志,其再一次被构筑出来的模式不过是一种虚假幻想,具有相当大的欺骗性,而另一方则从这种零散化的重组中反而看到了凤凰涅槃般得到重生的一种家族伦理关系的持续存在。我觉得大家都有道理。仅就我个人而言,面对这一问题,我更倾向于一种取消界限式的讨论方式,在现代社会,"父母"更像是符号,其所指的位置并不重要,所以意义可以漂移。"小偷家族"的存在,进一步让家的定义以及家庭中各种角色具有一种扮演的色彩。这一"家庭"一波三折的命运最终让有关"家庭"之界定的问题都处于晦暗不明之中,"家"到底凭借什么而联结,是共同的偷盗生活,抑或是曾有的创伤性的记忆,还是所谓的温情的爱,抑或是为了方便逃避社会的规训?所有这些问题都变成其中的一种可能性。而这种界限的模糊所带来的重要意义就在于让我们对于诸如家庭、父亲、母亲与孩子之间既有的,甚至已经固化了的社会关系有了重新反思的必要性和可能性,"小偷家族"的命运,不是彰显了它自身的虚假性,反而揭示出了我们日常生活中那些已经中规中矩的美好家庭模型的虚假性,抑或说,他们并没有其看起来的那么毋庸置疑。我想,一部电影能够引发一种对既定存在的合理性的质疑,已经是一种重要的成功了。

【让哲学说汉语】

泰西哲人杂咏(二)

钟　锦[1]

戊戌春日，读希罗多德、修昔底德二史，续为《泰西哲人杂咏》，以代札记。前咏既蒙邓公安庆刊布《伦理学术》中，续作亦依样呈之。虽不必专论哲人，而映带之际，或可参证。况史之与伦理，固每相兼欤？然识理既庸，属文又质，颇负美意矣。戊戌十一月廿六，我瞻室识。

希罗多德一

勇孝声名重国君，始知富贵是浮云。

神恩枉托空言在，祸福谁曾以德闻？

《希罗多德书》言吕底亚王克洛伊索斯问梭伦曰："卿所遇人，谁擅福多？"梭伦曰："泰鲁斯。"为其大勇也。问其次，曰："克列奥比斯与比托。"为其纯孝也。克洛伊索斯怒，曰："何视吾福如不见耶？"对曰："神有所忌，亦有所分予。富贵不长保，且安必其为福耶？"遂遣之。神以其慢，降罚于其子阿泰斯，使为铁兵所毙。盖皆知德之善也，而不能必其为福，遂托诸鬼神。耶教末世之论，颇与相类，然竟言他世矣。

希罗多德二

公然贿赂傲群伦，何惮多方问鬼神？

叔世无人忧不告，君前齐颂万年春。

《希罗多德书》言吕底亚王克洛伊索斯忧居鲁士之强，欲先伐之。乃遣使往多方问神

① 作者简介：钟锦，华东师范大学哲学系副教授，主要研究柏拉图与康德哲学。

谕，阴伺其验，而德尔斐称最焉。遂厚赂德尔斐人，因笃惠好，遇过他邦焉。此叔世风俗败及神道者，至于莫挽，而神能救之乎？《易》曰："初筮告，再三渎，渎则不告。"其当周之兴耶？神道设教，尤须郑重也。

希罗多德三

执义翻能受重名，高临万族拥宫城。

始知西伯阴行善，只赚诸侯来决平。

《希罗多德书》言米底王代奥凯斯，初以听讼直为人所推，后乃因势拥兵筑城，遂王焉。复制礼仪以尊尊，一米底之诸族，威行当时。《史记》云："西伯阴行善，诸侯皆来决平。"殆最相类欤？盖义，初以得人，既得之，遂以御人也。周之先人，颇谙此术，文王尤善焉。塞拉西马柯言"正义为强者之利"，有得哉！

希罗多德四

诸神莫测隐穹窿，坐视人间转毂中。

纵使君王威四海，浮生不似水长东。

《希罗多德书》言吕底亚王克洛伊索斯谏居鲁士，曰："王若以己为天神，军为天兵，即不予听。若但为人间之君王，则必循人间之事，盖皆如转毂，无有常盈。"而居鲁士东征马萨革泰人，为其女主托米莉斯败诸阿拉克塞斯河畔。托米莉斯获其尸，革囊盛血，以浸其首，为嗜杀戒。克洛伊索斯之言，与赫拉克利特"万物皆流"合，特一为慨叹，一为玄思耳。东国言"伏倚""无常"，胥同此意，而兼慨叹与玄思也。

希罗多德五

沃野多生上古民，无边奇技惠今人。

太初有道高难问，只遣茫茫对鬼神。

《希罗多德书》卷二述埃及，地之广，技之多，几疑上古乐土也。惟于哲思阙然。岂极世间乐时，转失出世间志欤？而又多言神只、他生事，云希腊诸神名皆传自埃及。殆今世之乐，更欲延之他生欤？不绝地天之通，鬼神茫茫，安所问吾生之终极耶？

希罗多德六

食身焚骨总声吞，等是来酬父母恩。

勿笑人间风俗陋，尽同事理即相尊。

《希罗多德书》卷三云：父母亡，希腊人焚其尸，卡拉提亚人食其尸。大流士乃问希腊人，予币几何，可食其尸？又问卡拉提亚人，予币几何，可焚其尸？两皆骇泣。故品达言："风俗，实主万事者也。"盖人同此事，若同此心，亦疑有同理在焉。

希罗多德七

恒产恒心始作民，侯门谁谓必存仁？

不如天佑明君降，治乱长恩在一人。

《希罗多德书》卷三云七人既诛穆护，遂议治道。奥塔涅斯欲行民政，麦加毕佐斯欲行官政，而大流士欲行帝政如故。柏拉图言治道，则以王政为最善，递降为霸政、官政、民政、帝政。亚里士多德言一人为治，善为王政，恶为帝政；寡者为治，善为官政，恶为暴政；众者为治，善为民政，恶为乱政。当时论治道，相契者有如是，而亚氏之言尤明焉。盖王政、帝政，事若同而理实异，大流士得淆乱之也。

希罗多德八

群己由来事易差，一般共产即无家。

今人多欲徒惊骇，上世风流正足夸。

《希罗多德书》卷四云伊塞冬斯人尚公正，妇人与男子平权。又云阿伽塞尔西人群婚，男子皆如手足，乃无嫉恨焉。又云阿玛宗女子幼习投射驾御。皆柏拉图《王制》中不可思议事，而世间咸有焉。或云，女系之世所遗也。则柏拉图述之，毋乃类老子之述上古世耶？

希罗多德九

齐家霸业久同尘，蹈海犹能不帝秦。

何况海西民自主，肯教奴役妄施人？

《希罗多德书》卷五云拉栖代蒙人欲加帝政于雅典，盖惧其因自由而强，遂难制也。

时其盟邦皆不欲与，而科林斯人索西克利斯言："汝以帝政为善，何不先行之？己所不欲，焉得施人耶？"遂历述其邦帝政之暴，请毋得使之行希腊间。是行民政而斥帝政，希腊人之共知也。

希罗多德十

贸易为心好货同，不嫌翻覆致途穷。

岂无德礼约君子，多尚政刑称至公。

《希罗多德书》言居鲁士、大流士多宽厚，而希腊人多诈吝。卷五言米利都人希斯提埃乌斯之翻覆，卷六言雅典人阿尔克麦昂之好货，皆其著者。然希腊竟至勃兴，何者？盖贸易为业，不区区计私德，而于政之均、刑之公，深致意焉。卷六言米太雅德挫波斯于马拉松，几以一人力拯雅典，而遂出师帕洛斯报私怨，师又不利，归即被罚。不以大德掩一罪，从可知矣。

希罗多德十一

奴仆迎人始得亲，何如归作自由身？

归来欲使平天下，外义分明在内仁。

《希罗多德书》卷七载波斯人海达涅斯说斯巴达人斯伯提亚斯与布利斯曰："尔何不欲友大王耶？大王重功德，以尔材能，若肯效命，必使治希腊也。"对曰："汝知奴仆之乐，未知自由之乐也。"然斯巴达人尝惧雅典因自由而强，遂欲以帝政加之。盖其视自由，是义外也。自由不出仁内，必如康德言率国以文而率天下以野也。

希罗多德十二

客过空哀不返魂，凭谁传语报家门？

男儿有死难伸义，一勇先酬故国恩。

《希罗多德书》卷七记温泉关三百斯巴达人之碑铭，曰："客往拉栖代蒙兮，请传吾语：既遵国之命兮，遂眠兹土。"又言阿里斯托德姆斯与攸里图斯养疴阿尔佩尼村，闻军败，攸里图斯径赴死焉，而阿里斯托德姆斯还归，遂为人议。盖彼一人养疴而归，无所议也；二人同归，亦无所议也。今二人所处同，所择异，故为人议。后普拉提亚役中，阿里斯托德姆斯始得湔洗其辱。希腊人之重勇，纳为四德，可见也。

希罗多德十三

休论器小与功多，王道平平霸业颇。

莫笑哲邦终不睹，常悬至善迥嵯峨。

《希罗多德书》卷八言雅典萨米利斯克波斯水师一役，泰米斯托克利斯之功实多。彼诱波斯之围，励邦人之志，亦足觇其智勇也。而贪贿投寇，德实不称。夫子虽有微管之叹，孟子终无道桓文之事，今于泰米斯托克利斯思之可过半矣。柏拉图之言哲邦，有以也。故康德云："此至治之邦，或终未能睹，而无害其理念之是。盖此理念必使吾人之法度趋于尽善，故悬此则为其范也。吾人终止乎何极，实行之距乎理念何多，此非能复，亦非所须复者也。"

希罗多德十四

作俑犹当无后论，仁司生殖岂除根？

夫人报怨仍称恕，以直安容保厥元！

《希罗多德书》卷八云佩达萨人赫尔摩提姆斯，尝陷敌，开俄斯人帕尼奥纽斯，从事阉人贸易者也，赎之，阉而售诸萨迪斯。遂入波斯王宫，得薛西斯王宠幸。乃诱帕尼奥纽斯举家来萨迪斯，使其父子互阉，以为报复。希罗多德言其最酷之人也。然夫子以无后论始作俑者，帕尼奥纽斯操业尤过之，安得不当此报耶？未使殒命，犹称恕焉。

希罗多德十五

至治无为到结绳，一兴什伯起侵凌。

君来莫问愚贤事，先慕豪奢见未曾。

《希罗多德书》卷九云波桑阿尼斯既克普拉提亚，获薛西斯金帐，遂命于帐中置波斯筵席，且进斯巴达餐以相较也。乃召诸将，示之曰："呼诸君至，见波斯王之愚也。舍是玉食，而争我粗粝。"波斯之败也，职豪奢之由，盖民见可欲而心乱矣。是时希腊人尚未及豪奢，一旦及之，未有不败。其间果愚贤乎哉？

修昔底德一

君王百战赫神威，特洛伊前方解围。

莫信婚姻盟誓在，从来势力使无违。

《伯罗奔尼撒战史》卷一云：弱之服强，趋利也。强者遂有多金，乃逾强，因臣弱者。故从阿伽门农之征特洛伊者，服其势力也，岂为誓诸丁达琉斯耶？盖丁达琉斯者，海伦父也，传云求婚媾者誓之曰：为海伦故，且卫其夫。海伦既为帕里斯劫至特洛伊，遂从阿伽门农而征。修昔底德言荷马诗事，实史之为学之肇端也。

修昔底德二

窃钩利在始言公，窃国分明擅我雄。

仁义那如权柄重，私怀无处隐深衷。

《伯罗奔尼撒战史》卷一载雅典使臣云：汝为利也，始言义。倘汝有力，义将安用？是塞拉西马柯言"正义为强者之利"，当时之通言也。然无以为渎神者，而苏格拉底以义归神类，反致其罪。嗟夫，强力可由我擅，不容尔疑，有如是者！

修昔底德三

技利一时安取闲？国家从此累多艰。

劳生若觅逍遥境，只在无为齐物间。

《伯罗奔尼撒战史》卷一载伯利克里云：操船之技非闲中可就，必出酷训，习之者无暇事他业矣。彼无素习者，安能与吾较？此矜雅典水军之强也。然一国之士，汲汲从事之，民生之多艰必矣。亚里士多德云："技之不沾沾乎利者，则智也。技有因利者，有徒玩者，其次尤智焉。故技而之学，每在闲暇地。"(《形而上学》卷一)求希腊之学术，当在此不在彼也。

修昔底德四

身贱多惭据理争，不期身更被人轻。

君看海上风云谲，畏死何能致太平？

《伯罗奔尼撒战史》卷二载伯利克里云：以人心言，畏祸之苟活，惨于力争公义之横死。此赞阵前裹尸之军士也。而此勇德，不必在战事，故孟子言大丈夫，亦曰："威武不能屈。"今身贱者多，又畏人言，常怯懦，不敢据理争，身益贱矣。贵者乃以忍德褒之。呜呼！忍而为德，汝所以益贱也。请征诸雅典战事。

修昔底德五

逢迎百计数终穷，谁比君侯卧治功？

民自可由歌鼓腹，治平慎勿与之同。

《伯罗奔尼撒战史》卷二言雅典治邦者多阿民私心，置邦之公利不顾。惟伯利克里敢逆众意，甚且以威临之。然其才德亦实足服人，故能高卧而治，目之为第一公民。柏拉图亦以民政为不足恃，意可潜通。夫子云："民可使由之，不可使知之。"尚以为难解耶？

修昔底德六

舞阶空致万邦和，疆域分时谋自多。

莫信同胞无怨毒，尔民曾鸩国之皤。

《伯罗奔尼撒战史》卷三载克里昂云：帝国非民政可为也。民吾同胞，无怨毒阴谋，外邦但同盟耳，安在其能无？是禹舞干羽于两阶而有苗格，徒仁政之夸。虽同胞间，何尝能无耶？苏格拉底之鸩也，非同胞民为之耶？其竭力主持者，皆克里昂党也。政不徒仁义，势力亦与焉。

修昔底德七

朋党相持自异同，争而为正孰云公？

国家权柄恣操纵，枉到成雠怨道穷。

《伯罗奔尼撒战史》卷三修昔底德论党争云：党争之酷，深使人惊。党人皆起于贪，遂至争权柄。其行也，罔顾义与国之利，徒一党之放纵耳。乃致天下恶盈，高尚人嗤，上世之淳朴荡然。盖朋党以争为正，自坚伪义，用掩私心，至于为所欲为，乱过敌寇。治国者可不慎欤？可不慎欤？

修昔底德八

将军失计战和难，辽海茫茫一岛寒。

说到止戈谁见义？楚囚终古愧南冠。

《伯罗奔尼撒战史》卷四述雅典军困斯巴达军于斯法克特里亚岛，两邦议和未克协。雅典军遂陷之，三百人降，其中国士殆半。希腊咸惊骇，盖皆以斯巴达无降士也。或有笑之者曰：真勇士皆死疆场间。对曰：箭矢果识勇怯，其用大矣。嗟夫！为国者不识止戈之义，徒责士死，谁其必从之也？

修昔底德九

尽传名哲负戈行，翻误将军受重名。

笑杀阵前夸胜计，风云卷尽凯歌声。

《伯罗奔尼撒战史》卷四述帕冈达斯率玻俄提亚人败雅典军于德里昂，雅典丧重装步卒千人，轻装军及随行者无数，其帅希波克拉底死之。是役帕冈达斯之将略震慑一时，而后世罕传焉。惟因苏格拉底充重装步卒，阿尔喀比亚德充骑卒，名遂大著。哲人功业，有在当时胜负褒贬之外者，顾见者眇耳。

修昔底德十

高门容易取高名，人力天工一世倾。

轻薄未知居易事，敢将末路怨群氓？

《伯罗奔尼撒战史》卷五言阿尔喀比亚德年未三十，已为主战党魁。盖既出高门，又擅天赋人才之美，取高名也固易。惟从苏格拉底游，有其智不有其德，轻躁侥幸，终其生不改也。西西里之征，成败枢机所在也，为群氓构陷，终致仓皇，虽云命蹇，而自处实未为当。“君子居易以俟命，小人行险以侥幸”，固非所知也。

修昔底德十一

虽非仁义在侯门，谁谓空言见道存？

不是人间争尚武，从来力敌始公论。

《伯罗奔尼撒战史》卷五述雅典人与米洛斯人议言，有云：“公义之基，厥惟力敌。”此持平语也。盖柏拉图言公义之理型，类孟子迂阔；塞拉西马柯言正义为强者之利，类庄子“诸侯之门，仁义存焉”。不期之圣王，必蹈乎法术。先以力敌，复约公义，徐待风俗之善，信念之坚，而义之型不徒虚悬矣。

修昔底德十二

利甘义苦避趋同，理则从来在力雄。

天道是非虚信耳，几人真见报施公？

《伯罗奔尼撒战史》卷五，雅典人昂然告米洛斯人曰：“利甘义苦，而谓斯巴达人能趋苦避甘乎？一趋利也，衡之所倾，必不利于弱力，此古今之理则也。毋因神道而存虚信，谁见其报施之公耶？既为所欺，终致灾祸。”此《伯夷列传》疑之未定，而雅典人信之已坚，风俗之坏，可从而觇之矣。

修昔底德十三

圣王霸主竟参差，古所传闻各异辞。

人口是非谁管得？周公恐惧在当时。

《伯罗奔尼撒战史》卷六言雅典霸主庇西特拉图之子希帕库斯，涉阿里斯托吉与哈摩狄乌斯之隐事，为二人害。其兄希庇阿斯遂行霸政，雅典人深惧焉。托名柏拉图之《希帕库斯》则云彼实希庇阿斯兄也，先为圣王，阿里斯托吉与哈摩狄乌斯嫉之，因刺焉，希庇阿斯即行霸政。盖言圣王不见容于俗世也。此与周公之事略近，白傅所以有“恐惧流言日”之叹也。然事遥辞异，为求实事之是耶？求空理之是耶？所不能知矣。

修昔底德十四

国家权柄庶人操，进退翻成首鼠劳。

存得身名私念在，君侯一死比鸿毛。

《伯罗奔尼撒战史》卷七言雅典与叙拉古战不利，德摩提尼斯欲引兵归，而尼基阿斯阻之曰：“雅典庶众必以我辈得赂而还，与其被不公之罚，宁任不可期之命。死，即死敌耳！”盖叙拉古之役，固非出尼基阿斯本意也，为身名之念，俯从庶众。兼之不娴战事，终致覆师身死。虽庶政诚阙，倘能不蔽私欲，慨然从善，亦不致丧身危国也。乃无人为诛心之论，竟使终擅德声，雅典当时之俗可知矣。

修昔底德十五

西西里外丧全师，翻覆人情那足悲？

国事权衡惟是利，空言枉托万年知。

《伯罗奔尼撒战史》卷八述雅典既于西西里覆师，开俄斯人叛焉。雅典乃自海上逼迫之，从陆上纵掠之，开俄斯人大困。然自拉栖代蒙人外，开俄斯人实最娴政事者，虽邦之昌而虑之尤详。其叛雅典也，非率意独行，盖盟邦尽叛，皆以雅典必速败。虽然，与斯巴达盟，果有万世之利耶？而先致无妄之灾，不可谓知几也。柏拉图托王制于空言，俟知音于千载，有以夫！

【书评】

后习俗责任伦理学与儒家伦理学之重构

——林远泽教授的《儒家后习俗责任伦理学的理念》评介

陈乔见①

【摘要】 林远泽教授在《儒家后习俗责任伦理学的理念》一书中，借镜西方"后习俗责任伦理学"这一理论视域来重构与阐释儒家伦理学，对儒学中的核心议题如心性论、天道论、工夫论以及重要观念如人伦、仁义、礼治、正名等做出了杰出的阐释，成功地论证了儒家伦理是超越习俗的普遍主义伦理学，揭示了儒家所内蕴的启蒙理念及其在历史发展过程中的辨正回退，阐明了儒家礼治社会当代之实践可能性的条件。林教授的重构与阐释激活了儒家伦理学之理论潜能与底蕴，总体上十分精彩，颇富教益，但他对儒家概念的某些细节性解释似可商榷或进一步完善，其所提供的礼治社会方案有待且值得进一步深入探讨。

【关键词】 林远泽，儒家伦理，后习俗责任伦理学，普遍主义，启蒙，礼治

当代西方哲学擅长类型学分析，创造种种概念和主义，厘定各种主义之一般的理论结构与观点，十分有助于吾人直接切入某个问题展开讨论，而无需通读哲学史上那些汗牛充栋的著述。相对而言，中国学术则弱于此种理论概括与辨析工夫，较长于"史"的梳理而短于"思"的重构，因而出现一种所有人文学科皆"史学化"的倾向，诚如陈少明先生指出，中国哲学史研究的总体趋势越来越与哲学无关，而中国哲学创作更难有踪影可寻。② 虽说"哲学就是哲学史"，但对于真正的哲学研究而言，对以往思想的综合与分析，经由重新诠释而重构其理论结构和理念，并指出其在现代社会的理论与实践意义，这无疑更属难能

① 作者简介：陈乔见，华东师范大学哲学系副教授，主要研究方向为儒学（先秦儒学与宋明理学）、先秦诸子，兴趣领域为伦理学与政治哲学。本文为笔者所主持的国家社科青年项目基金"义观念研究"（14CZX021）的阶段性成果。

② 参见陈少明：《中国哲学史研究与中国哲学创作》，《学术月刊》，2004 年第 3 期。

可贵。以儒家伦理而论,她到底是何种类型的伦理学?是义务论还是后果论,抑或美德伦理学?是关怀伦理学还是角色伦理学?[①] 又或吾人不以外来的概念或主义来标签儒家伦理而就把她笼统称之为"儒家伦理"或"儒家伦理学",但这种伦理(学)的基本性格和特征到底为何?是特殊主义还是普遍主义?最后,置身于世界性的百家争鸣,今人如何理解与诠释具有悠久传统的儒家伦理?是固守所谓"以中释中""以古释古"的原则乃至回到经学所谓的"家法"以图保持所谓原汁原味的儒学,满足于自说自话,"躲进小楼成一统,管他春夏与秋冬";还是积极参与争鸣与对话,"欲求超胜,必先会通"(徐光启语),汲取各种思想资源,丰富、发展和重构儒家思想?凡此种种,是儒学研究者经常会碰到并且不得不做出思考和回应的问题。就此而言,台湾政治大学林远泽教授的《儒家后习俗责任伦理学的理念》[②]一书,在"后习俗责任伦理学"的理论视域下,对儒家伦理做出了杰出的阐释与重构,让人耳目一新,可以说抛出了一个全新的范式,无论是对于儒学研究,还是对"做中国哲学",以及对中国社会的应然发展走向,都极富教益和启发意义。笔者读罢获益良多,阅读过程中就有写书评的冲动,一则可以借助写书评来加深理解,一则亦可以与读者分享思想的盛宴。

一、道德发展理论与"后习俗责任伦理学"的提出

林著对儒家伦理的研究遵循两个基本取向:其一是后设研究,它讨论的是今人对儒学研究背后所预设的理论,是否已经充分达到儒学所隐含的思想高度。其二是愿景研究,它并非意在讨论儒学在过去是什么,而是想探讨儒学未来可以是什么。不难看出,后设研究本身就昭示着愿景研究。与此主题相应,林著采取了三种方法:(1)重构性的方法,意在重构儒家伦理学的基本理念;(2)批判性的方法,对儒家伦理学的发展历史和观念提出一种文化病理学的诊断;(3)建设性的方法,在前两者的基础上,考察儒家学说在当代仍具有何种解决实践问题的可能性。

与其后设研究相关,林著对儒家伦理学的重构主要借镜了科尔伯格的道德发展理论

---

① 最近一二十年来,不少学者借镜不同的西学思想资源来阐释或重构儒家伦理学:借镜康德自律伦理学来阐释儒家的代表是牟宗三先生与李明辉先生,后者参见氏著:《儒家与康德》(修订版),台北:联经出版事业有限公司,2018年。借镜美德伦理学来阐释儒学的代表是美籍华人余纪元和黄勇两先生,参见余纪元:《德性之镜——孔子与亚里士多德的伦理学》,北京:中国人民大学出版社,2009年;黄勇:《当代美德伦理——古代儒家的贡献》,上海:上海东方出版中心,2019年。把儒学诠释为角色伦理学的是安乐哲(Roger. Ames),参见安乐哲:《儒家角色伦理学——一套特色伦理学词汇》,济南:山东人民出版社,2017年。

② 林远泽:《儒家后习俗责任伦理学的理念》,台北:联经出版事业股份有限公司,2017年。下引此书只随文夹注页码,行文简称"林著"。

与吉莉根(Carol Gilligan,1936—)和诺丁斯(Nel Noddings,1929—)的女性主义以及阿佩尔和哈贝马斯的沟通行动理论等。科尔伯格根据西方正义概念的发展,把道德发展区分为“三层六序”:(一)前习俗时期层次:(1)惩罚与服从序阶,(2)个人的工具性目的与交易序阶;(二)习俗时期层次:(3)相互的人际期待、关系与顺应的序阶,(4)社会体系与良心维持的序阶;(三)后习俗时期层次:(5)基本权利与社会契约或效益的序阶,(6)普遍的道德原则序阶。在“三层六序”中,序阶愈高,表明道德认知(判断)能力愈高,行为者在人我互动与角色认取中逐渐发展出自我中心、家族中心、国家中心、人类学中心等伦理学。在此“三层六序”中,道德发展原则最终聚焦于康德在伦理学方面的自律道德与罗尔斯在政治哲学方面的正义理论。为了证实“三层六序”的解释架构具有结构的普遍性,科尔伯格通过假设性的两难情境,来测试受试者(既有纵向的长期追踪研究,亦有横向的跨文化研究)的道德发展能力。但是,这种理论遭到了来自女性主义关怀伦理学的挑战。关怀伦理学家吉莉根(亦是科尔伯格的助手)指出,科尔伯格的研究注重假设性两难推理中行为者的道德原则推理,忽视了现实情境中行为者的责任问题。现实情境中往往存在着“知而不行”的现象,这表明在道德判断能力之外,还需道德行动能力的培养。在面对这一挑战时,科尔伯格承认应当进一步思考,在透过道德判断能力进行“什么事才是应该做的?”(What should be done?)的义务判断之外,我们还应进行“为何是我应该做此事”(Why me?)的责任判断,以便为知行合一同轨发展提供必要且充分的条件。当科尔伯格跨出道德判断领域,走向道德行动领域时,他发现了另外一个同样重要的问题,此即在现实生活中,由于命运的摆布,行为者的德福未必一致,吾人因而难免会在“我为何要行道德”的质疑中,陷于虚无主义的危机,这时吾人若非回退到追求欲望的个人享乐主义中,否则必须借助宗教的终极关怀,以便为道德实践是使生命终究有意义的活动提供说明。吉莉根认为,科尔伯格对高于自律与正义之道德第七序阶的责任伦理研究,显示我们应超越道德判断的“后习俗形式主义”(postconventional formalism)序阶而达到能在现实的情境脉络中负责任地实践道德行动的“后习俗脉络主义”(postconventional contexturalism)序阶。德国哲学家阿佩尔和哈贝马斯则进而指出,科尔伯格与吉利根之争,并不是男性的正义伦理与女性的关怀伦理的性别之争,而是规范的正当性奠基与规范的可应用性之辩。一个具正当性的规范必须具有能被普遍遵循的可能性,它才具有可应用性。

林著指出,在试图尝试超越道德自律与政治正义的第六序阶时,我们终于真实地面临西方伦理学至今也未能充分解决的三个重要问题:(1)我们如何能针对道德行动的动机促动问题,为义务论伦理学进行责任伦理的扩大,以能有知行合一的道德实践能力;

(2)当道德实践遭遇生命无意义的虚无主义危机时,我们如何可能将道德实践的无穷可能性,建立在生命意义的终极关怀上,以能转化宗教而为道德提供最终的奠基。(3)结合正义与关怀的后习俗责任伦理学,如何能在政治制度的构想中得以实现的问题。作者认为,这三个问题正是儒家工夫论、天道论、礼治论所关注的问题。为此,在这样一种现代问题意识背景下和思想资源视域下,作者展开了他对儒家伦理学的定性与定位、重构与阐释。

二、仁义内在与正义、关怀

对儒家理念的重构所面临的首要问题便是何谓儒家伦理的核心理念,其理论性格如何定性? 在此方面,作者非常精准地抓住孟子所言的"仁义内在"作为儒家伦理学的核心理念,并对其理论意蕴做了充分的揭示。林著从西方道德哲学的两性之争开启这个议题。一方是以科尔伯格为代表的道德认知发展理论,作为当前极具系统性的道德教育心理学理论,传承了西方从苏格拉底,经由康德再到罗尔斯的正义论的主流传统,他们强调排除感性干扰,透过理性推理的道德判断之自律能力,如前所言,其发展的顶峰即康德的自律伦理学与罗尔斯的正义论。另一方,起源于女性主义视角的关怀伦理学却从一开始就揭发了正义论述的片面性,认为伦理学的基础是人与人之间的关怀关系的存有论优先性,"关系将被视为是存有论的基础,而关怀的关系则将被视为是伦理学的基础"(诺丁斯语,第 59 页),质疑正义论述是基于孤立而分离的人格,这是由偏好对抗与竞争的男性意识所主导的道德关系。

林著一方面指出,西方道德发展中的男女性别之争表明,"完整的道德人格必须具关怀之情,又能做正义判断"(第 50 页);另一方面又指出,"但这样一种能结合正义与关怀之完整人格的后设伦理学理论,在西方传统的思想资源中,却似乎还未真正存在过"(第 51 页)。就此而论,作者极富洞见地说:"儒家肯定'仁义内在',主张'仁者爱人'与'义者宜也',这显示儒家无疑强调'关怀'与'正义'都是人性之本然。在君子的完整人格中,不仅应有西方正义理念所忽视的仁心关怀,也应有女性主义所不容忽视的正义要求。"(第 50 页)儒家伦理学所强调的"仁义内在",自始至终都在关切如何可能结合正义与关怀,以培养出具有完整道德人格的君子。

作者赞同从后习俗责任伦理学视域下研究轴心时代中国思想的德国先驱罗哲海(Heiner Roetz,1950—)的洞见,儒家其实早已意识到后习俗的责任伦理学问题,儒家既注重遵守普遍规范的"道德存心",又注重规范必须在具体境域中具有可应用性的"社会责任”。然而,在作者看来,罗哲海的研究对此尚未充分展开。为此,林著的任务便是充分拓展和阐明“儒家伦理学作为一种后习俗的普遍主义责任伦理学如何可能?”(第 95 页)

三、经典阅读、行动诠释学与普遍法则

关于儒家是否是普遍主义伦理学,学者经常持怀疑态度;即便有的认为是普遍主义,但这种普遍主义如何证成?普遍法则在儒家那里到底是如何被奠基的?这一点似乎大多语焉不详。林著另辟蹊径,从儒家“为学”开始讨论儒家如何为普遍法则奠基。

确实,“为学”是成为儒家的起点,《论语》开篇即云“学而时习之”,《荀子》亦以“劝学”为全书之首。儒家所谓的“学”不只是知性的学习,而且更多地带有德性自证和实践的意义,前者如孔子所说的“为己之学”(《论语·宪问》:“古之学者为己,今之学者为人。”)和孟子所谓的“学问之道无他,求其放心而已矣”(《孟子·告子上》),后者如子夏曰:“贤贤易色,事父母能竭其力,事君能致其身,与朋友交言而有信。虽曰未学,吾必谓之学矣。”(《论语·学而》)林著抓住儒家“为学”的这一特征,认为“为学作为儒家的哲学思考活动,基本上是针对历史经典所记载的人类言行所体现的规范普遍性的掌握”,“这即凸显儒家是将它的普遍主义伦理学构想,奠基在经典阅读的诠释学活动之上”(第 101 页)。为此,林著呼应了近些年来对传统儒学的诠释学研究,不过,与借重国人所熟知的“文本诠释学”(如施莱尔马赫、伽达默尔等)不同,作者在此引入了阿佩尔、哈贝马斯的“行动诠释学”的概念。诚如作者所言,后者批判前者仍停留在阅读与观看的主客对立模式,而不能参与到人与人相互理解的沟通行动之中,唯有当意义的理解活动从文本阅读转换到对话沟通的场景中,实践行动才能成为认知的基本目的。

作者进而认为,“文本诠释学”与“行动诠释学”之争虽然是当代诠释学发展的重要里程碑,但相关问题意识很早出现在原始儒家对于经典诠释的基本态度上,并且也贯穿了儒学史。原始儒家的“为学”概念无疑更接近行动诠释学,而汉唐注疏之学与清代朴学则更多地体现了文本诠释学的路径。作者从孔子对“知言”与“知人”的讨论出发,阐明孔子对于历史经典阅读的强调,是要透过为学的过程,认知内在于真实历史实践中具有普遍有效性的人类行为规范:“真正的‘知人’即是能够依据普遍客观的行为规范以正确地理解与判断他人的言行表现(知言),以使自我与他人的互动协调(知礼),如同接受天道的普遍法则所规范一样(知命),能够透过‘畏天命’‘畏大人’与‘畏圣人之言’转化成行动实践的动因,而作为一个真正的人。”(第 112 页)这种内在于历史实践的如天命般的普遍法则,也就是孔子所说的“一贯之道”。

然而对于夫子“一贯之道”的理解，孔门弟子产生了分歧，以言语擅长的子贡是以“多学而识之”的积学功夫来理解孔子的“一贯之道”，重自我反省的曾子则是从使人我的应然互动关系能被建立起来的基本原则来理解孔子的“一贯之道”，亦即“忠恕”之道。历史地看，《中庸》的“自诚明”、孟子的“知言养气”“尽心之性知天”、陆九渊的“尊德性”、王阳明之“致良知”的伦理学建构在某种意义上进一步推进了曾子的观点；而《大学》的“格物致知”、荀子的“劝学解蔽”、程朱派的“格物穷理”则可视为对子贡观点的推进。作者特别强调孟子的“知人论世”和荀子的“学莫便乎近其人”的交友理论和“尚友古人”这样一种无限制的理想沟通社群，作为行动诠释学的意义阐释活动，说明儒家早已表达了哈贝马斯的三个沟通合理性要求，即真实性、真诚性和正当性，从而建立起以交友理论的真实沟通为基础的规范可普遍化判断过程。

总之，透过原始儒家“知言”与“知人”理论所进行的分析，“说明原始儒家透过阅读经典的意义理解活动所建构出来的‘行动诠释学’，事实上是要提供使我们能掌握通贯于人我互动、历史社群与理想世界之间的普遍行为法则的理解基础，以为人类遵守应然的行为法则奠定客观而有效的实践依据”。（第 133 - 134 页）

四、工夫论与责任伦理学之德行判断

如所周知，儒家尤其是宋明理学以工夫论见长，近年来传统工夫论再次受到关注和聚焦，①但工夫论究竟在伦理学中占有什么样的位置，似乎较少为人关注。林著从西方伦理的发展及其存在的问题，为儒家工夫论找到恰当的位置。

具体言之，肇始于苏格拉底的伦理学，强调实践理性的三段论推理：大前提意在解决实践理性的规范的奠基问题，小前提意在解决实践理性的情境诠释问题，结论意在解决实践理性的动机促动问题。作者敏锐地注意到了他所谓的“中词歧义谬误”（第 155 页），即，在大前提中的“我”与在小前提中的“我”并不是同一个自我，前者是一个理性存有者，后者是一个具体存有者（具有历史脉络限制性的我），这就产生了“知而不行”的现象。历史地看，康德伦理学为大前提中的“我”（实践理性）的奠基能力做了阐释，当代诠释学的实践哲学与对话伦理学从亚里士多德的实践智慧出发，对于情境合适性的应用问题做了讨论，哈贝马斯的沟通行动理论发挥了黑格尔的伦理性洞见，对如何透过确保规范能被普遍遵守，以为行动动机的促动奠定了基础做了讨论。然而，“对于如何在结论中，使在大前

① 关于此问题的研究，参见倪培民：《从工夫论到工夫哲学》，《哲学动态》，2018 年第 8 期；王正：《先秦儒家工夫论研究》，北京：知识产权出版社，2015 年。

提中的'我'与在小前提中的'我',能透过自我认同的一致性,以将在大前提中被证成具有普遍规范效力的义务要求,透过小前提的情境诠释,而转移到作为在结论中,成为指引个人具体生活实践之道德原则,则并没有得到特别专题化的讨论"(第145页)。正是在道德判断转为道德践履,或者义务判断(我应当做什么)转为责任判断(为什么是我)的这一环节,儒家工夫论找到了它恰当的位置。儒家工夫论所要讨论的实质问题其实就是确定我们的先验的道德主体如何能贯彻成我们的经验主体的主宰。如此,儒家工夫论可定位在:"它致力为道德推理之实践的动机促动奠定基础。"(第146页)

作者指出,在西方哲学的讨论中,与儒家工夫论议题最为接近的学说是道德教育之发展心理学。科尔伯格的道德发展理论认为,一个人的道德判断能力愈高,在责任判断中就愈能接受规范之义务约束。因而,科尔伯格仍是从抽象的自我一致性来解决义务判断(知)与责任判断(行)之间的断裂问题。Augusto Blasi 则认为,除非规范的义务性能被整合到人格的自我界定中,否则它就不能产生促动行动的约束力。作者认为 Blasi 的这种"本真伦理"(Ethics of Authenticity),显然与儒家工夫论所要论证的问题相一致。但是,作者指出,无论是科尔伯格从追求道德自律的理性存在者还是 Blasi 从追求本真伦理的存在主体出发,他们都是把决定承担道德实践的责任判断交付给一个独立而孤离的主体。然而在道德实践领域中,我们必定同时也是生活在某一个社群之生活世界中的成员。在此,作者引入了强调"道德氛围""社群共感""团结"和"规范可期待性"等概念的小哈贝马斯(Tilmann Habermas)的"团结伦理"(Ethics of Solidarity),来说明"在道德行动中我们一方面要根据理性的理想,构想具正当性的行为规范作为应然的行动方式;但另一方面,我们又要正视人在具体生活情境中所负有对自己或他人的特殊责任,以做到互助团结的具体生活实践"(第165页)。总之,根据作者分析,我们有必要在义务判断与责任判断之间,再搭建一个基于"本真伦理"与"团结伦理"的要求,形成以"德行判断"作为中介的桥梁。正是在此环节中,作者为儒家工夫论找到了更为精准的理论定位:"儒家工夫论所讨论的范围,正是属于与道德行动之责任伦理相关的德行判断",儒家所讨论的"慎独""毋自欺"等正心诚意的内圣工夫,即属于"本真伦理"的问题;而"齐家、治国、平天下"这些外王工夫则属于"团结伦理"的问题。

五、"伦理性儒家"与"道德性儒家"之区分与针砭

众所周知,人伦是儒家伦理的核心所在,孔子说:"君君、臣臣、父父、子子",孟子有所谓五伦之说:"夫子有亲,君臣有义,夫妇有别,长幼有序,朋友有信"(《孟子·滕文公

上》),荀子则强调“礼以定伦”(《荀子·致士》)。林著认为无论是所谓“道德性儒家”(如思孟学派和宋明儒家)还是“伦理性儒家”(如荀子和汉代经生)都致力于以人伦常道建构礼治社会,这也是孟、荀定义理想人格的最高标准,孟子说:“圣人,人伦之至也”(《孟子·离娄上》),荀子说:“圣也者,尽伦者也;王也者,尽制者也”(《荀子·解蔽》),便说明了这一点。内圣尽伦,外王尽制,这表明儒家的内圣外王的实践理想,最终必须能在人伦的世界中,实现人之为人的道德自我与礼乐教化的理想社会。

儒家为责任伦理奠基的“本真伦理”与“团结伦理”所进行的工夫实践,因而也是在人伦场域中展开。孟子从道德本心(四端之心、仁义内在)来为人伦奠基,试图从“爱亲”“从兄”这些本源性的道德情感出发,加以扩充、推扩,经由“老吾老以及人之老,幼吾幼以及人之幼”,从而使普遍化的人伦得以实现。荀子从礼的外在规范来建立人伦常道,通过“礼以定伦”“礼以定分”来确认社会成员的角色认取和人伦关系的差异性,从而达到群居合一的良序社会。作者认为,从道德发展理论来看,无论是道德性儒家还是伦理性儒家,都已经超出了周礼的习俗性伦理,而尝试在后习俗道德的层次,为行为规范奠定合理性与正当性的基础。但作者同时也指出,人伦具有三个特点使得它最终是特殊而无法普遍化的人际关系,即(1)情感的先在性、(2)无可取代的个人特殊性、(3)人与人关系的非对等性。进而,作者认为在历史上,这种奠基性的工作在历史上并没有得到真正的完成,毋宁说发生了某种“启蒙的辨正”(即回退)。汉代儒生诉诸阴阳五行、天人感应等神道设教的方式为“三纲五常”的奠基并使之意识形态化,使得人际间的规范关系变质为“三纲五常”的权力宰制,成为禁锢个人自由、确立不平等的牢笼,便是原始儒家以人伦常道建构礼治社会的辨正回退。这一点从肇始于西方启蒙运动的西方现代性(平等个人、道德自律、天赋权利、法治等)的视域来反观,更为明显。但作者并不赞同西方的现代性即是儒家发展的理想目的而放弃儒家以人伦常道建构礼治社会的理念,毋宁说欲在反思的基础上,开出一种“出于仁学的礼治社会”(第 193 页),以使人与人之间的团结承认与个人的自由平等能够同时得到真正的实现。

为此,作者引入法兰克福学派第四代的领军人物霍耐特(Axel Honneth,1949—)的理论。霍耐特重新赋予黑格尔“伦理性”以新的意义,以超越启蒙运动所形塑的单薄的自由与权利概念。透过对黑格尔法哲学的诠释,霍耐特指出作为能实现个人社会自由之相互承认基础的伦理性建制,即是应从包括友谊、夫妻的亲密关系与在家庭中父母子女关系在内的“个人关系中的我们”出发,以说明个人自由的真正可能性。作者认为霍耐特在此所提出的“人际关系的道德”即是儒家的“人伦”概念。这种殊途同归启发我们可以透过法兰克福学派的理论,将仍隐含在原始儒家之伦常概念中的理论潜能解放出来,从而合理地说明人伦如何可能成为常道,进而使得儒家的伦常思想有进一步发展的可能。这正是作者所要努力的方向并在本书有所尝试的儒家伦理重构。

如果说,伦理性儒家在历史实践过程中发生了启蒙的辨正,回退到通过阴阳五行的宇宙论和谶纬神学等神道设教来为规范奠基,那么,道德性儒家则通过回归到主体心性来为规范奠基,这种道德自律的觉醒克服了伦理性儒家的辨正回退,确实高举实践理性之启蒙作用的现代性意义。但是,作者认为在两个意义上,作为道德性儒家的宋明理学仍是未完成的启蒙:(1)他们未能维持先秦儒学在“道不行”的生命界限经验中所发觉到的道德第七序阶,以使宗教意识能保持在实践理性的范围内,反而试图把冥契天道的经验,实体化成为可以知见的宇宙——本体论内涵;(2)他们也未能在宗教意识作为道德实践的根源动力基础上,将天道性命相贯通的超越意识,转型成支持礼治之外王实践的行动意义系统。——这不仅使西方现代的科学世界观与民主的规范讨论没办法发展出来,而且使得原始儒家基于“正名论的沟通对话”,以致力于礼治理想之实现的想法得不到进一步发展。

六、天道性命与何种宗教意识

儒家是否是宗教,这是一个聚讼纷纭的问题①,但对于儒学具有某种宗教性,却几乎无人质疑。然而,对于儒学之“宗教性”或宗教意识的意涵与意义,似乎也存在不同的理解。作者认为,相对于“伦理性儒家”试图透过阴阳五行谶纬之说,将宗教的神圣权威转移成礼教立法的规范有效性基础,“道德性儒家”则致力于使宗教的无上命令转化成人类道德自觉的内在根据。道德性儒家(如思孟学派)透过“天命之谓性”与“尽心、知性、知天”的过程,将理性与信仰、道德与宗教融合起来,这无疑是对人类启蒙独具意义的一章。后来的宋明理学的心性之学,乃至当代新儒家牟宗三的“道德的形上学”,都十分强调天道性命相贯通的宗教意识。儒家在其道德实践意识中,总是相信规范人们行为的道德法则应与掌管宇宙运行的自然法则之间,具有相互平行或一致性的关系,此即表现在儒家各种形式的“天人合一”论中,如汉儒的天人感应、宋儒的天之创生之德、阳明的“良知即天理”等。

但是作者指出,这并非儒家独有的经验,毋宁说是人类的普遍现象,科尔伯格即把此

① 关于此问题的最新研究,参见李明辉:《从康德的道德宗教看儒家的宗教性》,收录于氏著:《儒家与康德》(修订版),台北:联经出版事业有限公司,2018 年。

称为“自然法平行论的假定”:“自然法平行论假定我们的道德直觉(或道德秩序感),是与我们对于自然秩序的形上学或宗教直觉相平行的”(第 211 页),科尔伯格的研究表明,这种自然法平行论现象出现在“三序六阶”的每一个道德发展阶段。道德与宗教之间的这种平行论假定现象,让我们进一步追问:这种平行论(1)到底在什么意义上,对于道德实践是必要的?(2)它如何能在道德人格的提升中,自然而必然地产生出来?(3)我们是否可以对掌管自然秩序的绝对存在者进行某种智测?作者正是在此三个问题意识下,借镜科尔伯格的道德发展理论,来为理解儒家的宗教意识提供参考。道德判断与道德行动之间的断裂,总是让人追问“我为何要行道德?”这一问题是后设伦理学问题,它已经预设道德之规范性结构的存在已经受到质疑。在面对受苦、充满不正义的世界和死亡的现实世界,人们很容易产生存在的虚无感。“无语问苍天”这样一种虚无主义危机最终预设了宗教意识,但并不是康德为了确保德福一致而做实践理性的三个设准(即上帝存在、灵魂不灭、意志自由),毋宁说宗教本身不在于提供道德命令,而在于支持道德的判断与行动是一项有意义的人类活动。这就回答了以上第(1)个问题。关于第(2)个问题,根据自然法平行论的假定,科尔伯格主张道德序阶的最高发展,必须有一相应的宗教最高序阶的发展。科尔伯格发现,在从道德第六序阶过渡到宗教第六序阶的道德人格发展过程中,会经历到一个非常独特的“既超越而又内在的道德—宗教意识”,科氏称之为“道德第七序阶”。在“道德第七序阶”中,透过生命意义的终极关怀,宗教思考与道德要求产生了交集,这也使我们的道德意识和道德人格得以向上提升到一个既超越而又内在的发展阶段。关于第(3)个问题,根据科尔伯格的看法,道德必须预设宗教作为其最终基础,即为道德提供它作为有意义的生命活动的最终基础,但科氏也认为,我们不能因此就对超越的世界有任何形上学的猜测,如果有康德所谓“单在理性限度内的宗教”,那只能是一种冥契主义的经验。科氏在此暗含了对康德“道德神学”的批评,后者对宗教的理解仍停留在回报的观念(要求德福一致),以及允许对形上本体世界进行没有根据的猜测,因为上帝存在、灵魂不朽与来世这些超感性世界的内容,不是在我们的理性范围内所能肯定的。就此而言,康德的道德神学显然是接受了基督教的习俗观念。

作者认为科尔伯格有关以生命的终极关怀为主的“道德第七序阶”,极有助于我们理解儒学的宗教意识,“因为它能合理地解释孔子在遥契天道的冥契感受中,对天命保持知而不言的态度,也能支持孟子在面对生命的界限经验,主张应透过尽心知性知天的方式,来存心养性事天,从而为道德实践的无穷能力,提供‘立命’之生命终极关怀的基础”(第 235 页)。作者认为,宋明理学相对于汉唐中世纪宗教国教化,他们对于道德自律的觉醒,确具有高举实践理性之启蒙作用的现代性意义，但宋明儒家未能把宗教意识保持在实践理性的范围内，反而试图把冥契天道的经验，实体化可以成为知见的宇宙——本体论内涵。在此意义上，作者认为，以孔孟为代表的原始儒家的宗教意识，最能恰当地为道德提供最终的奠基，而不逾越人类理性的限度。

七、"克己复礼"诠释之争与儒家实践理性的类型学分析

在上述第（2）个问题意识（"道德与宗教的平行论如何能在道德人格的提升中，自然而必然地产生出来？"）下，林著回到原始儒家，透过对孔子仁学、礼学和正名论的诠释，努力重构儒家礼治国的理念。"仁"与"礼"是孔子思想的两大支柱，有的学者强调"仁"是孔子思想的中心观念，有的学者强调"礼"才是孔子思想的中心观念，似乎都失之偏颇，因为孔子"仁礼"之辨，如"人而不仁，如礼何？"（《论语·八佾》），"克己复礼为仁"（《论语·颜渊》），都明确表达了"仁""礼"之间具有某种内在的关联。

作者把孔子答颜渊问仁之"克己复礼为仁"视为印证孔门儒学的根本教法，并通过对历史上有关"克己复礼为仁"的诠释来分析儒家实践理性的几种类型学。从"克己复礼"的汉宋之争，到宋明理学内部的朱王之争，再到当代的哲学——史学之争（杜维明、何炳棣），不同的诠释者都从各自的思想立场做了不同的理解。作者在综合不同诠释的基础上，通过"克己"的两种训诂，即"胜己"和"能己"，以及"复礼"的两种训诂，即"返礼"和"践礼"，辨析出孔子仁学的四种不同类型的实践理性的主体性格：（1）胜己返礼＝习俗伦理性（马融、何炳棣）；（2）能己返礼＝社群伦理性（分格莱特、安乐哲）；（3）胜己践礼＝存心的形式道德性（朱子）；（4）能己践礼＝动态的自律道德性（邹东廓、刘述先）。诚如作者所言："采取传统的训诂手段，来平议上述关于克己复礼之诠释学争议孰是孰非，似乎已经穷尽了。但从未被仔细探讨的却是，隐藏在'克己复礼'这四种可能的诠释类型中，诠释者对于孔子论'克己复礼为仁'的'前理解'究竟是什么？"（第 267 页）亦如作者所言："古今中外的诠释者，其实都是预设了他们各自对'仁'作为实践理性之涵义的前理解，才能透过由这些前理解所构成的意义整体关联性，来为有限的文献证据，提供使他们的诠释与理解能够被合理接受的基础。"（第 267 页）

在此基础上，作者从后习俗责任伦理学的视域（作者自身的前理解）对孔子的"克己复礼为仁"所蕴含的理论意蕴做了充分的阐释。如前所言，科尔伯格的道德发展理论受到了来自女性主义关怀伦理学家的反对，后者主张应将"后习俗层次"再区分为"后习俗形式主义"与"后习俗脉络主义"两个发展阶段，以凸显能在具体情境中对于特殊他人承担

起关怀的责任,才是道德实践能力的更高发展阶段。阿佩尔在对话伦理学中,将这种道德性别差异的讨论,深化为一种超越自律伦理学之规范奠基的“后习俗责任伦理学”,强调在超越习俗伦理后的道德自律,仍需进一步再回到社会的实践脉络中,以透过规约性的策略责任考量(阿佩尔语)或民主法治国的建立(哈贝马斯的观点),来为道德的可实现性奠定基础。作者认为,对话伦理学的后习俗责任伦理学这些观点,与儒家强调的“修齐治平”与“内圣外王”,在内容上虽有不同,但在思考方向上却极为一致:“儒家显然也同样主张,透过对仁心的推扩,以一方面达到,能透过忠恕之道以进行道德自律的自我立法;但另一方面却也强调,必须在‘不仕无义’的责任要求下,致力于礼治国家的建立,以使得所有人能过‘有耻且格’的道德生活,或为在现实上可以期待的理想。”(第 174 页)为此,通过从“从根源性伦理到可普遍化的道德立法”对“克己”的再诠释,以及从“道德的自我立法到礼治的社会整合”对“复礼”的再诠释,作者最终重构了“克己复礼为仁”章所蕴含的“仁的实践理性类型学的道德发展理论”,如下所示:

(1) 前习俗道德:“礼”为殷商宗教祭;

(2) 习俗道德:“礼”为周朝礼制、习俗礼仪;“仁”为孝弟的伦理主体、人际根源性的关怀伦理;

(3) 后习俗形式主义道德:“礼”为道德礼义;“仁”为忠恕的道德主体、可普遍化的忠恕絜矩原则;

(4) 后习俗脉络主义道德:“礼”为国家礼治;“仁”为中和的法政主体、社会整合的团结和谐原则。

八、“道德文法学”与礼治社会

作者显然认为,在现代中国社会,上述第(4)层次的礼治国理念是我们所应努力追求和实现的目标。儒家以礼治或礼教(又称“名教”)著称,历史上曾受到魏晋名士的反讽,近代则受到更为严厉的抨击,鲁迅所谓“吃人的礼教”可以说代表了“五四”知识分子的一般性看法。近十年来,儒学复兴,亦不乏人士重新重视儒家礼学,但似乎更多地仍停留在名物制度和历史文献的研究以及生活礼仪的恢复上,很少有人对儒家礼治背后的正当性问题有过深入的思考,更少有人阐明儒家礼治理念在现代社会的政治哲学意义。

在此方面,林著一如既往地对儒家礼治所蕴含的启蒙理念进行了批判性重构。作者认为:“儒家以人伦的角色差异、平天下的世界主义与实现共同体整合的中庸与和谐为核心价值的礼治理念,即是以‘伦常’为政治统治的正当性进行奠基的社会立宪主义。”(第

297 页）所谓“伦常”，既有别于“伦理性”（与共同体的历史实然脉络性有关的习俗传统），又有别于“道德性”（独立于习俗之实然有效性之外的普遍原则之自我自法），儒家伦常始终指存在于特殊的人与人之间的人际伦理（人伦），又肯定在这种人际伦理中存在超越历史时间与社群界限的普遍性原则（常道）。作者正是基于这种综合了历史上的伦理性儒家与道德性儒家的“伦常性儒家”，来探讨儒家礼治理念。在西方以自由与平等为核心价值的西方民主法治国理念的对照下，作者分析了儒家礼治理念的三个特征：（1）人伦关系优先于法人关系；（2）世界公民主义观点优先于主权国家的国家理性理念；（3）具有能建构个人自我实现之社会团结基础的和谐理念，优先于国家统治技术在系统功能上的有效率性。如果我们承认西方民主法治国理念亦有其不足乃至弊病（如高扬国家理性发展而来的国家自我中心主义等），那么，重新正视儒家礼治对于政治正当性的伦常奠基，对于人类未来的发展便是颇有意义的思考。

如果说礼治是一种社会立宪主义，那么，这种“社会立宪”又是如何可能？作者在此通过对儒家“正名”论诠释为社会立宪的“道德文法学”来解决这一问题。传统对“正名”的解释存在着不同的理解，有的从知识论角度解释为“正名实”，有的从角色伦理的角度解释为“正名分”，有的从行政伦理的角度理解为“循名责实”。作者认为，这些都不能充分体现孔子“正名”论的本意，他把孔子的正名论理解为政治哲学中的“社会立宪道德文法学”。在此，作者借镜了阿佩尔和哈贝马斯的语用学理论和沟通行动理论、奥斯丁和塞尔的语言行动理论，对孔子正名论做了精彩的阐释，认为正名论无疑是以语用学基础之沟通行动理论中的一种理论形态。不过，作者也指出，孔子正名论与哈贝马斯的沟通行动理论仍有差异，后者意在为民主法治国补充一个具有沟通论辩的公共领域；相对而言，“儒家正名论的道德文法学重视的是身体动作与言谈表达的合礼，亦即道德文法学并不特别强调在公共领域中的批判讨论，而是重视在仪礼社会之进退有据的言语谈吐与身体行为表现中，表达出对于正确规范的认同与实践表态。儒家礼治的实践领域因而不在于法治国家的法治机构，而在于人伦互动的伦常领域”。（第 335 页）

九、可商榷之处与可期待之方向

林著主要借鉴西方的道德发展理论、当代自律伦理学及罗尔斯正义论与女性主义的关怀伦理学之争、后习俗责任伦理学、阿佩尔和哈贝马斯的对话伦理学和沟通行动理论、法兰克福最新干将霍耐特等西方思想资源，来解释、阐发和重构儒家伦理，对儒家的一些基本议题（心性论、工夫论、天道论等），以及基本核心理念（仁义内在、知言知人、内圣外王、人伦常道、克己复礼、礼治与正名等）做出了杰出的阐释与重构以及文化病理学的诊断，指明儒家所内蕴的启蒙理念及其在历史实践中的辨正回退与在现时代发展的可能性。林著构思宏伟，精义纷呈，比如：厘定儒家伦理学的后习俗责任伦理学的性质，阐明儒家工夫论在义务判断转为责任判断（道德行动）之间作为道德动机促动的理论意义，阐明儒家天道性命相贯通的宗教意识及其作为人类道德实践的意义，并悬置其对形上本体或超越存在的迷思；再如，用行动诠释来阐释儒家为学的理论意义，用道德发展理论来重构历史上有关"克己复礼"的不同解释所蕴含的道德发展序阶，用道德文法学来诠释孔子正名论所蕴含的沟通行动理论，以及对"伦理性儒家"与"道德性儒家"的区分；凡此种种，无不发前人所未发，敞开了儒家伦理学的多重理论意蕴，给予人诸多智识挑战与理论启迪。笔者几乎是几日内一气呵成，如饥似渴拜读完林著，读到精彩处经常忍不住"手之舞之，足之蹈之"，每每拍案叫绝。

当然，在阅读过程中，笔者也有一些疑惑和问题，觉得有可商榷之处。兹胪列如下：

其一，作者把儒学界定为"儒学是思考以人伦常道建构礼治社会的实践哲学"（导论，第 15 页）。这个界定似乎比较倾向于作者所区分的"伦理性儒家"，而不能完全涵括"道德性儒家"的义理。在笔者看来，要阐释或证成儒家是后习俗伦理学亦即是一种普遍主义伦理学，似乎更应该从道德性儒家所重视的"五常"（仁、义、礼、智、信）出发，而非伦理性儒家所重视的"人伦"（如五伦：父子有亲、君臣有义、夫妇有别、长幼有序、朋友有信）出发；理由很简答，人人皆具仁、义、礼、智、信，也应当实践仁、义、礼、智、信，但并非人人皆处在五伦当中，如沙门即无君臣一伦，鳏夫寡妇也无夫妻一伦，而现在许多独生子女也无兄弟一伦等。换言之，人伦是儒家的核心价值，但却很难说是普遍价值。普遍价值应当是"人人具有，适用于人人"，以此来衡论儒家的核心价值"五常"与"五伦"可知，儒家所能为世界提供的普遍价值应该是"五常"，即仁、义、礼、智、信。

其二，关于"仁义内在"的解释。作者说："儒家肯定'仁义内在'，主张'仁者爱人'与'义者宜也'，这显示儒家无疑强调'关怀'与'正义'都是人性之本然。"（第 50 页）我非常赞同作者对儒家是结合正义与关怀的后习俗责任伦理学的定性，但是，笔者质疑的是，"义者宜也"如何过渡到"正义"概念？"义者宜也"出自《中庸》："仁者人也，亲亲为大；义者宜也，尊贤为大。亲亲之杀，尊贤之等，礼所生也。"可见，"义者宜也"主要表达的是一种差等观念，《荀子 · 大略》所谓"贵贵、尊尊、贤贤、老老、长长，义之伦也"，最能说明"义"概念所表达的差等意涵。这个"义"概念表达的是适宜性和合理性的观念，而非正义和正当性的观念，更合适用来证成安乐哲所谓的"角色伦理"，而"角色伦理"似乎是一种习俗伦理而非后习俗伦理。与此不同，孟子是从“羞恶之心”来界定“义”（《孟子·公孙丑上》云“羞恶之心，义之端也”，《告子上》云“羞恶之心，义也”），羞是耻己之不善，恶是憎人之不善，因面对不善而产生某种怨恨或憎恶感，这其实就是正义感的来源。按孟子，扩充羞恶之心所不为即为义，“人皆有所不为，达之于其所为，义也……人能充无穿逾之心，而义不可胜用也”（《孟子·尽心下》）。笔者的建议是，用源自《中庸》且后来常见的训诂“义者宜也”来表达儒家的正义概念，不如用孟子的“羞恶之心，义之端也”“惟义所在”（《孟子·离娄下》）和“义利”之辨（正当优先于善）中的“义”概念，更能表达正义的概念及其普遍性。事实上，日本学者伊藤仁斋早已指出：“义训宜，汉儒以来，因袭其说，而不知意有所不同……学者当照孟子‘羞恶之心，义之端也’暨‘人皆有所不为，达之于其所为，义也’等语，求其意义，自可分明。设专以宜字解之，则处处窒碍，失圣贤之意者甚多矣。”①

其三，关于“仁”的解释。林著说：“其实与宋明新儒家强调以‘仁’作为实践主体的内在道德性不同，汉儒与清儒都是一开始就从交互主体性的观点来理解‘仁’这个概念。”（第 278 页）如许慎《说文·人部》：“仁，亲也，从人从二。”段注：“独则无耦，耦则相亲，故其字从人二。”又如郑玄《中庸》“仁者人也”注云：“人也，读如‘相人偶’之人，以人相存问之言。”再如阮元云在《经室集·论语论仁论》云：“出春秋时，孔门所谓仁也者，以此一人与彼一人相偶而尽其敬礼忠恕等事之谓也。……凡仁必于身所行者验之而始见，亦必有二人而乃见。”在引用以上诸家之说后，作者断言：“自律道德与正义理论因而并非是解释‘仁’这个道德实践根据的恰当起点。”（第 279 页）确实，关于“仁”之解释为道德主体性（朱子所谓“仁者，心之德，爱之理”）还是人伦关系或交互主体性，这是“汉宋之争”的一大公案，而且这桩公案在当代仍在持续。这里值得一提的是，出土文献可以帮助我们理解“仁”字的原初意涵及其演变。根据庞朴先生的研究，战国出土文献中的“仁”常写作“上身下心”，从身从心，后来才转化为“从人从二”；但是，庞先生说：“（二）这两短横，并无数目‘二’的意思，只是一种提示符号，或者竟是一种装饰，文字学家所谓的饰笔和羡划者。后人不察，常抓住二横大做文章，发挥‘相人偶’之说，谓‘必人与人相偶而仁乃见’等等，把问题搞复杂了。”又说：“后来阮元便把这一层给坐实了，说道：‘相人偶者，谓人之偶之也。凡仁必于身所行者验之而始见，亦必有二人而仁乃见，若一人闭户斋居瞑目静坐，虽有德理在心，终不得指为圣门所谓之仁矣。必人与人相偶而仁乃见也。’阮元说‘必有二

① 伊藤仁斋：《论孟字义》，吉川幸次郎、清水茂校注：《伊藤仁斋、伊藤东涯》（日本思想大系 33），东京：岩波书店，1971 年，第 131 页。

人而仁乃见'，否则'不得指为圣门所谓之仁'。倘若如此，'克己复礼''为仁由己''我欲仁斯仁至'等等，便都不得指为圣门所谓之仁了。那当然是不对的。阮元的这一认识，源自不知'仁'之所以'从二'。"①林著在此采纳汉儒和清儒的对"仁"字的解释而不主朱子等理学家的解释，这似乎与他对儒家的定位"儒学是思考以人伦常道建构礼治社会的实践哲学"（导论，第 15 页）这一理解相关，也与作者借镜的沟通行动理论有关，隐约中似乎还有对牟宗三先生以康德自律伦理学诠释儒家伦理的不满。然而，如果我们承认庞朴先生等人的研究成果，汉儒和清儒对"仁"字的解释实属望文生义，那么，我们就不得不承认宋明理学与当代新儒家（如牟宗三）对"仁"作道德主体性的理解也有根据，甚至更有道理。

其四，关于中国社会之应然走向。这是一个大问题。作者透过法兰克福学派尤其是霍耐特对黑格尔"伦理性"的重新阐释，认为这可为儒家人伦作为常道给予说明，从而为建立礼治国家提供参考。这里会不会存在某种时空错位？因为西方社会自近代以来，道德自律、自由与平等、民主与法治等经历两三百年的时间早已发展成熟——虽然哈贝马斯有所谓"未竟的启蒙"之说，在这样的社会现实上，霍耐特对"伦理性"的强调才有其意义。然而，在中国社会，自由与平等、民主与法治等仍不完善的情形下，就强调礼治的重要性，是否会影响了自由与平等、民主与法治的完善。作者也曾提到，儒家礼治国理念并不是对自由与平等的拒斥，毋宁说是意在礼治国家中更好实现出来。但这毕竟如何可能，作者虽有论述，却似语焉不详。我们是否可以这样来看问题，让礼治的归礼治，让法治的归法治；让人伦的归人伦，让契约的归契约；让市场的归市场，让友爱的归友爱，等等，也就是说，这些对子不必是矛盾对立的，而是各有其适用范围的。

或许诚如作者在全书结束时说："至于如何将礼治的这种伦常性奠基，转换成当代民主社会的生活世界基础，俾使正名论的道德文法学，能在利益妥协与权力分配的考虑之外，发挥指引政治立法的规范作用，这无疑仍是我们必须再进一步加以思考的理论挑战。"（第 339 页）。无论如何，笔者十分赞同作者最后一句话："在儒家礼治理想所未完成的启蒙中……儒家后习俗责任伦理学理念，因而应是我们重新思考中国文化之当代处境的重要开端。"（第 339 页）

---

① 庞朴：《说"仁"》，《文史哲》，2011 年第 5 期。

Postconventional Ethics of Responsibility and the Reconstruction of Confucian Ethics: Review of Prof. Yuanze Lin's Book of *the Idea of Confucian Postconventional Ethics of Responsibility*

CHEN Qiaojian

【Abstract】 In the Book of *the Idea of Confucian Postconventional Ethics of Responsibility*, Prof. Yuanze Lin reconstructs Confucian ethics from the view of post conventional ethics of responsibility. Specifically, Lin expounds outstandingly the meaning and implication of Confucian traditional themes such as the theories of mind-human nature, Dao of Heaven and gongfu and the ideas of human relations, humanity and righteousness, rule of ritual and rectification of name and the like. Lin justifies successfully that Confucianism is a kind of ethics of universalism instead of particularism, and reveals the enlightenment meaning of Confucianism and its dialectic regression in the history, and illuminates practical possibility of Confucian idea of rule of rites. Totally, Lin's reconstruction of Confucian ethics is wonderful and instructive, but some details seem to be discussed or to be perfected, and the conception of rule of rites remains and deserves to be researched comprehensively and deeply.

【Keywords】 Yuanze Lin, Confucian Ethics, Postconventional Ethics of Responsibility, Universalism, Enlightenment, Rule of Rites

情怀与格局：
《生生的传统——20 世纪中国传统哲学认知范式研究》读后

钟　纯①

【摘要】此书引进了西方哲学"范式"理论来认识、理解中国传统哲学，并有效地、客观地将二者相结合，形成了唯物认知范式、科学认知范式、人文认知范式、逻辑认知范式、自我认知范式等五大认知范式。这种学术实践和创见不仅避免了 20 世纪以来一些中国学者以西方哲学方法论理解中国传统哲学所造成的伤害和误读，更强调了中国传统哲学的价值在西学思潮影响下并非土崩瓦解，而是生生相续。在行文结构上，此书层次清晰，脉络分明，具有整体性和系统性；在方法选择上，主要采用了诠释学和综合分析的方法；在学术价值上，为研究中国传统哲学提供了新视野和新方法。可以说，五大认知范式的提出既是作者考察如何以西方哲学理解中国传统哲学的学术实践，又是对中国传统哲学如何传承和发展的现实关切。

【关键词】范式，五大认知范式，中国传统哲学，学术价值

《生生的传统——20 世纪中国传统哲学认知范式研究》②（以下简称"李著"）一书，是李承贵教授"十年磨一剑"的学术结晶，是"研究 20 世纪中国哲学标志性的成果"③。作者以深厚的学术素养，敏锐的学术洞察，提出"五大认知范式"理论来考察中国传统哲学在 20 世纪的展开，这不仅仅体现了其学术情怀，更展现了其宏大的学术格局。而这种学术情怀与格局，具体表现在对学术难题的挑战和学术现实的关怀上。笔者读罢兴奋不已，拟从书名意蕴、谋篇布局、学术价值等三个方面陈述感受，以与读者分享。

一、书名意蕴

李著甫一出版，便受到许多学者的肯定和认可，如华东师范大学杨国荣教授评价说：

① 作者简介：钟纯，南京大学哲学系博士生，中国哲学专业，主要从事儒学研究。

② 李承贵：《生生的传统——20 世纪中国传统哲学认知范式研究》，北京：中国社会科学出版社，2018 年。

③ 郭齐勇：《中国传统哲学的生生相续——〈生生的传统——20 世纪中国传统哲学认知范式研究〉读后》，《孔子研究》，2018 年第 6 期。

“哲学史的研究,关乎不同解释模式,这种解释模式既体现了不同的研究进路,也展示了多样的研究方式。《生生的传统——20 世纪中国传统哲学认知范式研究》以中国哲学研究中诸种研究范式为考察对象,并对诸种范式的所得与所失作了细致分疏。作为对中国哲学研究进路的再思考,这种分疏无疑有助于推进中国哲学本身的研究。”(底封 4)本书是作者经过十余年的思考,四年多时间的集中写作,凝练了对过去百余年中国学者用西方哲学理解或解释中国传统哲学的学术实践、学术考察、学术研究。

何谓“中国传统哲学认知范式”?作者基于美国科学哲学家托马斯·库恩(Thomas Samuel Kuhn, 1922—1996)的“范式”理论,进一步提出“认知范式”①理论框架,并将 20 世纪中国传统哲学的实践展开的形成过程和具体实践情形落实到唯物主义认知范式、科学主义认知范式、人文主义认知范式、逻辑主义认知范式、自我认知范式等五大认知范式中②。作者认为,这“五大范式”回答了中国传统哲学如何传承与发展、西方哲学应该怎样参与中国哲学建设、中国哲学的现代化开展如何吸收其他哲学学说营养,中国哲学如何完善,如何提升自身等诸多问题③。因此,“五大范式”在这个意义上可以称作中国传统哲学的认知范式。对“五大认知范式”学术实践的考察将中国传统哲学之内容、特点、优长、不足加以呈现,这为中国传统哲学在 20 世纪的展开提供了有效的实践路径,为其发展、更新指明了正确的方向。这离不开作者对中国百余年以来中国哲学究竟以何种姿态、何种形象来屹立于世界之林的关怀和思考。中国传统哲学与马克思主义哲学、西方哲学究竟如何兼容、究竟如何互联互通?这是学界一直关注的焦点问题。李著正是对时代问题的回应、对现实的思考、对中国传统哲学的关怀,提出新的视角和方法尝试厘清三者的关系。李著认为中国传统哲学在 20 世纪的展开并非断裂,而是生生相续的过程。可以说,这个观点的提出不仅关乎中国传统哲学的命运与前途,更展现了作者学术情怀

---

① 此“认知范式”具有独特性,其目的主要是为区别西方哲学的“范式”理论。作者这里提出的“认知范式”理论是具有中国传统哲学特色的“认识范式”,这与后文要谈的一些学者应用西方的认识论和方法论给中国传统哲学造成误读和伤害的“认知范式”不尽相同。因此,作者在导言中对“认知范式”明确地进行了界定,并认为中国哲学所具有的“认知范式”是以思想学说为坐标,以概念、命题为思维形式,对中国哲学的认知、理解和评价的实践。这种做法是可行的、具体的、实践的、客观的。详见李承贵:《生生的传统——20 世纪中国传统哲学认知范式研究》,北京:中国社会科学出版社,2018 年,第 4 页。

② 学界对“主义”一词有不同的理解,它既可以表示一种学说、观点、方法,又可以代表一类人,如自由主义。为避免读者对“主义”一词的过度理解,作者在导言中明确地将“主义”定义为精神、原理、方法,如唯物主义就是马克思主义哲学方法;又如作者在《社会科学报》中发文强调科学主义是指自然科学精神、原理、方法,人文主义是人文主义精神、观念、方法,逻辑主义是逻辑原理和方法等。参见李承贵:《探秘活在 20 世纪的中国传统哲学》,《社会科学报》,2018 年 10 月 11 日第 5 版。

③ 具体如何回答诸多问题,参见李承贵:《生生的传统——20 世纪中国传统哲学认知范式研究》,北京:中国社会科学出版社,2018 年,第 11 页。

与思想格局。

所谓情怀是指一个人的责任意识和使命担当，尤其是对事业有着无比的热爱之情。面对一些学者实践应用认知范式分析中国传统哲学所产生的误读与伤害时，作者之中国哲学情怀在于敢于正面地指出："考之过去百余年中国哲学史，不难发现具有西方身份的唯物主义、人文主义、科学主义、逻辑主义都先后程度不同地成了中国学者介绍、引进的内容，在介绍引进的同时也被当作认知、理解和评价中国传统哲学的坐标与方法。而在用于认知、理解和评价中国传统哲学的实践中，又常常出现对中国传统哲学自觉或不自觉的误读与伤害。"①在作者看来，可怕的并非西学的引进，而是用各种"主义"思想来认知、理解中国传统哲学，并导致了对中国传统哲学的误读与伤害，比如德里达、黑格尔等人断定中国没有哲学可言。对此问题，作者忧于中国传统哲学笼罩在西学的迷雾当中，让读者所接受的、所认知的、所了解的都是支离破碎、遍体鳞伤的中国传统哲学，而真正的中国传统哲学难以呈现在读者面前。作为一个"忧道"的现代知识分子，作者对"中国无哲学"这个问题进行了强有力的回应，并罗列了王国维、冯友兰、牟宗三、张岱年、侯外庐、冯契、任继愈、方东美等学者对中国哲学范畴的理解、中国哲学思辨的诠释、中国哲学体系的建构等诸多新儒家观点，掷地有声地回应了黑格尔所谓"中国无哲学"的荒谬之论，破解了"中国无哲学"的谜题。此外，还有一些中国传统哲学中的概念、命题也存在被应用认知范式过度解释的现象，既偏离原义，又具比附之嫌，如将孟子的"求放心"理解为对自由的追求，将"气"等同于"场"，将"阴阳"等同于力学互补原理等。尽管作者否定了一些学者对中国传统哲学命题、概念的解释，但认为"过度理解虽然需要有明确的态度，但由于理解或解释本来就是思想丰富发展的重要途径，因而我们一方面必须坚持客观理解；另一方面应该肯定过度理解在思想的发展和创新中的特殊意义"。②

有一些西方学者解释中国的经典文本，也存在误读和伤害的情形，如罗素以数理的方式来演绎《周易》。熊十力明确地反对罗素的这种演绎方式，认为他这种演绎方式只是在解释事物之间的关系而已，是"空洞形式"而已，根本不懂《周易》真正关于宇宙、人生之真谛。正如作者所指出"认知范式与被理解文本存在相互制约、相互限制的关系，这意味着如果在认知、理解实践中，突破这种限制，就可能造成对被理解文本的伤害"。③ 这种"伤

① 李承贵：《生生的传统——20 世纪中国传统哲学认知范式研究》，北京：中国社会科学出版社，2018 年，导言第 1－2 页。

② 同上书，第 677 页。

③ 同上书，第 751 页。

害”主要由于一些学者不谨慎地使用认知范式分析中国传统哲学所造成的，具体表现在对中国传统哲学内容的改变、对中国传统义理系统的改变、对传统哲学精神价值的改变。如何有效地避免认知范式对中国传统哲学的伤害，关键在于解释者或理解者。因此，作为解释的主体，必须要有理性的认知，清晰且负责地告诉读者所诠释的目的。所以，作者认为对中国传统哲学的伤害不应该归咎于认知范式，而是研究主体：“我们必须明确主体在认知范式应用中的责任。由于认知范式的实践者是研究中国哲学的学者，引进认知范式，引进哪种认知范式，应用认知范式、应用哪种认知范式，怎样应用、应用范围与程度，等等，都由研究主体决定的。因此，在认知范式解释实践中，相对于应用主体而言，认知范式始终是被动的。这样，我们不应该简单地将导致中国传统哲学的‘伤害’的全部责任推给认知范式，而某些具体实践了认识范式的中国学者，不仅不检讨自己盲从行为，反而谩骂攻击，这既是不公平的，也是非理性的。这或许正是当今中国哲学界所欠缺的精神。”①基于此，作者提出了避免“伤害”的三大原则：一是立足自我、二是彼此相契、三是“以中释中”②。尽管这三大原则不能完全保证认知范式不对中国传统哲学造成伤害，但在一定程度上至少可以减轻或预防对中国传统哲学的伤害。

所谓格局是一个人开阔的眼界和宏达的胸怀，并非仅仅停留、局限在眼前，而是高瞻远瞩的眼光和广阔的气度与胸怀。面对20世纪中国传统哲学研究学者琳琅满目的观点，作者并非仅选择近代著名新儒家的观点作为论据，而是有意识、有目的地吸收一些不著名学者的观点。作者认为，学术实践研究应该是走学术平民化的路线，也并非仅停留在精英层面，因为那样不能客观反映20世纪学术状况，所以作者在选取案例时，既选取了有代表性学者的观点，又兼顾到了一些不著名的学者的观点。如此，案例就更加全面、客观、真实地呈现在读者眼前。比如说，作者在考察人文认知范式用于认知、理解中国传统哲学的情形时，就引用了刘香莲从四个方面揭示“自然”的人文主义意蕴③；又如在考察中国有无哲学体系或系统时，发掘、整理逻辑认知范式来证明逻辑哲学体系，引用了钟罗“墨辩逻辑是中国第一个逻辑学体系”的观点④等。这些足以表现作者豁达、开放、包容的格局，并不是将中国传统哲学研究只限定于哲学家、新儒家当中，而是尽可能地选择、兼容其他学者的观点。众所周知，尽管熊十力、冯友兰、贺麟、张岱年、牟宗三、唐君毅、方东美、徐复观、钱

① 李承贵：《生生的传统——20世纪中国传统哲学认知范式研究》，北京：中国社会科学出版社，2018年，第758页。

② 同上书，第759－761页，关于如何避免“伤害”的论述。

③ 同上书，第313页。

④ 同上书，第688页。

穆等大家代表着近代以来中国传统哲学研究的水准,但研究中国传统哲学的权利并非仅仅只是他们的专利,因为"学术者之天下公器也",每个学者都有权利去研究并发表自己的见解。所以,作者的眼界并非只限定在大家、哲学家当中,而是以集思广益的方式将一些虽然名不见经传的学者的观点,但只要符合作者"认知范式"理论所需,都会采用或吸收。正如作者在后记中说:"能够照顾思想家或学者的层次。一个时代的哲学思想无疑是以杰出哲学家、思想家为代表,但杰出思想家的思考并不能涵括特定时代的所有问题、所有思想,那些普通学者的思考或许更接地气,更能反映时代的所有问题、所有思想,……从而体现本书在选材上的民主。"①

此外,尽管作者在写作的过程当中未将"生生"哲学安排进去,但在标题中却以显目的字眼出现,这是为何?实际上,这正是作者的学术格局所在。唐代有韩愈"道统论",而今有"我"论中国哲学"传统论"。在当今多元文化交融的背景下,尤其是西学(马克思主义哲学、西方哲学)的冲击下,中国哲学显得尤为薄弱,甚至可能造成中国传统哲学传承的断裂。正是出于对此的担忧,作者非常强调"生生"相续的重要性,他说:"以西方哲学理解中国传统哲学 20 世纪,并不能简单地判定为中国传统哲学脉络的断裂或中国传统哲学价值体系的土崩瓦解。而从哲学精神的弘扬、哲学内容的丰富、哲学形式的建造等方面说,中国传统哲学在 20 世纪主要是生生相续的过程。"②不言而喻,作者所认为的"生生相续"即为"生生的传统",也就是说无论西学如何的强势、霸权、入侵,中国传统哲学都从未断裂过。它不仅没断裂过,而且继古开今、推陈出新,以不同哲学的形态呈现在我们面前,如"冯友兰的'新理学'、金岳霖的'逻辑学'、贺麟的'新心学'、张岱年的'唯物论哲学'、牟宗三的'人文哲学'"③。这些思想无不是在继承中国哲学传统的基础上,开出新统。因此,作者将书名的主标题定为"生生的传统",表明了对中国传统哲学之生生相续的自信。

二、谋篇布局

从结构上言,此书层次清晰,脉络分明,具有整体性和系统性。一本厚重的书,首先我们迫不及待地应该是去看目录。而此书的目录分为三级标题,且层层相扣,内在逻辑紧密,例如第一章认知中国传统哲学范式的形成,作者就是分五个层次去展开,并诠释在理解或解释中国传统哲学时所运用的理论、方法归结为"五大范式"的形成,这就为第二章

① 李承贵:《生生的传统——20 世纪中国传统哲学认知范式研究》,北京:中国社会科学出版社,2018 年,第 799 页。
② 同上书,第 801 页。
③ 李承贵:《探秘活在 20 世纪的中国传统哲学》,《社会科学报》,2018 年 10 月 11 日第 5 版。

至六章关于各个范式与中国传统哲学的关系做了铺垫。不仅如此，作者在“节”方面的安排也是恰到好处，从应用“认知范式”理论去呈现中国传统哲学概念、命题的特点，并深入挖掘其中的问题，比如说“性”“心”“天”“道”“理”“气”“命”等，这些概念在认知范式视域中给我们呈现的是不一样的感受。当然，“认知范式”与中国传统哲学的联姻，难免会有摩擦、问题的产生。显然，这些问题作者早就料想到了，并提出了自己的解决方式，即对问题进行深刻检讨。诚如作者在后记中所说：“对每种认知范式应用实践的梳理与分析，都是为了从中发现问题和寻找意义，因而每一章最后一节都配有对相关认知范式应用实践的检讨。”①此书的章节到此，按理说应该可以了，但作者似乎并不满足于此，特加“综论”一章，形成对全书的总结，这样的谋篇布局，可谓是技高一筹，如此一来，文章的结构逻辑性、系统性、整体性就完美地呈现在读者眼前，不至于读完前面六章就忘乎所以。

总之，用作者自己的话来讲：“以五大认知范式为主体框架，‘导言’阐释研究意义和相关术语，首章陈述五大认知范式的缘起与形成，二至六章分别对唯物认知范式、科学认知范式、人文认知范式、逻辑认知范式、自我认知范式等应用实践展开具体论述与深入研究，末章给予高屋建瓴式总结。”②但在末章部分，作者将第七章第二节的“五大范式”应用之意义与问题改为“四大认知”（无自我认知范式）应用之意义与问题，这是为何？这是由自我认知范式本身的特殊性所决定。实际上，自我认知范式在内容和性质上都与前四大认知范式存在差异，从某种程度上讲，“自我认知范式是唯物认知范式、科学认知范式、人文认知范式、逻辑认知范式四大范式应用及其效果所‘逼’而生”③。比如说，自我认知范式可以作为唯物、科学认知范式的基础，并纠正、完善这两种范式的不足。可以说，应用自我认知范式去理解中国传统哲学概念、命题具有独特的价值：更加全面、客观地呈现概念、命题的应有之意。因此，作者特别强调“自我认知范式是其他认知范式开展工作的基础，它可以完善、纠正、改变其他认知范式理解的结论”④。

从方法上言，作者主要采用了诠释学（解释学）、综合分析的方法。作者在界定“认知范式”时，参阅了大量有关诠释学的著作，如德国学者弗里德里希·阿斯特（Georg Anton Friedrich Ast，1778—1841）的《诠释学》、汉斯-格奥尔格·伽达默尔（Hans-Georg Gadamer，1900—2002）《真理与方法》以及潘德荣的《西方诠释学史》，所以作者将“认知

① 李承贵：《生生的传统——20世纪中国传统哲学认知范式研究》，北京：中国社会科学出版社，2018年，第800页。
② 同上。
③ 同上。
④ 同上。

范式”定义为:“以某种学说或思想体系为坐标和方法,研究主体通过形成概念、比较分析、逻辑推理、综合判断等思维形式,对思想文本(概念、命题、观念等)所进行的认知、理解和评价的实践,而且这种实践在时间上具有持续性,在主体上表现为团体性,同时也是现在时的、可效法的。”①也就是说,诠释学是“代入理解”来“促成理解”,例如我们去解读中国的古文,常见的理解有注释,将注释代入原文就可促成自己对文本的理解。而在西方学者看来,这实际上就是语言的转换和交往的实践,如伽达默尔所言:“诠释学一直被理解为说明和解释的理论或艺术。”②在此意义上说,诠释学就是主体理解文本的实践活动或行为。正是如此,作者将自己对“认知范式”如何认知、理解、评价中国传统哲学的方式全盘托出,如在第七章第五节作为解释学方法的认知范式,既在实践认知范式中可能存在的理解问题,又强调认知范式既具有互补性又可以转移与进化等。但任何理论、学说、思想属于人文科学精神的学科,都避免不了自身的局限与不足,作者所提出的“认知范式”亦如此。而“认知范式”本身的局限就在于解释能力的有限性,例如“唯物认知范式的特点是注重从物质的层面去思考、解释一种现象或文本,分析一个概念或命题,主要从这个概念或命题发生的‘物质’基础去展开。比如,关注提出某一个概念或命题的哲学家的经济地位、政治身份等。这是唯物认知范式的特长,同时也是它的限制”。③ 因此,作者提出认知范式的转移和解释学的进化就有效地克服了认知范式自身的局限,而各种范式的转移正是突破只限于某一个视角对中国哲学命题、概念的理解,比如说对陆九渊“心”的理解,人文认知范式理解为主题精神,而科学认知范式理解为心理神经,唯物认知范式理解为唯心主义④,诸如此类例子不胜枚举。如此一来,认知范式的转移或突破就更加客观、全面地将中国哲学的概念和命题呈现于读者眼前。除此之外,作者还得出这样的结论:与传统汉学方法、宋学方法相比较,认知范式转移的解释更加先进。⑤

而所谓综合分析的方法其实就是运用归纳、演绎、分析及抽象的方法将收集来的材料进行加工、筛选,并去伪存真、由表及里地进行分析,最后综合处理来提升研究对象。作者在对材料的运用中,无不是运用此种方法,并有效地提炼出研究对象(认知范式)。我们不妨以中国传统哲学中王阳明“心”这个命题来说明,一般而言,阳明所讲的“心”是本心、

---

① 李承贵:《生生的传统——20 世纪中国传统哲学认知范式研究》,北京:中国社会科学出版社,2018 年,第 728 页。

② 伽达默尔:《真理与方法》,洪汉鼎主编:《理解与解释:诠释学经典文选》,北京:东方出版社,2001 年,引言第 4 页。

③ 李承贵:《生生的传统——20 世纪中国传统哲学认知范式研究》,北京:中国社会科学出版社,2018 年,第 763 页。

④ 同上书,第 770 页。

⑤ 同上书,第 772 - 777 页,作者分别将科学认知范式、人文认知范式、唯物认知范式、逻辑认知范式与汉学、宋学等方法进行比较,才得出认知范式作为解释方法比传统方法更进步的结论。

良知,而现代学者却有不同的解释和认知。就此,作者精心筛选了几位有代表性学者的观点,如唐君毅认为,人若自躯壳起念,不仅使人千方百计维持此一躯壳而自私纵欲,而且使人自身观心而不能自心观心,从而不识心智所以为心;方东美认为,阳明的“心”是价值最高的统会;陈来认为,若依康德的道德哲学,阳明的“心”首先是一个道德主体;劳思光认为,阳明的“心”是“为善去恶”。① 作者通过这些学者对阳明“心”的理解而提炼升华出“质”。所以,作者总结道:“无论是唐君毅理解为‘戒除人自躯壳起念’之功能,还是方东美理解为‘价值的最高统会’,无论是劳思光理解为‘为善去恶’的主体力量,还是陈来理解为‘主体以内的决定原理’,都是‘心’之人文主义精神的体现。”②无论学者对“心”的概念如何分析、如何理解,最终都被作者归纳为“心”之人文主义精神的显现,这就是典型的综合分析法,从各种具体的理解最后归纳为“心”之人文主义精神。

三、学术价值

所谓学术价值,又称之为理论价值,是指一定的科研成果、理论著作、学术观点、思想能够促进人类学术事业的发展,评价是否有无学术价值的根本标准是创新性、创见性等。李承贵教授从中国传统哲学在20世纪如何实践、运用“认知范式”的方法如何呈现中国传统哲学的概念、20世纪中国传统哲学如何在西方哲学中呈现出自身的特色以及如何有选择地借助西学方法来诠释中国传统哲学等一系列问题出发,高效地运用“认知范式”理论,准确地、客观地将中国传统哲学概念、命题呈现,并强调这并非中国传统哲学在20世纪的断裂,更不是土崩瓦解,而是推陈出新、继往开来。

南京大学资深教授赖永海评价说:“李承贵教授的这项研究成果,提出了以‘五大范式’考察、研究20世纪中国哲学,应该说是一种新的视角,颇具创新性。”③同时,他还指出李著“是一具有重要学术价值的研究成果,对进一步推进20世纪的中国哲学研究具有重要的参考价值”④。武汉大学郭齐勇教授也认为此书具有独特的学术贡献,他说:“本书规模宏大,气势磅礴,文献丰富,论证缜密,屡有创获,持论公允,对学习研究20世纪中国哲学、对继承发展中国传统哲学、对探索建构现代中国哲学形态都表现出独特的学术贡

① 李承贵:《生生的传统——20世纪中国传统哲学认知范式研究》,北京:中国社会科学出版社,2018年,第300页。
② 同上书,第302页。
③ 同上书,序一,第2页。
④ 同上。

献。"[①]北京大学王中江教授肯定此书新的视角和运用"五大认知范式"去考察中国传统哲学的方法,并评价说:"现代中国哲学如何运用西方哲学解释历史上的中国哲学,在这种解释中它又如何造就了自身,这是现代中国哲学的一大特征,又是一个重要的课题。《生生的传统——20 世纪中国传统哲学认知范式研究》通过不同层面对这一课题进行了有益的探讨,为认识这一问题提供了新的视点和方法。"(底封 4)深圳大学景海峰教授也认为此书具有非常重要的学术价值,他评价说:"范式研究综合了类型学和方法论得到优长,又包含了对思想观念演进与变化的探究,在文明史研究中大显其能,在哲学史叙事中也别具一格。李承贵教授的新著从认知归纳的角度,将百年来中国哲学史研究的主流思潮总括为唯物主义、科学主义、人文主义、逻辑主义和自我主义五种。这些形态既代表了现代中国哲学史的主要思想流派,也是几代学人研究阐释叙述中国传统和整理归纳总结古代思想资源的基本模式,对理解和把握中国现代哲学的发展脉络极为重要,对深入研究和探讨中国哲学的基本精神也大有裨益。"(底封 4)

总之,这些学者对李著的评价从某种程度上说都肯定了作者所提出的"五大范式"理论来考察、分析、研究 20 世纪中国传统哲学是中国古代哲学资源的再现,是对中国传统哲学创造性发展、创新性转化,是中国哲学气度的展现。并且,这五大范式在应用实践中,既是中国传统哲学在当代展开的过程,又是其"自证""日生日成"的过程,这个过程丰富了中国哲学的价值、内容、形式之外,还与西方哲学展开了全方位的互动与对话,显示出了中国哲学开放、包容的智慧格局,从而使中国传统哲学博古开今,生生不息!可以说,上述评论都是实至名归的。而对作者而言,如下价值也是值得我们关注的。

第一,文献的发掘和整理。文献的发掘贵在为我所用,既要广,也要精。作者在诠释中国传统哲学认知范式时,涉及了哲学、政治、法律、思想等多方面的文献,并通过对这些文献的收集、整理、分析、加工,将中国传统哲学的概念、命题以认知范式的方式呈现出来。这正是作者高超的概括、归纳能力的体现。细读李著,我们会发现它基本上涵盖了中国传统哲学的基本命题与范畴,这就为后辈学者查阅中国传统哲学的概念、命题、特点提供了便捷,又为研究者收集研究中国传统哲学相关的文献节约了时间。

第二,逻辑与历史的统一。李著关于逻辑和历史的统一主要体现在材料的使用上。李著始终贯穿"一分材料说一分话"的原则,对中国传统哲学概念、命题在"五大认知范

① 李承贵:《生生的传统——20 世纪中国传统哲学认知范式研究》,北京:中国社会科学出版社,2018 年,序二,第 3 页。

式”视域中的诠释,首先呈现在我们眼前的是这些概念、命题的原始出处,其目的很明显,就是在知晓概念、命题本义的基础上,再对它们的特点、系统进行理解,最后使用文献加以分析说明,这样才形成层层相扣、逻辑紧密、结构有序的整体布局。实际上,这种原则给我们最大的启示:任何一篇好文章都离不开材料的支撑和使用,而至为关键的是如何恰当、合理地使用材料使文章更有说服力。当然,材料的合理使用也是有效避免空言、不切实际空谈的方式,更是文章展开论证再到下结论的必要环节。

第三,蕴含的启示。李著关于中国传统哲学认知范式在20世纪展开基本上涉及了中国哲学与马克思主义哲学、西方哲学的诸多问题。尽管作者仅从“认知范式”的角度去讨论中国传统哲学与马哲、西哲的关系,但里面还是涉及不少其他问题,这些问题也是值得我们去发掘、探讨、研究的。李著就像一座关于中国传统哲学在20世纪展开的矿山,里面蕴含着丰富思想资源,有待我们深入开采。例如,作者在论述“唯物主义认知范式与人文认知范式是有差异从而可以互补”①时,列举了近代学者对孔子“仁”的理解,其中作者引用了侯外庐、张岱年、王国维等学者的观点,其中作者分析说“在以唯物认知范式为参照理解下,‘仁’具有阶级性,是区分不同阶级标准,属于贵族君子道德”②。由“贵族君子道德”,我们不禁要追问、要思考:儒家“仁爱”思想是否具有某种贵族性特质呢?这个问题足以让我们作为一个课题进行研究。这样的案例在李著中不胜枚举。所以,李著有关中国传统哲学的思想资源是值得我们每个人去开发、挖掘的。

Feelings and Patterns: *The Tradition of "Shengsheng": A Study of the Cognitive Paradigm of Chinese Traditional Philosophy in the 20th Century Post-reading*

ZHONG Chun

【Abstract】 This book introduces the "Paradigm" theory of Western Philosophy to cognize and understand Chinese traditional philosophy, and effectively and objectively combines the two to form five cognitive paradigms: materialistic cognitive paradigm, scientific cognitive paradigm, humanistic cognitive paradigm, logical cognitive

① 李承贵:《生生的传统——20世纪中国传统哲学认知范式研究》,北京:中国社会科学出版社,2018年,第704页。
② 同上。

paradigm and self-cognitive paradigm. This kind of academic practice and creation not only avoids the harm and misunderstanding caused by some Chinese scholars'understanding of traditional Chinese philosophy with Western philosophical methodology since the 20th century, but also emphasizes that the value of traditional Chinese philosophy is not collapsed under the influence of Western thoughts, but is a process of "Shengsheng". In terms of text structure, the book has clear layers, clear veins, integrity and systematicness; in terms of method selection, it mainly adopts the methods of Hermeneutics and comprehensive analysis; in terms of academic value, it provides a new vision and theory for the study of traditional Chinese philosophy. It can be said that the proposition of the five cognitive paradigms is not only the author's study on how to understand the academic practice of Chinese traditional philosophy with Western philosophy, but also his realistic concern about how to inherit and develop Chinese traditional philosophy.

【**Keywords**】Paradigm, Five Cognitive Paradigms, Traditional Chinese Philosophy, Academic Value

图书在版编目（CIP）数据

黑格尔的正义论与后习俗伦理 / 邓安庆主编. -- 上海 : 上海教育出版社, 2019.6
（伦理学术）
ISBN 978-7-5444-9192-1

Ⅰ. ①黑… Ⅱ. ①邓… Ⅲ. ①黑格尔(Hegel,Georg Wehelm 1770-1831) - 伦理学 - 研究 Ⅳ.①B516.35②B82

中国版本图书馆CIP数据核字(2019)第100284号

策　　划　王泓赓
封面题词　陈社旻
责任编辑　戴燕玲　邹楠
封面设计　周亚

黑格尔的正义论与后习俗伦理

邓安庆　主编

出版发行　上海教育出版社有限公司
官　　网　www.seph.com.cn
地　　址　上海市永福路123号
邮　　编　200031
印　　刷　上海叶大印务发展有限公司
开　　本　787×1092　1/16　印张 21.75
字　　数　395千字
版　　次　2019年6月第1版
印　　次　2019年6月第1次印刷
书　　号　ISBN 978-7-5444-9192-1/C·0020
定　　价　68.00 元

如发现质量问题，读者可向本社调换　电话：021-64377165